2018年西藏金融研究课题集

西藏金融学会◎编著

 中国金融出版社

责任编辑：刘红卫
责任校对：刘　明
责任印制：裴　刚

图书在版编目（CIP）数据

2018 年西藏金融研究课题集/西藏金融学会编著. —北京：中国金融出版社，2019.11
ISBN 978 - 7 - 5220 - 0175 - 3

Ⅰ. ①2⋯　Ⅱ. ①西⋯　Ⅲ. ①地方金融事业—研究—西藏—2018　Ⅳ. ①F832.775

中国版本图书馆 CIP 数据核字（2019）第 134135 号

2018 年西藏金融研究课题集
2018 Nian Xizang Jinrong Yanjiu Ketiji

出版
发行　中国金融出版社

社址　北京市丰台区益泽路 2 号
市场开发部　(010)63266347，63805472，63439533（传真）
网 上 书 店　http://www.chinafph.com
　　　　　　(010)63286832，63365686（传真）
读者服务部　(010)66070833，62568380
邮编　100071
经销　新华书店
印刷　保利达印务有限公司
尺寸　185 毫米×260 毫米
印张　20.5
字数　339 千
版次　2019 年 11 月第 1 版
印次　2019 年 11 月第 1 次印刷
定价　55.00 元
ISBN 978 - 7 - 5220 - 0175 - 3
如出现印装错误本社负责调换　联系电话（010）63263947

编委会

主　编：李玉福

副主任：熊正良　吴　玲

成　员：佟　亮　益西旺姆

前　言

　　金融是现代经济的核心，经济运行的血脉。第五次全国金融工作会议指出，金融是国家重要的核心竞争力，金融安全是国家安全的重要组成部分，金融制度是经济社会发展中重要的基础性制度。党的十九大报告提出，要深化金融体制改革，发挥金融在市场资源配置中的决定性作用。2015 年中央第六次西藏工作座谈会的召开，为西藏金融业发展带来了前所未有的发展机遇。近年来，西藏金融系统认真贯彻落实稳健的货币政策，防范化解金融风险，提升金融服务实体经济的能力，取得了显著成效。为进一步提升金融服务水平，更好地支持实体经济发展，2018年，西藏金融学会深入贯彻落实习近平总书记对金融工作的重要指示，结合辖区经济金融形势，组织学会会员单位开展了一系列课题研究，形成了一批水平较高的课题研究成果。研究内容涉及金融扶贫与乡村振兴、政府债务及金融风险化解、区域经济发展等多个领域。本书收录了 2018年西藏自治区金融系统的优秀课题共 16 篇，汇编入书的研究成果是广大研究工作者精诚合作的结果，为西藏未来的经济金融工作提供了经验和参考。

目 录

新时代背景下金融支持西藏乡村振兴战略研究

——以农行西藏分行为例

中国农业银行西藏分行课题组

课题组组长：刘永胜

课题组成员：王　洪　黄泉义　扎西达娃　刘　文　张长伟

西藏作为边疆少数民族地区，结合自身区域特点，提出了以"幸福家园建设者神圣国土守护者"为主题的乡村振兴战略，如何落实好乡村振兴战略"产业兴旺、生态宜居、乡风文明、治理有效和生活富裕"的总要求，在新时代背景下，为全区银行业提出了新的课题。本文结合农行西藏分行实际，就金融如何推进乡村振兴战略高质量发展，作简要分析，以期形成更多共识，共同为西藏自治区乡村振兴战略助一臂之力。

一、金融服务乡村振兴战略孕育出新的机遇

2018 年是实施乡村振兴战略的开局之年，如何在 2018 年布好局、起好步，助力全区乡村振兴战略取得重要进展，决胜全面建成小康社会的目标任务艰巨。同时，全区农牧业供给侧结构性改革继续向纵深推进，自治区对"三农"的投入将进一步加大，政策支持将进一步加强，改革推进将进一步加快，将为金融服务乡村振兴战略提供更加广阔的平台。

（一）"产业兴旺"引导金融服务向"哪里去"

"产业兴旺"是解决"三农"可持续发展的关键一环，可谓是一招活满盘活。西藏的"三农"基础薄弱，受制于地理、交通、通信等因素影响，农牧业产业化发展较内地落后，投入产出低、产业链条短、高精尖行业少、产业附加值少等因素是制约当前农牧业产业发展的绊脚石。如何让西藏的农牧产业发展

小步快跑甚至跨越式奔跑，这需要全社会的力量，集聚更多要素资源来支撑。其中金融资源是最重要的一股清流。农行作为在藏国有大型商业银行，具有有别于其他区内商业银行的网点、人员、资金优势。首先，实现"产业兴旺"，必须解决农牧区基础设施落后的问题，信贷等资源要优先投入农牧区交通、通信、水利、公共民生等领域，让人民的幸福感、获得感有较大幅度提升，体现以人民为中心的发展思想。其次，建立完善的营商环境，"产业兴旺"的前提是引来"金凤凰"。一家优质的产业化龙头企业要到农牧区投资置业，除了地方从土地出让、减税降费、水电附加等方面给予减免或优惠外，金融支持也同样重要，包括低息贷款、财务顾问、服务结算、投贷联动等服务很有作为，农行在这方面有着得天独厚的天然条件，可以大施拳脚。最后，构建完善的产业体系，目前大多数产业化区域，没有真正实现"种养加 + 产供销"产业体系，农业产业化的科技创新驱动不强，附加值不高，产品同质化严重，行业壁垒不高，可持续发展后劲和带动周边农牧民脱贫致富的能力欠缺，稳步在农牧区构建现代化的农牧业产业、生产、营销体系，深入推进农牧业供给侧结构性改革，让高质量、差异化、有特色的高原农牧业产品、工业化产品直接走向市场和千家万户，把一、二、三产业相互融合，形成独具西藏特点的产业化体系，农行可以在这方面有所突破。在乡村振兴战略的引领下，打造集群式、链条式、层叠式的产业模式，需要每家区内金融机构的深度参与，尤其是西藏自治区在金融资源相对匮乏的现实情况下，产业所需的全流程金融服务与金融机构密不可分，显得越发重要。

（二）"生态宜居"使金融服务有了"新思维"

生态宜居体现了人民对美好生活的向往与追求。其中，城镇化项目是政府关心、社会关注、居民受益的民生项目，具有资金需求大、衍生金融需求丰富、社会效益明显等特点，农行可以根据当地经济发展水平、资源禀赋、产业布局，积极对接风险可控、高效优质的城镇化建设项目，按照自治区立项的新型城镇化建设和棚户区改造项目，做好项目融资、结算、代理等服务，有重点地支持政府相关部门确定的特色小城镇、美丽乡村基础设施建设，全力支持政府保障性安居工程项目、整体迁址项目、灾区重建项目融资需求。生态宜居的基本前提是生活宜居，让人民有幸福感，金融机构可根据地域文化特色，打造西藏各区位特色旅游乡村、民俗文化乡村。同时，将金融资源嵌入旅游。结合西藏自治区《支持西藏旅游业发展的信贷政策》，在助推西藏自治区经济社会文化大繁荣的同时，重点支持以拉萨为辐射，日喀则、山南两地为辅，覆盖那曲、阿里、林芝等地的旅游业发展网络格局，以旅游景区景点、旅游行购住娱和旅游服务三大子行业为支撑，深入支持列入自治区级以上旅游开发规划或区级以上重点建设目录的优质旅游项目，在项目准入筛选、客户资质审核、担保体系管理、信贷转授权等方面给予优惠政策的持续倾斜，打造支持西藏自治区乡村全域旅游和以点带面的旅游新模式。

（三）"生活富裕"助推金融服务"再创新"

根据马斯洛需求层次理论，人在满足基本衣食住行生理上的需求之后，会不断转向更高层次的需求。随着乡村振兴战略的全面实施，农牧民生活不断富裕，消费方式也将发生升级更新。农牧民将不再满足于简单的低水平需求，而会有更丰富、更多样的餐饮、医疗、教育、购物、娱乐等美好生活需要，农村消费方式、消费主体、消费理念都将发生深刻变化。西藏农行将通过消费金融创新，如互联网金融服务"三农"一号工程，让农牧民以更加便利、快捷、高效的金融服务方式改变生活和生产方式，加快了农牧区创新金融服务的迭代效应。

（四）"农地改革"蕴藏金融发展"新机会"

农村土地是一块沉睡的资产，随着国家以及自治区对农村土地改革步伐的加快，县域以下土地资源将逐步激活，农牧区土地"三权"将为县域带来生机，为农牧民脱贫致富增添活力。对农行而言，机遇主要体现在通过激活农地价值带动金融机构相关业务发展。一直以来，西藏农行围绕自治区"1+6"农村改革试验区开展了住房财产权、林权、草场权等抵押贷款，助推了农地金融发展，进而为自身发展带来新的发展机遇和路径。在未来，随着农地改革力度的加大，农地金融也会迎来新的发展机遇期。国家在探索和鼓励返乡下乡创业人员可以以农村承包土地的经营权、宅基地使用权作为抵押向银行贷款，解决企业融资难的问题，从而为机构、三方企业、农牧民的多方合作共赢创造制度条件。农行作为最接地气的一家区内商业银行，在农地金融方面有了制度遵循，为自身发展找到了新机会。

二、金融服务乡村振兴战略面临的挑战

（一）农牧区市场需求带来的新挑战

随着西藏自治区交通、通信等基础设施的完善，农牧区的产业化建设为金融机构带来了新的市场需求，同时也带来了挑战。一是农牧业现代化发展对金融产品提出新挑战。以往传统的农牧业和金融机构的交集很少，只是简单的存取款、结算汇兑业务。而现在的农牧业产业化是融合式发展，产业体系变得越来越完善。现代农牧业产业体系需要金融机构在产业融资、资本运营、投资活动、高端理财等方面提供帮助，原有的金融服务模式显然不能满足客户需求，必须提供系统性、综合式、全覆盖的金融服务，流程银行再造必须跟上时代节奏。二是新型主体的多样化为金融服务提出挑战。新型农牧业经营主体是未来农牧区的新主人，他们大多数受教育程度高、视野宽阔，有思想有动能。在十里八村，这些高知农牧区新人将成为带动一方致富创业的能人大户，他们需要更加科学、人性、高效的金融服务，单打独斗的金融产品、服务模式不能满足其需求，必须为其量身定做专属性的金融服务。否则将很难为这些新型农牧业经营主体提供便捷性、专业性、多元化和先进的金融服务。三是区域差异化带来的服务新挑战。西藏自治区幅员辽阔，人口分散，资源禀赋不尽相同，如果采取"雷同式""一刀切式"金融服务，效果就会大打折扣，甚至捡了芝麻丢了西瓜。必须根据全区各地市、各县域情况，以绣花功夫采取细致入微式的金融服务。当前，西藏自治区金融机构唯一下沉县域的仅有农行，力量还显薄弱，需要各方金融机构共同深度参与进来才能有效解决区域发展不充分、不平衡的问题。

（二）"农地改革"带来的新挑战

西藏自治区层面自启动土地改革以来，西藏自治区农行在金融服务方面本着"改革铺到哪里我们就跟到哪里"的原则开展配套金融服务。但从目前的实施情况看，农地金融工作推进还不够快速，究其原因，大致可以分为以下几类：一是农地改革的法律定位不精准。目前，农牧民朋友虽然以自家宅基地、农村住房、林地、草场等土地抵押向农行取得了贷款，但后续也面临经营风险、还款风险，一旦形成不良贷款，土地的处置、拍卖、转让等后续问题就会缺乏立法支撑。在金融机构开办此项业务时会采取慎之又慎的态度，这些关键问题会

影响到金融机构开展农地金融服务的积极性，后顾之忧不解除，一定程度上将影响积极性和长远性。二是金融服务农地改革的产品待创新。目前，西藏自治区农行为老百姓提供的"钻金银铜"四卡产品，最高授信额度为30万元，基本能满足日常生产之需。作为信贷产品有效补充的农地金融产品而言，现在还没有一套系统完整的产品体系，需要在今后的金融服务实践中不断地加以总结和摸索，针对西藏自治区农村土地改革的金融服务需求，研发推出更加"差异化、标准化、个性化、特色化"的完整的金融产品体系。三是农村土地改革需要聚集社会合力的要素。农地改革是一项系统性的制度改革，涉及面广、影响程度深、百姓期盼高，如何让社会各方要素参与其中，尤其是信贷、保险、证券等金融资源在发掘农地潜力上有新突破新发展，需要政府部门牵头引导，给予具体的政策指导，引导农地改革向着更广阔的道路前进，需要做很多工作。

（三）农牧区金融特质带来新挑战

防止发生系统性的金融风险，做到成本可控、风险可控、健康可持续发展是金融服务乡村振兴战略的首要任务和前提保障。西藏自治区生态脆弱，生存环境相比内地差，农牧业自然灾害高发频发，农牧业金融是一项"高危行业"，西藏自治区农牧业的风险特质决定了金融机构服务"三农"的基本特征，加之农牧民无足值有效抵押物、农牧业保险覆盖率不广等因素，在西藏做农牧业金融如履薄冰，来不得半点马虎，当前农行将信用体系建设作为控风险保发展的一项非常重要的工作。信用体系建设除了制度建设外，更需要政府引领、社会引领、文化引领。目前最大障碍体现在诚信建设体系比较分散，模式不尽相同，合力效应没有发挥出来。同时，随着农牧区经济的发展，新型经营主体更大额度的金融需求比较旺盛，在农牧区新型经营主体缺乏有效抵押物的现实情况下，需要较为完善的农业担保体系作为有效补充，一方面可以解决农牧区大额融资需求，另一方面可以缓释金融机构信贷风险过于集中的问题。同时，发展涉农补贴类保险、商业保险，提高债券类直接融资比重，都是未来实现乡村振兴金融服务的较好的尝试。

三、金融服务乡村振兴战略的措施路径

农行西藏分行作为在藏国有大型商业银行，将一如既往地凸显服务"三农""国家队"和"主力军"的地位，聚焦乡村振兴战略，坚持农村金融改革

发展的正确方向，围绕"农牧区强、农牧区美、农牧民富"，以农牧区全面振兴为导向，以金融精准扶贫为抓手，把更多金融资源配置到农牧区一线，更好地满足多元化多样性的"三农"金融需求，全力助推西藏自治区乡村全面振兴。

（一）金融服务农村产业融合行动

紧紧围绕西藏高原特色农畜产品基地建设战略定位，深化农牧业供给侧结构性改革，全面对接落实自治区关于深入推进"7 + N"产业建设项目，实现一、二、三产业融合发展。一是支持种植结构优化。加大对高原特色农产品种植业支持力度，扎实做好青稞、蔬菜、饲草等特色优势产业的金融服务工作，兼顾建设林果茶、藏药材、林下资源等多个点状优势特色产业，推动农业由增产导向转向提质导向。二是支持养殖结构调整。支持以草食畜牧业为重点的畜牧业结构调整，形成规模化生产、集约化经营为主导的产业发展格局，推动牦牛、藏羊、藏猪、藏鸡、奶业等相关产业发展。重点支持牦牛、藏猪、藏羊等优势产区，如：牦牛优势产区拉萨市当雄县等 22 个县；藏猪核心产区工布江达县、米林县、波密县、巴宜区、察隅县。三是支持三产融合发展示范创建项目。各行高度关注自治区产业融合发展示范建设项目，及时跟进金融服务工作。重点支持对拉萨城关区、山南乃东区、林芝米林县、日喀则桑珠孜区农村产业融合区，拉萨曲水县、林芝巴宜区、昌都新区农村产业融合示范园建设项目的金融服务工作。四是支持农（畜）产品精深加工与转化。重点支持龙头企业向优势产区集中，推动企业集群集聚，培育壮大区域主导产业，带动一批关联度强的"专精特新"农畜产品加工中小企业发展，提高产品附加值。

（二）金融服务农牧区产权制度改革行动

为深入支持农村产权制度改革发展，抓住农村产权制度改革"扩面、提速、集成"机遇，推进农牧区土地"三权分置"制度与农行金融产品的有效对接，进一步提升农行县域支行竞争力。一是做好农村土地经营权抵押贷款试点及后续推广工作。在农村土地经营权抵押贷款国家试点地区以及其他已取得试点资格的地区，深入推进业务试点。优先支持各类新型农业经营主体、社会化服务主体、产业化联合体等发展农业适度规模经营。拉萨曲水、林芝米林等示范县要以改革试验区为依托，继续做好农村土地承包经营权抵押贷款工作。二是做好农民住房财产权抵押贷款试点。贯彻落实宅基地制度改革要求，在农民住房财产权抵押贷款国家试点地区以及其他已取得试点资格的地区，深入推进业务试点。优先支持返乡下乡创业创新人员、农村个体工商户、小微企业主、藏家乐经营户等客户开展示范带动作用强、发展潜力大、能促进农村三产融合的新产业新业态项目。三是做好农村集体经营性建设用地使用权抵押贷款试点。贯彻落实与国有建设用地"同等入市、同价同权"的改革要求，在农村集体经营性建设用地试点地区，积极推进业务试点。优先支持农村集体经济组织及成员发展现代农业生产经营、农业社会化服务、休闲农业和乡村旅游等项目。重点支持位于城市周边、资源禀赋好、财务管理规范，具有租金、物业等稳定现金流入的村集体，适度支持村集体发展物业经济，建设小商品市场、租赁用房等有稳定现金流的项目。四是做好林权抵押贷款推广。贯彻落实集体林权制度改革要求，重点在流转交易、林权收储、森林保险等配套机制健全，且当地林业主管部门合作意愿较强的区域，稳妥规范推进林权抵押贷款业务。优先支持示范带动作用强的林业经营主体发展林业生产经营、国家储备林建设、森林资源培育和开发、林下经济发展、林产品加工、森林康养旅游等项目。山南、林芝分行结合本地区实际，继续做好林权抵押贷款创新推广工作。五是做好草场经营权抵押贷款推广。自治区乡村振兴战略规划明确提出：在开展草场承包到户（联户）和错那县草原承包经营权确权登记颁证试点工作的基础上，到 2020 年完成 10.38 亿亩草原承包经营权确权登记颁证的目标，在牧区持续推进草场经营权抵押贷款业务。

（三）金融服务国家粮食安全行动

粮食安全事关国计民生和社会稳定，是国家安全的重要基础，落实粮食安全战略，加强粮食生产、加工和流通领域的金融服务工作至关重要。一是支持高标准农田建设。围绕"藏粮于地"战略，重点支持纳入自治区级以上高标准农田建设总体规划的土地平整、灌排沟渠、田间道路、农田林网与生态环境保护等基础设施建设。抢抓纳入自治区级以上政府规划、具有稳定经营现金流、还款和担保有保障的投贷联动项目和市场化运作项目。日喀则和山南是西藏自治区重要粮食产区，日喀则、山南分行要进一步提升粮食安全工作的认识，持续做好高标准农田建设等相关项目的金融服务工作。二是支持自治区农业节水行动。重点支持农垦企业、农业产业化龙头企业、新型经营主体和生产性服务组织实施的滴灌、喷灌等高效节水灌溉项目。三是择优支持综合实力较强的粮食加工、饲料生产农业产业化龙头企业，以及从业经验丰富、具备优质粮源、与粮食收储加工企业有长期稳定合作关系的家庭农场、专业大户和粮食经纪人。四是重点支持具有育种能力、市场占有率较高、经营规模较大的种子企业，提高种子企业的育种能力、生产加工水平和市场营销水平，进一步提升西藏自治区种业的整体发展水平。支持鼓励农牧业龙头企业建立特色农牧业研发机构和平台，建设牦牛、绒山羊、藏系绵羊、藏猪、藏鸡五个育种创新和品种选育基地。五是支持农作物生产机械化。支持农机装备制造企业研发先进适用、节能减排技术，推进主要农作物品种、栽培技术和机械装备集成配套。各二级分行，特别是适合推广农业机械化的地区，要加强与农机装备制造企业的有效对接，尽早掌握企业的市场潜力和金融服务需求，保证下一步银企合作的顺利开展。

（四）实施金融服务脱贫攻坚行动

准确把握"脱贫攻坚是乡村振兴的重要基础，乡村振兴是脱贫攻坚的发展方向"的重要思想，做好"五个精准"，严格按照总行"六个硬要求"标准建设多元化的精准扶贫金融服务体系。一是精准选择帮扶的项目客户。结合西藏自治区脱贫攻坚的实际情况，优先对贫困人口增收脱贫带动能力强的客户和项目进行支持，重点支持一批政府规划实施的乡村振兴工程、重大扶贫工程、致富带头人工程，以及改善民生环境的惠农工程等。加强对 44 个深度贫困县的金融扶贫工作，有效落实对边远、边境、高海拔地区和深度贫困县实行差异化扶持政策，推进农牧区特色优势产业发展，带动贫困群众脱贫致富。二是精准确定帮扶措施。在贫困区域，将客户扶贫带动能力作为授信、用信调查的必要内容，根据带动情况落实优惠政策的条件，建立"银行让利、企业（大户）带动、贫困户受益"的利益联结机制，以多种形式实现增收脱贫奔小康。同时积极落实《中国人民银行拉萨中心支行关于印发〈西藏自治区金融结对帮扶推进精准扶贫工作的实施方案〉的通知》要求，加强对 8 个深度贫困县的结对帮扶工作；充分发挥全行 25 支驻村工作队的关键作用，积极贯彻总、分行党委给予的工作任务，有效落实精准扶贫工作措施。三是精准对接贫困人口信贷需求。向农总行、当地人民银行积极汇报，争取最大支持，建立和完善精准扶贫小额贷款管理办法，确保符合西藏区情；积极发放扶贫小额贷款的作用，重点支持产业链上下游的建档立卡贫困户、扶贫项目上的贫困农牧户和信用积分较高的贫困农牧户，满足贫困户发展生产的金融服务需求。

（五）实施金融服务美丽宜居乡村行动

牢固树立和践行"绿水青山就是金山银山、冰天雪地也是金山银山"的发展理念，充分利用农行金融服务"三农"的优势，大力支持自治区关于农牧区人居环境整治行动，积极参与自治区的草原保护工程等一系列生态保护修复工程。一是支持农村基础设施建设提档升级。日喀则、那曲等分行要重点支持农村公路项目建设，昌都分行积极支持电网改造，拉萨、昌都等分行择优支持农牧区供水、污水、垃圾处理等基础设施建设项目，打好污染防治攻坚战。二是支持特色小镇创建。围绕新型城镇化建设规划，以区内新型城镇化综合改革试点地（市）、县为重点，以总行"绿色家园·百城千镇"专项行动为抓手，制定"一小镇一方案"。日喀则、山南、林芝、阿里等分行要积极对接特色小城镇示范点建设农村公共服务体系建设。全力做好玉麦乡等边境小康村的金融服务对接，体现金融戍边职能。三是加大对新农村建设的支持力度。总行推出了"农民安家贷""农村新民居贷"等产品，拉萨、日喀则、山南、林芝等分行要与城建、房管等部门开展进一步合作，为该项目提供农村新民居"农民购建房贷款"等信贷新产品。昌都分行要按照自治区、昌都市的部署要求，全力做好三岩片区的整体搬迁金融服务对接，积极做好搬迁户的贷后管理工作，谨防搬迁户贷款出现不良。

（六）金融服务"三农"绿色发展行动

一是农村环境综合整治。重点营销支持市场化运作、还款来源合法有保障的农村危房改造、农村饮用水安全工程、村内道路硬化工程、农村垃圾和污水整治、农村河道综合治理、畜禽粪污综合治理与利用等项目。二是农业面源污染治理。重点营销支持在种养密集区域创建一批示范县，推进畜禽粪污资源化、循环化利用；培育建设一批以畜禽粪便为原料的有机肥生产主体，为强化农牧业源污染防治和耕地土壤污染管控和修复项目提供信贷资金支持。三是生态循环农业发展。重点营销支持自治区生态循环农业建设项目，畜禽粪便循环利用、农作物秸秆综合利用等项目，国家和自治区级现代农业产业园、农村产业融合发展示范园区内的生态循环绿色发展项目。

（七）实施金融服务旅游产业行动

旅游业是西藏自治区的朝阳产业、富民产业，是落实中央、自治区乡村振兴战略的重要抓手。西藏自治区分为农区、牧区、半农半牧区、林区，全行要依照区域特点和资源禀赋，深入挖掘乡村旅游潜力，助力特色旅游产业做大、做强，实现农牧民增收致富。一是支持乡村旅游开发项目。在自然景观、人文资源较为丰富的农牧区村庄，坚持连片保护与适度开发并重，支持传统村落保护，维护藏民族特色村镇整体风貌。重点支持藏家乐、休闲农牧区、美丽乡村、农耕文化深度体验等旅游项目。二是支持自治区旅游体验圈项目建设。重点支持以"拉萨市—日喀则市—山南市"为主线的藏中农耕文化与特色产品旅游体验圈；以"林芝市—昌都市"为主线的藏东南景观农业与休闲旅游体验圈；以"拉萨市—日喀则市—阿里地区—那曲地区"为主线的藏西北游牧文化与草原生态旅游体验圈，积极参与自治区打造乡村旅游精品线路相关项目，促进乡村形成以重点旅游景区为龙头、若干乡村精品线路为支撑、藏家乐休闲旅游为基础的乡村休闲旅游发展格局。三是支持新型业态的旅游开发项目深度挖掘农业的多种功能，大力支持创意农业、农耕体验、乡村手工艺等各类新型业态的旅游开发项目。四是支持乡村旅游规模化、品牌化发展。深入挖掘世界遗产地、风景名胜区、历史文化名城名镇名村、藏区传统村落等优势景观资源，开发森林、湿地等生态旅游，开发精品旅游线路，推进农牧民特色庭院经济、民俗家庭旅馆和乡村民族文化有机结合，支持发展乡村旅游。

（八）互联网金融服务"三农"一号工程行动

互联网金融服务"三农"一号工程是全行打造全方位、全天候的金融服务渠道，是提升县域金融服务的又一利器。结合西藏自治区实际，强化业务部门协作，加强业务创新、推进业务营销，着力推进"一号工程"全面突破提升，确保农行在县域市场的主导地位。

"惠农 e 贷"。"惠农 e 贷"业务是落实互联金融服务"三农"一号工程的重中之重。各级行要高度重视，加强组织领导，落实督导考核，把"惠农 e 贷"作为新形势下拓展县域市场、提升县域支行竞争力的重要抓手。一是加快现有线下农牧区信贷客户转到线上。各级行要积极宣传"惠农 e 贷"便利化、无担保、可循环、低利率等突出特点，实现"惠农 e 贷"客户数、覆盖面、业务量的全面提升，确保普惠金融考核、降准提档等监管全面达标，提升农行社会影响力。二是建立完善"惠农 e 贷"政策制度和平台功能。调整优化客户准入、评级、授信、贷后管理等政策制度，健全"惠农 e 贷"综合绩效考评制度，加强"白名单"数据建设，完善"惠农 e 贷"平台功能。三是创新业务主导模式，拓展客户群体。创新具有西藏分行特色的"惠农 e 贷"业务模式，争取把本地的特色产业发展成为"惠农 e 贷"主导模式，以支行为单位详细梳理地方性特色主导产业，制订针对性营销对接方案，逐一突破，真正实现"一县一惠农 e 贷、一特色产业一惠农 e 贷"。客户群体从单一农牧户拓展至中小微企业。

"惠农 e 付"。一是加快建立完善"惠农 e 付"平台功能，构建集收付、理财、缴费、社交功能于一体的线上平台。二是加大"惠农 e 付"营销力度。在县域范围内，铺天盖地进行布码、绑卡，实现贴码商户对所有乡镇和商超类"三农"金融服务点的基本覆盖，争取将"惠农 e 付"打造成为县域商户的主流支付方式。

"惠农 e 商"。顺应把握农村电商发展的趋势，立足西藏经济发展整体环境，为农牧区各种产业链上的客户提供全程化的"电商＋金融"服务，服务好"工业品下乡"和"农产品进城"，并以此拓展客户，累积信息数据，做大商户规模，做强流量经营。同时加强与地方政府、农产品加工企业和专业电商运营商开展合作，依托"惠农 e 商"电商平台，为西藏特色农畜产品打通面向全区乃至全国销售的直销渠道。

（九）金融服务新兴农牧业经营主体培育行动

围绕产业富民、就业富民、创业富民的总体要求，金融助力培育新型农牧业经营主体，帮助农牧民增收致富。一是支持自治区关于培育新型经营主体目标。自治区乡村振兴战略规划提出：发展家庭农牧场，引导农牧户发展适度经营规模的家庭农牧场，发展家庭农牧场 60 家，自治区级以上农牧民专业合作社示范社 850 家（其中，国家级 150 家，自治区级 700 家），培育自治区级以上农牧业产业化龙头企业 48 家（国家级 8 家）。农行将主动了解金融服务需求，有效对接。二是做优做精做细农牧业产业化龙头企业客户。重点围绕互联网金融、产业链为龙头企业提供综合金融服务，稳定提升对国家级和自治区及龙头企业服务覆盖率，力争到 2020 年，覆盖率达到 90% 以上。三是助力农牧民专业合作社发展。重点支持产业链上下游、经营规范的农牧民专业合作社发展适度规模经营，充分利用各类担保体系推进业务发展。四是高度重视"两乡双创"金融服务工作，根据《中国农业银行返乡下乡人员创业创新贷款管理办法》，优先支持"两乡双创"人员从事有较大发展潜力、较强示范带动作用、能促进农村产业融合的新产业新业态项目和当地特色优势产业项目等。紧密对接各地市工会、团委、妇联，通过引入政策性担保公司、商业保险等担保方式，提供金融支持。五是助力农牧区优质个人客户消费升级。适应农牧民进城置业、新型职业农牧民创业、农牧区消费升级等需求，借助互联网工具，做大农牧区个人消费信贷等业务，提升农牧民生活品质。

（十）金融服务体系建设行动

一是积极创新金融服务模式。在区分行"3 + 2 + N"金融服务模式基础上，结合当地实际，以送政策、送产品、送服务、送温暖"四送"为服务内涵，推广多样化的金融服务模式，在县域以下形成"物理网点 + 自助设备 + 金融服务点 + 流动金融服务"四位一体的基础金融服务格局，有效满足农牧民的金融服务需求。二是继续推进农牧区金融环境建设，加强信用信息结果应用，对守信户实行优惠信贷支持政策。加强农村诚信文化教育和宣传，多渠道宣传诚信企业和个人，营造诚实信用等浓厚社会氛围。充分利用全行构建的县、乡（镇）、村三级信用体系，加快推进"掌银村""金卡村""钻石卡"村建设，到 2020年，争取每个县都有 1 个"钻石卡"村，5 个"金卡村"和"掌银村"的基本全覆盖。三是尽快实现自治区提出的"乡乡有网点、村村有金融服务"的总目标，依托"金穗惠农通"工程在县域中的渠道优势和服务功能，通过向客户营销惠农卡、智付通、POS 机等结算工具，开展一系列营销宣传活动，激发农牧民群众用卡意识，激活农牧区银行卡交易，进而提升电子机具使用率。

地方政府债务政策及西藏防范化解研究

国家开发银行西藏分行
课题组组长：包全永
课题组成员：史玉欢

摘要：党的十九大和中央经济工作会议把防范化解重大风险摆在决胜全面建成小康社会"三大攻坚战"之首。习近平总书记在中央政治局常委会会议、中央政治局研究经济形势会议、中央经济工作会议等重要会议上，反复强调必须遵循举债同偿债能力相匹配这条经济铁律，必须高度重视并增强解决债务风险问题的紧迫感和责任感。本课题在系统梳理国内外理论研究成果基础上，回顾我国政府债务状况及政策脉络，总结国内外政府债务防范与化解的经验做法，系统剖析西藏自治区政府债务状况，结合西藏发展实际，提出应对策略以及合规融资促进长远发展的建议。

关键词：政府债务　西藏　政策　案例　问题　建议

一、地方政府债务概述

（一）地方政府债务的相关含义

地方政府债务是地方政府根据信用原则，以承担还本付息责任为前提，筹集资金的债务凭证。目前，地方政府合规的举债渠道为省级政府发行的债券。当然，从存量政府债务看，由于隐性债务的存在，地方政府债务具体包括地方政府本身和所属企事业单位等形成的但是实质是由地方财政进行偿还的债务，具体方式包含发债、借款等直接融资或是提供担保、承诺等信用支撑形成的负债。

从积极意义来说，一是政府债务无论是国内国外，还是国内历史追溯都具有普遍性。二是市场经济发展必然带来债权债务关系的发展。三是我国城市化的巨大成就离不开政府举债投资。负债带来跨越式发展，跨越式发展反过来支撑负债，形成了正向循环。

当然，债务过高也会给经济社会带来负面作用。一是加剧了地方财政的困难程度，尤其在经济下行周期，税收、土地出让等收入显著下降，会导致收支困难。二是过度透支反过来会制约地方经济和公益事业发展，尤其是制约无收益的公共基础设施项目建设。三是会导致地方领导前任拼命融资，后任艰难度日的现象，间接导致经济社会发展缺乏连续性。

（二）传统的债务管理方式

1994 年我国实行分税制改革，导致地方上事权与财权的不统一，带来地方建设运营巨量资金需求与资金来源不足的矛盾。为弥补资金缺口，形成了地方以土地财政为主的方式，但土地财政资金供给有限且波动较大，而旧的《预算法》并没有赋予地方政府举债融资的权力，这样融资平台作为变通方式应运而生，大量的债务游离在预算体制之外，缺乏规模控制机制、风险预警机制和信息披露机制。

（三）目前我国地方政府债务的主要表现形式

1. 融资平台举借的政府债务。从应对 2008 年国际金融危机开始，融资平台一举成为各级政府扩大投资的主要载体，也成为商业银行竞相争取的"香饽饽"。在此背景下，融资平台如雨后春笋般发展，大规模举债甚至是存在违规举债和过度举债。为防止债务规模和管理失控，国家在 2010 年开始了融资平台的规范清理，加强了对举债的约束，但效果不理想，融资平台继续通过银行信贷、BT、企业债、短融、中票乃至后来的专项建设基金、互联网金融等方式进行债务扩张。

表 1　　　　　　　　　　**2010 年至 2011 年规范融资平台相关文件**

序号	时间	相关文件或会议	发布部门	主要精神
1	2010.05	国务院常务会议	国务院	对融资平台要求清理规范，核实并妥善处理债务，加强对融资的管理，禁止地方政府违规担保、承诺等行为。

序号	时间	相关文件或会议	发布部门	主要精神
2	2010.06	《关于加强地方政府融资平台管理有关问题的通知》（19 号文）	国务院	对融资平台债务实行分类管理、区别对待，妥善处理在建项目融资问题。规定对于只负责公益性项目融资任务，且还款主要依靠财政资金的融资平台，后续不得再承担融资任务；金融机构必须自行判断项目的风险和收益，根据市场化的原则决定是否提供贷款。对于平台贷款，必须仔细甄别风险。地方政府不得提供隐性担保。
3	2010.07	《关于贯彻国务院〈关于加强地方政府融资平台公司管理有关问题的通知〉相关事项的通知》（412 号文）	财政部、发改委、人行、原银监会	债务清理以 2010 年 6 月 30 日为分界点"新老划断"，对于偿债资金来自财政性资金比例达到 70% 为限，划分公益性债务。要求加强信贷管理，禁止注入公益性资产。
4	2010.08	《关于地方政府融资平台贷款清查工作的通知》（244 号文）	原银监会	对贷款依据现金流"全覆盖、部分覆盖、基本覆盖、无覆盖"的分类标准进行风险分类。
5	2010.10	《关于做好下一阶段地方政府融资平台贷款清查工作的通知》（309 号文）	原银监会	对公司类贷款进行监测，对平台类贷款进行监控。妥善处理划分为融资平台的存量贷款，严格监控各类平台新增贷款。
6	2010.11	《关于加强当前重点风险防范工作的通知》（98 号文）	原银监会	金融机构必须对融资平台贷款建立台账，按现金流的覆盖程度对贷款全流程进行分类管理，包括抵（质）押分类，贷款资产质量分类、风险评估分类等。
7	2010.11	《关于进一步规范地方政府融资平台公司发行债券行为有关问题的通知》（2881 号文）	发改委	对于融资平台企业债发行进一步严格条件，即偿债资金 70% 以上必须来自公司收益。对于公益类收入占比超过 30% 的平台，必须提供本级政府债务余额和综合财力信息，地方政府不得违规担保，公益性资产禁止注入资本金。
8	2010.12	《关于加强融资平台贷款风险管理的指导意见》（110 号文）	原银监会	要求准确对融资平台贷款分类、根据情况动态调整，贷款拨备率不得低于一般贷款。
9	2011.03	《关于切实做好 2011 年地方政府融资平台贷款风险监管工作的通知》（34 号文）	原银监会	对融资平台实行"名单制"管理，贷款的审批权限统一上收总行。地方融资平台符合贷款原则为：①符合"全覆盖"原则；②符合"定性一致"原则；③符合"三方签字"原则。
10	2011.06	《关于利用债券融资支持保障性住房建设有关问题的通知》（1388 号文）	发改委	融资平台公司发行企业债券应优先用于保障性住房建设。

续表

序号	时间	相关文件或会议	发布部门	主要精神
11	2011.06	《关于地方政府融资平台贷款监管有关问题的说明》（191 号文）	原银监会	金融机构对于退出类平台，按照市场原则自主放贷。对于仍旧按照政府融资平台管理的公路、保障性住房、国务院重大项目、全覆盖且已完成整改等四类项目，可以新发贷款。

2. 中央代发的地方政府债券。同样是为应对 2008 年国际金融危机，经国务院批准，财政部开始代地方政府发债，还本付息时，地方政府将资金缴入中央财政专户，由财政部代为还本付息。2009—2014 年，政府债券每年发行额 2000 亿 ~4000 亿元。

3. 各种类别的隐性债务。国发〔2014〕43 号文规定，自 2015 年开始，地方政府唯一合规的融资渠道就是通过省级政府发行地方债，对于此前确认的政府债务通过债券予以置换，PPP 模式是政府主要推广的市场化融资模式。但各种通过明股实债、保底收益、固定收益等将风险转嫁给政府，表现为企业负债或平台负债的各类 PPP 项目、产业发展基金，甚至包括各种以政府购买形式存在但还款列入财政预算的融资租赁、资本金通道业务、城投债等。

二、新形势下地方政府债务管理的要求

（一）中央政策

2017 年 7 月，习近平总书记强调：坚决打好防范化解重大风险、精准脱贫、污染防治三大攻坚战。

2018 年 1 月，中央召开经济工作会议提出，防范化解重大风险首要任务就是防控好金融领域的风险。

2018 年 3 月，国务院《政府工作报告》：坚决打好三大攻坚战。防范化解地方债务风险。严禁各类违法违规举债、担保行为。

（二）国内重要文件精神

1. 国发〔2014〕43 号文：（1）明确自 2015 年开始，发行政府债为地方政府唯一合规的举债方式。（2）对 2014 年 12 月 31 日以前的存量政府债务 PPP，后续通过发行债券进行置换。（3）推广 PPP 模式，明确债务为企业债务，政府

不承担偿债责任。（4）明确发债主体为省级政府，发债规模由财政部根据各地债务风险、财力状况测算分年核定。偿还资金纳入全口径预算管理，即一般债纳入公共预算，专项债纳入政府基金预算。

2. 财预〔2017〕50 号文：基本是对 43 号文的关于清理存量债务、规范平台融资、规范 PPP 合作行为、规范政府举债机制的细化和再强调。

3. 财预〔2017〕87 号文：明确"先预算、后购买"，政府建设工程中除党中央、国务院统一部署的棚户区改造、易地扶贫搬迁可采用政府购买服务模式外，其他基本禁止。

4. 财办金〔2017〕92 号文与 192 号文：前者是对 PPP 全流程的规范管理，后者是对央企参与 PPP 的规范管理。是 PPP 经过三年多野蛮生长产生诸多乱象后的产物。

5. 财金〔2018〕23 号文：基本是对上述文件内容的全面再强调，并无太多新意。一是融资要与政府划清关系。二是项目选择要基于项目自身收益或是公司自有现金流。三是政策性、开发性金融机构要基于市场化原则、严格按照项目实际而不是政府信用提供授信。

6. 专项债政策。

（1）2017 年 6 月，财政部出台《地方政府土地储备专项债券管理办法（试行）》（财预〔2017〕62 号）。对土储专项债券以及后续发行专项债券用于专项领域投资政策进行明确。

（2）2017 年 7 月，财政部与交通运输部联合发布《地方政府收费公路专项债券管理办法（试行）》（财预〔2017〕97 号）。在政府收费公路领域开展试点，发行收费公路专项债券。

（3）2017 年 8 月，财政部出台《关于试点发展项目收益与融资自求平衡的地方政府专项债券品种的通知》（财预〔2017〕89 号），着力发展实现项目收益与融资自求平衡的专项债券品种。

总结专项债：（1）市场化发债可以规避隐性债务。（2）按照"先预算、后发行"的原则，可以控制债务规模并一一对应还款来源。（3）主动权交给地方，尽力而为、量力而行。（4）专项债目前有土储、收费公路、棚改专项债。（5）2018 年发行规模进一步增加，为 1.35 万亿元，重点保障在建项目。（6）预计专项债将会在更多政府投资领域运用。

（三）政策相关分析

1. 明确"借用管还"机制。总体而言，43 号文以及有关部委随后陆续发布的将政府存量债务纳入预算管理的 351 号文，以及对政府债务实行限额管理的 225 号文三个文件，基本奠定了地方政府性债务的管理框架。

2. 明确规定违规举债形式。2016 年，《地方政府性债务风险应急处置预案》（国办函〔2016〕88 号）明确规定了如下违规行为。同年第四季度，财政部摸底地方政府债务实际情况时，对于地方政府为城投企业出具的担保承诺函作出了"作废""予以收回"的决定。

（1）违反《预算法》《银行业监督管理法》的如下形式：

➢ 政府债务余额超过经批准的本地区地方政府债务限额；

➢ 政府及其部门通过发行地方政府债券以外的方式举借政府债务，包括但不限于通过企事业单位举借政府债务；

➢ 举借政府债务没有明确的偿还计划和稳定的偿还资金来源；

➢ 政府或其部门违反法律规定，为单位和个人的债务提供担保；

➢ 银行业金融机构违反法律、行政法规以及国家有关银行业监督管理规定的；

➢ 政府债务资金没有依法用于公益性资本支出；

➢ 增加举借政府债务未列入预算调整方案报本级人民代表大会批准；

➢ 未按规定对举借政府债务的情况和事项作出说明、未在法定期限内向社会公开；

➢ 其他违反法律规定的行为。

（2）违反《国务院关于加强地方政府性债务管理的意见》（国发〔2014〕43 号）等有关政策规定的下列行为：

➢ 政府及其部门在预算之外违法违规举借债务；

➢ 金融机构违法违规向地方政府提供融资，要求地方政府违法违规提供担保；

➢ 政府及其部门挪用债务资金或违规改变债务资金用途；

➢ 政府及其部门恶意逃废债务；

➢ 债务风险发生后，隐瞒、迟报或授意他人隐瞒、谎报有关情况；

➢ 其他违反财政部等部门制度规定的行为。

（3）财预〔2017〕87 号规定的相关违规政府购买服务行为。

三、债务水平衡量指标

目前通行的衡量政府债务水平的指标主要有以下四个：政府负债率、政府债务率、政府偿债率和逾期债务率。

1. 政府负债率：政府债务余额占本地区（国家）的生产总值的比例。类似于企业的资产负债率，是从整体上衡量对负债的覆盖能力的指标。国际上参照《马斯特里赫特条约》，以小于 60% 水平合理负债率的参考值。

2. 政府债务率：政府债务余额占政府可支配财力的比例。是财力对负债的覆盖程度指标，通常以 IMF 确定 90%～150% 范围中的某个值作为参照，我国取 100%。

3. 政府偿债率：当年偿还债务支出占政府可支配财力的比例。是当年财政偿付压力的指标，该指标越高，表明当年偿付压力越大。通常国际上此指标警戒线为 20%。

4. 逾期债务率：逾期债务余额占年末总债务余额的比例。衡量在年底到期时，逾期额大小的比例，逾期率越大，即超过财力负担越大。

四、公开数据显示的地方政府债务余额状况

（一）财政部公布的全国情况

根据财政部网站公开数据，我国地方政府债务余额分年情况如表 2 所示。

表 2　　　　　　　　　我国地方政府债务情况　　　　　　单位：万亿元

年份	政府债务余额	地方政府债务率	全国政府负债率
2014	15.41	86.00%	38.78%
2015	14.76	89.20%	38.90%
2016	15.32	80.50%	36.70%
2017	16.47	69.8%	36.20%
2018 年 10 月末	18.40	—	—
参考水平		90%～150%	60%

注：1. 债务余额为财政部最新公布数据。

2. 全国政府负债率 = （中央政府债务 + 地方政府债务）/GDP。

从公开数据看，我国地方政府债务规模在风险可控范围之内。

一是我国在合理水平，也较其他可比国家低。就政府负债率而言，国际警戒线为 60%，目前日本已超过 200%，美国超过 120%，法国约 120%，德国约 80%，巴西约 100%。

二是我国债务成因和质量均有利于缓解今后偿债压力。我国举债主要是投资于基础设施领域，这些都能带来经济的发展，为后续快速发展提供支持，为招商引资提供便利，并形成良好的正向循环，这也是我国近 40 年快速发展的经验和实践所证明的事实。而国外的建设更大程度上是为了消费，我国是为了生产，有本质的不同。

（二）部分省市公开数据显示的债务情况

根据长江金融超市发布的《2017 年各省市地方政府债务余额情况表》，2017 年末地方政府负债从高至低以及一般债务与专项债务明细如表 3 所示。

表 3　　　　　　　2017 年末地方政府债务情况　　　　　　单位：亿元

序号	省市	一般债务	专项债务	债务总额
1	江苏	6668.48	5357.80	12026.28
2	广东	6476.74	4253.86	10730.60
3	山东	6189.70	4007.10	10196.80
4	浙江	5159.55	4079.54	9239.09
5	贵州	5113.68	3493.47	8607.15
6	四川	5176.00	3327.00	8503.00
7	辽宁	6115.00	2340.00	8455.00
8	湖南	5146.83	2608.87	7755.70
9	云南	4767.30	1969.50	6736.80
10	内蒙古	5219.55	997.82	6217.37
11	河北	—	—	6150.97
12	安徽	3415.27	2408.09	5823.36
13	湖北	3402.56	2312.97	5715.53
14	河南	—	—	5549.10
15	福建	2783.96	2683.90	5467.86
16	陕西	3152.10	2240.30	5392.40
17	广西	3049.68	1787.04	4836.72
18	上海	2523.50	2170.70	4694.20
19	江西	—	—	4265.03
20	重庆	2235.80	1782.70	4018.50
21	北京	1859.12	2016.47	3875.59
22	黑龙江	3046.20	755.80	3802.00

续表

序号	省市	一般债务	专项债务	债务总额
23	天津	—		3424.00
24	新疆	—	—	3377.80
25	吉林	2353.13	804.14	3193.27
26	山西	—	—	2578.56
27	甘肃	1397.50	669.80	2067.30
28	海南	1162.38	556.88	1719.26
29	青海	1253.21	259.36	1512.57
30	宁夏	1002.90	245.50	1248.40
31	西藏	77.46	21.18	98.64

表3只能看出债务的绝对水平，对于债务承受能力的相对水平无法看出。由于公开数据收集存在一定困难，因此选取部分省市，不用债务总额而用相对容易收集数据且衡量能力也相对精确的一般债务率来衡量省市的债务风险。一般债务是指还款来源列入一般公共预算收入的政府债务，一般债务占一般公共预算收入的比重就是一般债务率，控制性指标按照政府债务率的标准大致进行风险分类，具体如表4所示。

表4 　　　　　　　　　　　　　**部分省市债务风险** 　　　　　　　　单位：亿元

序号	省市	一般债务	一般公共预算收入	一般债务率
高风险区	贵州	5113.68	1614.00	316.83%
	内蒙古	5219.55	1703.00	306.49%
	辽宁	6115.00	2390.00	255.86%
	云南	4767.30	1886.00	252.77%
	黑龙江	3046.20	1243.00	245.07%
风险区	吉林	2353.00	1210.00	194.46%
	湖南	5146.83	2757.00	186.68%
	四川	5176.00	3580.00	144.58%
	安徽	3415.27	2812.00	121.45%
	湖北	3402.56	3248.00	104.76%
	山东	6189.70	6099.00	101.49%
	山西	1891.00	1867.00	101.29%
预警区	重庆	2235.80	2252.00	99.28%
	福建	2783.96	2809.00	99.11%
	浙江	5159.55	5803.00	88.91%
	江苏	6668.48	8171.00	81.61%

续表

序号	省市	一般债务	一般公共预算收入	一般债务率
	广东	6476.74	11315.00	57.24%
优良区	上海	2523.50	6642.00	37.99%
	北京	1859.12	5431.00	34.23%

注：1. 由于数据有限仅选取部分省市，数据来源于互联网。

2. 由于国际上并无精确分类标准，关于风险区的分类也是根据一般债务率大致分类。

从表 4 可以看出，贵州、内蒙古、辽宁、云南、黑龙江等地一般债务率超过 200%，处于高风险地区；吉林、湖南、四川、安徽、湖北、山东、山西从高至低分布在 200%~100%，属于风险区；重庆、福建、浙江、江苏从高至低分布在 100%~60%，为预警区；广东、上海、北京均小于 60%，为优良区。

从表 4 也可以看出，地方政府由于债务负担水平的不均衡，导致地方政府债务可扩张空间呈现出高度的不均衡性，这也是国家实行各种稳增长的普适性政策时不得不面临的制约。在东部发达地区，债务存量相对较低，也显示融资意愿相对有限。而贵州、青海、云南、重庆、湖南和湖北等融资意愿较强的中西部省份债务扩张能力和空间却十分有限。

（三）西藏公开数据显示的债务情况

表 5　　　　　　　　　　　西藏债务分年情况　　　　　　　　　　单位：亿元

序号	内容	2014 年	2015 年	2016 年	2017 年
1	政府债务	87.9	78.2	57.86	98.64
2	财政部核定的债务限额	—	114.3	138.3	168.3
3	GDP	920.83	1026.39	1150.07	1310.60
4	综合财力	1372.05	1671.09	1851.9	2069.11
4.1	一般公共预算财力	1303.05	1604.85	1743.1	1696.59
4.1.1	一般公共预算收入	124.27	137.13	155.99	185.83
4.1.2	转移性收入	1034.87	1337.5	1420.96	1510.76
4.1.3	上年结余	143.91	130.22	166.15	—
4.2	政府性基金财力	68.07	65.18	69.23	73.27
4.3	国有资本经营收入	0.93	1.06	3.57	—
4.4	财政专户收入	0	0	0	—
5	政府债务率	6.41%	4.68%	3.12%	4.76%
6	政府负债率	9.55%	7.62%	5.03%	7.52%

注：1. 综合财力＝一般公共预算财力＋政府性基金财力＋国有资本经营收入＋财政专户收入。

2. 政府债务率＝政府债务/综合财力。

3. 政府负债率＝政府债务/GDP。

资料来源：西藏自治区统计年鉴、中债资信评估有限责任公司关于西藏自治区政府债相关资料。

分析：

1. 政府债务未超过财政部核定的年度债务上限。

2. 政府债务率国际参考标准为 90% ~ 150%，我国以 100% 作为参考标准，西藏全区债务率 2014 年、2015 年、2016 年、2017 年分别为 6.41%、4.68%、3.12%、4.76%，远远低于 100% 的参考标准。

3. 政府负债率同样处于远低于参考标准的水平。西藏 2014—2017 年负债率分别为 9.55%、7.62%、5.03%、7.52%，无论是按欧盟 60% 的参考水平，还是按加拿大 25% 的参考水平，均远远低于参考标准。

综上所述，西藏全区负债总量较低，负债相对综合财力以及经济总量占比较小，在安全可控的范围内。

五、实际地方政府债务估计

（一）研究机构对政府实际债务的估计

虽然财政部网站定期公布地方政府债务状况，且 2017 年底数据为 16.47 万亿元，各项债务指标显示在可控之内。但是自 2015 年以来，各种伪 PPP，伪政府购买支出，各类实质由政府兜底的债券、基金等层出不穷，真实的地方债务到底是什么水平呢？

由于地方政府债务规模可以通过融资主体层面、资产投向层面和融资工具层面等多个维度刻画，考虑到融资主体债务规模不好估计，这也是包括隐性债务在内的地方政府债务清理口径不一，难有统一的数据的原因。目前市场上诸多研究报告是通过地方政府负债对应资产变化，或是对应的融资工具规模变化来间接估计地方政府债务规模的。

在西南证券的研究报告《地方政府债务面面观》，利用地方政府负债对应资产变化以及融资工具规模变化两种估算方法得到的地方政府债务规模相近，2018 年中分别为 41.6 万亿元和 45.5 万亿元，显示当前地方政府债务总规模在 40 多万亿元。根据财政部公布 2017 年地方政府债务总额为 16.47 万亿元，则预算外债务为 25 万亿 ~ 30 万亿元，这里包含政府负有偿还责任以及担保和救助责任的债务。

中银国际业对政府实际债务进行的测算，与西南证券结果较为接近，其结论为：2017 年底政府债务真实值约为 43.7 万亿元，其中通过政府发债形式存在的余额为 14.7 万亿元，融资平台债务约 29 万亿元。根据地方政府债务存在形式，中银国际主要考虑地方政府债余额以及城投平台融资余额。其中，地方政府债余额以 2017 年末约为 14.7 万亿元；城投平台融资敞口从融资形式考虑，主要为城投债、银行贷款以及非标形式（由于 2015 年以来监管对基金子公司、券商资管在内的资管计划监管趋严，不考虑券商、基金相关非标融资）。

（二）各省偿债压力

根据国盛证券研究报告，部分城市还本付息高峰渐进，压力凸显，且这些还只是公开的城投债和地方债的还本付息数据，不包括其他隐性债务。从表 6 也可以看出，加强对债务的规范清理化解，防范重大金融风险尤为必要。

表 6　　　　　　　　　　　　　部分省份债务到期情况　　　　　　　　　　单位：亿元

省份	2018 年综合财力	2018 年广义刚性支出	2019 年（地方债 + 城投债）还本付息总额	2019 年城投债还本付息	2019 年城投债还本付息/（综合财力 - 广义刚性支出）	2019 年（地方债 + 城投债）还本付息总额/（综合财力 - 广义刚性支出）
湖南	7590	4746	5246	3999	141%	185%
江苏	16607	6825	15478	14033	143%	158%
天津	4007	1805	3253	2495	113%	148%
云南	5878	3921	2702	1819	93%	138%
四川	9572	5861	4749	3255	88%	128%
重庆	6011	2675	4082	3507	105%	122%
陕西	5439	3148	2642	1497	65%	115%
辽宁	5742	3399	2508	991	42%	107%
广西	5557	3367	2313	1699	78%	106%
江西	5993	3438	2476	1823	71%	97%
青海	1539	852	664	188	27%	97%
浙江	11883	5091	6182	4695	69%	91%
贵州	5639	2789	2534	1566	55%	89%
宁夏	1462	757	590	130	18%	84%
湖北	8983	4606	3555	2580	59%	81%
福建	6394	2912	2668	1926	55%	77%
新疆	4845	2549	1678	1034	45%	73%
北京	8672	4324	2908	2201	51%	67%
山东	12896	6196	4423	2707	40%	66%

续表

省份	2018 年综合财力	2018 年广义刚性支出	2019 年（地方债＋城投债）还本付息总额	2019 年城投债还本付息	2019 年城投债还本付息/（综合财力－广义刚性支出）	2019 年（地方债＋城投债）还本付息总额/（综合财力－广义刚性支出）
甘肃	3550	2112	943	593	41%	66%
山西	4297	2403	1169	767	41%	62%
河南	10434	5764	2878	2063	44%	62%
吉林	3931	2243	1001	652	39%	59%
安徽	9320	4063	3078	2476	47%	59%
内蒙古	4751	2184	1410	502	20%	55%
黑龙江	4889	2794	1040	495	24%	50%
海南	1899	775	518	84	7%	46%
河北	9040	4279	1920	766	16%	40%
广东	18243	10175	3012	1979	25%	37%
上海	9673	4240	1811	1020	19%	33%
西藏	1933	1022	63	21	2%	7%

资料来源：万德数据及国盛证券。

六、财政通报政府债务违规案例分析

近几年，财政部除了不断出台各项监管政策，并根据实际情况不断完善政策"补丁"的同时，对于各地地方政府各种违规融资的通报、处罚也陆续推进。在财政部通报的各种违规案例中，地方政府违规举债的形式和途径主要有向银行、信托、融资租赁、各种券商资管基金等通道业务以各种形式借款或是"明股实债"等融资，而还款资金穿透后则是以出具担保函、政府购买服务、列入政府财政预算、利用政府置换债券资金等方式予以偿还，这显然与财政部的政策不符。因此，近两年不断出现地方被通报问责的案例。从公开渠道可得到财政部对山东邹城市、重庆黔江区、湖北黄石市、河南驻马店市、云南、广西、安徽、浙江宁波等地政府违法违规举债担保问责案例，这些对于防范地方债务风险具有借鉴意义。

案例一：山东邹城违规举债担保

违规事件：2015 年 3 月，邹城市政府通过市总工会为发起人，向全市企事业单位发行信托产品，募资 8 亿元。通过山东信托转贷给邹城市政方经济发展投资有限公司，以财政资金作为还款来源。

违规类型：财政承诺、财政还款。

案例二：重庆黔江区教委违规直接举债

违规事件：2015 年 8 月，黔江区人民政府同意黔江区城投向贵州中黔金融资产交易中心融资，区财政局提供协调还本付息的承诺函。2015 年 5 月，黔江区教委通过融资租赁向上海爱建融资租赁有限公司融资 1.2 亿元；2015 年 6 月、8 月，黔江区教委向江苏金融租赁股份有限公司融资合计 3 亿元。

违规类型：违规担保。

案例三：湖北黄石财政局违法借款

违规事件：2015 年 8 月，湖北省黄石经济技术开发区通过财政局对外借款 1.1 亿元，借款对象为湖北劲牌投资有限公司。该笔款项通过 2016 年国家给予的发行置换债的政策，通过债券资金予以置换。

违规类型：政府部门向企业举债。

案例四：河南驻马店市政府以政府购买服务名义变相融资

违规事件：2015 年，驻马店市人民政府承诺将市公共资产管理公司本息 6.4 亿元列入财政预算。市财政局根据政府决定，向金融机构违规出具承诺函。

违规类型：政府将企业形式融资纳入财政预算，并要求财政出具承诺函。违规以政府购买服务名义变相融资、违规担保。

案例五：江苏洪泽县违规土地抵押

违规事件：2016 年 7 月，洪泽县城市资产经营有限公司通过采用储备土地作为抵押的信用结构，对外发行债券募集资金 10 亿元。

违规类型：公益性资产进行融资；财预〔2017〕62 号规定："地方政府不得以土地储备名义为非土地储备机构举借政府债务。"

案例六：云南 4 地市违规举债担保

违规事件：涉及云南省保山市、昆明市宜良县、楚雄州禄丰县、普洱市景东县 4 个地方。如宜良县，县人大出具决议，将金汇国有资产经营有限责任公司向光大信托融资的 5 亿元资金列入财政预算，宜良县财政局对外出具了相关列入预算的函件。

违规类型：违规担保。

案例七：广西 2 地市利用公益性资产举债

违规事件：涉及广西壮族自治区来宾市、贺州市两起违法违规举债案例。两地均以市政道路、防洪堤、排洪河桥等公益性资产作为租赁物进行融资。

违规类型：公益性资产融资实质为政府债务。

案例八：安徽池州违规政府购买服务融资

违规事件：池州经济技术开发区通过企业对外融资，但却以政府购买服务形式作为融资模式，违反 87 号文规定，实质是政府变相举债。

违规类型：政府购买服务只能用于棚户区改造和易地扶贫搬迁。

案例九：宁波市鄞州区通过政府回购举债

违规事件：财政局与城投通过 BT 方式违规举债。

违规类型：违规承诺。

这些案例，对于全国各级地方政府都具有借鉴和警示作用，有助于地方对标中央精神，了解政策要求和要点所在，规范和树立正确的政绩观，全力做好地方政府债务清理和化解工作，坚决助力打赢"三大攻坚战"。

七、西藏应对策略

由于财政体制的原因，各级地方政府承担太高事权，但却并无足够的资金，无论是获取资金的手段、方式和来源都很有限，在经济建设为中心以及以前唯GDP 论的大背景下，地方政府只能并且形成依赖负债的方式来尽职履职，做出政绩。

因此从宏观层面而言，关键是进行财政体制改革，合理界定政府与市场边界，合理匹配地方政府财权和事权，树立正确的发展导向。

从国内文献看，规范、化解政府债务可以归纳为短期措施和长期规范两个方面。

短期措施包括：（1）开源节流，增加税收，减少支出；（2）通过出售部分国有资产来盘活存量。

长期规范包括：（1）预算管理，制定中长期财政规划；（2）大力发展实体经济，增加税收来源；（3）简政放权，增加地方举债权和税收征管权；（4）严格预算约束；（5）建立问责机制；（6）改变以 GDP 论英雄的考核机制；（7）大力发展 PPP 等。

从西藏地方政府角度出发，要规范政府债务，可以从以下方面出发。

（一）树立新的政绩观

地方政府违规举债有客观原因，但主观上看是地方领导不正确的政绩观。领导干部罔顾城市财政承受能力和城市发展实际，希望通过举债大搞建设，促进 GDP 发展和城市面貌的改善，因为这些政绩都是可以"量化"或"看见"的。通过合法合规的渠道要受到各种约束，于是在"上有政策、下有对策"的各种变通下，各种隐性举债方式应运而生。金融机构自 2008 年以来也大规模进入政府融资领域，导致债务规模不断扩大。中组部已明确要求各级领导干部树立正确的政绩观。要把政府举债情况纳入对地方领导的考核，尤其是要强化对任期举债的审计，杜绝各种好大喜功的举债建设行为，保持城市发展与财力相匹配，与前后衔接。

（二）建立地方政府债务风险动态管控机制

1. 打消地方政府债务上级政府救助的幻想。坚持中央不救助地方，省级不救助地市的原则，在思想上树立新的政绩观，认清在新常态下中央结构性去杠杆的决心，在政治上与中央防范和化解重大风险保持一致，打消地方政府有上级政府债务兜底的幻想。

2. 建立政府债务全过程监管机制。对政府债务从举借、使用、偿还到风险防控全过程实施监督管理；严格按照国家政策规定的各项程序进行支出、购买、举债；将政府债务安排情况纳入政府预算管理向人大常委会报告，全面接受监督，有效防控债务风险。

3. 建立存量债务定期清理管理机制。一是摸清存量债务规模。通过吃透政策，统一口径，全面核查、清理和甄别，对债务总量做到心中有数。二是对债务进行分类甄别。不搞"一刀切"，不孤立地看待问题，动态分析存量债务的规模、结构和成因。三是制订综合处置方案，按照期限、利率和还款计划和来源等，结合财力状况、未来发展等分年测算地方偿债压力，在此基础上制订分类处置方案。尽最大可能合理利用政府资源，平滑偿债高峰，减少集中偿付风险，最终以时间换空间化解政府债务。

4. 建立新增债务规范举借机制。发挥自治区历史债务规模小、包袱轻的优势，按照科学合理的原则稳步扩展债务规模。

5. 建立政府债务预警机制。综合利用债务率、新增债务率、偿债率、逾期债务率以及综合债务率等指标，建立债务风险预警体系，设置风险警戒线，对所辖地区债务风险状况进行预警和提示。

6. 建立违规举债追责机制。坚持"谁举借、谁偿还、谁审批、谁负责"，对日常政府债务监测信息作为对政府主要负责人考核评价的依据之一，对政府性债务"借、用、管、还"过程中出现违法违规行为的，将依法依规进行责任追究。

（三）加强政府债券融资机制

自 43 号文发布后，政府举债的唯一途径就是由省级政府代发政府债券。截至 2017 年底，财政部核定的债务限额为 168.30 亿元，实际债务为 98.64 亿元，剩余空间为 69.66 亿元，总体而言空间是十分有限的。特别是专项债，由于专项债偿还资金是需要纳入基金预算的。2017 年，财政部核定的专项债上限为 23 亿元，已发行 21.18 亿元，从基金财力来看，2015 年为 65.18 亿元、2016 年为 69.23 亿元、2017 年为 73.27 亿元，增长幅度并不大，后续专项债增长空间相应也不大。因此综合西藏的经济体量和经济特点来看，要拓展发展空间，长期来看需要不断增加税收、基金收入等内生动力，短期来看需要中央更多支持，包括转移支付直接增加财力从而拓展发展空间，或是中央直接给予差异化的政策，增加发债空间。

（四）建立市场化的融资机制

1. 加大 PPP 推广力度。PPP 模式是国家鼓励和大力支持的模式，也是政府在公共服务提供领域的主流融资模式，既可以盘活存量资产又可以做大增量，实现政府引导、企业参与、市场运作。截至 2018 年 8 月底，全国 PPP 项目库共入库项目 8110 个，入库金额 12.14 万亿元，西藏全区仅入库 2 个，入库金额

97.44 亿元，与全国相比处于严重落后状态，建议加大 PPP 机制体制设计，鼓励各地市积极申报入库。重点推动建立以转型平台为抓手的政府主导型 PPP。一是融资平台前期积累了丰富的城市运营经验，二是与政府有天然的信任关系。

2. 做实做强政府投融资主体。可推动现有投融资平台市场化转型，通过厘清存量债权债务关系，强化资产负债约束和绩效管理加强法人建设，通过注入经营性资产增资扩股、整合现金流、创新政府资源配置方式等加强现金流建设。目前自治区已整合 13 家区级投融资主体，可在此基础上进一步充实实力。各地市通过合并"壳"公司，整合做实 1～2 家具备自我持续经营能力的企业集团，握手成拳，推向市场，增强自我持续发展能力，不依赖财政兜底还款。

3. 构建市场化的项目库。一是优选合适的 PPP 项目。综合考虑地方需求、政策需求、行业成熟度、财政承受能力等因素，切实做好项目初步评估。二是加强项目包装策划。以丰补歉，整体平衡，研究如何在重点领域实现重点突破，特别是要制订 PPP 工程包实施方案，组合"小散"项目、搭配"肥瘦"项目、串联"上下游"项目，科学捆绑，因包施策。三是根据项目特点合理设计模式。在实际操作中，应结合不同行业、不同地区、不同项目、不同特性的社会资本来综合考虑项目建设需求、融资需求、定价机制、收益与风险分配机制和合作期限，选择最具针对性的项目运作方式。

4. 组建自治区级资本实力较强的融资性担保公司。国务院出台《关于促进融资担保行业加快发展的意见》（国发〔2015〕43 号），鼓励各地组建融资性担保公司。担保公司是顺应财政新规将政府增信模式过渡到市场增信模式的重要手段，也是西藏自治区构建市场化投融资机制，尤其是补齐产业扶贫融资短板较为迫切需要的一环。目前全区融资性担保公司实力弱小且分散，不具备提供大额、批量化融资担保的资本实力和专业人员。建议整合产业扶贫风险补偿金等财政资金，抱团增信。

（五）争取中央预算更多的支持

毋庸讳言，西藏经济总量较小，2017 年 GDP 仅为 1310.60 亿元，仅相当于内地一个中等地级市水平，当年一般公共预算收入 185.83 亿元，当年转移性收入 1510.76 亿元，转移性收入远远大于一般公共预算收入。西藏由于地理特点、资源禀赋、发展程度等因素，后续在相当长的时间内，依然需要国家和对口援藏省市的支持，并且是主要的资金来源。因此作为规范政府债务"开前门"的重点之一就是继续争取更多的投资纳入中央预算。

参考文献

［1］李霁友．新常态下地方政府债务问题研究［M］．北京：科学出版社，2018.

［2］林勇明，张长春．地方政府债务融资可持续性研究［M］．北京：人民出版社，2017.

［3］杨伟业．为何地方政府债务"一收就死、一放就乱"［R］．西南证券研究发展中心，2018.

［4］杨伟业．地方政府债务面面观［R］．西南证券研究发展中心，2018.

［5］杨伟业．它山之石：海外地方债务管理经验借鉴［R］．西南证券研究发展中心，2018.

［6］刘郁．到期高峰渐进，一文看懂2019年各省偿债能力［R］．国盛证券研究报告，2018.

［7］伍少华等．发挥开发性金融优势，助推政府和社会资本合作（PPP）模式健康发展［J］．学习与研究，2018.

西藏深度贫困地区保险扶贫发展路径研究

中国人寿保险西藏分公司

课题组组长：赵晓彤

课题组成员：饶　丽　龚　晶

摘要：保险以"风险保障"为立业根本，与扶贫理念天然契合，与脱贫目标完全一致，在防止贫困群体因灾因病因残致贫返贫、巩固生产生活脱贫成果，放大财政资金使用效用、促进增信融资和贫困地区产业发展等方面有着独特的优势。西藏是全国唯一的省级集中连片特困地区，经过前期各项扶贫工作的开展，截至2018年，全区贫困人口存量33.1万人，深度贫困县（区）44个，如期完成脱贫攻坚面临着任务重、成本高、难度大等诸多挑战。本文在分析西藏自治区保险助力精准扶贫现状与存在问题的基础上，提出强化贫困风险防范意识、开发配套扶贫保险产品、提升机构服务能力、推广"保险＋其他扶贫主体"扶贫模式、完善保险扶贫投资体系、加强人才交流强化人才支撑等保险扶贫的发展路径。

关键词：保险　深度贫困　发展路径

一、引言

　　党的十八大以来，西藏自治区党委、政府认真贯彻落实习近平总书记关于扶贫工作的重要论述和党中央脱贫攻坚决策部署。2016年、2017年两年实现贫困人口减半目标，30个贫困县（区）脱贫摘帽，连续两年被中央确定为"综合评价好"的省区。一直以来，西藏保险行业都致力于缓解贫困，为人民生活水平的提升带来切实改变，在脱贫攻坚的具体工作中发挥着非常显著的作用。同时，在各项扶贫工作的开展过程中，西藏保险业始终坚持直接将保障的重点放在各类贫困人群上，全力提供保障助力财政政策有效发挥，起到连接财政政策与贫困群体之间的枢纽作用。保险行业这种更加精准和有效的扶贫模式，能够进一步缓解和改善深度贫困地区的贫困现状，做到更加精准的定点扶贫，充分发挥保险机制的社会保障作用。

因此，本文基于这一研究方向，结合 2018 年 3 月保监会发布的《关于保险业支持深度贫困地区脱贫攻坚的意见》中的重要观点，重点对当前西藏自治区保险行业在助力精准扶贫方面存在的问题与不足之处展开深入分析与讨论，并有针对性地提出保险业深度扶贫、精准扶贫、有效扶贫的合理化发展路径，有着重要的现实意义。

二、西藏保险业助力深度贫困地区扶贫现状与存在的问题

（一）西藏保险业助力深度贫困地区扶贫发展现状

基于实地调查和深入探索得到的数据资料可以看出，现阶段西藏自治区保险业在深度贫困地区的脱贫助力工作主要体现在三个方面：农险扶贫、健康扶贫与补位扶贫，并且在农业保险补助、大病医疗保险等方面都已经初见成效，建立了保险的扶贫保障体系以及投资体系，其中投资体系内容包括直接投资与支农投资两个方面。

1. 健康扶贫方面。西藏区域内以昌都、日喀则西部和那曲西北部为代表的区域性深度贫困，集中了全区 88.9% 的贫困人口。深度贫困县（区）多数集高山峡谷区、地方病高发区、高寒牧区、禁止开发区于一体，自然环境恶劣，基本生活条件差。因此，进一步完善城乡居民及农牧民大病保险制度，着力发挥保险机制的精准优势，防止深度贫困地区居民发生"灾难性医疗支出"具有极大意义。截至 2018 年上半年，全区大病保险赔付累计支出 5030.46 万元，有效缓解了城乡居民特别是农牧民"因病致贫、因病返贫"现象。

2. 农险扶贫方面。西藏地区自然灾害相对较为频繁，不仅给人民的稳定生活带来了很多困扰，也影响着该地区经济的发展与进步。因为对于西藏地区而言，大多数家庭都以农牧业为生，而且农牧业生产对维持西藏贫困地区农牧民家庭的生活水平有着"稳定器"的重要作用。但是农牧业生产对于生态环境与天气的要求较为严苛，一旦因为自然灾害引发环境巨变，农牧业生产也会随之遭受重大的影响和打击。为了保障西藏贫困地区农牧民家庭的基本生活，区内多家保险公司开办、承办了相关农业灾害保险产品，农业保险赔款能够为自然

灾害后农牧民生产的恢复提供重要资金保障。当前，区内不少保险公司积极开发多样化的农业扶贫保险产品，例如，特色种植业保险、有机农作物保险、藏鸡养殖保险、奶牛养殖扶贫保险及家庭农场保险等。同时做到灾后应赔尽赔、应赔快赔。

3. 补位扶贫方面。2017 年，人保财险西藏分公司和中国人寿西藏分公司不断探索保险扶贫新路径。两家公司分别与自治区扶贫办签订《保险扶贫合作框架协议》，分别从涉农保险、产业扶贫特惠保险、医疗救助保险、小额人身意外保险、家庭财产保险等方面，积极推动、创新保险扶贫方式，共同探索保险精准扶贫脱贫新路径。2017 年度承保小额农村意外险 8721 笔，保险金额 746.53 亿元。中国人寿西藏分公司与林芝市波密、朗县政府签订扶贫保险合作协议，基于这些地区的实际情况推出了更具有实际效用的保险产品组合——"脱贫保"，不仅保费低廉、保障范围较为广泛，而且保障程度较高，是真正基于当地人民而推出的扶贫保险产品，同时这也是寿险产品在西藏地区精准扶贫工作中首次的创新实践应用。

具体的保险合作协议中，中国人寿西藏分公司为两个县所有贫困户家庭都建立了保险档案，并对这 2131 户贫困家庭提供最高 9.9 万元的意外伤害保险服务，切实保障西藏地区贫困农户家庭人民的根本利益，为其提供更加多元化的保险服务。

（二）存在的问题

尽管当前保险在助力西藏深度贫困地区扶贫方面取得较好效果，但是由于起步较晚，经验积累不足等原因，还存在以下几个方面的问题：

一是群众保险意识不足、不重视保险工具，保险宣传工作压力巨大。目前西藏自治区的深度贫困县（区）和贫困人口大多位于边远地区，这些地区本身保险机构相对较少，而且大多数民众都缺乏保险意识，不仅保险普及效果不好，而且区域内人民群众能够享受到的保险服务非常有限。一方面，深度贫困地区农牧民群众由于受文化、地域、经济发展水平等综合因素的影响，保险意识相对淡薄。受传统思想观念的影响，农牧民长期习惯于自己承担风险，没有认识到保险的作用。特别是深入县、乡一级，老百姓在很大程度上习惯于单纯依靠政府救济和投入，缺少风险分散和风险共担的意识。甚至政府已经为老百姓购买了的政策性保险，基层群众也不知道能不能赔、找谁赔、怎么赔。另一方面，西藏自治区部分贫困地区的乡镇政府与村委在具体保险工作的落实方面也存在严重不足，对于保险功用缺乏正确认识，不重视发挥保险工具在应对生产生活风险中的作用，保险公司保险宣传工作压力巨大。

二是针对保险产品体系不丰富，保险保障覆盖面不够广。西藏地区的保险机构一直以来都将其保险业务的重点放在经济较为发达的城市区域，而忽略农村地区的保险业发展，所以导致西藏农村地区的保险业发展缓慢，而且各项制度体系都不是十分完善。因此大部分深度贫困地区所在的区域，地域差异性尤其突出，其主要表现就是这些深度贫困地区目前的保险主要还是以防范自然风险的基础保障产品为主，对于其他更多形式的保险服务则没有进一步体现。另外，深度贫困地区居民收入低且不稳定，大多数在农村地区销售的商业险种沿用针对城市居民开发的产品，缴费水平较高，贫困地区居民没有实际购买能力。保险机构较少针对农村多样化风险保障需求开发保险产品。

三是保险机构网点覆盖率低，影响保险产品推广。西藏地广人稀，每平方公里不到2.8人，是全国人口最少的省区，人口和经济活动相对分散。交通不便，保险业务的开展、网点的建设和查勘理赔都面临诸多挑战，机构及服务下延成本高。同时，藏区农村保险市场所推出的相关产品普遍有风险大、利润少的特点，多开设保险网点不仅会增加保险机构的负担，而且发挥不了相应的效果。但是如果不继续增设保险网点，农村地区的投保人遇到相关问题时又不能第一时间联系到保险机构工作人员，享受不到及时有效的保险服务，从而会失去对保险机构的信心，而不愿意继续投保。所以正是基于这一问题导致了西藏贫困地区的保险普及率相对较低，大多数贫困户的参保意愿都不太强烈，而且保险机构也不愿意在这些地区投入更多的资源和精力。

四是信息化建设滞后，缺乏有效手段化解经营产品的风险。保险机构在西藏地区精准扶贫工作的开展虽然具有一定的社会公益性质，但是保险公司毕竟是营利性机构，其助力扶贫的同时必然不希望发生过多亏损，影响到公司正常的经营与发展。所以在西藏深度贫困地区的助力精准扶贫工作中，保险公司只提供保险服务，而不会积极改善当地落后的信息化发展水平。但是信息化程度的滞后又会反过来阻碍和影响保险工作的进一步推进，所以这对于保险机构而言，存在着一定的经营风险。

五是中高技能保险扶贫人才相对匮乏。由于西藏特殊的地理环境及教育环境，人才总量相较于内地更为匮乏，各家保险公司普遍存在人才难求、难留、难培养的问题，具有中高技能的保险扶贫人才的匮乏已经成为制约全区各保险机构服务深度贫困地区扶贫工作的"瓶颈"。

三、保险助力精准扶贫路径分析

（一）强化深度贫困地区风险防范意识

保险助力精准扶贫工作的深入开展，首先要全面提高这些地区民众的保险意识，树立风险防范的基本理念与思想，其主要路径有以下三点：

第一，各区乡镇政府和村两委必须转变其思想观念，认识到保险扶贫工作的重要性，并在日常工作中积极推行保险政策，鼓励贫困户积极参保，利用保险的手段来防范未知风险。

第二，保险机构也要深入实践，基于各贫困农户家庭的实际需要来设计更具有针对性的保险产品，切实保障贫困户的基本利益，立足脱贫攻坚的实践工作，这样才能得到广大贫困户的认可与接受。

第三，乡镇政府和保险机构在保险助力精准扶贫的工作开展中，要全面强化宣传动员工作。首先，要创新宣传形式，树立保险扶贫事例典型，要求在保险扶贫工作中获得帮助的贫困户现身说法，为其他群众答疑解惑；其次，在具体的宣传工作中还要根据不同主体分类实施更具有针对性的动员工作，可以借鉴河北阜平"金融扶贫、保险先行"、河南兰考"脱贫路上零风险"、宁夏"脱贫保"等经验来开展宣传动员工作，切实提高西藏自治区群众对于保险的思想认识水平。

（二）开发配套扶贫保险产品

基于深度贫困地区农户群众的不同需求，保险机构要开发更加多元化的配套扶贫保险产品。

第一，基于贫困地区健康保险需求，致力于解决好因病致贫问题。针对西藏自治区贫困人群易发多发的重大疾病，如包虫病、风湿病、结核病、病毒性肝炎和大骨节病等，为贫困地区政府和贫困人群分别开发适合的险种。

第二，精准对接贫困地区农业保险需求。结合西藏自治区打赢深度贫困地区脱贫攻坚战三年行动计划中涉及的种植、养殖、加工等产业实际。基于实地调查与深入研究，为贫困地区农牧民提供价格实惠、保障范围广泛以及服务到位的果蔬、养殖等方面的保险产品，切实保障农牧民家庭的根本利益。

第三，针对特殊群体分类施策，量身定做扶贫保险产品。对高海拔山区搬迁、风湿类风湿病搬迁群体、深度贫困地区"两保一孤"群体等，开发集意外伤害和重大疾病于一体的保险产品。这样一旦贫困户发生重大疾病或遭遇自然灾害时，都能够第一时间得到应急保费，以解决各个家庭的燃眉之急。

（三）创新深度贫困地区保险服务载体

保险机构开展助力精准扶贫工作，还应该结合贫困地区的实际情况创新保险服务载体，为该区贫困家庭提供更好的服务体验。具体路径有以下三个方面：

第一，拓展深度贫困地区保险服务网点。保险机构应该加大对各县、乡单位服务网点的建设，扩大贫困地区保险服务区域的覆盖范围，使每户家庭都能够就近享受到保险机构为其提供的保险服务，而且遇到问题时，能够在最短的时间内得到保险公司的帮助，尽快解决问题。

第二，培养农村保险员及协保员。保险机构在精准扶贫工作中，为了扩大服务范围，并解决人手不足的问题，可以在当地培养保险业务人员和协保工作人员。保险机构可以在深度贫困地区的高中和职业技术学院中挑选一些优秀学生，对其进行保险知识与业务的定向培训工作，并通过实践工作的锻炼提升这些学生从事保险业务工作的技能水平。同时保险机构还可以邀请一些文化程度较高的人来从事兼职的保险工作，或者负责协调与管理，以更好地推进保险工作的有效开展。

第三，大力推进藏汉双语服务。保险机构还应该在具体工作中重点对客户服务人员、理赔服务人员进行藏语培训，并在各网点都安排一到两名精通藏语的服务专员，深入基层，切实解决西藏深度贫困地区客户的保险问题，为客户提供藏语服务。

（四）探索"保险＋其他扶贫主体"扶贫模式

保险机构基于西藏深度贫困地区的实际情况，还应该积极探索"保险＋其他扶贫主体"的扶贫模式，主要探索途径有以下三个方面：

第一，积极推广"保险＋财政资金"模式。扶贫是政府积极倡导的工作，所以保险机构应该作为连接政府与贫困农户之间的纽带，帮助贫困地区尽可能地争取政府为其提供的财政保费补贴，基于相关政策进一步扩大对于贫困群众的保障范围，充分发挥保险的兜底作用，加强扶贫工作的具体成果。

第二，试点推广"保险＋医疗"模式，保险机构可以在具体工作中实现医疗与保险的全面结合，切实保障贫困地区群众的生命健康安全，为贫困群众提供医疗保险服务。在具体模式运行中，只要是在保险机构购买了商业保险的患者，看病过程中所有的花销，除去医保报销外，只要在商保范围内，保险公司负责实时清算结算。这样的实时模式，将大大简化患者的报销流程。

第三，积极推广"保险＋信贷"模式。保险机构还应该在精准扶贫工作中为贫困户带来金融支持，利用保险服务资金为有融资需求的农村企业和农村个体户提供小额贷款保证保险、借款人人身保险等服务，缓释贫困地区企业、个人信贷风险，有效降低农村信贷业务的门槛标准，切实解决农村企业和贫困农户"融资难"问题。同时，保险机构还可以通过开展助学贷款信用保险，帮助农村地区学生获得受教育的机会，为其成长提供重要帮助。

第四，积极推广"保险＋公益"模式，保险机构可以与民政部门开展济困合作，积极动员爱心个人、团体、企业等通过为贫困户购买保险的方式参与扶贫。同时号召各保险公司广泛参与捐资助学、扶危济困、健康医疗、环境保护、体育事业等公益慈善项目，为改善民生、建设和谐社会作出积极贡献。

（五）完善保险扶贫投资体系

保险机构应该利用其有效资金进一步完善扶贫投资体系，利用保险资金规模大、期限长、示范性强等优势，积极投资贫困地区有广泛前景的优势产业，充分发挥模范带头作用，在引导效应下带动其他资本共同发展农村地区经济，完善贫困地区基础设施，投资发展新型产品，改善民生工程，实现西藏深度贫困地区经济面貌的全面改善。

（六）强化政府与险企人才交流，为扶贫工作提供人才支撑

乡镇政府和保险机构还应该重视对保险人才的培养，为打赢保险扶贫攻坚战提供坚强的人才保障。巩固和深化保险干部到贫困县挂职锻炼，安排新入职保险员工到乡镇及以下保险分支机构锻炼，为贫困地区发展保险扶贫注入新鲜血液。同时，乡镇政府应该选派年轻干部到保险机构交流锻炼，增强地方政府运用保险工具助推脱贫攻坚的机构能力。

参考文献

［1］何学松，孔荣．普惠金融减缓农村贫困的机理分析与实证检验［J］. 西北农林科技大学学报，2017，17（3）.

［2］王雨飞，常俊．保险业精准扶贫［J］．中国金融，2016（22）.

［3］李海波．关于创新金融扶贫模式的探讨——基于河北模式的讨论 ［J］．农村金融研究，2017（5）.

［4］席国柱．论农业保险市场的有限竞争［J］．保险研究，2017（2）.

西藏金融发展水平测度及其对西藏经济增长的贡献度研究

中国人民银行拉萨中心支行

课题组组长：唐光明

课题组成员：何　勇　韩勇楠　周启清

摘要： 本文主要以1991—2016年西藏自治区的金融机构存款余额与贸易总额分别占GDP的比重、保费收入、金融业增加值、股票筹资额和存贷款余额比值以及社会消费品零售总额为指标，构建熵权法测算模型，计算出1998年至2016年西藏的金融业综合发展水平和各指标的权重，然后选取西藏1998年至2016年的GDP增长率作为经济增长的衡量指标，运用Eviews8软件，通过ADF单位根检验、Johansen协整检验和格兰杰检验进行计量检验与实证结果分析。研究发现，西藏地区经济发展相对落后，工业化水平较低，城镇化水平相对低下，金融发展相对滞后，自治区金融与经济发展的不完全同步，经济与金融聚集情况差距较大，并据此提出深化西藏自治区金融体制改革，提高金融资源配置效率等建议，以期实现西藏自治区金融发展与经济发展良好的互动机制。

关键词： 金融发展水平　经济增长　熵权法

一、引言

党的十九大报告、全国第五次金融工作会议以及2017年底的中央经济工作会议都对我国未来经济发展指明了方向，明确指出我国经济已由高速增长阶段转向高质量发展阶段。改革开放40年来，中国逐渐成为世界第二大经济体，同时中国经济发展也到了一个从着眼经济增长数量扩张到经济增长质量的关键时期。越来越多的经济增长质量问题日益凸显：盲目扩张，资源利用率偏低，原料和能源消耗较高，生态环境损害严重，社会经济文化各方面发展不够协调，国家软实力和幸福指数有待提高等。因此，未来推动我国经济向高质量发展转变具有十分重要的意义。实现这一目标需要各方的协调与配合，从金融业来看，发展与深化金融，使之更好地服务新的经济实体形态，同时防范并化解金融风险，确保不发生系统性金融风险，是新时代经济新常态对金融业提出的要求。

从金融与经济之间的关系来看，金融与经济之间关系密切。一方面，金融是经济的"血脉"，是现代经济的核心，是实现资金的跨期配置的方式，是实体经济发展的推动力，在提高资金使用效率以及优化资源配置方面具有一定的优势，对缓解经济发展所面临的资金不足问题有着十分重要的作用。可以说，金融业的发展水平直接关系着一国或地区经济发展。另一方面，金融危机的爆发对经济的打击越来越大。世界范围内频发的各类金融危机对世界经济的发展也带来了巨大的影响，特别是对实体经济冲击巨大。

西藏自治区成立以来，作为西部贫困地区的西藏在金融业中实行一种政府推动为主的外生金融发展模式，这是为适应西藏政治、经济与社会制度需要而产生的。这种推动力为西藏的经济发展和社会进步发挥了重要的作用，然而金融为西藏经济社会发展的贡献到底有多大，理论界始终没有给出正面的结论。对于此类问题，一个普遍的认识是西藏的经济发展存在"强财政，弱金融"的基本现象，即西藏的经济发展是财政推进的结果，金融部门的作用微乎其微，即使有作用，也认为只是在财政的影响之下展开的。

近些年来，西藏金融稳步发展，逐渐由外生发展向内生发展转变，其对实体经济的服务能力也在稳步提升。测度西藏金融的发展水平并量化其对经济增长的贡献，对于认识金融在西藏经济发展中的作用，同时在供给侧结构性改革的宏观环境背景下，补齐金融短板，发挥金融资源对实体经济的贡献，具有重要的意义。

金融业的发展水平直接关系着一个国家或地区经济发展。本文研究的价值主要有两方面，一是通过对金融发展水平的测度及其对西藏经济增长的贡献度的实证研究，可以更好地了解西藏金融发展状况及其对经济的支持情况，进而对西藏金融未来的发展和创新进行有针对性的改革和监管，以便更有效地实现西藏金融创新助力西藏经济更好更快的发展。二是通过对西藏金融业发展水平的测度，可以有效检验国家和地方金融调控政策的实施效果，为货币政策的实施提供有效的理论和数据支持。

二、文献回顾

整体来看，目前国内外测度金融发展水平，主要以内生金融理论、金融约束以及金融发展等相关理论为基础。Shaw 和 Gurley 的著作是金融发展理论的主要起源，他们的主要贡献在于通过金融发展模型说明金融发展对经济发展有正向促进作用。随后，Robert E. Lucas Jr 和 Paul M. Romer 将金融发展理论和内生理论相结合，进而提出了内生金融理论。Stiglitz 和 Hellman，Murdoc 开展了对金融约束理论的研究，建立了相关的理论研究框架。此后国内外学者开始逐渐关注经济和金融两者之间关系的研究，并成为热点方向。Goldsmith（1969）认为金融市场作为经济活动的中心，经济的增长可以部分被金融服务解释，他通过对 35 个国家的数据归纳分析，认为金融发展与经济增长存在正相关，两者实证研究的基石从此奠定。Greenwood 和 Smith（1997）则认为金融市场通过提高其专业化程度推动经济增长，开辟了分析经济增长动力的新途径，推动了经济增长理论研究的大发展。Rafael Cezar（2011）对 135 个国家和地区开展了研究，研究结果表明金融发展水平的不断提高对经济的发展有着较为积极的影响。

对于经济增长与金融发展两者之间的关系，我国有关学者进行了深入研究。孟艳、闫坤（2009）从利率、汇率及流动性过剩等角度来研究金融发展与经济增长的关系。武志（2010）主要使用了戈氏金融发展指标等一系列方法，较为深入地研究了我国经济增长与金融发展两者之间的关系，最后得到的主要结论是金融发展对经济增长有促进作用。徐淑芳和彭馨漫（2014）通过 VAR 模型分析粤、苏、浙金融业对经济发展的贡献度，认为金融发展与经济增长存在因果关系，并提出促进广东金融业对经济增长贡献度的建议。赵予新、马琼（2015）认为金融业对城市基础设施融资有显著的正向关系，带动城市经济的发展。于成永（2016）对两者之间关系研究表明，一方面金融聚集和银行发展对经济增长的贡献比较明显，贡献较大，然而另一方面金融发展对经济增长的影响效果会逐渐减弱。张雪芳、戴伟（2017）对两者之间关系研究表明，一方面在实体经济资本配置方面金融市场化有较大的促进作用，然而另一方面在实体经济资本配置效率方面金融的作用还相对不足。

从上面国内外研究来看，目前主要是从国家整体层面，定性或者定量研究金融发展与经济增长两者之间的关系，从局部区域性研究两者之间的关系较少，探究金融对经济增长的贡献度研究不足，实证研究明显不足。本文主要以

1991—2016 年西藏自治区的金融机构存款余额与贸易总额分别占地区生产总值的比重、保费收入、金融业增加值、股票筹资额和存贷款余额比值以及社会消费品零售总额为指标，构建熵权法测算模型，计算出 1998 年至 2016 年西藏的金融业综合发展水平和各指标的权重，然后选取西藏 1998 年至 2016 年的地区生产总值的增长率作为经济增长的衡量指标，运用 Eviews8 软件，通过 ADF 单位根检验、Johansen 协整检验和格兰杰检验进行计量检验与实证结果分析，明确西藏金融发展水平对经济增长的贡献度，得到有关结论，提出适合我国国情和西藏地方经济发展的可行性建议。

三、西藏自治区金融发展现状

（一）金融发展规模显著增长，但在全国仍属于落后地区

在前期的相关研究，主要是从金融相关比率角度来度量金融发展的。目前，我国有关金融资产的统计还不完善，多数学者主要以地区生产总值近似替代实物资产，以存贷款总额近似替代金融资产价值，以此来计算金融相关比率。

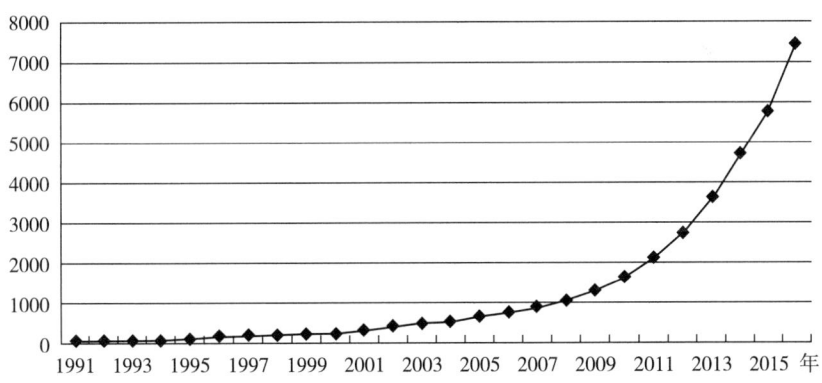

图 1　西藏自治区 1991—2016 年金融相关比率

图 1 表明西藏自治区金融发展规模在 1991—2016 年内发展非常迅速，存贷款余额规模增长了 180 倍，同时一直表现为递增形式。图 1 也表明，1991 年至 2000 年间发展速度较为缓慢，处低位运行状态，而在 2001 年及之后，西藏自治区的金融发展速度开始提速，特别是在 2009 年以后，西藏自治区的金融发展速度越来越快。

以西部十二个省份 2014 年的相关指标对比来看，我们选取 2014 年的地区生

产总值、存贷余额、贷款余额作为衡量区域经济和金融发展的规模指标。其中，发现经济总量较大的省区（以地区生产总值衡量），其存贷款余额也相对较大。以四川省为例，2014 年四川省地区生产总值达到了 28536.66 亿元，其存贷款余额之和为 88687 亿元，二者皆为十二个省份之首。西藏在 2014 年地区生产总值为 920.83 亿元，存贷款余额为 4708.65 亿元，在西部十二个省份中排名末位，与四川省相比，经济总量只有其三十分之一，存贷款规模只有其约二十分之一，相比靠前一位的青海和宁夏，在经济总量和存贷规模上，也只有其一半的水平。

因此，总体来看，西藏金融发展规模自身虽然有了较大的发展，但在全国总体水平上仍然属于落后地区。

（二）固定资产投资规模较低，但社会融资规模逐年增加

固定资产投资是社会固定资产再生产的主要手段。固定资产投资额是反映固定资产投资规模、速度、比例关系和使用方向的综合性指标。固定资产投资规模越大，其经济的发展潜力就越大，对于基础设施相对落后，重大产业项目较少的西部地区，固定资产投资是推动经济发展最直接最有效的手段。以 2014 年为例，西部十二个省份中四川省固定资产投资规模最高，为 23318.6 亿元，比上年增长 14.72%。其中除四川省外，其余省份的固定资产投资规模增长率均高于全国平均水平。西藏地区的固定资产投资规模较低，为四川省同期的 5% 左右。同时分析西部地区固定资产投资结构可知，西部地区固定资产投资的国有经济成分较大，平均占比为 36.04%，高于全国平均水平约 10 个百分点。其中西藏地区国有经济的投资比例占 68.84%，说明西藏地区工业化水平较低，政府只能通过对基础建设的投入来发展地区的经济水平。

社会融资规模指的是一段时期内实体经济从金融体系获得的全部资金总额。简单地说，就是金融机构向实体经济输血了多少资金。表 1 说明西藏自治区在 2007 年至 2016 年，实体经济从金融体系获得的资金总额总体呈现上升趋势，但是增速波动非常大，这表明金融体系与实体经济之间尚未形成一个稳定的支持体系。

表 1　　　　　　　　西藏自治区 2007—2016 年社会融资规模

年份	社会融资规模（亿元）	增速
2007	28.26	4.59%
2008	30.53	8.03%
2009	52.07	70.55%

续表

年份	社会融资规模（亿元）	增速
2010	118.99	128.52%
2011	118.61	−0.32%
2012	593.83	400.66%
2013	773.23	30.21%
2014	739.23	−4.40%
2015	793.89	7.39%
2016	935.22	17.80%

（三）金融业增加值逐年增加

金融业增加值是指金融业从事金融中介服务及有关金融附属活动而创造的新的价值，是一年内金融业生产经营活动最终成果的反映。图 2 表明，1991 年至 2016 年，除 1992 年至 1999 年金融业增加值处于一个较低水平，以及 2008 年至 2012 年受国际金融危机冲击外，西藏自治区的金融业增加值一直是逐年增加的，特别是近 4 年以来，金融业增加值的增长速度有进一步提升趋势。同时，根据中南财经政法大学产业经济与区域金融协同创新中心李虹含研究员的观点，"金融业增加值占地区生产总值比重下降，说明金融脱虚向实已起到一定的成效，实体经济将逐渐成为支撑地区生产总值增长的主力"。表明西藏自治区金融业发展有脱实向虚的趋向。

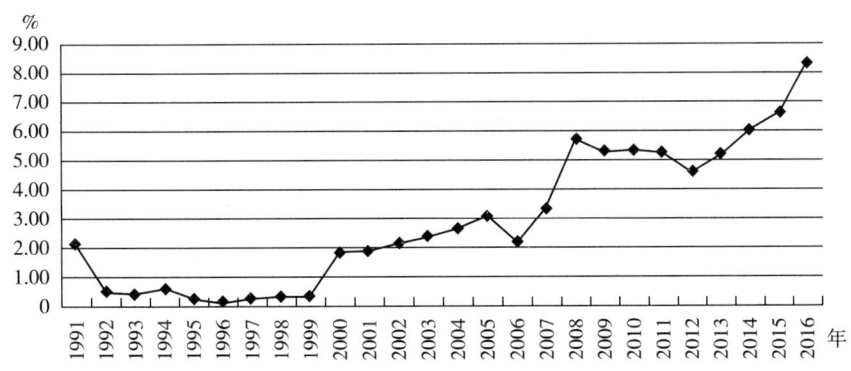

图 2　西藏自治区金融业增加值占地区生产总值比重

我们采用金融市场化比率（FIMR）来测试金融市场发展的程度。公式为 FIMR = FVO/GDP，其中 FVO 代表金融业增加值，GDP 表示地区生产总值，从而 FIMR 越大时，说明地区的金融市场化水平越高，FIMR 越小时，说明地区的金融市场化水平越低。我们计算了 2000 年至 2014 年西部十二个省份的金融市场化水平，发现在 2008 年以前，西藏的金融市场化比率基本保持在 2.5 以下，低于西部省份的平均水平，从 2008 年以后，突然增加到 5～6，高于西部的平均水平 4～5，说明在 2008 年国际金融危机爆发后，我国政府为了抵御经济衰退，推行的"四万亿"政策刺激，在一定程度上促进了地区的金融市场化比率，但由于出口受阻，实体经济受到打击，金融业也出现脱实向虚倾向。

（四）银行不良贷款率较低

图 3 说明，从规模上看，西藏自治区银行不良贷款规模较 2003 年出现大幅度的减少，但 2014—2016 年，不良贷款规模有轻微的反弹迹象。从不良贷款率来看，西藏自治区银行不良贷款较 2003 年情况好转明显，近几年的不良贷款率一直维持在一个相当低的水平。

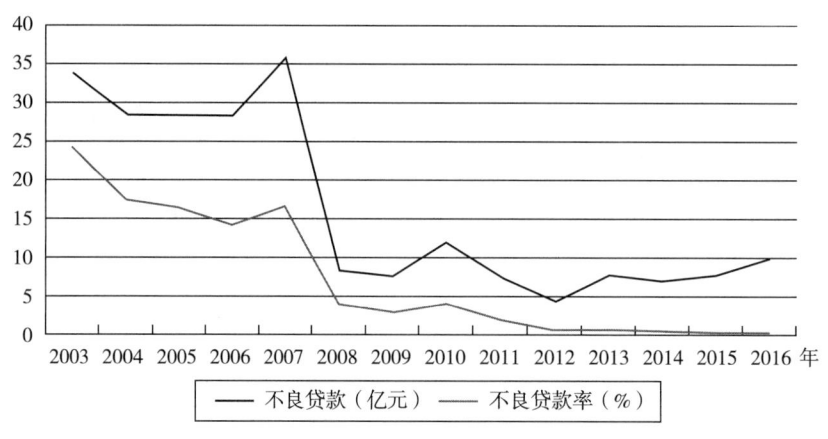

图 3　西藏自治区银行不良贷款情况

（五）金融资源低于西部平均水平，且主要集中于首府拉萨

以西部地区十二个省区 2012 年到 2014 年三年间银行业的分支机构个数、从业人数以及资产总额的数据作为比较，发现四川、陕西、广西、云南、重庆和内蒙古位于前列，其中四川省的银行业分支机构个数、从业人数以及资产总额，均遥遥领先于其他各地区。以 2014 年为例，四川省的银行业的分支机构个数为 13751 个，从业人数为 22.57 万人，资产总额为 6.71 万亿元，而同时期的西藏地区的相应数值为 677 个、8427 人和 3311.2 亿元，仅为同时期四川省的 5%、4% 和 5%。

本研究以西藏自治区首府拉萨的年末存款余额、贷款余额占整个西藏地区的占比为指标研究西藏地区金融资源分布情况。图 4 表明，西藏自治区金融资源分布非常不均衡，首府拉萨市的年末存款余额、贷款余额占到了整个自治区的 60% 至 70%。

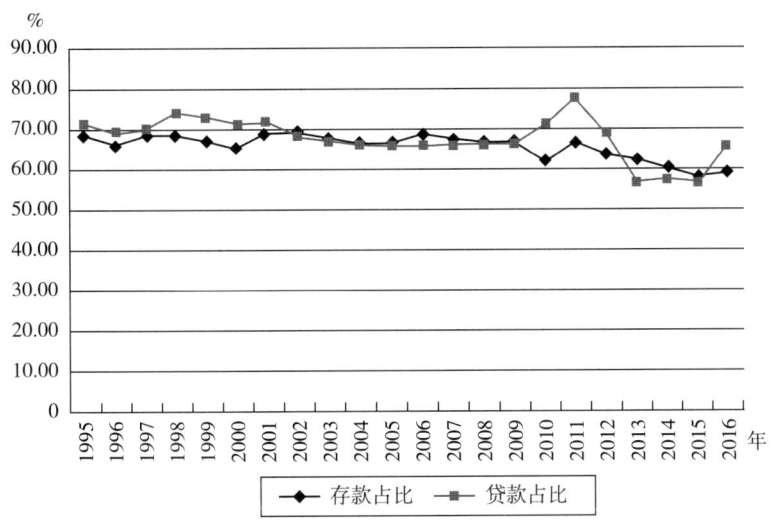

图 4　西藏自治区金融资源分布情况

（六）金融市场化低，金融效率低下

金融市场化反映金融市场竞争程度，本项目用人行、中行、农行、建行、工行、国开行的金融机构贷款余额之和同本外币金融机构贷款余额的比值代表国有银行的市场占有率，再用 100% 减去国有银行的市场占有率表示金融市场化比率。图 5 说明，西藏自治区金融资源主体仍集中于中、农、建、工等国有大型银行，金融市场化程度低，加强金融创新正当其时。

地区存贷比（LSR）可以衡量该地区金融部门将储蓄转化为投资的能力，即金融发展对地区实体经济的支持能力，也可衡量金融效率。公式为 LSR = 金融机构贷款余额/金融机构存款余额。计算出西部十二个省区 2000 年至 2014 年的存贷比，发现总体趋势为在 2000—2014 年，西部各省份的存贷比与西部地区平均存贷比变动趋势相同，大都经历了从 2000 年到 2008 年逐年下降，2008 年到 2014 年逐年上升，其中从 2010 年至 2014 年数据来看，西藏和四川省，陕西省的存贷比都低于西部平均水平，特别是西藏地区，2014 年存贷比仅为 52.42%，低于西部 2014 年的平均水平 76.44% 约 24 个百分点，不过值得注意的是，在 2010 年，西藏

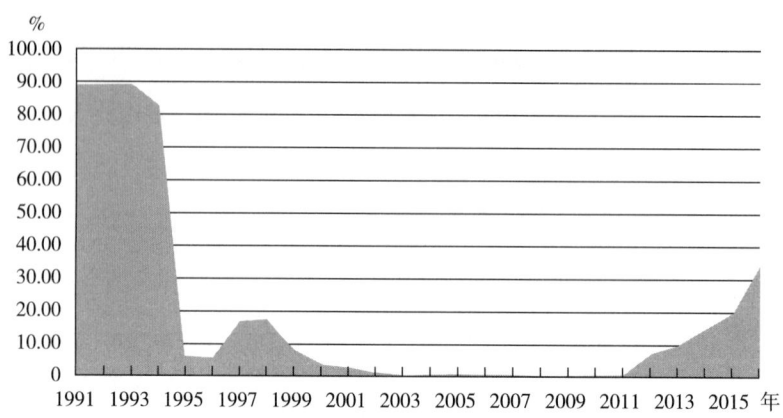

图 5 西藏自治区金融市场化比率情况

地区的存贷比只有 32.32%，在短短 5 年内，增长了 20 个百分点。

（七）小结

以上研究说明，西藏自治区的金融业发展较以往取得了相当大的成就，总体上西藏自治区的金融体系运行状况良好，如较低的不良贷款率表明西藏自治区银行业发展健康。但同时，西藏自治区的金融业体系业存在一些问题，主要是西藏自治区的金融市场主体活力不足，市场化程度低，金融资源分布不均衡，金融体系有脱实向虚的趋向，社会融资规模较低，其中国有比例较大等，这说明西藏自治区的金融业发展需要进一步优化，需要在供给侧结构性改革中加以克服。

四、西藏自治区金融发展水平测度

目前关于金融发展的度量主要有两种方法。一种是戈氏指标采用金融相关比率，主要是用某一时刻的金融资产与国民财富相比，用比值来衡量金融在我国经济发展中的深化程度。另一种则是麦氏指标，主要利用货币存量（M_2）与地区生产总值（GDP）相比，利用这一指标来刻画经济的货币化程度。然而以上两种方法不太适合西藏自治区的区情，如图 1 表明金融相关比率（FIR）在 1991 年至 2016 年一直上升且波动不大，不符合西藏经济发展实际，与此同时，对一些新兴的金融业态目前统计还不足，不能较好地反映实体经济，这方面还有待提高。为了使西藏金融业发展水平测度较为准确，本文主要借鉴严武军等人研究的成果，在此基础之上本文主要以 1991—2016 年西藏自治区的金融机构存款余额与贸易总额分别占地区生产总值的比重、保费收入、金融业增加值、股票筹资额和存贷款余额比值以及社会消费品零售总额为指标，采用《西藏经济金融统计汇编（1959—2016）》《西藏自治区统计年鉴2017》的数据。本文采用熵权法测算西藏自治区金融业的综合发展水平。具体步骤为：

第一步，先计算第 j 项指标的熵值：

$$P_{ij} = \frac{A_{ij}}{\sum\limits_{i=1991}^{2016} A_{ij}} \quad E_{ij} = -K \sum\limits_{i=1991}^{2016} P_{ij}\ln(P_{ij})$$

其中，A_{ij}、P_{ij} 表示第 i 年的 j 项指标值和该值的比重，E_j 表示第 j 项指标的熵值（ $i = 1991,1992,\cdots,2016$；$j = 1,2,\cdots,7$ ）。

第二步，计算第 j 项指标的熵权 G_j：

$$G_j = \frac{1 - E_{ij}}{7 - \sum\limits_{i=1998}^{2016} E_{ij}}$$

第三步，计算西藏自治区金融业的综合发展水平 F_i：

$$F_i = \sum\limits_{j=1}^{7} G_j A_{ij}$$

由以上公式可以得 1991—2016 年西藏自治区的金融业综合发展水平和各指标的权重，分别如图 6 和表 2 所示。

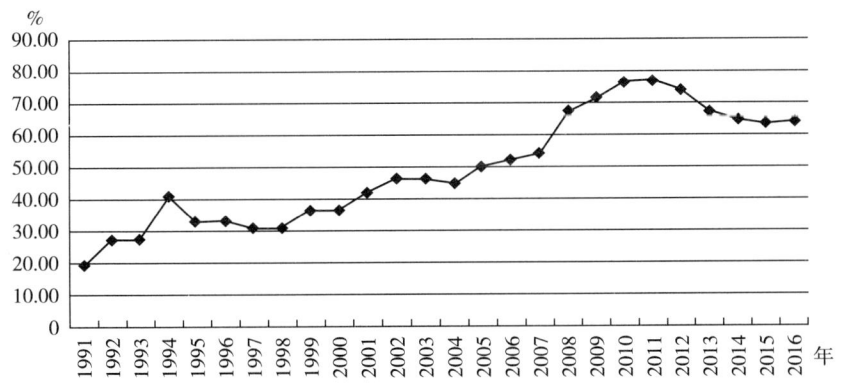

图 6 西藏自治区金融业发展水平

由图 6 可知，西藏自治区金融业水平总体上快速增长，26 年来金融发展水平增长了 3 倍多，但发展过程中存在波动趋势。

图 6 同时表明，2008 年的国际金融危机对西藏自治区金融发展的冲击不明显，同时借助"四万亿"刺激计划加快了金融发展水平。而 2011 年以后，"四万亿"刺激计划的后遗症开始显现，西藏自治区的金融业发展水平开始放缓，这可能是受制于我国经济增速放缓的大形势。

表 2			西藏自治区金融发展各指标的熵权			
指标	本外币金融机构存款/本外币金融机构贷款	本外币金融机构存款余额/地区生产总值	保费收入/地区生产总值	社会消费品零售总额/地区生产总值	全社会固定资产投资/地区生产总值	社会进出口总额/地区生产总值	金融业增加值/地区生产总值
熵权	0.0960	0.0938	0.1420	0.0094	0.0681	0.2386	0.3523

由表 2 可知，首先，金融业增加值的熵权最大，但本外币金融机构存款余额/地区生产总值和本外币金融机构存款/本外币金融机构贷款的熵权排名非常靠后，说明西藏自治区的金融转化效率有待提高。其次，保费收入/地区生产总值的熵权远远超过本外币金融机构存款余额/地区生产总值和本外币金融机构存款/本外币金融机构贷款的熵权，说明西藏自治区直接融资效率较高，间接融资效率低下。

五、实证分析与计量检验

（一）指标的选取与处理

本文主要选择地区生产总值（名义 GDP）的增长率来反映本地区的经济发展水平，记为 Y，金融发展水平用以上测算值，记为 F。本文选取 1991—2016 年的指标数据来自《西藏经济金融统计汇编（1959—2016）》《西藏自治区统计年鉴 2017》，数据保留小数点后四位。

（二）计量检验与实证结果分析

1. ADF 单位根检验。本文用 Eviews8 软件，采用 ADF 单位根检验对两时间序列进行平稳性检验，看两者之间是否存在协整关系，检验结果如表 3 所示。

表 3		ADF 单位根检验结果		
变量	检验形式（C，T，K）	ADF 检验值	P 值	结论
F	(C, 0, 0)	0.912182	0.8978	不平稳
DF	(C, 0, 0)	−4.638953	0.0001	平稳 ***
Y	(C, 0, 0)	−0.264286	0.5798	不平稳
DY	(C, 0, 0)	−5.313372	0.0000	平稳 ***

注：D 表示一阶差分，检验形式（C，T，K）表示单位根检验方程中常数项、趋势项及滞后阶数，"***""**""*"分别表示1%、5%及10%水平显著，下同。

由表 3 可知，经过一阶差分后再检验均拒绝 1% 显著水平下的原假设，即 F 和 Y 经过一阶差分后是一阶单整平稳序列，因此，F 和 Y 之间可能存在协整关系。

2. Johansen 协整检验和格兰杰检验。由以上知，DF 和 DY 是平稳，下面对其进行 Johansen 协整检验。检验结果如表 4 所示。

表 4   **Johansen 协整检验结果**

原假设	特征值	迹统计量	5% 显著水平	P 值	结论
一个没有	0.624979	28.34476	15.49471	0.0004	接受
最多一个	0.222449	5.786951	3.841466	0.0161	接受

由表 2 可知，原假设中"一个没有"的 P 值较小，在 5% 显著水平下被接受，表明不存在协整关系。

由以上协整方程可知，西藏自治区的金融业与经济发展之间缺乏联动效应。

协整检验分析的是两者之间的长期关系不能分析短期关系，上述结果表明 DF 和 DY 长期内具有单向的因果关系。需要利用格兰杰因果关系检验对两者之间的因果传导关系进行检验，检验结果如表 5 所示。

表 5   **格兰杰因果关系检验结果**

滞后阶数	原假设	F 统计量	P 值	结论
2	DF 不是 DY 格兰杰原因	1.19079	0.3268	接受
	DY 不是 DF 格兰杰原因	0.66560	0.5262	接受

由表 5 可知，DF 与 DY 二者互不为格兰杰原因，说明西藏金融发展与经济发展之间的促进作用不明显。

六、原因探析

（一）西藏地区经济发展相对落后

首先，同内蒙古自治区等其他自治区相比，西藏自治区成立时间晚，发展时间更短。1951 年 5 月 23 日，西藏和平解放；1959 年，西藏进行民主改革；1965 年 9 月 9 日，西藏自治区才正式宣告成立。其次，西藏在三大改造完成以前，仍然处于农奴经济阶段，经济底子薄弱。最后，改革开放以后，国家实行的是从东向西的"梯度发展"战略，国家经济发展的重心向东部地区转移，在政策倾斜的同时，加大对东部地区的基本建设投入，中西部地区的投入相对减少，而西藏自治区恰好处于我国的西部边疆地区，改革开放的时间迟，投入不足。经过近几十年的长足发展之后，西藏自治区经济发展取得了显著的成就，但是同东部沿海相比差距甚大，距全国平均水平也存在一定距离。经济发展上的落后，使金融与经济之间的关联度较低。

（二）西藏自治区的工业化水平较低

在考虑我国民族地区的工业化道路之时，出于民族资源禀赋和国防工业安排的需要，我国少数民族地区工业化道路走的是一条传统资源型重工业化道路。这样一条工业化道路使得工业体系游离于区域经济体系之外，工业部门与经济中其他部门的关联度低。特别是因为西藏自治区地处西藏高原，空气稀薄，环境恶劣，重工业安排得也很少。总体来说，西藏处于工业化发展的初期阶段，经济处于传统经济向现代经济转化时期，工业化程度需要进一步推进。西方发达国家的经济发展表明，处于工业化发展阶段的金融发展水平高于处于农业发展阶段的金融发展水平，西藏自治区尚处于刚刚进入工业化的阶段，所以金融发展与经济发展之间没有形成协调发展机制。

（三）西藏自治区城镇化水平相对低下

一则西藏自治区是游牧经济与定居经济的混合体，居民居住相对分散，分散的居住情况制约了金融发展，部分居民户较少的定居点甚至没有大的金融机构。二则实践经济表明，大城市的金融发展水平高于农村地区，城镇地区的金融与经济发展之间的关联度比农村地区更高，而西藏自治区城镇化水平相对低下，主要的大城市只有拉萨、日喀则、昌都、林芝、山南、那曲、阿里等地区。所以，西藏自治区的金融与经济发展未能形成协调发展机制。

（四）西藏自治区的金融发展相对滞后

一个普遍的认识是西藏的经济发展存在"强财政，弱金融"的基本现象，即西藏的经济发展是财政推进的结果，金融部门的作用微乎其微，即使有作用，也认为只是在财政的影响之下展开的。从量上说，西藏自治区的金融机构存贷款余额远低于东部沿海地区，在 1978 年西藏自治区的本外币存款余额只有 7.06 亿元，本外币贷款余额只有 1.61 亿元，同时 1980 年以前西藏自治区的金融业增加值一直低于 0.05 亿元，1959 年及以前甚至只有 0.01 亿元。从质上说，西藏自治区的新型金融业态发展滞后，物流金融、供应链金融、互联网金融等金融业态发展缓慢。

（五）西藏自治区金融与经济发展的不完全同步

图 7 表明，1991 年至 1995 年以及 2009 年至 2016 年，西藏金融与经济发展的

动态发展趋势是一致的。而在其余时间段，金融发展一直呈现上升态势，而经济发展却出现了几次比较大的下滑，特别是几个拐点与金融发展明显不一致。一是1997年到2000年，因为我国实行出口导向性发展策略，可能受东南亚金融危机爆发的影响，这几年的经济发展出现明显下滑；二是2004年到2008年，这几年西藏自治区接连遭受到了非典事件、次贷危机等事件冲击，经济发展受影响。

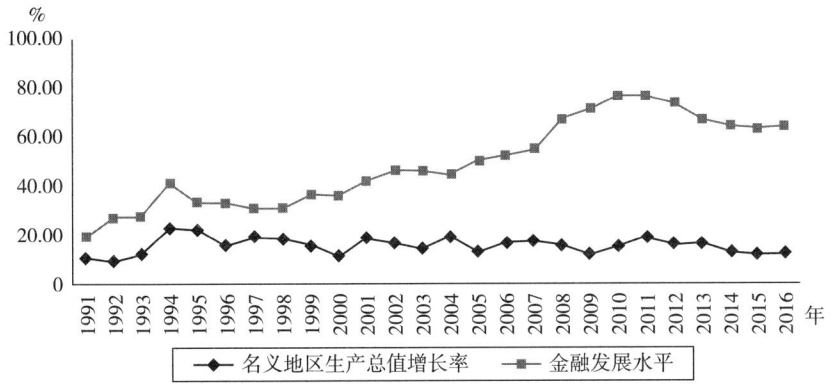

图7　西藏自治区金融与经济发展情况对比

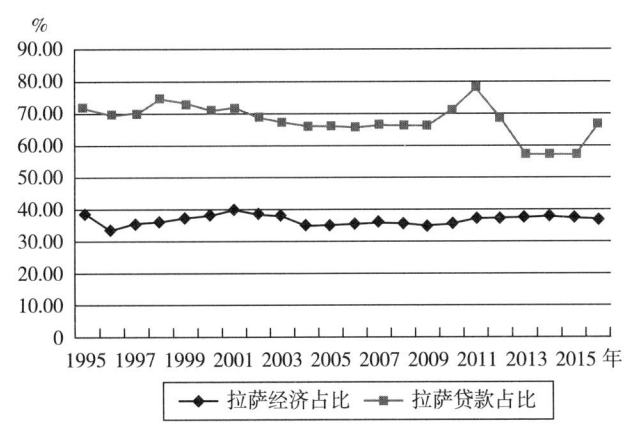

图8　拉萨金融与经济占比情况

（六）西藏经济与金融聚集情况差距较大

图8表明，拉萨市经济体量约占西藏自治区的40%，拉萨市金融体量约占西藏自治区的70%，虽然二者都大量聚集于拉萨市，但是金融聚集情况要超过经济聚集情况的30%，差距过于悬殊。这个金融聚集与经济聚集的不一致性或巨大差异性，是导致金融与经济发展协调发展长效机制未能形成的重要原因

之一。

七、西藏金融与经济协调发展长效机制选择路径

（一）加快西藏自治区经济发展

在经济处于极度欠发达时，是谈不上经济与金融发展的相互促进的。我国民族地区历史上一直以来是以农耕畜牧为主的自给自足的自然经济，西藏自治区刚进入工业化初期，经济发展模式正由传统经济向现代经济转型，故在如此的经济水平下金融与经济发展协调发展长效机制无法形成。因此，必须为区域经济的起飞提供准备条件，为工业化的深入准备好市场条件、人力资源条件和技术条件，以便在经济发展中推动金融业的发展，金融总体规模的增加与质量的变革又会反过来推动经济的进步，经济的进一步发展，又会助力金融发展，如此形成一个螺旋式的前进。

（二）密切西藏自治区经济与金融之间的联系

1. 深化金融业与科技的融合发展，发展科技金融。金融与经济发展之间的联动发展相当一部分要落脚于制造业上，科技成果具有专属性、依附性、虚拟性、垄断性、溢出性、期权性等特点，融资需求大、经济效益显著，只要在二者之间形成一条稳定的互动发展路径，就能实现共赢。

2. 发挥金融创新对经济发展的促进作用，积极发展供应链金融、物流金融、PPP 项目融资等新型金融业态，提高经济发展中的金融含量。通过供应链金融、物流金融等金融业务，一方面可以将金融融入整个经济运行过程，解决企业发展过程中遇见的资金难题，降低经济运行成本，促进经济的进一步发展；另一方面，可以为金融业开辟新的利润增长点，进一步加快金融业的发展。

3. 建立健全金融驱动新型城镇化发展机制。大多数国内外学者对金融驱动新型城镇化建设都能达成共识，金融对新型城镇化的作用可以通过经济增长、城镇基础投资和房地产建设等对资金的需求得到发挥。目前，西藏自治区的城镇化主要依托于基于行政干预的土地扩张模式，城镇化的核心驱动力不足，建立健全金融驱动新型城镇化发展机制，能够实现通过金融驱动城镇化水平提高，城镇化进程又反过来推动金融业的发展。

（三）深化西藏自治区金融体制改革

1. 加强金融基础设施建设，提高金融信息服务能力。西藏地区分散的居住情况是西藏金融体系发展中绕不过去的一道坎，所以西藏自治区的金融业应该积极运用大数据技术，提高金融信息的可获得性。

2. 提高西藏金融主体活力，提高金融业对外开放水平。目前，西藏自治区的金融业市场活力不足，金融市场化水平低，需要在供给侧结构性改革中通过"引进来"和"走出去"的方式，引导非正规金融与微型金融向正规金融转化，激发金融业的市场活力，形成有序竞争。

3. 加快多层次资本市场体系建设。现阶段，西藏自治区的金融发展是以间接融资为主，股票、债券虽有所发展，但影响力还较低，如中国人民银行拉萨中心支行主持编撰的《西藏经济金融统计汇编（1959—2016）》就未对西藏的股票融资情况加以统计，同时借助新浪财经查询得知，西藏自治区的上市公司较少，只有西藏发展、西藏矿业、西藏药业、西藏城投、西藏天路、西藏珠峰等寥寥几家。故西藏自治区应该着重加快建立起多层次的资本市场体系，进一步提高直接融资的比重，发挥好股权融资的功能，最终通过间接融资与直接融资两者之间的互补与竞争，促进金融业协调发展。

（四）提高金融资源配置效率

西藏自治区目前存在一定的金融错配问题，集中表现在金融资源分布不均衡、金融聚集强而扩散弱、存在脱实向虚倾向。

1. 西藏自治区的金融体系应该推动金融资源合理分配。既要积极提高拉萨市的金融资源配置水平，纠正可能存在的制度偏差造成的资金约束，加强对薄弱环节和重点领域的金融支持，使拉萨的经济发展与金融发展体系需求相一致；又要在发挥拉萨金融聚集功能的基础上，适当推动金融扩散，让西藏的其余区域，特别是边境贸易区能够享受到金融的支持作用。

2. 加强信贷政策的指引作用，稳定社会融资规模波动水平，形成资金向实体经济流动的长效机制。

参考文献

[1] 闫坤，孟艳. 理论视野下的中国金融改革、发展与稳定——2008 年中

国金融理论研究综述 [J]. 首都经济贸易大学学报，2009（4）：115 – 123.

[2] 武志. 金融发展与经济增长：来自中国的经验分析 [J]. 金融研究，2010（5）：58 – 69.

[3] 徐淑芳，彭馨漫. 广东金融发展对经济增长的贡献研究——基于与江苏和浙江的比较分析 [J]. 经济研究参考，2014（7）：63 – 68.

[4] 赵予新，马琼. 金融支持城市基础设施投融资贡献度的研究 [J]. 金融理论与实践，2015（6）：64 – 67.

[5] 戴伟，张雪芳. 金融发展、金融市场化与实体经济资本配置效率 [J]. 审计与经济研究，2017（1）：117 – 127.

[6] 于成永. 金融发展与经济增长关系：方向与结构差异——源自全球银行与股市的元分析证据 [J]. 南开经济研究，2016（1）：33 – 50.

[7] 严武军. 中国区域金融发展水平差异分析 [J]. 云南财经大学学报，2011（4）：69 – 73.

[8] 熊晓炼，周迎丰. 西南地区金融发展水平评价与比较研究 [J]. 西部论坛，2016（5）：61 – 70.

[9] 丁业现，彭克强. 改革开放以来西藏金融发展与经济增长关系的实证研究 [J]. 西藏研究，2011（4）：38 – 50.

[10] 肖彩波，刘红卫. 西藏金融与经济发展现状及实证分析 [J]. 西南交通大学学报（社会科学版），2014（6）：73 – 77.

[11] 唐雨虹. 西藏金融发展的实证研究 [D]. 对外经济贸易大学，2015（6）.

[12] 周启清，孟玉龙. 山东金融发展水平测度及其对山东经济增长的贡献度研究 [J]. 数学的实践与认识，2018（8）.

[13] Gurley J G, Shaw E S. Financial Structure and Economic Development [J]. Economic Development and Cultural Change, 1967 April.

[14] Robert E, Lucas Jr. On the mechanics of economic development [J]. Journal of Monetary Economics, 1988（12）：3 – 42.

[15] Goldsmith Raymond. Financial structure and development [M]. New Haven：Yale University Press, 1969.

[16] Raghuram G. Rajan, Luigi Zingales. Financial Dependence and Growth [J]. The American Economic Review, 1998（3）：559 – 586.

新时代西藏农牧区经济发展中的金融支持问题研究

西藏民族大学

课题组组长：周　迪

课题组成员：陈爱东　魏小文　王依然　张文彬

摘要： 农牧区的发展、农牧民的增收对于西藏的发展具有极其重要的意义。本课题选择西藏农牧区为研究对象，农牧区人口数量占到了西藏自治区人口总数的 72.26%。随着国家西部大开发战略的实施，西藏地区经济得到了快速发展，党中央也制定了一系列的优惠政策。但是受多种因素的影响，西藏农牧区的金融业发展受到了诸多的限制。因此，本次课题选择西藏农牧区为研究对象，探究其金融支持和农牧民之间收入增长之间的关系，并且采用实证方法进行分析。研究结果表明，金融业和经济增长呈现出非常明显的正相关性。为此课题研究探讨了农牧区金融业发展中存在的问题及其金融架构的设计，为西藏农牧区地区金融业的发展提供了参考。

关键词： 西藏　农牧区　金融服务　经济增长　问题和对策

一、西藏农牧区经济发展与金融发展状况考察

（一）西藏农牧区经济发展的基本情况

从西藏解放以后，国家逐渐加大了对西藏地区经济的支持力度，制定了一系列的金融优惠政策，实现了当地经济的飞速增加。同时，西藏牧民的生活水平也发生了较大的变化，逐渐摆脱了贫困落后的面貌。

1. 经济社会长足发展，民生问题得到改善

据相关资料统计，到 2015 年底，西藏地区的年生产总值超过了 1026.39 亿元，人均收入超过了 32322.15 元，较西藏刚解放时增加了 134 倍。同时，西藏

牧民的人口数量增加了 200 多万人，截至 2015 年底其人口总数已经超过了 324 万人。人口平均寿命从原来的 36 岁提高到了现在的 68 岁。另外，西藏地区也非常注重牧民的教育，将义务教育的年限提高到了 15 年，确保了所有青少年都能够接受到教育。特别是从 1994 年开始，国家进一步加大了对西藏经济的支持力度。图 1 和图 2 给出了西藏地区经济发展速度和人均地区生产总值增长速度曲线，从图中可以看出西藏地区生产总值呈现出连年增长的趋势，增长率保持在 12% 左右，超过了全国 GDP 平均增长水平。

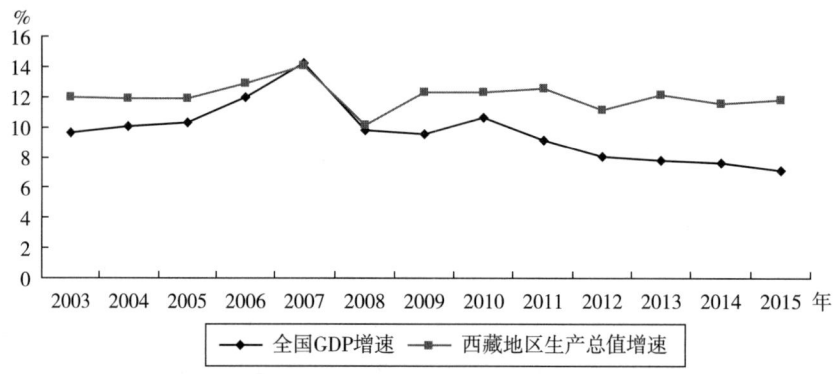

图 1   西藏自治区经济发展速度

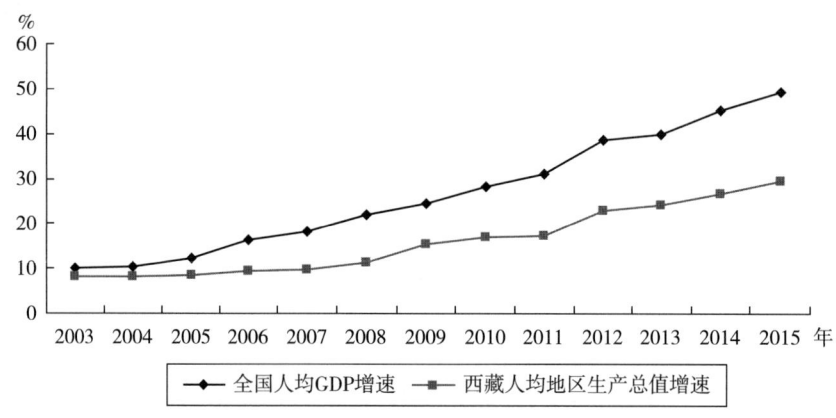

图 2   西藏人均地区生产总值增长速度

2. 产业结构明显优化，二、三产业再上台阶

西藏地区 2000 年三个产业所占比例为 31∶23∶46，到 2015 年三个产业的比例已经达到了 9∶37∶54。三个产业都呈现出较快的增长趋势，但是发展速度不平衡，其中第一产业所占比例逐渐减少，第三产业所占比重逐渐增加，实现了原有产业结构的优化调整。截至 2015 年底，西藏地区粮食生产总量超过了 100 万

吨，其中青稞的年产量为 72 万吨、蔬菜 82.7 万吨和油菜籽 6.9 万吨。西藏地区农业生产收入总量超过了 1000 亿元，达到了 11% 的增长速度，居于全国先进。同时，整个西藏地区的固定资产数量达到了 1342.16 亿元，人均收入水平增加到了 25457 元。随着国家援藏力度的加强，西藏地区的基础设施建设水平不断提升，目前川藏公路、新藏公路、拉林高等级公路、林芝米林机场快速通道、雅江特大桥建成通车，以及墨脱公路的全线通车等，有效确保了西藏地区道路的畅通。另外，国家还加大了对西藏境内铁路、电力、水库等的建设，为西藏人民的生产和生活提供了充足的电力供应，结束了西藏地区一直以来拉闸限电的现状。

3. 强农惠农政策全面落实，农牧民生产生活条件持续提升

随着强农惠民政策的实施，西藏地区 2015 年农林牧副渔产业的生产总值已经达到了 149 亿元，比解放初期增加了 60 倍；粮食生产总量达到了 102 万吨，比解放初期增长了 3 倍；牧民的收入水平从解放初期的 175 元增长到了现在的 8244 元，增加了 46 倍，并且保持连年增长趋势。另外，财政部门也增加了农业投入水平，加快高标准农田以及牲畜棚圈等的建设力度，增加了农牧业的科技投入水平，促进了青稞、牦牛、藏香猪等产业的发展。西藏农牧业也非常注重品牌的创建工作，获得了娘亚牦牛、林芝松茸等 24 个国家地理标志产品商标。

目前，西藏地区的农牧民合作经济组织数量超过了 5000 个，4898 个村庄已经实现了电力和水源的安全供应。西藏自治区政府进一步加大各个地区基础设施的建设力度，实现了所有乡镇邮政、光缆以及电能的全部覆盖。乡镇公路和乡村公路的覆盖率也分别达到了 99.7% 和 99.2%。另外，西藏自治区政府还着力进行安居工程的建设力度，为 46 万户农牧民住上了安全房屋。

(二) 西藏农牧区金融发展状况

经过多年的发展，西藏地区的金融也从原来的起步阶段发展到现在的完善阶段，基本上实现了金融组织的多元化。目前其金融组织已经由原来单一的存储发展到现在的存储、信贷、汇兑、理财以及保险等多个类型，其管理形式也从原来的手工发展到现在的电子化。

据相关资料统计，从 1952 年到 1959 年金融行业发放农业无息贷款的总量已经达到了 340 万元（银圆）；1960—1985 年金融行业发放农业无息贷款的总量达到了 12200 余万元；1986—2000 年为 40.18 亿元。图 3 给出了西藏地区涉

农贷款和农牧民小额贷款发放情况统计结果，从图中可以看出到 2015 年西藏地区发放农业相关贷款的总量已经超过了 382.38 亿元，比 2000 年增加了近 35 倍。同时，西藏地区 2015 年农牧民的人均收入水平从 2000 年的 1326 元增加到了 8244 元，增加量超过了 5 倍。

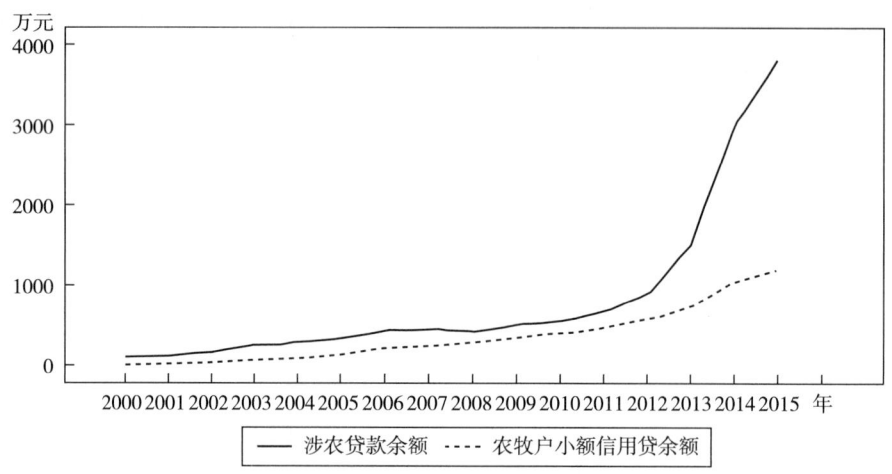

图 3 西藏涉农贷款和农牧民小额信用贷款发展情况

通过对西藏地区金融机构分布情况的调查，可以看出农行的网点分布比较广泛，已经遍布各个县城和乡镇。但是，其他银行的分支机构只能够达到地市级别，不能够触及乡镇。因此，农行是西藏地区"三农"服务实施的攻坚力量，基本上满足了农牧民对金融服务的需求，解决了西藏地区农牧民存储和借贷等的需求。2000 年以来农业银行在西藏地区设置的信用贷款制度中，根据用户信用情况，推出"金、银、铜"三种不同类型的信用贷款产品，其授信额度分别为 1 万元、0.6 万元和 0.3 万元。从 2003 年开始，加强对乡镇和村庄整体信用的评价，对取得金、银和铜的乡镇和村庄中的所有居民授予 2 万元、1 万元和 0.5 万元的信用额度。

为了满足西藏地区农牧民较大的资金需求，农行还根据农牧民以往的信用状况和致富能力，将原来的信用贷款产品升级为"钻石卡"，并且设置三星、二星和一星三个等级，各个等级对应的信用额度分别为 20 万元、15 万元和 10 万元。此时，西藏地区的信用贷款体系已经基本建设完成，并且在后续的发展过程中不断进行优化和调整，实现了各个等级贷款产品信用额度的增加。2016 年 7 月农行又重新提升了"钻金银铜"四个等级信用卡的信用额度，分别提升至 30 万元、10 万元、8 万元和 7 万元。"钻金银铜"信用卡有效解决了西藏地区农牧民贷款的需求，为当地农民生产发展提供了支持和保障。根据农行统计数据，截至 2015 年底，西藏地区农行四个等级信用卡的总体贷款量已经超过了 120 亿元，与 2000 年相比增加了 11.37 倍；同时，四个等级信用卡的发行总数量已经超过了 46.69 万张，其中钻石卡 1.19 万张，发行覆盖率达到了 98.95%，使用率达到 97.05%。对西藏地区农民贷款还款情况进行分析，不良率只有 0.16%，有效确保了西藏地区信用环境的建设和信用体系的完善。

另外，西藏地区政府部门非常注重对本地农牧民信用体系的建设力度，采用县、乡和村三级体系，对县、乡、村以及个人的信用情况进行综合评估。截至 2015 年底，西藏地区已经完成对 28 个县、518 个乡以及 4697 个村信用情况的综合评价，评价覆盖率分别达到了 37.84%、75.51% 和 89.38%，其中存在不良信贷记录的农牧民数量只占到了 0.3%，远低于全国其他县城或者乡镇。信用乡和村的评定实现了对西藏地区金融环境的进一步优化，有利于提升西藏农牧民的整体信用意识。

二、西藏农牧区金融发展与经济增长关系的实证分析

（一）实证数据

为了进一步探讨西藏地区金融发展和经济增长之间的关系，本文通过对《西藏统计年鉴》中经济增长、金融发展、劳动力投入以及资本投入等数据进行分析。

（二）实证方法和实证模型

1. 实证方法

为了探究西藏地区经济增长和金融发展之间的关系，本文在研究过程中选择经济学中比较典型的时间序列模型——CARC 模型进行分析。该模型是由著名经济学家西姆斯提出的，其计算公式为

$$Y_t = \beta_1 Y_{t-1} + \beta_2 Y_{t-2} + \cdots + \beta_p Y_{t-p} + \gamma X_t + \mu_t$$

$$X_t = \beta_1 X_{t-1} + \beta_2 X_{t-2} + \cdots + \beta_q X_{t-q} + \gamma X_t + \varepsilon_t$$

从公式可以看出该模型在分析过程中采用回归分析的方法分析当前变量相对于其他变量的滞后情况。所以利用该模型能够方便地实现各个内在变量之间的关系，探究其对其他变量的影响情况。

2. 实证模型

根据本次课题的研究目标，在本次课题研究过程中采用的实证分析模型如下

$$\mathrm{In}gdp_t = \alpha + \beta_1 \mathrm{In}finance_t + \beta_2 \mathrm{In}labor_t + \beta_3 \mathrm{In}capital_t + \varepsilon_t$$

模型中 gdp_t 表示西藏地区的经济增长情况，本次课题中将西藏地区生产总值情况作为计算标准，其中 α 为常数，$finance_t$ 表示西藏地区历史金融发展情况，课题研究过程中使用金融相关比率作为计算标准。β_1 的数值以及正负是本次课题实证分析的重点。$labor_t$ 表示西藏地区历年来劳动力投入情况，本次课题研究过程中利用西藏地区的总人口数量作为计算标准。$capital_t$ 表示资本投入情况，实证分析过程中选择西藏地区一年内固定资产的投资总量作为标准。ε_t 表示残差，课题研究过程中假设其服从正态分布，其数值采用 1959 年到 2015 年的数据。

（三）实证结果

1. 皮尔森相关性分析

在利用模型进行正式分析之前，先利用经济学分析中常用的 STATA 软件对分析模型中各个变量的皮尔森相关性进行分析，得到的分析结果如表 1 所示。

表 1 各个变量间的相关性分析结果

变量	Lgdp	Lfinance	Llabor	Lcapital
Lgdp	1.0000	—	—	—
Lfinance	0.8918	1.0000	—	—
Llabor	0.9731	0.8898	1.0000	—
Lcapital	0.9926	0.8838	0.9681	1.0000

注：表中 Lgdp 表示西藏地区生产总值的对数值，其余变量则采用数值形式。

通过对表中数据的分析，可以知道 *Lgdp* 和 *Lfinance* 的相关性系数大小为 0.8918，这说明二者之间具有非常明显的相关性。*Lgdp* 和 *Llabor*、*Lcapital* 的相关系数分别为 0.9731 和 0.9926，这说明劳动力投入、资本投入也跟经济增长呈现出非常明显的正相关性。

2. 函数分析结果

为了更好地分析三个变量对金融发展的影响情况，实证分析过程中通过增加一个单位的正向冲击，探究金融发展、劳动力投入和资本投入 3 个参数对西藏地区经济增长的影响情况，得到的结果如图 4 所示。

从图 4（a）中数据可以看出，西藏地区经济的增长对其金融行业造成的冲

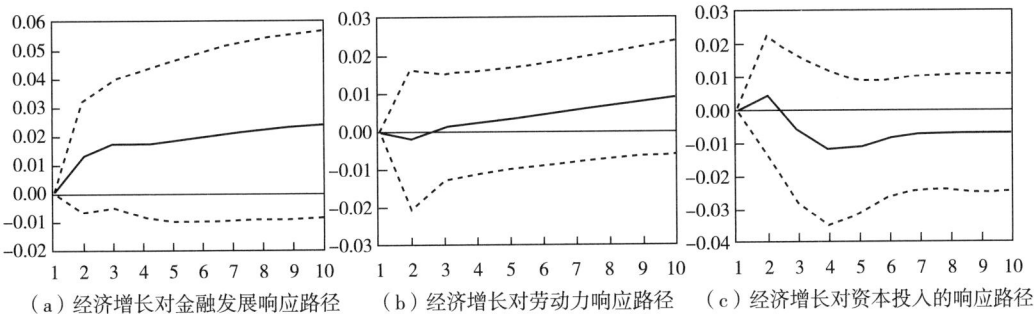

（a）经济增长对金融发展响应路径　　（b）经济增长对劳动力响应路径　　（c）经济增长对资本投入的响应路径

图4　金融发展、劳动力投入和资本投入对经济增长的影响

击影响较大，使其呈现出非常快速的增长趋势。直到第二期和第三期，对金融行业的冲击影响才逐渐降低，增长速度较慢。从图4（b）中可以看出，在前两期经济增长对劳动力的冲击响应呈负值，直到第三期二者才逐渐趋于平衡，此后西藏地区的经济增长才出现缓慢提升的趋势。从图4（c）中可以看出，在前两期中经济增长对金融发展产生的影响为正，从第三期开始经济增长对金融发展产生的影响为负。通过对比分析可以得出，金融发展对经济增长的影响非常大，属于非常重要的影响因素。

三、金融支持西藏农牧区经济发展存在的主要问题分析

在西藏发展过程中，各个行业充分发挥自己的优势，严格落实党中央对西部地区的金融政策，不断推出各种特殊优惠，有效确保了对西藏地区"三农"服务的金融支持力度。随着农牧业中投入资金数量的增加，原有农牧业的产业结构出现了较大的调整，为后续西藏地区农牧业经济的发展奠定了基础。但是，通过对现阶段西藏地区金融政策的分析，各个银行的金融服务还存在一定的差距和问题，不能满足西藏地区农牧民和中小型企业发展的需求。

（一）农牧区金融服务不均衡，存在不少金融服务盲区

目前，西藏地区共有十余家银行业金融机构，按成立先后顺序分别为建行、中行、农行、工行、邮政储蓄银行、国家开发银行、农业发展银行、西藏银行、民生银行、林芝民生村镇银行、中信银行以及浦发银行。受西藏地区地域以及人口分布情况的影响，除农行营业网点遍布到各县、乡镇，中行、建行和邮政储蓄银行仅在部分县设立营业网点外，其他银行的分支机构只设置在地市级。农行作为西藏地区的主要金融机构，其分支机构设置到了各个乡镇，成为西藏

地区主要的金融服务机构。据相关资料显示，西藏地区现有农行营业网点数量达到了 512 个，县城和乡镇的农行网点平均数量为 1.08 个和 0.55 个，其服务半径达到了几十公里甚至是上百公里。目前，农行还没有设置村级网点。即便如此，有些乡镇营业网点的服务人员只有 2~3 人，服务能力非常有限。由此可以得出，当前西藏地区的金融服务网点的数量较少，且布局设置不合理，严重影响了西藏地区农牧民金融业务的办理效率；甚至还存在很多金融服务盲区，降低了其金融服务的范围。

（二）承贷载体发育比较缓慢，持续扩大信贷投放困难

随着时代的发展，西藏农牧业也呈现出非常快速的增长趋势，农牧民的金融需求不断上升，对金融信贷的需求量进一步增加。对于银行来说，其面临的信贷风险也随之升高。自 2000 年以来，西藏地区的农业银行都采用"金、银、铜、钻石"的信用等级服务，且贷款以农牧民普通户为主。据相关资料显示，到 2015 年末，西藏地区农牧民的小额信用贷款总量已经超过了 120 亿元，每户贷款总额达 30 万余元。对于普通农牧民来说，其收入水平非常有限，他们选择的贷款额度越大，银行机构面临的信贷风险也就越高，银行机构设置的信贷投放力度就会越小。

同时，受西藏地区产业结构的影响，其经济呈现出较强的粗放性，如果不采取任何措施，推动其现有产业结构的调整，将很难支撑农牧民不断增长的信贷需求。特别是近年来，西藏地区草场资源的过度开发，使得畜牧业发展受到了较大的限制，如果不能够实现产业链的扩展和延伸，西藏地区农牧民的收入水平会出现连年下降的现象，影响农牧民的还贷情况。

另外，西藏地区农牧业相关企业的发展非常缓慢，科技投入力量较少，在同行业中不具备较强的竞争实力，更不能够实现对西藏地区经济的带动作用。再加上企业规模的限制，对银行信贷资金的吸纳量非常有限。因此，必须要加快对农牧业相关经营主体的扶持力度，加大其信贷投放增长速度。

（三）配套政策措施严重残缺，阻碍金融支农支牧发展

2009 年西藏自治区政府发布了《关于推进信用担保体系建设的意见》（藏政发〔2009〕51 号），该意见中明确提出：首先，要加快信用担保机构的建设力度，着手建设政府部门主管和运营的全资政策性担保公司。同时，要制定相

应的激励措施，利用西藏地区的民间资本建设商业性担保公司或者引进国内外实力比较雄厚的信用担保公司在西藏地区设置分支机构。通过多种形式促进西藏地区信用担保行业的发展，为西藏经济的发展奠定基础。其次，要确保所有担保机构都设置完善的风险补偿机制，在各级行政区建立专门的贷款风险补充资金，用于补偿西藏地区农牧业贷款损失以及风险控制质量提升的奖励。最后，还要加快贷款担保费和中介费相关政策的制定。

对于西藏地区来说，由于其自然以及地域条件的限制，其现有银行机构不但包括普通银行存储业务，而且还包括政策性金融业务，这跟商业银行市场化运营目标和理念存在一定的冲突，因此必须要建立相应的补偿机制，弥补商业银行经营中因政策性金融业务造成的经济损失。目前，西藏地区只有 4 家贷款担保公司，跟政策性贷款担保相关的政策还没有建设完善，严重影响了商业银行在西藏地区农牧业中信贷的投放量以及投放积极性。

四、中国特色西藏农牧区现代金融业体系架构设计

（一）构建中国特色西藏特点农牧区现代金融服务体系的必要性

改革开放以后，西藏地区的经济获得了非常快速的发展，特别是农牧业，农畜产品基本上能够满足西藏地区居民的生活需求。同时，西藏地区农牧民的人均收入水平逐年上升，农牧民的生活条件得到了较大的改善。但是，受多种因素的限制，西藏地区农牧业的发展还面临着很多问题，如农牧产品的加工能力较弱、产业链端以及附加产值较低等。造成这种现象的主要原因是缺乏农牧业资金支持，因此必须要进一步加大西藏地区农牧业金融服务体系的建设，通过资金引进等方式，为农牧业的发展奠定基础。

通过对当前西藏地区农牧业经济发展情况的分析，可以看出其还呈现出较强的粗放性，且处于从粗放型向集约型转变的关键时期，农牧业以集中种养和深加工为主。同时，西藏地区注重对特色农牧产品品牌的建设，通过品牌增强其自身影响力。另外，随着城镇化进程的加快，西藏地区居民也逐渐从农村涌向城市，实现从散居到集中式居住方向转变，为非农产业的发展奠定了基础。因此，必须要加强农牧区金融行业的建设力度，发展现代农牧业。

（二）构建中国特色西藏特点农牧区现代金融服务体系的可行性

通过对西藏当前农牧区建设情况的分析，它已经具备了建设现代化金融服

务的基础，具体体现为以下三点：

1. 现代农牧业建设稳步发展

近些年国家不断加大对西藏地区的扶持力度，推动现代化农业的发展进程，粮食品种和产量都得到了较大的提升。青稞的种植面积不断增加，羊群品种得到了优化，牦牛的养殖规模和数量也不断增加，为西藏地区特色农牧产品的创建和发展奠定了基础。同时，通过国家宏观调控，农牧产品的价格保持相对稳定状态，并且持续增加，农牧民的收入水平出现了非常明显的提高，闲余资金的数量也不断上升，为西藏地区金融业的发展提供了基础保障。

2. 新型农牧民培训扎实推进

国家惠农政策的实施，西藏地区加大了对农牧民的培训力度，不断提高农牧民的文化水平。同时，加大对其技能培训，使其掌握先进的技能，为农业和畜牧业的发展奠定基础。近些年来，随着西藏经济的发展，农牧民的金融意识不断提升，这些都为西藏地区金融服务业的发展提供了良好的条件。

3. 社会主义新型农牧区建设取得明显成效

西藏地区通过安居乐业工程，加大对农牧区基础设施的建设力度，建设和拓宽了道路，确保了交通环境的畅通性。同时，还加大了水电煤气等的建设力度，为农牧民生活和生产的进行提供了基础。

4. 各级党委、政府对金融工作的高度重视

党中央对西藏开发力度的增加，提高了西藏地区政府部门对金融服务工作的重视力度，不断转变其现有金融建设思路，制定金融服务优惠政策，基本上完成了西藏地区金融服务体系的初级建设，为西藏地区金融服务业体系的建构创造了良好的宏观环境。

5. 农牧区社会局势稳定祥和

随着政府管理力度的加大以及西藏建设的进行，西藏农牧民的生活条件和环境得到了较大的改善，社会秩序趋于稳定，呈现出较强的和谐性和稳定性。广大藏民共同谋求更好的发展，向着小康生活奔进，为西藏现代金融业体系的构建奠定了良好的社会环境条件。

（三）构建中国特色西藏特点农牧区现代金融服务体系的核心原则

第一，坚持财税、金融优惠政策扶持引导原则。西藏农牧区金融服务行业的发展必须要在政府部门的引导下，充分利用政府部门制定的各种优惠政策，

实现对其金融业的引导，避免其发展过程中的盲目性，提高其金融服务业发展的速度和质量。

第二，要坚持增量渐进式金融机构组织发展原则。西藏地区金融服务体系在创建过程中要以农业银行的各个网点为基础，综合各个银行机构的优势，共同推进其金融服务体系的完善。同时，还要加强对新型金融机构的扶持力度，不断提高其所占市场份额，实现西藏地区所有金融机构的协调健康发展。

第三，坚持多元化多层次适应性金融发展原则。西藏地区属于少数民族聚居区，在经济、社会文化等方面跟其他地区呈现出非常明显的差异性，因此其金融服务体系在创建过程中必须要充分考虑西藏地区的具体情况，坚持多元化、多层次原则，为西藏农牧区所有区域、阶层以及人群提供金融服务。

第四，坚持信贷、担保、保险整合式发展原则。西藏地区金融服务体系在建设过程中要加强信贷、担保和保险机构之间的关联性，使其相互促进，相互作用，共同推动西藏地区金融服务质量的提升。

（四）构建中国特色西藏特点农牧区现代金融服务体系的主要内容

作者认为，西藏特色的农牧区金融服务体系的建设内容应该包括如下几个方面：

1. 农牧区信贷业机构组织

对于西藏地区来说，从事信贷业务的机构种类和数量非常少，主要为农行在各个县城的经营网点，不能够满足西藏农牧民信贷需求。所以在未来发展过程中要进一步增加农行基层营业网点的数量，加快其他银行乡镇分支机构的建设。

2. 农牧区保险业机构组织

目前西藏农牧区中从事保险业务的机构主要是中国人民保险公司在拉萨的分支机构，包括财产保险和人寿保险等。在未来发展过程中要加强平安保险、安邦保险等大型商业保险机构的建设力度，不断增加其在西藏地区的分支机构，进一步丰富和完善西藏现有保险服务体系。

3. 农牧区担保业机构组织

当前西藏地区从事信贷担保业务的机构包括财信担保公司、世丰担保公司、拉萨市信用担保公司在县域设立的分支机构以及其他政策性和商业性的担保公司。这些担保机构的数量非常有限，只能够实现对县域以及以上级别区域的信贷担保服务。因此在未来发展过程中，要进一步增加这些分支机构在乡镇的数量；创建新型联保担保组织，充分利用现有银行金融服务机构，增加其信贷担保业务。另外，还要鼓励广大牧民利用自有资金创建各种互保和联保型信贷担保机构。

4. 农牧区融资租赁机构

西藏地区还要加快各种融资机构、租赁机构以及信托投资机构的建设，为西藏地区农牧民提供更加丰富的金融服务。

（五）构建中国特色西藏特点农牧区现代金融服务体系的政策措施

第一，西藏地区政府部门必须要尽快转变其金融服务思路，意识到金融服务和经济发展之间的关系，为金融服务行业的发展提供良好的政策支持。同时，还要加强自身金融理论方面知识的学习，利用专业知识实现对西藏地区金融服务的宏观调控。只有这样，才能够确保西藏地区金融服务对策的制定具有较强的针对性和可行性，提高西藏地区金融企业发展的积极性，加快西藏地区各分支机构的建设力度，提高其营业网点的覆盖范围。

第二，要优化人民银行各分支机构的服务质量，提高其服务的时效性和引导性。要制定相应的金融政策，通过督促和引导实现对整个西藏地区银行机构服务内容和业务的指导，加大各个银行对西藏农牧区信贷资金的投入力度。西藏地区的人民银行还要加强对现有支付结算环境的优化，选择最优的资金结算方式，确保农牧区银行资金结算的顺畅性。

第三，要进一步加强对乡镇以及村庄中信贷工作的建设。利用信贷评价方法完成对乡镇以及村庄整体信贷情况的评价工作，并且将评定结果及时进行公布。通过信用乡和村的建设，激发广大农牧民守信的积极性，并且对失信农牧民给予相应的惩罚措施，利用奖惩机制确保西藏地区所有农牧民能够及时偿还贷款，降低信贷机构的风险，如对于信贷记录良好的用户，给予较高的信用额度，简化其信贷手续以及较低的信贷利率优惠等；而对于失信农牧民，则将其纳入信贷黑名单，并且秉承信贷申请从严、信贷额度从低和信贷利率上浮。另外，还要加大对其贷款资金的追逃力度，最大限度地降低银行信贷坏账率。西藏地区各个银行机构应加强与西藏地区政府部门的合作，联合完成对西藏地区信贷环境的创建，最终实现各个银行机构在西藏地区信贷投放数量的增加。

第四，加大财政援藏资金与银行信贷资金的整合使用力度。西藏地区银行业金融机构在发展过程中要积极寻求跟地方政府的合作，积极主动地接受政府部门的金融援藏内容，确保党中央各项援藏金融政策的有效落实。西藏地区的所有机构机构还要不断探寻财政援藏与金融援藏的最优化方法，推动其盈利目标和援助目标的共同实现。另外，各个商业银行还可以在西藏地区设置一定数量的信用担保公司、政府产业发展融资平台公司、特色优势产业投资基金、政府特色产业扶持基金等机构，实现援助资金和金融资金的相互融合。政府部门可以通过土地政策和税收政策等宏观调控方式，提高各个商业银行对西藏地区援助的力度，提高其金融援藏的积极性。

第五，谋求信贷、担保和保险共存的境界。信贷、担保和保险虽然涉及的业务种类不同，所属金融行业不同，但是在信贷投放方面3类不同机构所发挥的功能或者效应是相同的。为此，西藏地区在发展过程中，必须要将这三者看成是一个整体，探求三者共存的发展模式，彻底打破原有金融体系之间相互独立的局面，最终影响其整体质量和效益的发挥。同时，通过信用担保实现对西藏地区信贷业务的优化，确保其贷款业务向着健康的方向发展。

第六，加快中介服务体系建设，优化农牧区融资软环境。西藏地区政府部门要进一步加快金融服务机构的建设，构建金融中介机构的准入、评价和退出机制。同时，通过宏观政策实现对中介机构的引导，解决当前西藏地区中介担保机构不足的问题，推动当地经济的发展。另外，政府部门还要加强对会计、资产评估以及法律等相关配套机构的建设，确保其功能的全面性，提高中介服务机构之间的竞争性。最后，西藏地区政府部门还要做好对中介机构的监管，完善其产权登记制度以及公证流程，确保西藏地区金融环境的完善。

五、结论

通过对西藏农牧区金融发展情况的调查和分析，可以发现金融发展跟经济发展存在明显的正相关性，西藏地区政府部门要实现其经济的可持续发展必须进一步加强其金融服务体系的建设，加大农牧区信贷业机构组织、农牧区保险业机构组织、农牧区担保业机构组织以及农牧区融资租赁机构的建设力度。

参考文献

[1] 杨富彬. 金融支持西藏农牧区经济发展实证研究 [J]. 北方金融，2015（5）：14－17.

[2] 张冀峰，刘大伟．农业银行支持民族地区农牧区发展的研究——以西藏自治区为例 [J]．财经界（学术版），2013（6）：16－18．

[3] 王泳茹，袁神．西藏地区农牧民增收的金融支持研究 [J]．贵州民族研究，2015（2）：174－177．

[4] 曾维莲，刘天平，顿珠罗布．西藏农村金融发展与农村经济增长关系的实证研究 [J]．沈阳大学学报（社会科学版），2016，18（3）：286－289．

[5] 林志成．浅谈新时代背景下的公路建设促进经济发展机制研究 [J]．中国经贸，2016（13）：107－107．

[6] 王凯．新时代背景下我国农村经济发展突出问题及对策思考 [J]．经贸实践，2017（21）．

[7] 魏磊．内蒙古农牧区经济发展的金融支持研究 [J]．环球市场，2017（1）：22－22．

[8] 张姣．新时代下"一带一路"对于西藏经济发展和民族平等的影响 [J]．长江丛刊，2018（7）．

[9] 伍茜溪．谈新型城镇化背景下供给侧结构性改革——基于金融支持研究视角 [J]．经济师，2017（2）：11－13．

[10] 兰亚军．经济开发区在新时代经济发展中的作用研究 [J]．中国集体经济，2018（20）．

[11] 易宪容．十九大报告新金融政策的相关重大理论问题研究 [J]．江海学刊，2018（1）：85－91．

[12] 范琳琳，朱正根，韩婀娜．新时代背景下我国绿色会计现状与问题的研究 [J]．中国乡镇企业会计，2018（2）：138－139．

[13] 旺堆．金融支持西藏农牧区经济发展问题研究 [J]．西南金融，2005（12）：26－27．

[14] 但顺林，刘伟兵．西藏农牧业产业化进程中金融支持的现状、问题与选择 [J]．西南金融，2005（11）：49－50．

[15] 杨富彬．金融支持西藏农牧区经济发展实证研究 [J]．北方金融，2015（5）：14－17．

金融支持区域协调发展研究

中国银行西藏分行
课题组组长：崔爱博
课题组成员：杨　华

一、引言

金融是现代经济的核心，本质上是指金融是配置现代经济资源的核心。金融核心的位移即配置经济资源中心的位移，从渠道角度讲，是从财政收支渠道向商业银行贷款等渠道的位移；从区位角度讲，是金融在东、中、西部区域之间的位移；从产业角度讲，是金融在重工业、轻工业、农业或一、二、三产业之间的位移。

基于此，本课题"金融支持区域协调发展研究"，归根结底，是研究金融的位移对区域经济的影响。受篇幅和时间所限，本文着重研究金融的渠道位移和区位位移对经济的影响，并在实证研究的基础上，提出金融支持区域经济协调发展的意见和建议。

二、绪论

对于区域均衡发展、区域非均衡发展和区域协调发展战略的选择，是新中国成立以来党中央审时度势采取的经济发展战略的重要组成部分。党的十六届三中全会将区域协调发展作为"五个统筹"的一项重要内容，为广大研究者提出了一个时代的课题。金融作为现代经济的核心，为区域经济协调发展服务是其义不容辞的使命。作为在银行有多年实践工作经验的人员，笔者希望借由此课题的研究，为西藏地区走好区域经济协调发展之路、决胜全面建成小康社会建言献策。

（一）研究目的

本课题研究目的包括以下五点：

一是明确金融和经济、区域金融和区域经济的关系及作用机理；

二是通过理论推导和实证分析回答为什么金融是现代经济的核心、银行是现代金融的核心；

三是通过实证检验贷款和财政两种渠道的配置对经济总量分别产生何种影响，从而明确在金融资源总量既定的情况下，如何通过有效配置资源，实现对区域经济协调发展的支持作用最大化；

四是通过实证分析在金融资源总量既定的情况下，不同区域对于财政和金融资源投入的反应差异，从而明确如何通过金融在不同区域间的合理配置实现更优的经济总量；

五是基于以上各项分析结果，在研究西藏区域经济和金融特征及背后原因的基础上，总结西藏金融发展存在的问题与困难，提出金融支持西藏区域经济发展的相关建议。

（二）研究方法

本课题研究主要采用了文献研究、归纳总结、逻辑演绎、调查统计、数学建模等研究方法，以理论研究结合实证支持，采用地区调研、比较分析等多种研究手段，对金融支持区域协调发展的支持作用和传导路径等进行深入分析和阐述。

（三）学术创新及应用价值

本课题研究创新性地对东、中、西部贷款和财政渠道对区域经济的不同影响进行了针对性的比较研究，对金融对经济的作用与反作用机理提出富于逻辑性的鲜明观点，并针对西藏地区的特殊性，全面地对西藏地区经济、金融特点进行深度分析，总结问题所在并提出具体建议，对于探讨适合西部地区特别是西藏地区经济发展特点的有效的金融支持措施、切实促进区域协调发展具有重要意义。

部分观点和方法的创新之处及应用价值如下：

1. 提出商业银行对于现代经济运行的核心价值是由其储蓄转投资职能决定

的，并通过货币乘数予以具体表现；在凯恩斯主义观点上继续延伸，指出商业银行贷款利率和实体经济的净资产收益率是金融与经济的作用与反作用衔接的桥梁。明确商业银行在现代经济运行体系中的核心地位。

2. 分析导致货币乘数变化的相关因素，明确货币乘数作为观察实体经济的一个重要指标的原因所在。提出外汇占款对再贷款货币投放渠道的挤压，是造成区域发展不平衡和产业发展不平衡的原因之一。为正确理解央行不同基础货币投放渠道对经济影响的差异性提供辅助。

3. 首次从总量对总量、结构对结构两方面，对区域金融和区域经济的作用机理进行了系统性的分析和阐述；首次提出金融的"自成长"特性并将其与区域发展的"马太效应"结合进行关联性分析。视角独特性和逻辑严密性兼具，对深入理解区域金融和经济的关系具有重要意义。

4. 首次从地区生产总值构成基础着手，对西藏经济和金融特点及背后形成的原因进行总结和解释，指出当前西藏金融发展存在的突出问题和困难，并针对性地提出具体建议，首创 E 地区生产总值概念，为西藏地区信贷与经济发展之间的关系提供突破性的分析思路，对于正确看待西藏经济、金融发展的特殊性具有重要意义，为西藏地区经济发展的路径选择提供全方位视角和决策支持。

5. 首次通过对东、中、西部数据建立 VAR 模型对贷款、财政支出与地区生产总值的作用关系进行系统的实证分析，对变量间的长期关系、冲击效果和影响持续的时间跨度进行比较，为货币政策和财政政策的制定提供可资借鉴的实证依据。

三、金融支持区域经济协调发展的相关研究述评

金融随着社会经济的发展而诞生，简而言之，金融指向的是货币经济学，包括一切与货币的发行、流通和回笼紧密相关的活动，通过一系列的金融工具，以各种可供交易的金融资产形式存在的"货币"载体得以在金融市场中流通并对实体经济发挥作用。常见的金融工具有信用货币、股票、债券、期货、黄金、外汇、保单、存款凭证等。

诸多研究表明，金融与经济是相辅相成、互相促进的关系。有观点认为，金融产业可以被视为虚拟型经济，在推动区域经济保值增值方面发挥作用。但是更为准确地说，金融业中有相当一部分是直接为实体经济进行融资，周小川曾经指出，无论是银行贷款还是一般企业发行债券、股票进行融资，金融部门能够把包括企业和个人在内的其他实体的储蓄动员起来进行融资，这是直接联

系到实体经济的流动资金及研发、投资活动的，是直接为实体经济服务的，这部分不应视为完全意义上的虚拟经济。本章中，我们对学界对于区域金融与区域经济的相关研究情况进行简要概括。

区域经济是指某一特定经济区域内部的社会经济活动和诸种经济要素相关关系的总和，是地域性综合经济体系。由于不同的地理区域作为依存性与相对独立性兼具的自然、经济和社会有机体，先天环境、要素构成、生产水平和效率等不尽相同，因而发展模式、发展路径和结果均存在或大或小的差异。一些学者分别针对政治制度、经济体制、经济政策、自然地理条件、科学技术、文化环境、民族性等在内的一项或多项因素，在相互作用的情况下，该区域经济发展的总体趋向和基本规律进行研究，构建了区域经济学的研究体系。

区域经济发展理论兴起于 19 世纪初，概括来看主要是围绕"效率"与"公平"的博弈，天平的一头是非均衡发展理论，指顺应市场经济思路，另一头则是均衡发展理论，指通过计划和行政手段配置资源，消除或缩小区域间的经济差异。两者融合下，又进一步诞生了区域协调发展理论，既不唯效率，也不唯公平，而是将适度倾斜与必要的补偿相结合，达到相对均衡、整体快速发展的状态，并使其具有可持续性。

区域经济均衡发展理论的代表是大推进理论、平衡增长理论和输出基础理论。Rosenstein Rodan（1961）提出大推进理论，认为发展中国家或后发地区各工业部门应通过全面大量的投资，推进平衡发展，迅速实现工业化，推动经济全面高速增长。Nurkse（1953）提出落后国家存在供给不足循环和需求不足循环，低生产率带来低收入，从而储蓄和购买力均维持较低水平，分别导致低资本和低投资，进一步造成了生产率下降，只有采用平衡增长战略，在各产业和地区间均衡部署生产力，才能打破这两个恶性循环。North（1955）的输出基础理论则是指，一个区域的经济增长取决于输出产业的增长，区内经济增长的主要原动力是外生需求的扩大，如果每个区域都能够发挥产业优势，自由贸易会自然对要素和价格加以均衡，从而缩小地区差距。

区域经济非均衡发展理论则更加多元化，比较典型的有：Francosi Perroux（1950）提出增长极概念，被后人完善后形成了区域经济学的增长极理论，即区域经济的发展会围绕最初的增长点进行集中，产生生产要素聚集的极化效应，增长极发展到一定程度时，通过不同渠道向外扩散，带动其他地区和产业经济发展。G. Myrdal（1957）提出循环累积因果论，指出在动态的社会过程中，经济发展在空间上并不能同时产生和均匀分布，社会经济各因素之间存在循环累积的因果关系。夏禹龙、冯之俊（1982）基于 Raymond Vernon（1966）的产品周期理论提出了梯度理论，认为区域经济的发展如同工业产品的生命周期，要经历"产生—扩张—繁荣—衰落"的自然生长过程，推动经济发展的创新活动首先发生在高梯度区域，再随着产品周期循环的变化，有次序地向低梯度区域转移。基于增长极理论，后来的学者 J. R. Fridemna（1966）、陆大道（1985）等又延伸出了核心边缘理论和点轴开发理论，前者认为任何空间经济系统均可分解为核心区和边缘区，边缘区的发展方向主要取决于核心区；后者指社会经济客体大都在点上聚集，由于生产要素交换，通过交通线路及动力、水源供应线等连接形成轴线，轴线两侧聚集产生新的增长点，逐步形成有机的空间结构体系并呈网状发展。Williamson（1965）则在实证基础上提出了倒"U"形理论，将时序问题引入区域空间结构变动分析，指出发展阶段与区域差异之间存在倒"U"形关系，经济发展初期必然经历经济活动在空间上极化即区域差异扩大的阶段，但是随着经济成熟将趋于平衡增长。

区域金融的概念与区域经济密不可分，主要指特定经济区域的金融资源分布与运行情况。区域金融植根于区域经济情况，一方面服务和推动区域经济的发展，另一方面又受制于区域经济的发展阶段和发展模式。总体上看，在区域经济学研究中对区域金融的涉猎相对较少。

西方区域金融的研究，多是从宏观经济学角度出发，基于凯恩斯主义或货币主义的基本观点，分析货币政策的区域效应。Miller（1978）建立了一个两区域的宏观经济静态乘数模型，用货币主义思路检验和分析货币政策的区域效应。Dow（1982）、Moore（1985）研究了区域间贸易和金融流动可能对区域货币基础产生的影响，Dow 认为，流动性偏好越高的区域乘数越低，如果边缘地区的银行受到的储备约束多于核心地区的银行，信贷增长能力的差异就会加深。对于我们所关注的区域金融对区域经济的影响，一些学者进行了实证分析。Carlino、Defina（1999）通过建立脉冲响应函数分析表明，不同区域对货币政策的反应不一致，产业结构与脉冲响应大小显著相关。Luigi Guiso、Paola Sapienza 和 Luigi Zingales（2002）研究指出在金融市场高度一体化的意大利，区域金融发展水平对区域经济增长有重要促进作用，一个经济主体在其他条件不变的情况下从金融不发达地区迁移到金融发达地区，其开办商业的机会将增加33%；而多数金融发达地区的人均 GDP 年均增长速度要比金融不发达地区快1%。

在国内，周立和王子明（2002）通过对中国各地区 23 年间金融与经济情况的实证研究，发现金融发展与经济增长高度相关，金融发展差距可以部分解释中国各地区经济增长差距，一个地区金融发展初始条件低下，对其长期的经济发展不利。谢太峰和王子博（2009）对上海金融和经济增长情况进行实证研究，认为金融发展对经济增长具有正向带动作用，并存在单向因果关系，跨期影响间隔一期。张萍和陈福忠（2009）基于江苏省金融与经济增长数据进行实证分析，结论是金融相关率及股票市场发展程度与经济增长呈正相关，金融效率化及保险市场发展程度与经济增长呈负相关。郭志仪、赵小克和刘那日苏（2013）基于甘肃省金融与经济增长数据进行实证分析，结果表明，长期中金融发展规模的扩大推动了经济增长，但是存款转化率随之下降。类似的对各省或小范围经济圈的单独研究较为繁杂，在此不一一赘述，但是到目前为止，对东中西部相关课题的比较研究，特别是对西藏地区的特殊性的分析较为匮乏。

四、金融与经济发展的关系

（一）金融对经济的作用机理

1. 简单经济体中货币运行模式及作用路径

简单经济体中货币的运行轨迹如图 1 所示。

图 1 中商业银行的初始贷款数量受央行的再贷款即基础货币数量和存款准备金率决定。在基础货币总量和存款准备金率既定的情况下，商业银行的贷款数量由派生存款决定。第一步，央行通过再贷款方式向商业银行投放基础货币（又称高能货币）。现实中，央行投放基础货币的渠道还包括再贴现、外汇占款、央票到期、债券回购等，目前以再贷款和购买外汇为主要投放渠道。第二步，商业银行以贷款形式将资金投向实体企业或个人。此处贷款不仅指一般公司贷款和个人贷款，还包括贸易融资、票据贴现、购买企业债等。同时，商业银行向财政缴税，资金以财政存款方式向商业银行回流，商业银行按照总存款的一定比例向央行缴纳存款准备金。第三步，企业的经营现金流、投资现金流、筹资现金流和利润等形成存款存入商业银行，企业雇用工人劳务并支付工资，个人通过税收方式将部分资金缴给财政、部分用于消费、部分储蓄，企业向财政缴纳税收。如此形成循环。

商业银行因其吸收存款、发放贷款的职能，在经济运行体系中居于货币资

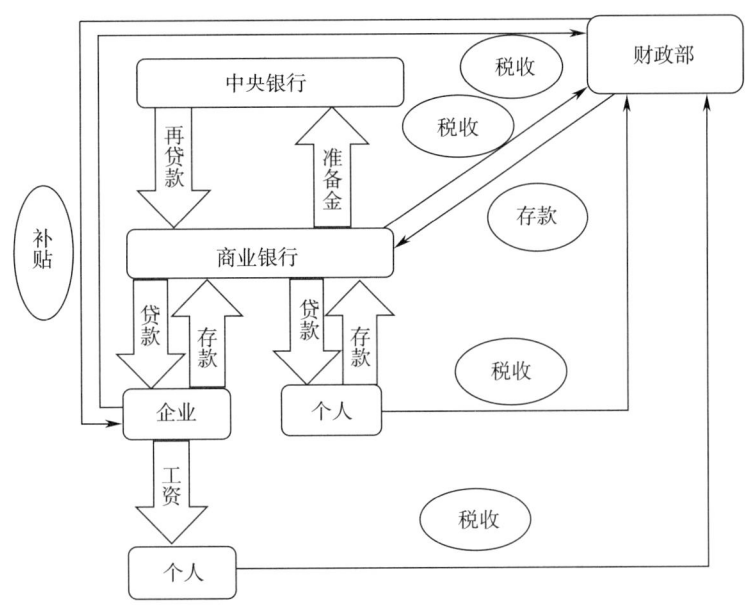

图 1　简单经济体货币运行轨迹

金运行的核心位置。在法定存款准备金率既定的情况下，商业银行贷款能力初始取决于从央行再贷款的数量；在法定存款准备金率和初始再贷款既定的情况下，商业银行贷款能力取决于商业银行存款数量；商业银行存款数量取决于企业存款、财政存款和个人存款，其中财政存款来源于企业税收和个人税收，本质上取决于企业经营效益，因此商业银行存款本质上与企业经营效益息息相关。

央行可以通过基础货币的投放来影响实体经济，具体路径为：一是在存款准备金率既定的情况下，直接增加再贷款额度。这也从侧面印证了改革开放以来，我国不断增加基础货币供应总量以适应不断快速增长的经济总量的现实情况。图 2 显示了我国改革开放以来的基础货币供应总量增长趋势，央行发行的基础货币余额从 1993 年的 1.3 万亿元快速增长到 2017 年的 32.2 万亿元，增长到约 23.5 倍。二是在货币总量既定的情况下，央行通过降低存款准备金率，增加商业银行理论上可供贷款数量，进而增加实体经济货币供应量。

2. 不同货币投放渠道对实体经济的影响

央行基础货币投放渠道主要包括外汇占款、再贷款、再贴现、央票到期、债券回购等。从图 3 中我们可以看出，2004 年之后，货币乘数走势与再贷款占央行资产的比重走势基本一致，而与外汇占款占央行资产的比重走势大体反向，当外汇占款占央行资产的比重高于 60% 后，随着其占比的提升，货币乘数反而

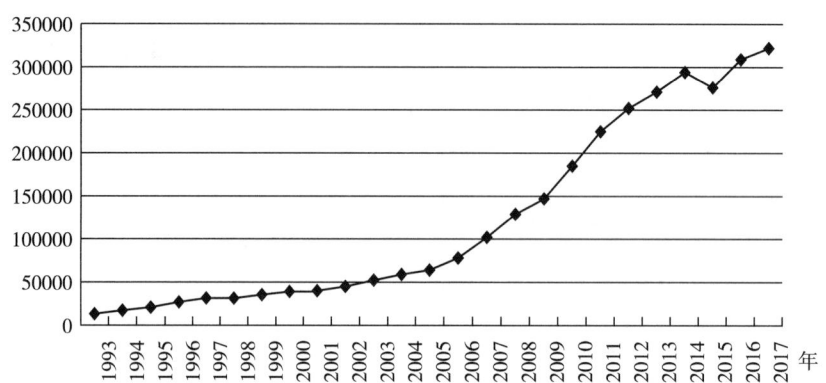

图 2 1993—2017 年基础货币余额变动趋势

呈下降趋势。

前文提到，在存款准备金率既定的情况下，货币乘数与产业链条长短紧密相关，在一定程度上可以体现就业情况和经济活跃度。结合图 3，当我国经济处于初级阶段，就业不充分、产能利用率不足、货币供给不足，通过吸收外资来补充基础货币投放的不足，对我国经济的快速发展有积极的促进作用；当我国经济进入中级阶段，就业相对充分、产能利用率相对充足、央行基础货币供给较为灵活，则过分强调吸收外资，因外汇占款挤占再贷款货币投放渠道，将出现货币乘数下滑，进而对实体经济产生负面作用。

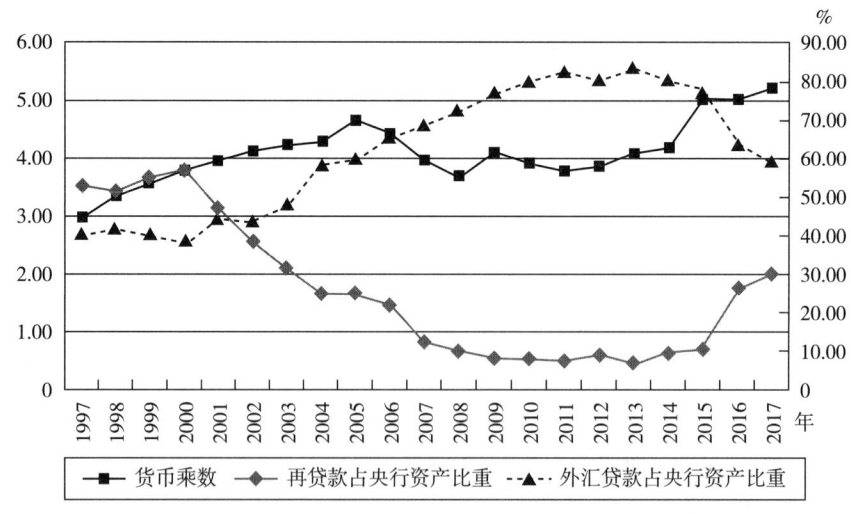

图 3 1997—2017 年货币乘数、再贷款及外汇占款比重变化趋势

3. 银行风险偏好对实体经济的影响

商业银行风险偏好直接影响到投入实体经济的资金数量。商业银行的风险偏好或容忍度决定了商业银行的客户准入门槛、风险资产收益率，较高的风险偏好或风险容忍度往往意味着较低的客户准入门槛和较高的风险资产收益率。

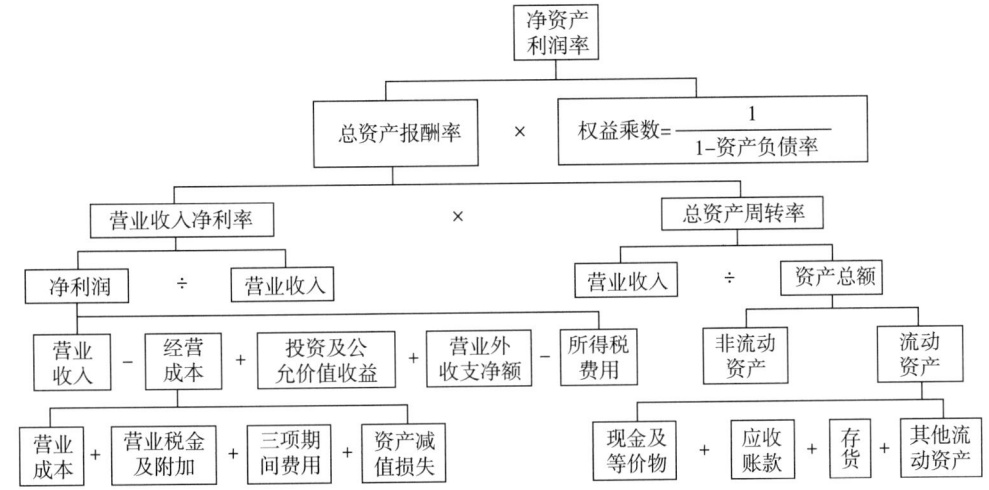

图 4　杜邦分析法示意

通过图 4 展示的杜邦分析法，假定市场无限大，企业决定是否追加生产由总资产收益率决定，那么当企业资产负债率不为零时，企业是否追加或减少产能的决定因素就是其净资产收益率和因负债产生的财务成本：当企业负债的付息成本率[①]高于企业的净资产收益率时，企业将会因付息成本"蚕食"企业利润而选择降低负债水平；反之，当净资产收益率高于付息成本率时，企业会通过增加银行负债来加大固定资产投资，扩大生产和销售，以期获得总利润增长。在这个链条中，衔接金融与经济的其实就是银行贷款利率与企业净资产收益率的相对关系。因此，当银行贷款利率高于实体企业净资产收益率时，企业将减少投资，进而就业减少→居民收入降低→储蓄减少→储蓄转换投资势能降低→政府税收减少，货币乘数出现下降，实体经济发展受到约束；反之，当银行贷款利率低于实体企业净资产收益率时，企业将增加投入、扩大产能，进而就业增加→居民储蓄增加→储蓄转换投资势能提升→政府税收增加，货币乘数出现上升，促进实体经济发展。当然，货币乘数并非越大越好，货币乘数增长过快易导致投资增长过快，引发通胀风险。

---

① 企业付息成本率＝企业贷款财务费用/贷款金额，对应银行的贷款利率。

（二）贷款和财政配置对经济发展影响的实证研究

1. 建立 VAR 模型

笔者通过对全国 1978—2017 年 GDP、财政支出和贷款余额进行 ADP 检验，发现 GDP、财政支出和贷款余额原始数据时间序列不平稳，不能直接建立 VAR 模型。通过平稳性检验，我们选择对 GDP、财政支出和贷款分别取对数建立 VAR 模型。

我们用 CZ 代表财政支出，DK 代表贷款余额，GDP 代表经济总量，在实证过程中，先后分别选取最大滞后期 9、6、4，通过实验确定模型的最佳滞后期为二期，如表 1 所示。

表 1   **滞后期检验（全国）**

VAR Lag Order Selection Criteria

Endogenous variables：L_ GDP L_ CZ L_ DK

Exogenous variables

Date：10/07/18 Time：12：55

Sample：1978 2017

Included observations：36

Lag	LogL	LR	FPE	AIC	SC	HQ
1	176. 3956	NA	1. 84e − 08	− 9. 299756	− 8. 903877	− 9. 161584
2	203. 9325	45. 89484 *	6. 62e − 09 *	− 10. 32958 *	− 9. 537825 *	− 10. 05324 *
3	212. 1589	12. 33951	7. 07e − 09	− 10. 28660	− 9. 098964	− 9. 872085
4	220. 5209	11. 14937	7. 67e − 09	− 10. 25116	− 8. 667641	− 9. 698470

* indicates lag order selected by the criterion.

LR：sequential modified LR test statistic（each test at 5% level）.

FPE：Final prediction error.

AIC：Akaike information criterion.

SC：Schwarz information criterion.

HQ：Hannan – Quinn information criterion.

建立 VAR 模型结果和单位根检验结果如表 2 所示，可以看到该模型是稳定的。因此我们继续进行协整检验和格兰杰因果检验。

表2 **VAR 模型与单位根检验结果（全国）**

Vector Autoregression Estimates

Date：10/06/18　Time：15：21

Sample（adjusted）：1980 2017

Included observations：38 after adjustments

Standard errors in （ ） & t – statistics in ［ ］

	L_ GDP	L_ CZ	L_ DK
L_ GDP （ –1）	1. 339763	0. 213489	0. 198288
	(0. 15258)	(0. 18785)	(0. 15532)
	[8. 78044]	[1. 13650]	[1. 27666]
L_ GDP （ –2）	– 0. 700107	– 0. 165238	– 0. 243068
	(0. 14843)	(0. 18273)	(0. 15109)
	[– 4. 71684]	[– 0. 90428]	[– 1. 60880]
L_ CZ （ –1）	0. 215097	1. 300846	0. 329523
	(0. 14335)	(0. 17648)	(0. 14592)
	[1. 50048]	[7. 37102]	[2. 25825]
L_ CZ （ –2）	– 0. 164268	– 0. 387661	– 0. 283857
	(0. 13156)	(0. 16197)	(0. 13392)
	[– 1. 24858]	[– 2. 39342]	[– 2. 11958]
L_ DK （ –1）	0. 271180	– 0. 133020	1. 337058
	(0. 13977)	(0. 17207)	(0. 14227)
	[1. 94023]	[– 0. 77306]	[9. 39797]
L_ DK （ –2）	– 0. 006736	0. 173513	– 0. 349224
	(0. 14414)	(0. 17745)	(0. 14672)
	[– 0. 04673]	[0. 97779]	[– 2. 38013]
C	0. 626559	– 0. 077449	0. 237631
	(0. 16855)	(0. 20751)	(0. 17157)
	[3. 71724]	[– 0. 37323]	[1. 38500]
R – squared	0. 999510	0. 999301	0. 999610
Adj. R – squared	0. 999415	0. 999165	0. 999535
Sum sq. resids	0. 049149	0. 074491	0. 050926
S. E. equation	0. 039818	0. 049020	0. 040531
F – statistic	10539. 25	7382. 082	13245. 38
Log likelihood	72. 43953	64. 53886	71. 76479
Akaike AIC	– 3. 444186	– 3. 028361	– 3. 408673
Schwarz SC	– 3. 142525	– 2. 726700	– 3. 107013
Mean dependent	11. 19476	9. 499030	11. 13229

续表

	L_ GDP	L_ CZ	L_ DK
S. D. dependent	1. 646504	1. 696634	1. 878797
Determinant resid covariance（dof adj. ）	4. 75E − 09		
Determinant resid covariance	2. 58E − 09		
Log likelihood	213. 9688		
Akaike information criterion	− 10. 15625		
Schwarz criterion	− 9. 251270		

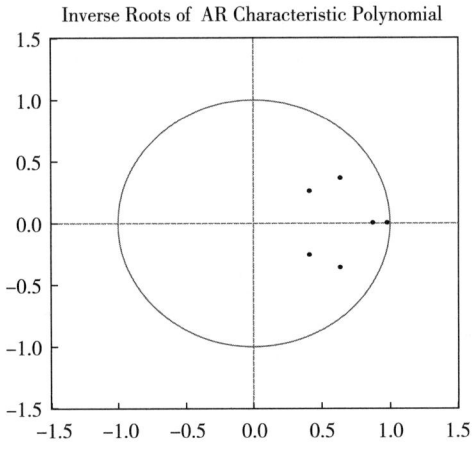

Inverse Roots of AR Characteristic Polynomial

Roots of Characteristic Polynomial

Endogenous variables：L_ GDP L_ CZ L_ DK

Exogenous variables：C

Lag specification：1 2

Date：10/06/18 Time：15：22

Root	Modulus
0. 982620	0. 982620
0. 879410	0. 879410
0. 641597 − 0. 362611i	0. 736976
0. 641597 + 0. 362611i	0. 736976
0. 416222 − 0. 257952i	0. 489673
0. 416222 + 0. 257952i	0. 489673

No root lies outside the unit circle.

VAR satisfies the stability condition.

2. 协整检验与格兰杰因果检验

协整检验和格兰杰因果检验结果如表 3 所示。

表 3		协整检验与格兰杰因果检验结果（全国）		

Date：10/07/18　Time：11：46

Sample（adjusted）：1980 2017

Included observations：38 after adjustments

Trend assumption：Linear deterministic trend

Series：L_ CZ L_ DK L_ GDP

Lags interval（in first differences）：1 to 1

Unrestricted Cointegration Rank Test（Trace）

Hypothesized		Trace	0. 05	
No. of CE（s）	Eigenvalue	Statistic	Critical Value	Prob. **
None*	0. 478990	37. 74505	29. 79707	0. 0049
At most 1	0. 258285	12. 96959	15. 49471	0. 1159
At most 2	0. 041624	1. 615586	3. 841466	0. 2037

Trace test indicates 1 cointegrating eqn（s）at the 0. 05 level.

∗ denotes rejection of the hypothesis at the 0. 05 level.

∗∗ MacKinnon – Haug – Michelis（1999）p – values.

Pairwise Granger Causality Tests

Date：10/06/18　Time：16：16

Sample：1978 2017

Lags：2

Null Hypothesis：	Obs	F – Statistic	Prob.
L_ CZ does not Granger Cause L_ GDP	38	0. 05953	0. 9423
L_ GDP does not Granger Cause L_ CZ		5. 09997	0. 0117	—
L_ DK does not Granger Cause L_ GDP	38	5. 13295	0. 0115
L_ GDP does not Granger Cause L_ DK		3. 24659	0. 0516	—
L_ DK does not Granger Cause L_ CZ	38	4. 88538	0. 0139
L_ CZ does not Granger Cause L_ DK		4. 83130	0. 0144	—

从检验结果来看，模型中至少存在两个协整方程，说明我们建立的模型中，至少存在两个长期稳定的关系。格兰杰因果检验显示：

（1）财政支出与 GDP 的关系：在 5% 的显著性水平下，财政支出不是 GDP 增长的格兰杰原因，即长期来看，财政支出的增长不是 GDP 增长的原因；在 5% 的显著性水平下，GDP 增长是财政支出的格兰杰原因，即长期来看，GDP 的增长是财政支出的原因。

（2）贷款与 GDP 的关系：在 5% 的显著性水平下，贷款增长是 GDP 增长的格兰杰原因，即长期来看，贷款的增长是 GDP 增长的原因；在 5% 的显著性水平下，GDP 增长不是贷款增长的格兰杰原因，但在 10% 的显著性水平下，GDP 增长是贷款增长的格兰杰原因，即长期来看，GDP 的增长是贷款增长的原因。

（3）财政支出与贷款的关系：在 5% 的显著性水平下，贷款与财政互为格兰杰原因，即长期来看，贷款增长和财政支出增长之间互相推动。

3. 脉冲响应分析

脉冲响应分析结果如图 5 所示。

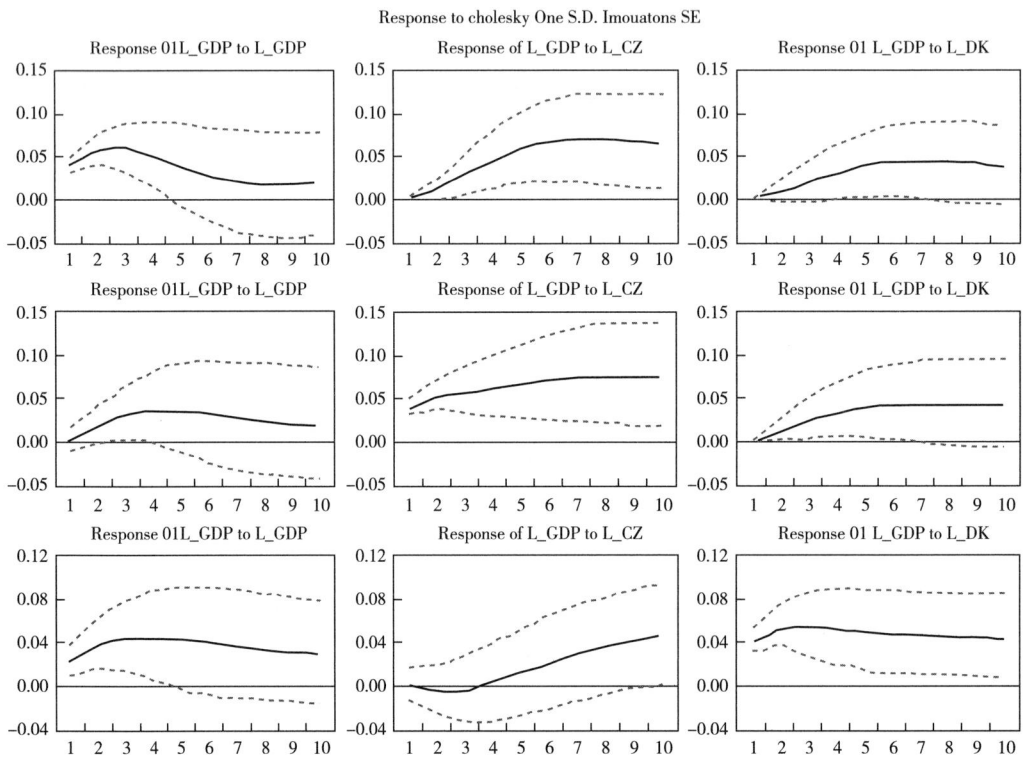

图 5 脉冲响应分析结果（全国）

可以得出如下结论：

（1）从 GDP 受冲击后的反应可以看出：当期 GDP 变化对 6 年之内的 GDP 都持续产生影响，并在第 2～3 年影响最大；财政支出和贷款的变化对 GDP 的影响均呈逐渐增大趋势，在第 6 年达到峰值。

（2）从财政支出受冲击后的反应可以看出：GDP 变化对财政支出的影响在未来 4 年间缓慢上升，之后趋于收敛；贷款变化对财政支出的影响在第 6 年达到峰值，并持续较长时间。

（3）从贷款受冲击后的反应可以看出：GDP 变化对贷款的影响在第 2 年至第 5

年间最为显著，之后趋于收敛；财政支出变化对贷款的影响从第5年才有所显现。

结合脉冲响应分析与格兰杰因果分析，我们可以得出，贷款增长对 GDP 增长存在长期推动作用，并在一定的滞后期中逐步放大。相较贷款，财政支出增长在长期中并非 GDP 增长的原因，而 GDP 增长对于财政支出的增加则有明显的引致作用。

五、金融资源配置与区域经济发展之间的关系

（一）区域金融对区域经济发展作用与反作用机理

由于金融内生于实体经济，经济本身构成金融的基础和大环境，而区域金融又是建立在区域经济基础之上的，区域经济的差距必然会在区域金融上有所体现。区域金融与区域经济之间互相作用的原理，既是在金融与经济互相作用原理的大框架下，又因受到区域政策差异和区域内外交互的复杂关系影响，而呈现一些更为鲜明的地方特色。

首先我们对区域金融对区域经济发展的作用和反作用的基本架构加以明确。简而言之，两者的关系可以从总量与结构两方面加以概括：金融总量和金融结构分别对经济总量和经济结构存在相互影响的关系，而结构的变化又反过来进一步促成总量变化。

1. 区域金融与区域经济之间作用关系所遵循的基本原理

在具体阐述各自的作用机理之前，需要明确两个基本原理：一是区域金融直接影响区域货币投放；二是金融在区域间具有流动性。区域金融和区域经济之间的关系之所以得以存在并以各种表征表现出来，追根溯源，均是基于这两个基本原理。

原理一，区域金融直接影响区域货币投放。如前文所述，货币供应量的投放对企业生产经营、个人消费和投资行为、市场价格及市场运行情况等均有关键性的影响。从宏观角度来看，我国实行的是以货币供应量为中介目标，以公开市场业务为主要政策工具的间接性的货币政策调控体系，而我国信用货币发行体系基于以央行和商业银行两级银行体系为核心的金融格局之上，调控货币供应量的主要手段是公开市场、再贷款、利率政策、准备金等，其中公开市场为银行间债券市场，交易双方为央行和作为公开市场交易商的商业银行。金融机构是货币投放的渠道，因此，具体到特定区域，可以认为区域金融直接影响

区域货币投放。

从货币乘数的角度来看，不同区域中的商业银行、企业和个人根据其对流动性、安全性和盈利性的偏好，不断调整其持有的金融资产结构，形成了区域货币乘数。金融机构作为中介，对区域货币乘数的差异起到了重要的传导和解释作用。

原理二，金融在区域间具有流动性。金融是市场化的产物，其天然具有趋利避害、自由流动的特征。金融在某一特定区域的初始形成主要取决于政策因素、区位因素和基础设施。初始形成阶段，政府通过较为鲜明的政策导向和资源部署，为区域金融的激发提供一个原动力，并在区域金融早期发展过程中主导基础设计并提供资金支持。政策因素对于区域金融的起步起着至关重要的作用。虽然时间跨度已达数十年，但从中国各省份的金融、经济发展现状，仍不难看出早期发展政策的影子，彼时的发展重心和思路对今日格局产生的影响，恐怕已经大大超出了当时的估量和想象。区位因素在金融初始形成中也扮演着非常重要的角色。相较其他区域，一些区域具备更为优越的自然条件和地理优势，通常金融市场会首先在这些区域孕育和发展，最显著的区位优势包括交通、农牧条件、矿产资源等。便利的交通条件使得部分区域天然在物流和信息流上具有比较优势；部分区域具有优渥的农牧条件，交换需求增长更为迅速；相似地，丰富的矿产资源也带动了区域相关产业及交通的快速发展，从而为金融的初步聚集创造了条件。基础设施的完备程度，为金融的发展奠定了基础条件。例如，金融活动离不开高效率的信息传递，因此一个区域基本的通信设施建设是区域金融发展的必要条件，此外还有交通运输、能源设施等，共同构成了金融发展的物质基础。金融机构是否选择入驻某一区域，决策考量是全方位的，而政策因素、区位因素和基础设施是最基本的参考因素，也是影响金融初始形成最为重要的因素。

金融初始形成后，从一个地区流向另一个地区，在不考虑行政壁垒的前提下，可以说是完全自由的。金融资源会流向更高收益、更低成本的投资机会，直到形成均衡，在市场发生变化后，均衡被打破，金融资源会再次产生流动直到新的均衡产生。由于市场是复杂和动态的，即使在大的均衡格局下，具体到某一细分领域，也每时每刻在发生着变化，因此金融资源会不断地进行流动和调整，自发向着资源的最优配置靠近。金融资源的流动性与市场经济密不可分，通过金融机构的内部安排、商品流通、产业链衔接、投资品和衍生品等渠道实现，随着技术进步和金融深化，金融流动的速率和有效性也在不断提升。

基于以上两个原理，区域金融总量在很大程度上与区域经济总量呈正相关。而区域金融结构和区域经济结构之间也存在密切联系，区域金融结构对区域经济结构的形成、调整和优化具有直接影响，经济结构则反过来进一步对经济总量未来的走势和变化幅度产生影响。

2. 区域金融总量对区域经济总量的作用与反作用机理

区域金融总量主要指金融规模，包括区域货币供应量、金融资产总量和社会融资总量，银行存、贷款总规模以及银行间、证券、保险、基金市场体量等。从我国现状来看，金融数量的扩张主要是货币的扩张和银行贷款的增长，银行之外的其他各种信用虽然有所增长，但其在信用总量中的占比仍然很低。因此我们在对区域金融总量对区域经济总量作用和反作用机理的分析中，重点就银行渠道进行分析。

在探讨区域金融总量对区域经济总量的作用与反作用机理时，我们以 GDP 作为区域经济总量的代表指标，从 GDP 的构成入手进行分析。GDP 可以通过生产法、收入法和支出法来核算，其中支出法最为常用，即通常所说的"三驾马车"：GDP ＝ 最终消费支出 ＋ 资本形成总额 ＋ 货物和服务净出口。下文中我们将其简称为消费、投资和净出口，特别要强调的是，净出口概念在本文涉及区域经济的分析中，并非指一般意义上的国与国之间的"出口"，而是表示区域内向区域外的货物与服务净流出。

从消费项来看，银行对区域内企业和个人的贷款投放，为企业和个人对货物和服务的购买行为提供了资金，金融机构的介入，在一定程度上降低了消费者对于未来不确定性的担忧，为消费行为提供便利，刺激消费者增加市场消费。从图 6 中可以看到，企业和个人的购买力增加，预算线将向右上方移动，与消费可能性无差异曲线形成新的切点，对各项商品的需求增加，直接带来 GDP 消费项目的增长，从而促进了经济增长。同时，消费的增加促进市场活力提升，又反过来对金融产生进一步的需求，刺激和促进金融与经济的融合发展。

从投资项来看，由于银行分散了投资中的风险，提升了企业和居民的投资意愿和投资能力，企业生产经营规模扩张，固定资产建设项目增加，带动区域GDP 提升。随着企业生产规模扩大，基建进一步完善，对金融的需求也进一步增大，通过派生存款，银行贷款规模得以在滚动中进一步放大，从而实现区域金融的同步发展壮大。

从出口项来看，货物与服务流出减流入的净值构成了 GDP 的重要组成部分，银行贷款的投放，提升了区域内常住单位的生产能力，市场上商品和服务供应更为充分，种类和数量都将进一步提升，竞争力增强，在更好地满足本地企业和居民购买需求的同时，还能够产生外溢效应，对超出本地需求、存在比较优势的商品和服务，可以跨区域向外流出，从而实现净出口的增加。同时，商品和服务供给能力和质量的提升，还进一步留存了区域内的消费能力，体现在消费的无差异曲线及预算线上（见图 7），可以看到，由于收入提高，整体购买需求提高（从 A 到 B），且本地商品与服务供给增加，价格下降，本地 GDP 从收入增长中获益更多，同时，由于本地与外地商品和服务竞争力出现变动，部分货物和商品进口需求被本地产品替代（从 B 到 C），从而使经济增长的内生动力发挥得更为充分。随着区域间进口、出口的商品与服务交互需求增长，资金往来更为频繁，金融发展空间进一步增大，形成了经济与金融相互促进、便利流通的良性循环。

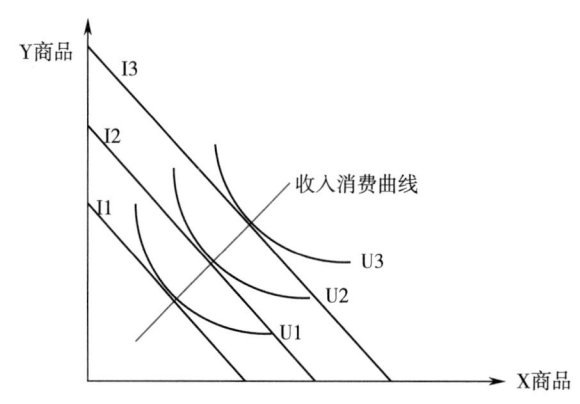

图 6　收入变动与消费增长

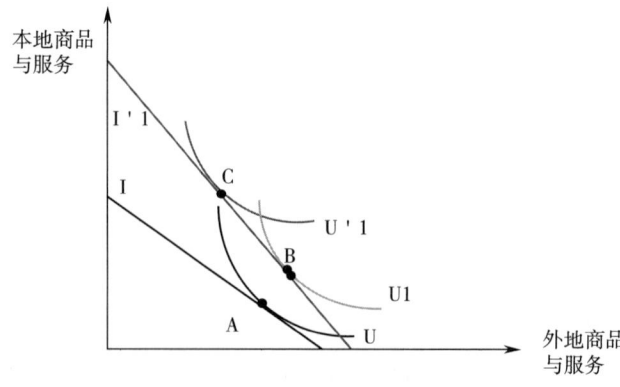

图 7　竞争力与消费结构变动

3. 区域金融结构对区域经济结构的作用与反作用机理

区域金融结构包括很多方面，包括区域的金融机构类型和集中度、金融产品结构、金融资产价格、金融市场有效性等，主要反映的是总量指标背后的具体性质、交易方式、运行模式等。如果说金融总量反映的是"量"，金融机构反映的就是"质"。举例来说，我国东、中、西部就存在巨大的金融结构的差异，其中有一些是显而易见的，如东部的金融机构数量、分布密度和市场竞争显著高于中部和西部，东部金融产品的种类较中西部显著丰富，东部金融创新出现的频率、对市场的响应速度、复制速度和新产品、新模式的成长周期均显著快于中西部，落后金融产品的淘汰和传统或陈旧金融模式的消亡速度也同样更为急剧；还有一些是需要进一步拆解和分析才能发现的，比如东部和中西部金融分布的产业结构和客户群体有较大差别，东、中、西部信息化和系统发展及运用水平存在较大差距，金融人才力量对比较为悬殊，即便是对于相同的金融工具，东部和中西部对其功能的发挥程度和有效性也存在较大差别。

区域经济结构主要指经济系统各要素的组成和构造，即生产力和生产资源在国民经济各部门的布局情况，包括产业结构、分配结构、交换结构、人员结构、消费结构、投资结构、技术结构等。当经济结构发生变化时，代表资本和劳动等生产要素的生产效率产出弹性就会发生变化。合理的区域经济结构有利于区域各部门的协调发展，充分发挥区域经济优势，形成优质、高效的经济发展格局。

下面主要从产业结构和创新进步两方面，就区域金融结构对区域经济结构的作用与反作用机制进行分析。

区域产业结构反映了区域经济发展的内容和层次，产业结构优化调整和升级是维持区域经济可持续发展的重要动力，区域金融发展对区域产业结构调整和升级起到了关键性的引导和支持作用，而区域产业结构调整和升级又反过来对区域金融发展起到了拉动效应。金融机构通过控制信贷资金流向，影响了区域不同产业的发展效率。在区域产业发展政策导向下，或借助银行征信体系深入实体经济生产的能力和市场机制的自发引导，本地金融资源集中流向重点发展产业，满足产业产能扩大和技术研发所需资本，随着产业链条的发展和完善，资本会加速流向劳动生产率高的部门，实现本地产业优势的发展和强化，加速淘汰落后产能，引导产业结构发生调整，成为区域经济快速增长的巨大推动力。同时，金融中介的存在，降低了信息交互成本，促使产业内及产业间形成更加高效的分工合作、供需对接以及投资行为，促进产业协同发展。有研究表明，金融因素对我国不同经济区域分工地位具有显著影响，有效的金融结构有助于提升区域垂直分工地位，并且效率指标的作用大于规模指标。反过来，产业结构升级，特别是新兴产业的成长期，会引发新的资金需求与市场需求，又进一步推动了区域金融结构的变化及金融效率的提升。

不同区域由于产业结构不同、产业链条长度不同，金融机构在特定区域的实际货币投放量会有很大区别。随着区域产业链条的延长，实际货币投放得到层层放大，区域货币乘数提高，对区域经济规模增长的支持作用也更强。同时，本地产业留存度的提升使得区域内产品和服务价值增加值得到提升。

在创新进步方面，金融提供了强大的支撑和保障。金融功能可以实现市场上投融资的有效对接，在充分衡量不同群体对自身资产的流动性偏好基础上，将相应的资本投资需求与创新领域资金需求进行对接，为技术革新提供良好的环境。企业通过融资可以有效分散和降低自身创新风险，增强创新动力，在创新进步转化成生产力的过程中，资金通过金融体系不断涌入发展前景好、可行性高的朝阳领域，具有创新优势的企业得以获得超额利润，推进创新速度提升，推动相关产业转型升级。如果说短期经济增长主要依赖于大量的资本和劳动力等生产要素，那么技术进步则是决定了经济的长期增长可能性，推动区域产业结构由低生产率的资源驱动模式向高生产率的技术创新驱动模式转变，是区域金融为区域经济长期发展提供的重要支持作用。

4. 金融的"自成长"特性与区域发展的"马太效应"

金融具有"自成长"特性，简而言之就是金融越发达的地区，未来金融发展趋势就会越好。早期计划经济下，区域金融发展差距较小，区域金融发展呈收敛态势，随着市场机制在资源配置中逐步发挥主导作用，金融资源的流动更加自由，自发地追求自身利益最大化，形成资源更为有效的配置。对于本身较为发达的区域金融市场，前期的金融集聚使当地信息、资金和人才聚集优势更为明显，发挥出规模效应。

首先，金融集聚带来信息集聚。有研究表明，在经济较为发达的地区，贷款数量是决定经济增长的核心因素；在经济发展水平一般的地区，贷款质量与数量对于经济增长的影响同样重要；而对于欠发达地区，金融密度则是决定经济增长的重要因素，本文分析其中一个重要原因就是信息集聚能力与金融密度直接相关，而信息对称是进行资源有效配置、资金供需充分对接的必要条件。

信息成本是限制投资价值的重要因素，金融集聚降低了金融机构信息交互成本，可以更加全面、高效地开展风险评估，同时金融机构作为中介，打通了市场各方的信息获取渠道，使得优质企业获取融资可能性提升，而不良企业的负面消息传递速度也很快，更为透明的市场使得企业对自身经营更为关注，有利于整个市场良性竞争环境的形成。

其次，金融集聚带来资金集聚。资金的规模效应使得金融机构运行效率进一步提升，资金成本进一步降低，并能更为有效地吸收社会资金再加以利用，供给引致进一步的需求，派生存款进一步增加，贷款规模进一步充裕，产生不断放大的乘数效应，规模效应形成后，金融市场深度和广度得以进一步拓展，产品的多样化和客户分层更为清晰，金融机构之间的市场细分和优势互补更为充分，使得区域金融服务普惠性增强，有助于促进区域市场整体进步、区域经济协调发展，反过来进一步推动金融业的蓬勃向上。

最后，金融集聚带来人才集聚。金融业一般是聚集高水平的专业人才和管理人才的行业，一方面，金融机构的入驻提供了大量的就业岗位和人员培训机会，直接提升了区域的第三产业占比；另一方面，金融集聚带来了初期的知识集中，无论是区域内金融机构的交流与共同提高，还是大型金融集团总部对于自身区域金融机构的人员和技术支持，均迅速提升区域金融服务和供给能力，并通过人员流动、知识外溢，迅速进行传播和共享，加之金融行业本身就具有的市场培育作用，进而带动区域实体企业的知识、技术、能力增值。

金融的"自成长"特性在一定程度上加剧了区域经济发展的"马太效应"。举例来说，我国东、中、西部经济发展存在较大差距，东部地区经济最为发达，基础设施完备，市场条件成熟，产业链条齐全，创新更迭速度快，与金融发展相辅相成。由于东部已经具备很强大的规模效应和比较优势，资源效率高，在市场经济下，金融资源为获取更高的收益回报，必然加速向东部地区转移，其中也包括初始投放在中西部的金融资源，依然会顺着"逐利路线"流向东部，东部的金融资源更加丰富，实体经济发展得到更加强有力的支撑，从而发展得更快、更好，吸引更多的企业和金融机构聚集，更加频繁的各项经济业务往来又反过来为金融集聚构筑了依托，金融产业更加发达，并进入良性的"自成长"通道，而中部、西部地区金融资源更加稀缺，经济发展动力不足。金融资源的利用效率随着自由流动得到提升，但却造成了发达地区愈加发达，落后地区更为落后的不均衡局面，东、中、西部梯度差距拉大，金融和经济均呈"两极化"发展，如不加以干预，区域经济不平衡情况将加剧。

但是在实际情况中，一个区域的金融发展和区域间的金融资源流动在很大程度上还要受到国家和地方政策规定的影响。政府对区域金融发展提供的基础设计、必要支持和引导，是应对经济发展的"马太效应"的第一手段。

（二）改革开放以来我国区域金融与区域经济增长交互史

1. 我国区域发展战略演进过程

我国地域辽阔，人口众多，受新中国成立以前的漫长历史尤其是近代经济发展史的影响，各地区人口、教育、基础设施、自然资源禀赋、基础工业等发展条件千差万别。新中国成立以来，围绕"公平"和"效率"两大主题，我国区域经济发展战略总体经历了三个历史阶段，每个历史阶段区域发展战略的实施背景、战略目标、战略举措均明显不同，不同地区经济发展效果出现了较大差异。

（1）区域均衡发展战略实施阶段（1950—1978 年）。从新中国成立到改革开放之前，我国实施的是"公平优先、兼顾效率"的区域均衡发展战略。战略举措表现为以平抑沿海和内地差距为方向，以生产力接近原料地布局为方式，货币供给以体现国家意志的完全财政划拨为手段。在区域均衡发展战略指导下，国家加大了对内地的投资，尤其是在"三五""四五"期间实施了"大三线"建设。据统计，"一五"时期内地投资占全国总投资的 47%，"二五"时期这一比例为 50%，"三五"时期更是高达 65%；内地工业产值占全国工业产值的比重也从 1952 年的 31% 上升到了 1978 年的 39%。新中国成立前中国工业地区布局、产业布局不平衡的现象得到明显改善。

（2）区域非均衡发展战略实施阶段（1980—1998 年）。改革开放之初到 20 世纪 90 年代中后期，我国实施的是区域非均衡发展战略，基本宗旨是追求经济发展总体效率和效益。改革开放后，中央提出了沿海开放战略，即利用产业基础好、综合交通便利、科技素质高等综合条件较好的沿海地区，引进国外涉及国计民生领域的轻工业先进技术、设备、管理经验和投资来加快沿海地区的发展并带动全国经济的快速发展。国民经济"六五"计划明确提出"加快内陆地区能源、交通和原材料工业建设，支援沿海地区经济的发展"，"七五"计划首次提出了我国经济区域按东、中、西三大地带划分，中央对沿海的鼓励和支持被放在了首要位置。

（3）区域协调发展战略实施阶段（1999 年至今）。1999 年至今，在区域发展差距日益扩大的背景下，我国开始实施区域协调发展战略，既追求效率，又注重公平，力争通过区域经济协调发展，提高内地居民收入和消费水平，提升内地的产业发展水平，来消耗东部地区在区域非均衡发展阶段形成的过剩产能。区域经济协调发展战略的几个标志性事件分别是中央 1999 年提出实施西部大开发战略、2004 年提出实施振兴东北地区等老工业基地战略以及 2006 年提出实施促进中部地区崛起战略。

2. 改革开放以来我国区域信贷和财政策略

与我国区域经济发展战略相适应和相配套，作为经济发展核心的金融和财税政策在改革开放后也发生了变化。

（1）区域信贷策略。

区域非均衡发展阶段（1980—1998 年）。这一阶段是我国经济体制由计划经济向市场经济转轨的阶段。在此阶段，信贷资源主要掌握在由国家控制的工、农、中、建四大国有银行，信贷的投放仍然较多地体现了国家的意志。据统计，在 1987 年至 1998 年，国家实施区域非均衡发展战略过程中，国家在东部地区的贷款投入占全国样本总贷款规模的比重持续提升，中、西部地区则持续下降。东部样本地区贷款占比由 1987 年的 49.09% 提升至 1998 年的 53.97%，中、西部地区分别下降了 2.03 个和 2.85 个百分点（见表 4）。

表 4　　　　　　　　非均衡发展阶段东、中、西部贷款投放占比

	东部贷款占比	中部贷款占比	西部贷款占比
1987 年	49.09%	29.63%	21.28%
1998 年	53.97%	27.60%	18.43%
占比变化	4.88%	−2.03%	−2.85%

区域协调发展阶段（1999 年至今）。我国于 1999 年正式提出西部大开发战略，2006 年正式提出中部崛起发展战略，标志着区域协调发展真正的起点，2005—2006 年，四大国有商业银行中的建行和中行完成股份制改革，银行信贷区域布局开始以股东利益最大化为中心。以这几个关键时点为界，从表 5 可以看出，在国家提出西部大开发战略后，2006 年中部和西部地区贷款占比仍较 1998 年下降，主要原因包括：一是 2001 年中国加入世界贸易组织，东部地区经济发展更强劲；二是在后文实证分析中可以印证，当期贷款增长与自身前期增长及 GDP 增长均有密切关系。从 2017 年与 2006 年东、中、西部贷款占全国样

本总贷款规模的比重比较来看，西部地区贷款占比提升了 6.22 个百分点，中部地区提升了 0.38 个百分点，而东部地区则下降了 6.6 个百分点。

表 5   区域协调发展阶段东、中、西部贷款占比

	东部贷款占比	中部贷款占比	西部贷款占比
1998 年	53.97%	27.60%	18.43%
2006 年	63.35%	20.84%	15.81%
2017 年	56.75%	21.22%	22.03%
2006 年较 1998 年	9.38%	−6.76%	−2.62%
2017 年较 2006 年	−6.60%	0.38%	6.22%

（2）区域财政支出结构。

区域非均衡发展阶段（1980—1998 年）。在商业银行储蓄转投资职能未充分发挥之前，国家财政投资支出在各区域经济的分配对区域经济的发展影响极大，是区域经济发展的直接动力。国家财政投资主要从两个方面影响全国的经济布局：一是加强基础设施建设，如交通、水、电、气等；二是根据国家产业政策，在一些地区布局一批工业企业，以实现区域经济快速增长。

据统计，1987—1998 年，国家在东部地区的财政支出占比持续上升，中、西部地区则持续下降。东部地区财政支出占全国样本总财政支出比重由 1987 年的 41.04% 提升到 1998 年的 50.41%，中部和西部地区财政支出占比则分别下降了 4.17 个和 5.2 个百分点（见表 6）。

表 6   非均衡发展阶段东、中、西部财政支出占比

	东部财政支出占比	中部财政支出占比	西部财政支出占比
1987 年	41.04%	32.79%	26.16%
1998 年	50.41%	28.63%	20.96%
占比变化	9.37%	−4.17%	−5.20%

此外，有学者统计了 1981—1995 年，国家掌握的固定资产投资（包括国家预算内投资和国有银行贷款）地区布局，东部地区投资占全国的比重由 1981 年的 49.5% 提升到 1995 年的 54.27%，中部地区由 27.8% 下降到 24.54%，西部则由 17.4% 下降至 14.27%，由于投资政策的倾斜，东部地区先期开放的市场化程度明显较高。同期，国有经济投资和国家预算投资比重显著下降，其中国有经济投资比重从 1978 年的 86.4% 下降到 1995 年的 54.4%，国家预算投资比

重从 1978 年的 62.2% 快速下降到 1995 年的 3.2%，两项比重的下降显然不利于对两类投资依赖性强的中、西部地区。

区域协调发展阶段（1999 年至今）。1999—2017 年，国家在东部地区的财政支出占比持续下降，中、西部地区则出现上升。东部地区财政支出占样本总财政支出的比重由 1998 年的 50.41% 下降到 2006 年的 47.80%，进而下降到 2017 年的 43.86%；中部和西部地区财政支出占比在 1999—2017 年则分别上升了 2.27 个和 4.28 个百分点（见表 7）。

表 7　　　　　　区域协调发展阶段东、中、西部财政支出占比

	东部财政支出占比	中部财政支出占比	西部财政支出占比
1998 年	50.41%	28.63%	20.96%
2006 年	47.80%	28.83%	23.37%
2017 年	43.86%	30.90%	25.24%
2006 年较 1998 年	-2.61%	0.20%	2.41%
2017 年较 2006 年	-3.94%	2.07%	1.87%

（三）区域贷款和财政配置对区域经济发展影响的实证研究

1. 东部地区基于 VAR 模型的实证分析

笔者通过对东部地区 1988—2017 年地区生产总值、财政支出和贷款余额三者增长率建立 VAR 模型并进行协整检验、格兰杰因果分析、脉冲响应分析和方差分析，就东部地区贷款和财政配置对区域经济发展影响进行实证检验。

从协整检验结果来看，东部地区生产总值增长率、东部贷款增长率和东部财政增长率存在长期稳定的关系。

VAR 模型和格兰杰因果检验结果如表 8 所示。

表 8　　　　　　　VAR 模型与格兰杰因果检验结果（东部）

Vector Autoregression Estimates			
Date：10/14/18　Time：19：53			
Sample（adjusted）：1989 2017			
Included observations：29 after adjustments			
Standard errors in（ ）& t-statistics in ［ ］			
	AGDP_ D	ACZ_ D	ADK_ D
AGDP_ D（-1）	0.735153	0.485102	0.459039
	(0.15922)	(0.17009)	(0.25047)
	[4.61712]	[2.85203]	[1.83273]

续表

ACZ_ D（−1）	− 0. 189665	− 0. 352798	0. 192427
	(0. 18723)	(0. 20000)	(0. 29452)
	[− 1. 01303]	[− 1. 76395]	[0. 65336]
ADK_ D（−1）	0. 095405	0. 057822	0. 092520
	(0. 13748)	(0. 14686)	(0. 21627)
	[0. 69395]	[0. 39371]	[0. 42781]
C	0. 054444	0. 152540	0. 050283
	(0. 03664)	(0. 03914)	(0. 05763)
	[1. 48603]	[3. 89754]	[0. 87248]

VAR Granger Causality/Block Exogeneity Wald Tests

Date：10/14/18　Time：19：55

Sample：1988 2017

Included observations：29

Dependent variable：AGDP_ D

Excluded	Chi − sq	df	Prob.
ACZ_ D	1. 026221	1	0. 3110
ADK_ D	0. 481562	1	0. 4877
All	1. 541215	2	0. 4627

Dependent variable：ACZ_ D

Excluded	Chi − sq	df	Prob.
AGDP_ D	8. 134064	1	0. 0043
ADK_ D	0. 155005	1	0. 6938
All	10. 58816	2	0. 0050

Dependent variable：ADK_ D

Excluded	Chi − sq	df	Prob.
AGDP_ D	3. 358904	1	0. 0668
ACZ_ D	0. 426884	1	0. 5135
All	6. 399826	2	0. 0408

从格兰杰因果检验结果来看，在 5% 的显著性水平下，东部地区的财政支出增长率和贷款增长率均不是 GDP 增长率的格兰杰原因；东部地区 GDP 增长率是财政支出增长率的格兰杰原因，而贷款增长率不是；在 10% 的显著性水平下，东部地区 GDP 增长率是贷款增长率的格兰杰原因，而财政支出增长率不是。

东部地区贷款对 GDP 的因果关系不显著，也从侧面反映了东部地区直接融资渠道更为发达，以表 9 为例，从样本省份上市公司融资数量和总市值来看，东部地区的上市公司数量最多，市值权重也最大。

表9　　　　　　　　　2017年东、中、西部样本省份上市公司数量及总市值

区域	东部	中部	西部
上市公司数量	1688	416	256
权重	71.53%	17.63%	10.85%
上市公司市值	230420	48828	41288
权重	71.89%	15.23%	12.88%

东部地区脉冲响应和方差分析结果如图8、图9所示。

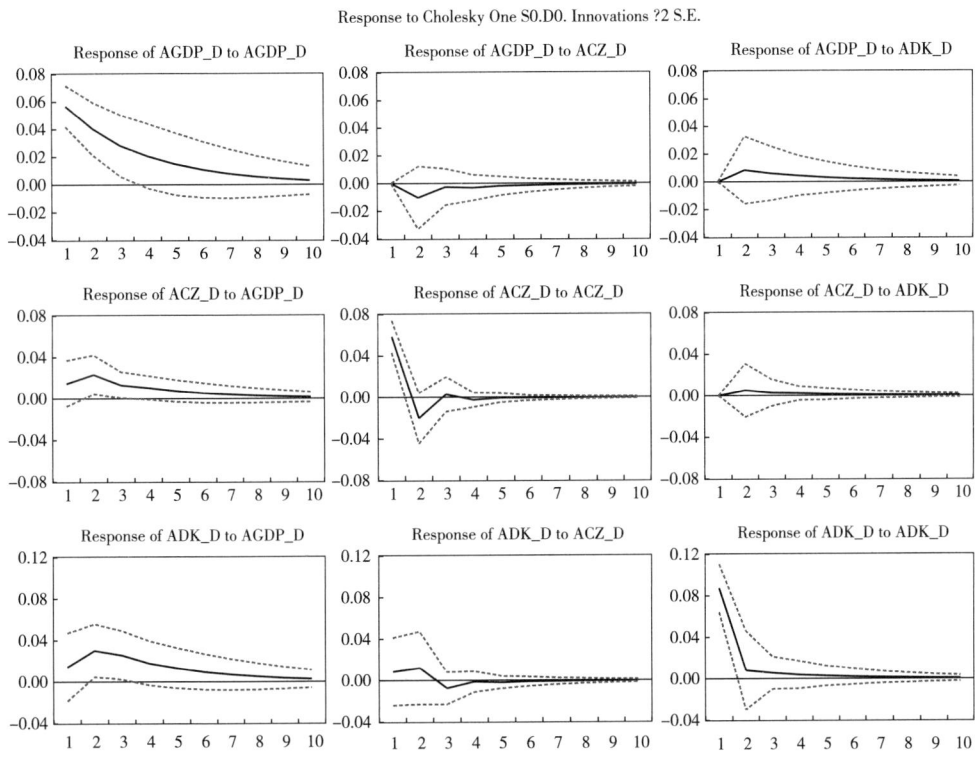

图8　脉冲响应分析结果（东部）

可以得出结论：

（1）从 GDP 增长率受冲击后的反应可以看出：当期 GDP 增长率变化对6年之内的 GDP 都持续产生影响；财政支出增长率提升对 GDP 增长率的影响为负向，影响仅出现在第二年；贷款增长率提升对 GDP 增长率的影响为正向，在第二年达到峰值，之后趋于平稳。

（2）从财政支出增长率受冲击后的反应可以看出：GDP 增长率提升对财政支出增长率呈正向影响，在第二年达到峰值，之后趋于收敛；贷款增长率变化

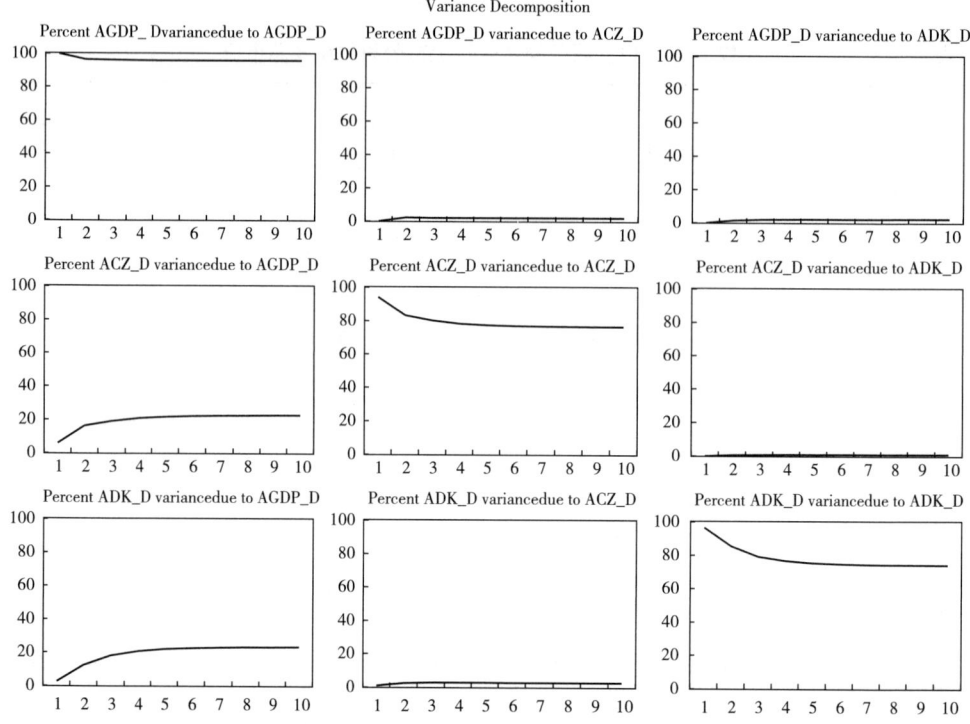

图 9　方差分析结果（东部）

对财政支出增长率的影响不显著。

（3）从贷款增长率受冲击后的反应可以看出：GDP 增长率提升对贷款增长率的影响呈正向，在第二年达到峰值，之后趋于收敛；财政支出增长率变化对贷款增长率的影响经历了一个先上升再下降的较短过程，总体不显著。

（4）东部地区 GDP 增长率对自身的解释权重一直保持在 95% 以上，而财政支出增长率和贷款增长率对 GDP 增长率解释权重都不足 5%。财政支出增长率对自身的解释权重由初期的 95% 左右下降到第三期的 80%，GDP 增长率对其解释权重相应上升，贷款增长率对其解释权重不足 5%。贷款增长率的解释权重构成与财政支出类似，下降部分均由 GDP 增长率的上升进行抵补。

结合以上分析，我们可以得出，在东部地区，贷款和财政支出增长率的提高对 GDP 增速均无长期作用关系，短期内，贷款增速提升对 GDP 起到正向推动作用，并在 2 ~ 3 年中达到最佳效果，而财政支出增速提升对 GDP 增长呈反效果。

2. 中部地区基于 VAR 模型的实证分析

类似地，本节对中部地区 1988—2017 年 GDP、财政支出和贷款余额三者增长率建立 VAR 模型并进行协整检验、格兰杰因果分析、脉冲响应分析和方差分析，通过一阶差分调整时间序列的平稳性。从协整检验结果来看，中部 GDP 增长率、贷款增长率和财政增长率之间至少存在两个协整关系。

此处略去 VAR 模型，格兰杰因果检验结果如表 10 所示。

表 10　　　　　　　　　　　**格兰杰因果检验结果（中部）**

VAR Granger Causality/Block Exogeneity Wald Tests

Date：10/14/18　　Time：20：12

Sample：1988 2017

Included observations：28

Dependent variable：AGDP_ Z

Excluded	Chi－sq	df	Prob.
ACZ_ Z	1. 220826	2	0. 5431
ADK_ Z	7. 327551	2	0. 0256
All	7. 589953	4	0. 1078

Dependent variable：ACZ_ Z

Excluded	Chi－sq	df	Prob.
AGDP_ Z	23. 09077	2	0. 0000
ADK_ Z	6. 193376	2	0. 0452
All	23. 96045	4	0. 0001

Dependent variable：ADK_ Z

Excluded	Chi－sq	df	Prob.
AGDP_ Z	5. 353505	2	0. 0688
ACZ_ Z	0. 028410	2	0. 9859
All	7. 484842	4	0. 1124

从格兰杰因果检验结果来看，在 5% 的显著性水平下，中部地区 GDP 增长率的格兰杰原因只有贷款增长率，财政支出增长率不是其格兰杰原因；中部地区 GDP 增长率和贷款增长率均是财政支出增长率的格兰杰原因；在 10% 的显著性水平下，中部地区 GDP 增长率是贷款增长率的格兰杰原因，而财政支出增长率不是。

脉冲响应和方差分析结果如图 10、图 11 所示。

可以得出结论：

（1）从 GDP 增长率受冲击后的反应可以看出：当期 GDP 增长率变化对未来 4 年 GDP 增长率产生一个刺激作用，之后趋于平稳；财政支出增长率对 GDP 增长率的影响不显著；贷款增长率提升对 GDP 增长率的影响为持续正向，到第二年达到峰值。

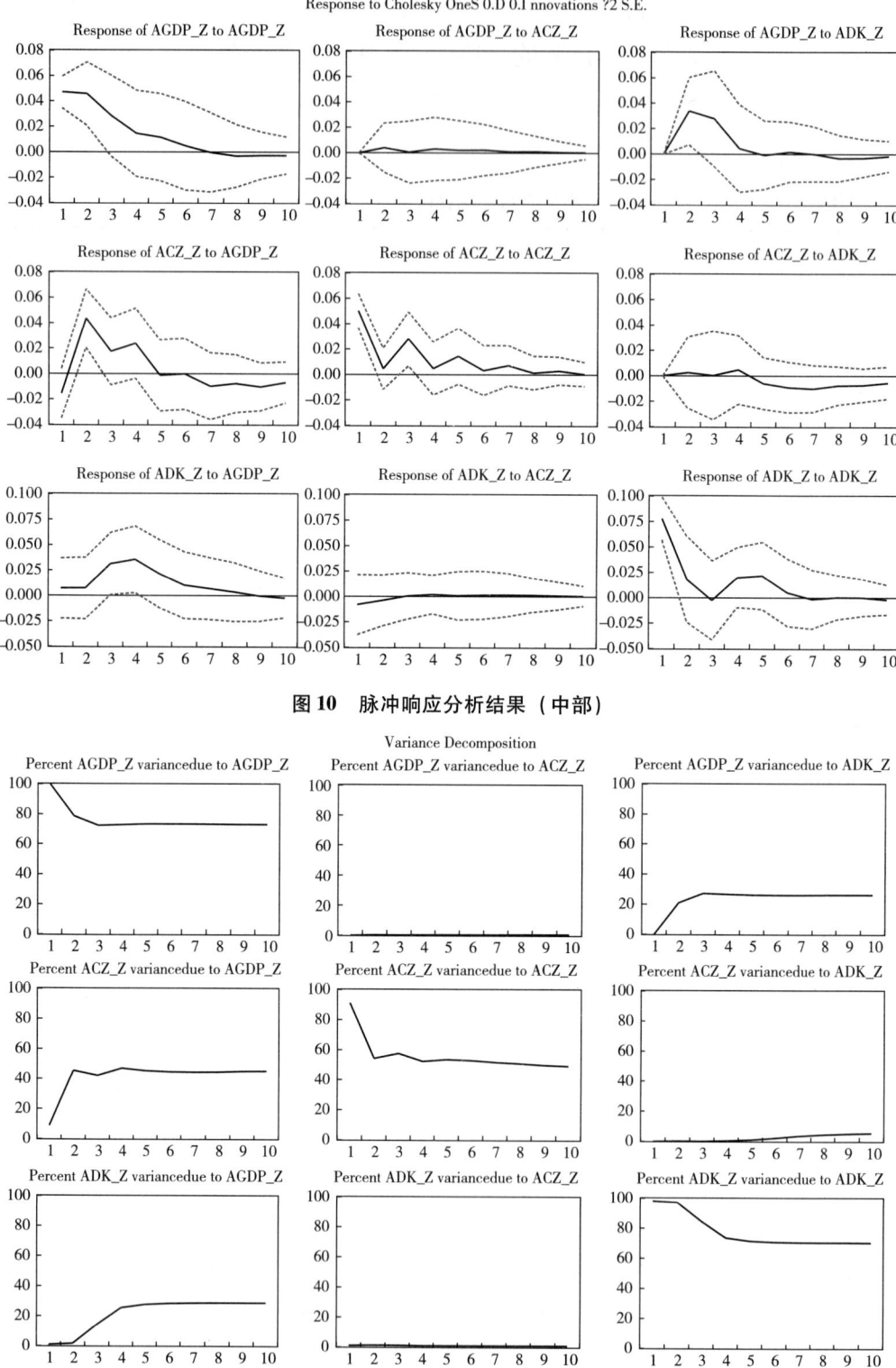

图 10　脉冲响应分析结果（中部）

图 11　方差分析结果（中部）

（2）从财政支出增长率受冲击后的反应可以看出：GDP 增长率提升对财政支出增长率的影响在第二年呈较为显著的正向影响，之后波动下降；贷款增长率变化对财政支出增长率在 2～5 年中几乎没有影响。

（3）从贷款增长率受冲击后的反应可以看出：GDP 增长率提升对贷款增长率的影响呈正向，在 4 年中缓慢上升至峰值，之后趋于收敛；财政支出增长率变化对贷款增长率的影响不显著。

（4）中部地区 GDP 增长率对自身的解释权重在两年中从 100% 下降到 70%，在此期间贷款增长率对其的解释权重快速上升至 30%，而财政支出增长率对其解释权重微乎其微。财政支出增长率对自身的解释权重由初期的 90% 以上下降到第二年的 55%，GDP 增长率对其解释权重相应上升，贷款增长率对其解释权重近乎为零。贷款增长率方面，GDP 对其的解释权重自第二年开始从零缓慢上升至 30%，财政支出增长率对其解释权重近乎为零。

结合以上分析，我们可以得出，在中部地区，贷款增长率的提高对提高 GDP 增速存在长期推动作用，并在 4 年中达到最佳效果，影响持续时间较东部地区更长，而财政支出增速提升对 GDP 增长的短期和长期影响均不显著。

3. 西部地区基于 VAR 模型的实证分析

类似地，本节建立了西部地区 1988—2017 年 GDP、财政支出和贷款余额三者增长率建立 VAR 模型并进行协整检验、格兰杰因果分析、脉冲响应分析和方差分析，通过一阶差分调整时间序列的平稳性。从协整检验结果来看，西部 GDP 增长率、贷款增长率和财政增长率之间至少存在两个协整关系。

此处略去 VAR 模型，格兰杰因果检验结果如表 11 所示。

表 11　　　　　　　　　　格兰杰因果检验结果（西部）

VAR Granger Causality/Block Exogeneity Wald Tests

Date：10/14/18　Time：20：19

Sample：1988 2017

Included observations：29

Dependent variable：AGDP_ X

Excluded	Chi－sq	df	Prob.
ACZ_ X	0.000622	1	0.9801
ADK_ X	6.310522	1	0.0120
All	6.322193	2	0.0424

续表

Dependent variable：ACZ_ X

Excluded	Chi－sq	df	Prob.
AGDP_ X	2. 174693	1	0. 1403
ADK_ X	1. 025738	1	0. 3112
All	2. 431130	2	0. 2965

Dependent variable：ADK_ X

Excluded	Chi－sq	df	Prob.
AGDP_ X	1. 151017	1	0. 2833
ACZ_ X	4. 129039	1	0. 0422
All	7. 394491	2	0. 0248

从格兰杰因果检验结果来看，在 5% 的显著性水平下，西部地区 GDP 增长率的格兰杰原因只有贷款增长率，财政支出增长率不是其格兰杰原因；西部地区 GDP 增长率和贷款增长率均非财政支出增长率的格兰杰原因；西部地区贷款增长率的格兰杰原因只有财政支出增长率，GDP 增长率不是其格兰杰原因。

脉冲响应和方差分析结果如图 12、图 13 所示。

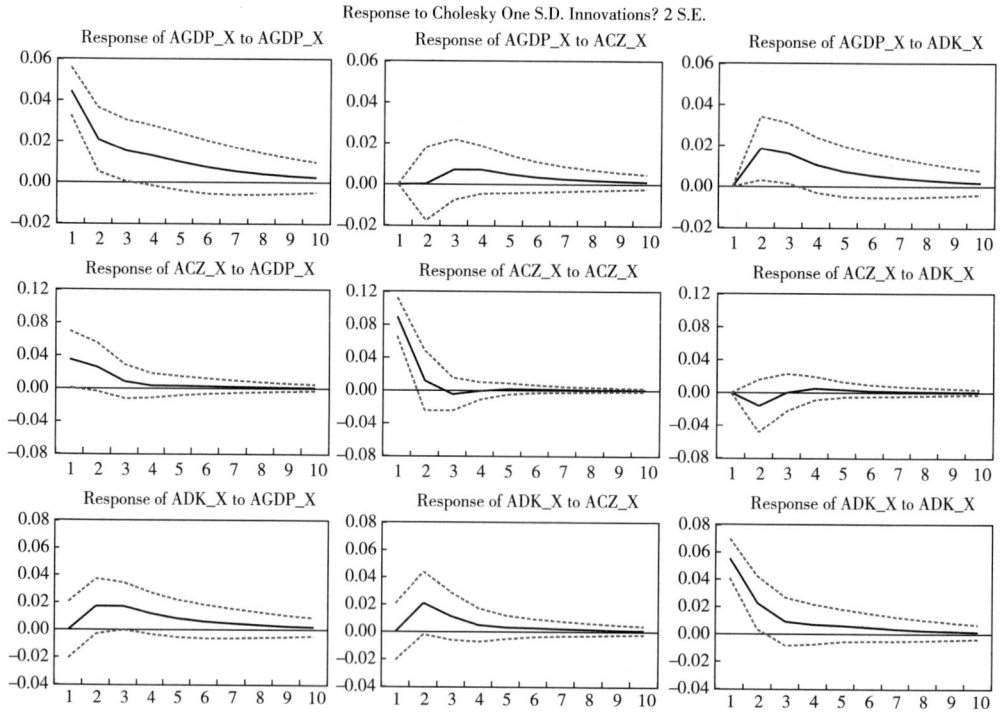

图 12 脉冲响应分析结果（西部）

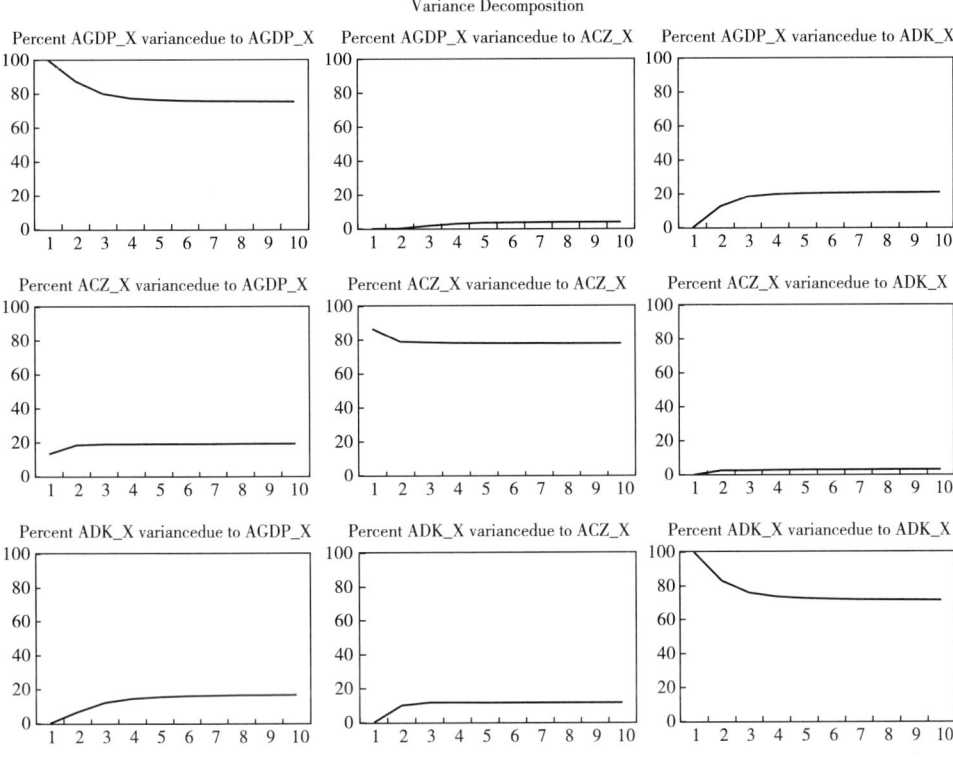

图 13　方差分析结果（西部）

可以得出结论：

（1）从 GDP 增长率受冲击后的反应可以看出：当期 GDP 增长率变化对之后 GDP 增长率的影响在两年中快速下降，之后迅速收敛；财政支出增长率对 GDP 增长率的影响在第三年出现并在第 3～4 年达到峰值；贷款增长率提升对 GDP 增长率的影响在第二年达到峰值，影响幅度大于财政支出增长率。

（2）从财政支出增长率受冲击后的反应可以看出：GDP 增长率提升对财政支出增长率的影响持续三年时间，期间快速趋于收敛；贷款增长率变化对财政支出增长率有一个小幅负向影响，总体作用不大。

（3）从贷款增长率受冲击后的反应可以看出：GDP 增长率提升对贷款增长率的影响呈正向，在第二年达到峰值，在第三年后趋于收敛；财政支出增长率变化对贷款增长率在短期内具有刺激作用，第二年后趋于收敛。

（4）西部地区 GDP 增长率对自身的解释权重在两年间从 100% 下降到 75%～80%，在此期间，贷款增长率对其的解释权重快速上升至 20%，而财政支出增长率对其解释权重不足 5%。财政支出增长率对自身的解释权重由初期的 90% 以上下降到第二年的 80%，GDP 增长率对其解释权重相应上升，贷款增长率对其解释权重不足 5%。贷款增长率方面，GDP 对其的解释权重从零缓慢上升至第三年的 20%，财政支出增长率对其解释权重同样在第二年上升至 10%，贷款自身解释权重在此期间从 100% 下降到 70% 左右。

结合以上分析，我们可以得出，在西部地区，贷款增速提升对提高 GDP 增速存在长期推动作用，并在第二年达到峰值，影响力度强于东部地区、弱于中部地区，而财政支出增速提升对西部地区 GDP 增长的短期影响弱于贷款增速影响，且不具备长期影响。

4. 东、中、西部的横向比较分析

前文我们分别分析了东、中、西部的 GDP 增长率、财政支出增长率和贷款增长率关系，进行了格兰杰因果检验，并在建立 VAR 模型的基础上分别进行了脉冲响应分析和方差分析。每个模型都能解释自身区域内部 GDP、财政支出和贷款之间的关系。本节将重点对东、中、西部模型的脉冲响应和方差分析结果进行横向比较。

（1）格兰杰因果检验比较分析。从对全国数据的格兰杰因果检验结果我们可以得知，长期来看，贷款的增长是 GDP 增长的原因，而财政支出的增长不是 GDP 增长的原因。从对东、中、西部分别进行建模分析的结果，可以进一步发现，长期来看，贷款增长率是中部和西部 GDP 增长率的格兰杰原因，而财政支出增长率在东、中、西部地区均非 GDP 增长率的格兰杰原因，也就是说，中部和西部地区则只有贷款增长率对 GDP 增长率有长期影响，财政支出增长率的变化对 GDP 增长率不具有长期作用效应。

（2）脉冲响应比较分析。不同地区 GDP 增长率对贷款增长率的脉冲响应比较如图 14 所示。

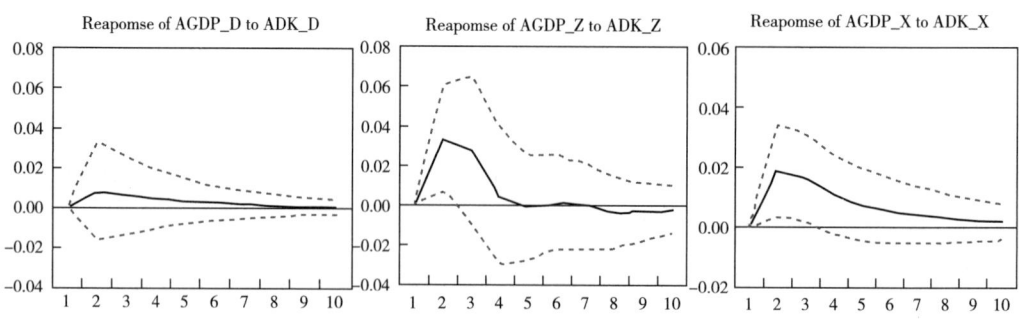

图 14　GDP 对贷款冲击的响应图比较（顺次为东部、中部、西部）

从贷款增长率对 GDP 增长率冲击影响的绝对值来看，中部地区最高，其次是西部地区，东部地区最小；从冲击影响的时间跨度来看，西部地区时间跨度最长（8~9 期），其次是中部地区（约 4 期），最后是东部地区（3~4 期）。

不同地区 GDP 增长率对财政支出增长率的脉冲响应比较如图 15 所示。

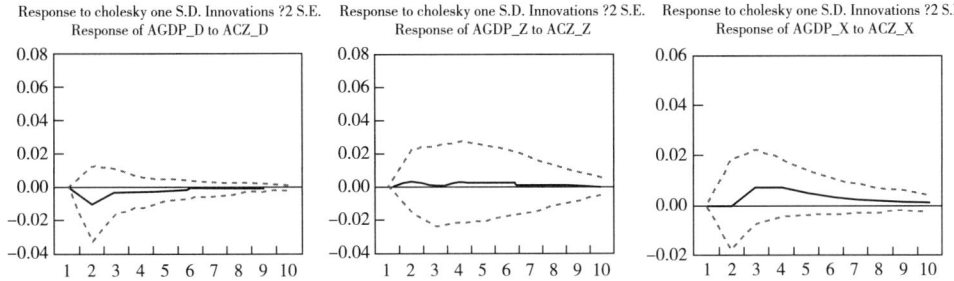

图 15　GDP 对财政支出冲击的响应图比较（顺次为东部、中部、西部）

从财政支出增长率对 GDP 增长率冲击影响的绝对值来看，东部地区最高，其次是西部地区，最后是中部地区；从冲击影响的时间跨度来，西部地区时间跨度最长（6~7 期），其次是中部地区（第 2 期与第 4 期），最后是东部地区（约 2 期）。

（3）方差分析比较。从贷款增长率对 GDP 增长率的解释权重来看，中部地区的贷款增长率对其 GDP 增长率的解释权重最高，西部地区次之，东部地区最小。

贷款增长率对不同地区 GDP 增长率的解释权重比较如图 16 所示。

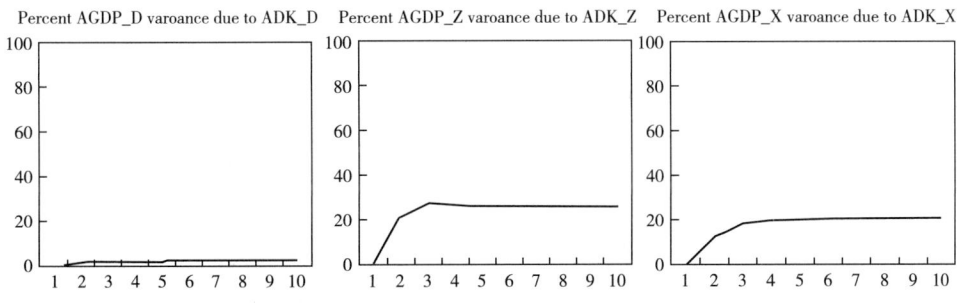

图 16　贷款对 GDP 解释权重比较（顺次为东部、中部、西部）

财政支出增长率对不同地区 GDP 增长率的解释权重如图 17 所示。

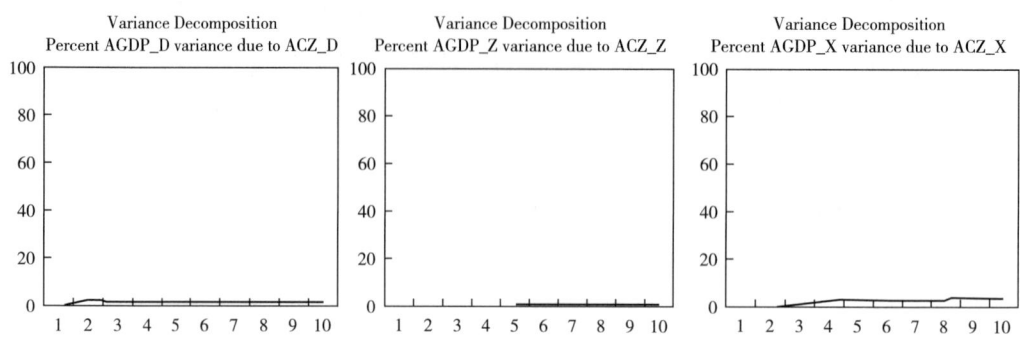

图 17　财政支出对 GDP 解释权重比较（顺次为东部、中部、西部）

从财政支出增长率对 GDP 增长率的解释权重来看，西部地区较其他地区略明显，但总体上东、中、西部地区的财政支出增长率对 GDP 增长率的解释权重都非常微薄。

（4）结论。从该实证结果出发，在财政和贷款渠道的比较中，对于中部和西部地区，贷款都是更优的选择。在信贷资源总量有限的情况下，在较短的期限内，要通过信贷资源在东、中、西部的有效配置来快速提升全国的 GDP 增长效果，信贷资源应优先配置给中部地区，其次是西部地区，最后才是东部地区；如果要在较长的期限内取得最大化效果，信贷资源配置的优先顺序则应是西部、中部、东部。

六、西藏地区金融与经济发展

（一）改革开放以来西藏经济与金融发展历程

1. 西藏金融与经济发展交互史

1965 年 9 月西藏自治区成立后，西藏经济发展步入快速发展通道。改革开放为西藏繁荣发展注入了强大生机与活力，西藏地区生产总值年均增速不断提升。1965—1993 年，西藏地区生产总值年均复合增速 9.31%。1994 年中央第三次西藏工作座谈会作出全国支援西藏的重大战略决策，西藏经济发展进一步提速，1994—2000 年，西藏地区生产总值年均复合增速高达 17.80%。2001 年中央第四次西藏工作座谈会以后，国家进一步加大了各项援藏工作力度，2001—2009 年，西藏地区生产总值年均复合增速保持在 15.81% 的较高水平。2010 年初，为了进一步加快西藏经济社会发展步伐，中央召开了第五次西藏工作座谈会，会议认为西藏正处于从加快发展转向跨越式发展的关键时期，确立了西藏未来发展的六大战略定位，提出了今后一个时期西藏工作的指导思想及主要目标，突出强调要着重培育具有地方特色和比较优势的战略支撑产业，着力推进西藏经济社会跨越式发展。2010—2014 年，西藏地区生产总值年均复合增速为15.85%。2015 年，中央第六次西藏工作座谈会召开，为下阶段西藏与全国其他地区共同实现全面小康工作作出部署，科学概括了"六个必须"的治藏方略，对西藏全面建成小康社会提出了六条标准和六项举措。2015—2017 年，西藏地区生产总值年均复合增速回落至 12.49%，但仍保持每年超过 10% 的增速。

西藏地区金融发展与国家政策息息相关，为了更直观地说明西藏地区金融业发展历程，我们采用信贷相关度指标来进行说明，下文中，信贷相关度指西藏地区某一时期末银行业贷款余额与同期地区生产总值之比，并以此衍生出农业信贷相关度指标和工业信贷相关度指标概念，即西藏地区银行业农业贷款余额与农业产值之比[1]，及工业贷款余额与工业产值之比[2]。

1978 年，西藏信贷相关度为 0.24，之后一直较为平稳地上升至 1997 年的0.98，然后持续下降至 2000 年的 0.68，接着，持续回升至 2003 年的 0.78，之后持续下降至 2008 年的 0.55，并在此后两年基本维持该水平，紧接着，2010年之后，信贷相关度出现了较长时间的持续回升，于 2013 年突破 1 大关并保持了快速上升趋势，2017 年达到 3.08。表明 1997 年之前，西藏银行业对地区经济发展的支持作用不断增加，而 1998 年至 2008 年，银行业对西藏地区经济发展的支撑作用出现一定的波动甚至下降，随着 2010 年第五次西藏工作座谈会的圆满召开，政策导向更为明晰，国家对西藏金融业扶持力度切实加强，银行业对西藏地区的贷款投放快速增加，金融支持力度达到了一个新的高度。

从农业信贷相关度来看，西藏地区农业信贷相关度总体呈现平稳而缓慢的上升态势。该指标在 1995 年前缓慢上升，1996 年后呈现出小幅下降后又较快上升的基本趋势，2006 年达到 13.07 的峰值水平，此后出现下降，2013—2016 年间均在 0.03～0.05 低位维持，2017 年上升至 0.34。可以看出，改革开放后银行业对西藏地区农林牧渔业的信贷支持水平缓慢上升，尽管存在一定波动，但相比全区整体的信贷相关度指标，农业信贷相关度增长态势在较长时间区间中总体向好，但是 2006 年后，银行业对农林牧渔业的支持逐渐下降，趋于稳定低

---

① 此处本文将农、林、牧、渔业整体纳入农业信贷相关度指标。
② 工业包括：电力、热力、燃气及水生产和供应业，采矿业和制造业。

值，相应地，西藏地区第一产业发展速度在此阶段较为缓慢，第一产业产值在总产值中占比不断下降。

从工业信贷相关度来看，西藏工业信贷相关度指标在历史上经历了频繁而剧烈的波动，先是从 1978 年的 0.28 上升到 1993 年的 1.59 的峰值，然后在波动中快速下降至 2008 年的 0.32，期间波动幅度远远超过全区整体信贷相关度指标，且 1993 年之前的波动幅度明显超过 1994 年后。而近年来，该指标呈快速上升态势，2015—2017 年该比率高达 7。可以看出，改革开放以来，西藏银行业信贷对其工业经济发展的支持力度经历了一个先增大、后减小的过程，随着近年政策支持力度的持续稳定加大，银行贷款集中投向了西藏地区为数不多的工业企业，大幅增加了西藏地区工业产业杠杆率，在此期间，工业产值整体增速与总产值增速相近。

2. 西藏金融体系发展历程

西藏改革开放以来的金融历程可以划分为四个阶段：

（1）金融体系的恢复期（1978—1984 年）。其标志就是 1978 年人民银行自治区分行从西藏自治区财政厅独立出来。1979 年国务院下发《关于恢复中国农业银行的通知》，1980 年中国银行拉萨分行成立，1982 年国家外汇管理总局西藏自治区分局成立。1980 年 3 月中央召开了第一次西藏工作座谈会，人民银行西藏区分行根据座谈会精神，经人民银行总行批准，及时调整了西藏的贷款利率政策，除农牧区 5 年内免息外，对工商业贷款也实行优惠政策，使西藏贷款利率比全国低 20%～50%。

（2）金融体系的全面建设期（1985—1995 年）。这一时期，银行分支机构逐渐增多，不同业态的金融机构进驻西藏。1986 年中国银行拉萨分行从中国银行西藏自治区分行独立出来，此后，中国人民保险公司西藏自治区分公司、拉萨市八廓街信用社、西藏自治区储汇局、西藏自治区信托投资公司、自治区证券委员会、中国农业银行西藏自治区分行分别于 1987 年、1988 年、1989 年、1991 年、1993 年和 1995 年成立。

这一时期，中央对西藏的优惠贷款利率政策仍然沿用 1980 年中央第一次西藏工作座谈会定调的"优、低、免"政策。

（3）全面配套改革期（1996—2005 年）。这一时期，政府加强了对金融机构的监管。1998 年、1999 年、2003 年拉萨金融监管处和人民银行拉萨中心支行、中国证监会拉萨特派办和银监会西藏分局分别成立，其中拉萨金融监管处和人民银行拉萨中心支行下设在人民银行成都分行下。

这一时期，中央对西藏实行利差返还政策。其中"九五"期间主要政策依据是1994年召开的中央第三次西藏工作座谈会精神：一是实行利差返还政策，对西藏地区工商企业的商业性贷款执行全国统一贷款利率，因此而较优惠贷款利率（比全国平均水平低2～3个百分点）增收的利息全部返还给效益好的西藏国有企业，用于增补流动资金；二是实行特殊的利差补贴政策，对农行西藏分行按照全国统一贷款利率与西藏优惠贷款利率之差给予补贴，并再增加4个百分点作为特殊利差补贴。"十五"期间主要政策依据是2001年召开的中央第四次西藏工作座谈会精神：一是实行优惠贷款利率，按照"谁借款、谁受益"原则，区内各类企业、经济实体、自然人等从国有商业银行分支机构贷款一律享受低于全国平均水平2个百分点的贷款利率，不再计收利差和实行利差返还，农行、中行、建行等三家国有独资商业银行西藏分行因执行优惠利率形成的利差损失，由人行根据各行当年各项贷款平均余额分别给予2个百分点的利差补贴；二是实行有区别的加、罚息政策，自2002年起，向农牧区借款人发放的各类贷款一律不予加罚息，切实减轻农牧民的利息负担，同时在一定程度上抑制民间高利贷行为。

（4）全面改革加速期（2006年至今）。随着本地金融政策、信贷政策、利率政策日趋完善，各类金融机构在这一时期加强了在西藏地区的布局。2006—2008年，安邦保险西藏分公司、中国平安保险公司西藏分公司、中国人寿保险公司西藏分公司、中国银联西藏分公司、中国邮储银行西藏分行和中国工商银行西藏分行陆续进驻。

"十一五"期间，中央对西藏地区继续实行以优惠贷款利率为核心的特殊优惠金融政策。各金融机构在西藏地区的分支机构，执行人民币贷款利率统一比全国各档次贷款基准利率水平低2个百分点的优惠政策。同时，继续对西藏地区实行相对宽松的货币、信贷指导性计划管理政策；进一步加大支农扶贫力度，将西藏地区党委和政府进行的游牧民定居、地方病病区群众搬迁纳入扶贫贴息贷款范围；继续执行现行的再贷款政策；适度加强现金管理政策；继续实行有区别的加罚息政策；试行有管理的贷款利率浮动政策。2010年中央第五次西藏工作座谈会确定维持现行西藏自治区金融机构优惠贷款利率和利差补贴政策。

3. 西藏财政策略变化各阶段

西藏的财政发展史本质上是中央对西藏的财政支持史。1952年西藏地方人民财政建立后，国家确立了"以中央财政全额拨款方式，逐步发展西藏的农工商业，提高人民生活水平"的治藏方略，成为国家对藏的基本财政政策。

经统计，1979—2016 年西藏的地方财政收入、财政支出和中央财政转移支付①情况如图 18 所示：

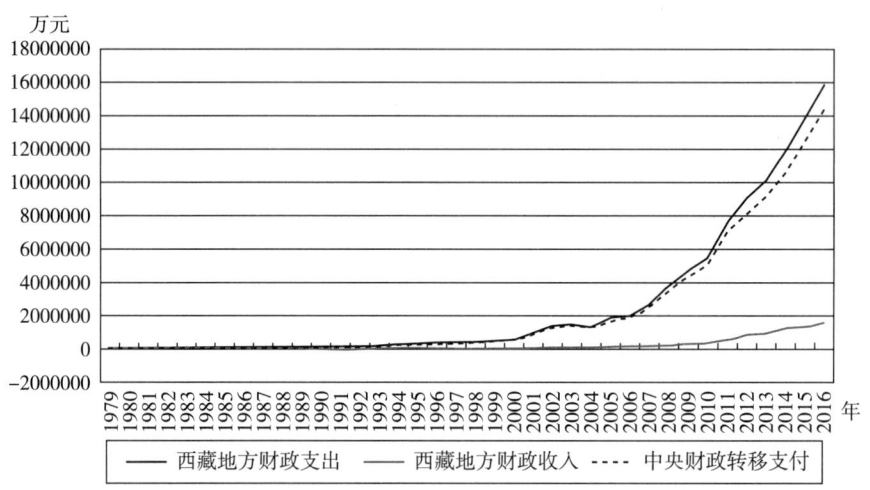

图 18　1979—2016 年西藏地方财政收入、支出及中央财政转移支付情况

西藏的财政收入在 1979 年到 1988 年一直为负，自 1989 年起转负为正，中央补贴所占比重呈下降趋势，但仍占据 90% 以上。根据中央对西藏财政支持的政策史，可以将西藏财政发展史大致划分为三个阶段。

（1）划分收支、分级包干阶段（1980—1994 年）。根据中央第一次援藏工作会议精神，1980 年起中央对西藏实行了"划分收支、分级包干"的财政支持政策，以 1979 年决算支出为基数，确定对西藏的定额补助金额，以后每年的定额补助金额较上年递增 10%。该项政策一直持续到 1986 年。1987 年中央将 10% 的递增补助分解为两个 5%，分两年执行。1988 年中央政府对少数民族地区的补助取消了每年递增 10% 的补助办法，改按 1987 年核定的补助基数实行固定补助，西藏是唯一享受中央定额补助并保持较大增长的民族地区。

（2）核定基数、定额递增、专项扶持阶段（1994—2009 年）。1994 年，我国实施分税制改革，在全国全面实行分税制的财政管理体制。同年召开第三次西藏工作座谈会，明确西藏也开始实行分税制。在实行分税制的基础上，根据会议精神，中央决定对西藏的财政补贴政策从之前的"划分收支、分级包干"

———————————

①　中央财政转移支付 = 西藏财政支出 – 西藏财政收入。

调整为"核定基数、定额递增、专项扶持",在核定西藏财政收入和支出的基数上,实行定额增长补助。2001 年第四次西藏工作座谈会决定继续实行该财政补贴政策,适当增加对西藏的定额补助。

(3)收入全留、补助递增、专项扶持阶段(2010 年至今)。2010 年中央召开第五次西藏工作座谈会,根据会议精神,中央决定对西藏的财政补贴政策从之前的"核定基数、定额递增、专项扶持"调整为"收入全留、补助递增、专项扶持"的财政政策。

(二)金融支持西藏区域经济协调发展中存在的困难和问题

西藏地区具有特殊的战略地位、自然条件和人口构成,经济发展的基础条件与内地省份存在巨大差异,且具有鲜明的自身特点。其特殊性决定了西藏的发展目标、发展路径的特殊性;从经济发展的角度,则具体体现为西藏地区生产总值的构成及增长模式与其他省份有较为显著的差异,形成了独具特色的金融特点。

1. 西藏经济与金融特点

从经济发展的角度,西藏地区生产总值的构成及增长模式与其他省份有较为显著的差异。

在地区生产总值结构上,西藏地区呈现"四高一低"特征。从地区生产总值结构来看,西藏地区经济呈现出"高投资、高消费、高货物和服务净流入、高 E 地区生产总值[1]、低地区生产总值"的特征。其中 E 地区生产总值(Enhanced 地区生产总值)是本文为了便于分析西藏经济金融特点提出的,指地区生产总值扣除货物与服务净流出项。

首先,西藏是高投资地区。资本形成总额项目对西藏地区生产总值的贡献度最高,投资率[2]高达 100.99%,远高于全国 44.18% 和西部地区 68.74% 的平均水平,从分省数据来看,仅次于青海(138.60%)和宁夏(120.81%),位居全国第三,呈现典型的投资驱动型特征。

其次,西藏是高消费地区。其 78.25% 的消费率[3]显著高于全国 53.62% 和西部地区 53.60% 的平均水平,为全国最高。与全国及西部地区消费结构中以

---

① E 地区生产总值 = 资本形成总额 + 最终消费支出。
② 投资率 = 资本形成总额/GDP。
③ 消费率 = 最终消费支出/GDP。

居民消费支出为主的情况截然相反，西藏地区政府消费支出贡献度达 50.28%，比全国和西部平均水平分别高 35.86 个和 35.22 个百分点；而居民消费支出贡献度只有 27.97%，分别低于全国和西部平均水平 11.23 个和 10.57 个百分点，可以看出，西藏地区生产总值消费结构中对政府支出的依赖度很高，居民消费支出较低。

再次，西藏是高货物和服务净流入的地区。与全国货物和服务净流出项对地区生产总值产生 2.2% 的正影响不同，西部地区净流出率①整体表现为负值，即为货物和服务净流入地区，其中西藏最为突出，其货物和服务净流入对地区生产总值产生的负面影响高达 79%，远超西部地区 22% 的平均水平，大大抵减了投资和消费对当地经济的贡献，是影响西藏地区生产总值增长的最重要原因。

最后，西藏是高 E 地区生产总值、低地区生产总值地区。西藏地区生产总值总量在全国各省/自治区中排末位，只占全国地区生产总值总量的 0.15%，只有排名倒数第二的青海省的 44.76%。然而，西藏地区的 E 地区生产总值总量（投资 + 消费）可以占到全国 E 地区生产总值总量的 0.28%，即在不考虑货物与服务净流入因素的情况下，西藏地区生产总值总量在全国占比大幅提升，呈现高 E 地区生产总值的特点。由于受到货物和服务净流入抵消作用的影响，西藏地区最终地区生产总值总量只有 E 地区生产总值的 55.79%，与全国 102.25% 和西部地区 81.74% 的平均水平存在很大差距，消费和投资对西藏地区生产总值的贡献被大幅削弱，没能完全体现在最终的地区生产总值总量上。

表 12		2012—2016 年投资率比较②			单位:%
年份	2012	2013	2014	2015	2016
全国	47.18	47.25	46.77	44.75	44.18
西部	69.89	70.81	69.58	70.06	68.74
西藏	101.09	111.30	114.26	100.54	100.99

---

① 净流出率 = 货物和服务净流出/GDP。

② 本章数据均来源于 Wind 资讯，截至 2018 年 10 月 Wind 数据仅更新至 2016 年，因此以下均以 2012—2016 年数据为样本进行分析。

表13   **2012—2016 年消费率及构成比较**   单位:%

年份		2012	2013	2014	2015	2016
全国	消费率	50.11	50.31	50.73	51.82	53.62
	其中:居民消费	36.68	36.83	37.49	38.05	39.20
	政府消费	13.43	13.48	13.24	13.77	14.42
西部	消费率	50.00	50.52	50.86	52.86	53.60
	其中:居民消费	34.92	35.52	36.46	37.85	38.54
	政府消费	15.08	15.00	14.40	15.01	15.06
西藏	消费率	64.57	64.20	64.64	79.89	78.25
	其中:居民消费	23.26	24.24	24.85	27.63	27.97
	政府消费	41.31	39.96	39.79	52.26	50.28

表14   **2012—2016 年货物和服务净流出率比较**   单位:%

年份	2012	2013	2014	2015	2016
全国	2.71	2.44	2.50	3.43	2.20
西部	-19.89	-21.33	-20.44	-22.92	-22.34
西藏	-65.66	-75.52	-78.89	-80.43	-79.24

表15   **2012—2016 年地区生产总值总量及 E 地区生产总值总量比较**   单位：亿元,%

年份		2012	2013	2014	2015	2016
全国	E 地区生产总值	526352.80	582410.70	631030.10	675102.20	729902.90
	地区生产总值	540988.90	596962.90	647181.70	699109.40	746314.90
	地区生产总值/E 地区生产总值	102.78	102.50	102.56	103.56	102.25
西部	E 地区生产总值	136559.64	152906.60	166325.58	178255.38	191858.92
	地区生产总值	113904.79	126023.83	138099.11	145018.93	156828.17
	地区生产总值/E 地区生产总值	83.41	82.42	83.03	81.35	81.74
西藏	E 地区生产总值	1161.30	1417.63	1647.31	1851.96	2063.76
	地区生产总值	701.03	807.67	920.83	1026.39	1151.41
	地区生产总值/E 地区生产总值	60.37	56.97	55.90	55.42	55.79
西藏在全国占比	E 地区生产总值占比	0.22	0.24	0.26	0.27	0.28
	地区生产总值占比	0.13	0.14	0.14	0.15	0.15

从地区生产总值增速来看，西藏地区经济呈现出"四高"特征，即高投资增速、高消费增速、高货物和服务净流入增速、高地区生产总值增速。

首先，西藏地区投资增速高。西藏地区 2012—2016 年资本形成总额项目的年均复合增长率高达 13.18%，远超过全国 6.61% 的平均水平以及西部地区

7.87% 的平均水平。

其次,西藏地区消费增速高。西藏地区 2012—2016 年最终消费支出项目的年均复合增长率高达 18.78%,高于全国及西部地区平均增速 8.56 个百分点。其中,居民消费支出年均复合增长率 18.54%,较全国和西部地区平均增速分别高出 8.35 个和 7.51 个百分点;政府消费支出年均复合增长率 18.91%,较全国和西部地区平均增速分别高出 8.59 个和 10.62 个百分点。无论是居民消费还是政府消费增速,西藏地区都远高于其他省份,表明近年来西藏地区整体消费水平正在快速提升,消费在经济增长中发挥着越来越重要的作用。

再次,西藏地区货物和服务净流入增速高。与全国 2012—2016 年货物和服务净流出 2.9% 的年均复合增长率相比,西部地区货物和服务净流入规模扩张很快,年均复合增长率高达 11.51%,而西藏地区这一现象尤为突出,年均复合增长率高达 18.66%,超过西部地区平均水平 7.15 个百分点,高于西藏地区的资本形成总额增速(13.18%),接近最终消费支出增速(18.78%),大幅抵减了投资和消费的快速增长对经济增长的贡献,极大地制约了西藏地区生产总值增速的进一步提升。

最后,与全国和西部地区平均水平相比,西藏地区 E 地区生产总值和地区生产总值增速始终保持高位。2012—2016 年,西藏地区 E 地区生产总值年均复合增长率高达 15.46%,较全国和西部地区平均水平分别高出 6.94 个和 6.59 个百分点。从全国和西部地区整体情况来看,地区生产总值增速和 E 地区生产总值增速基本持平,但是具体到西藏地区,受货物和服务净流入快速增长的影响,西藏地区生产总值增速与 E 地区生产总值增速之间存在 2.25 个百分点的差距。尽管如此,得益于 E 地区生产总值的快速增长,近年来西藏地区最终地区生产总值仍然保持着两位数以上的增长速度,年均复合增长率达 13.21%,大幅领先全国平均水平(8.38%)和西部地区平均水平(8.32%)。

表 16	2012—2016 年投资增速比较	单位:%

	年均复合增长率
全国	6.61
西部	7.87
西藏	13.18

表 17   2012—2016 年消费增速比较   单位:%

		年均复合增长率
全国	最终消费支出	10.22
	其中：居民消费	10.19
	政府消费	10.32
西部	最终消费支出	10.22
	其中：居民消费	11.03
	政府消费	8.29
西藏	最终消费支出	18.78
	其中：居民消费	18.54
	政府消费	18.91

表 18   2012—2016 年货物和服务净流出增速比较   单位:%

	年均复合增长率
全国	2.90
西部	11.51
西藏	18.66

表 19   2012—2016 年地区生产总值增速及 E 地区生产总值增速比较   单位:%

		年均复合增长率
全国	E 地区生产总值	8.52
	地区生产总值	8.38
西部	E 地区生产总值	8.87
	地区生产总值	8.32
西藏	E 地区生产总值	15.46
	地区生产总值	13.21

与西藏地区经济环境相匹配的，其金融表现为"高信贷投放、高信贷增速"特征，与内地省份差别显著。

首先，西藏地区具有高信贷投放特征。与全国及西部地区平均水平相比，西藏地区银行信贷与地区生产总值总量比值高达 2.65，远高于全国 1.43 以及西部地区 1.38 的平均水平，表现出高信贷投放的特征。考虑到本地信贷规模主要反映在本地的资本形成总额和最终消费支出项目上，通过增加投资和消费对本地地区生产总值产生影响；而对于货物和服务净流出项目，由于是流通环节，与本地信贷规模相关性不大，因此，采用"贷款余额/E 地区生产总值"指标更能客观地反映和衡量信贷规模与地区生产总值的关系。从信贷投放对 E 地区生产总值的贡献度来看，西藏地区"贷款余额/E 地区生产总值"指标为 1.48，与全国 1.46 的平均水平基本一致，可见西藏地区信贷规模与 E 地区生产总值的关系处于正常合理水平。贷款余额与最终地区生产总值的比值偏高，主要原因在于西藏地区经济结构的差异性。总的来说，地区生产总值总量越小、货物与服务净流入在地区生产总值中占比越高，贷款余额与最终地区生产总值比值较正常水平的偏离度就越大。西藏地区生产总值总量为全国最低、货物与服务净流入占比极高，因而"贷款余额/地区生产总值"指标较其他省份偏高，与"贷款余额/E 地区生产总值"存在较大偏离度。

表 20　　　　　　　　　　　**2012—2016 年贷款情况比较**　　　　　　金额单位：亿元

年份		2012	2013	2014	2015	2016
全国	贷款	629909.64	718961.46	816770.01	939540.16	1066040.06
	贷款/E 地区生产总值	1.20	1.23	1.29	1.39	1.46
	贷款/地区生产总值	1.16	1.20	1.26	1.34	1.43
西部	贷款	121909.80	142822.41	166892.32	192026.98	216929.13
	贷款/E 地区生产总值	0.89	0.93	1.00	1.08	1.13
	贷款/地区生产总值	1.07	1.13	1.21	1.32	1.38
西藏	贷款	663.80	1076.69	1618.73	2120.33	3046.00
	贷款/E 地区生产总值	0.57	0.76	0.98	1.14	1.48
	贷款/地区生产总值	0.95	1.33	1.76	2.07	2.65

此外，西藏地区还具有高信贷增速特征。从 2010—2016 年的贷款余额年均复合增长率来看，西藏地区贷款余额增速超过全国和西部平均水平约两倍，相对于 E 地区生产总值和地区生产总值的增速水平，信贷增速明显更快。

表 21　　　　**2010—2016 年贷款与 E 地区生产总值、地区生产总值增速比较**　　　单位：%

		年均复合增长率
全国	贷款	15.04
	E 地区生产总值	11.78
	地区生产总值	11.43
西部	贷款	17.33
	E 地区生产总值	13.70
	地区生产总值	12.92
西藏	贷款	43.09
	E 地区生产总值	17.00
	地区生产总值	14.68

2. 经济和金融特点形成原因分析

造成西藏地区经济结构特点的主要原因是区域特殊的产业结构。总体来看，西藏存在产业链条不健全、工业与高附加值产业缺失的问题。以下分别从地区生产总值"投资"和"消费"两部分增量组成要素出发，分析西藏的产业结构现状是如何导致当前经济结构特点的。

首先，沿"固定资本形成"的产业链来看，西藏地区受地理条件、自然环境等各方面客观因素影响，部分产业发展受到制约，加之区内劳动力不足，西藏当地可以提供的产品与服务总体上非常有限，固定资产投资对当地地区生产总值产生的带动作用，有相当一部分通过购买内地的产品和服务被抵减。

以公路建设项目为例，公路建设投入主要包括原材料购买、施工设备购置/折旧、劳务支出和相关税费。其中原材料主要有水泥、集料、土、沥青、钢筋，目前区内只能满足集料和土的供应，水泥和沥青尚无法完全自给自足，钢铁产业为空白，因此项目投入中相当一部分用于自区外采购原材料；由于西藏本地制造业欠发达，施工设备如摊铺机、压路机、撒布机等也多购置于区外；同时，此类工程施工项目常常需交由区外企业承担，西藏本地技术人才稀缺，多数专业工种需要外聘，因此劳务支出也会通过非常住人口流向区外；增值税、所得税等相关税费留在西藏当地。综上，由于西藏产业链不完善，在固定资产形成的过程中，投入对经济增长的促进作用会向产品和服务供给省份外溢，产生区域货物和服务净流入，抵减了固定资本形成总额，导致西藏本地经济呈现高投资、高货物和服务净流入的特点。

其次，沿"最终消费支出"的产业链来看，最终消费支出的构成主要包括三部分：一是西藏本地居民或政府部门从本地区经济领土购买货物和服务的支出，为本地地区生产总值提升作出正贡献；二是区外居民购买西藏地区经济领土内货物和服务的支出，同样为本地地区生产总值提升作出贡献，但是由于西藏产业结构相对单一，农牧业、特色手工业等特色行业尚未形成规模，区内优势产业旅游业独木难支，总体来看区域消费品出口对经济增长的贡献度非常有限；三是西藏本地居民从地区外购买货物和服务的支出，同时体现为最终消费支出和货物与服务净流入，相互抵消，无法为本地地区生产总值提升作出贡献，而由于西藏当地消费品供应不足，区内消费品结构仍然以生存资料即民生必需品为主，居民物质和文化生活难以在区内得到充分满足，消费外溢情况较为普遍，导致有相当一部分本地居民的消费支出未能有效转化为本地地区生产总值。

　　举例来说，西藏区内汽车、家电等家庭大宗消费品生产能力弱，奢侈品等高端消费产品更是少之又少，就连服装业、日用百货都与内地存在较大差距，随着交通的便利化以及物流、电商行业的迅猛发展，本地居民可以很容易地打破地域限制，从区外获得更多、更好的消费品，满足自己的消费需求。当地消费力向内地的转移，使得消费对经济增长的带动作用被削弱，造成了西藏地区高消费、高货物和服务净流入的经济特点。从数据来看，2015 年西藏地区社会消费品零售总额 408.08 亿元，仅占全国社会消费品零售总额的 0.13%，远低于内地省份平均水平，如此低的基数下，增长率也仅仅高出全国水平（10.7%）1.25 个百分点。可以看出，按照目前的改善速度，在未来相当长一段时期，西藏地区消费品供应与本地居民及外来消费需求之间存在的矛盾都难以得到有效缓解。

　　在西藏的区域经济环境下，其金融特点也可以得到很好的解释：

　　第一，西藏地区信贷投放与 E 地区生产总值的关系与全国平均水平相一致。考虑到本地信贷规模主要反映在本地的资本形成总额和最终消费支出上，而非流通环节，因此采用"贷款余额/E 地区生产总值"指标更能客观地反映和衡量信贷规模与地区生产总值的关系。西藏地区贷款余额/E 地区生产总值为 1.48，与全国 1.46 的平均水平基本一致，处于正常合理水平。

　　第二，西藏地区信贷投放与地区生产总值的关系与西藏发展阶段相适应。西藏初始积累率不足，近年正经历基础建设逐渐起步、规模扩张期，相对应地处于信贷加速发展、地区生产总值相对低位阶段。一是从全国信贷水平发展历程来看，1978—2006 年全国贷款余额/地区生产总值水平总体稳定上升，其中 1978—1992 年我国整体处于基础建设起步阶段，固定资产投资力度不断加大，同样经历了贷款余额/地区生产总值从 0.52 快速提升至 0.97 的过程。西藏地区信贷发展路径与全国发展历程相似，只是借助其后发优势，时间区间更为紧凑，在"十二五"之后明确的政策导向下表现出强有力的后发补涨态势，开启了六年高速追赶阶段。二是从典型地区来看，参照西藏的经济体量和资源投入情况，我们以杭州市为例证，对信贷历史发展过程进行对比分析。从贷款余额与地区生产总值比值变化同样可以看出，西藏地区和杭州市信贷发展曲线相似度很高，仅是用时更短，且杭州市 2016 年贷款余额/地区生产总值也高达 2.25，和西藏地区一样远超全国平均水平；从贷款增速和地区生产总值增速的关系来看，杭州市 1982—1987 年，同样经历了贷款增速大幅高出地区生产总值增速的发展阶段，与当前西藏正在经历的发展阶段和数据表现高度一致。可见，西藏地区相较地区生产总值表现出的高信贷投放、高信贷增长的特点与其当前所处的发展阶段密不可分，从全国和典型地区的历史过程中可以得到充分验证。

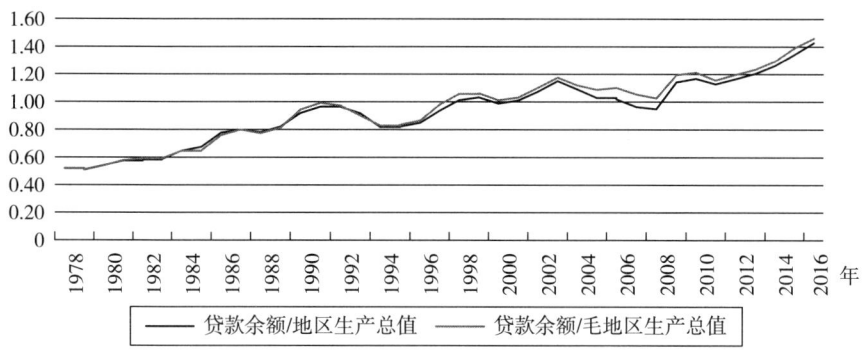

图 19　全国信贷发展历程

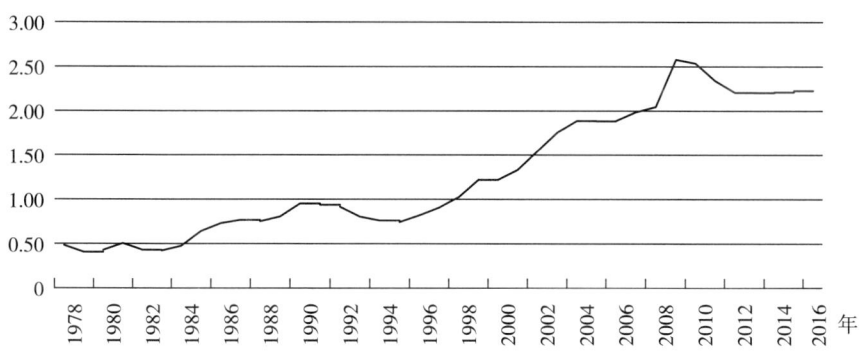

图 20　杭州市信贷发展历程

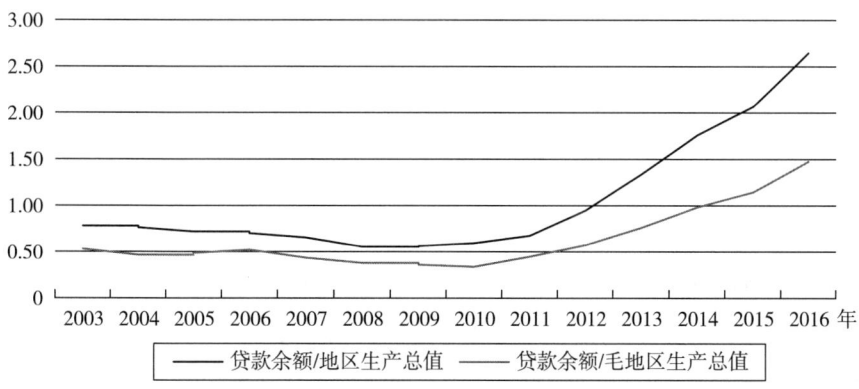

图 21　西藏地区信贷发展历程

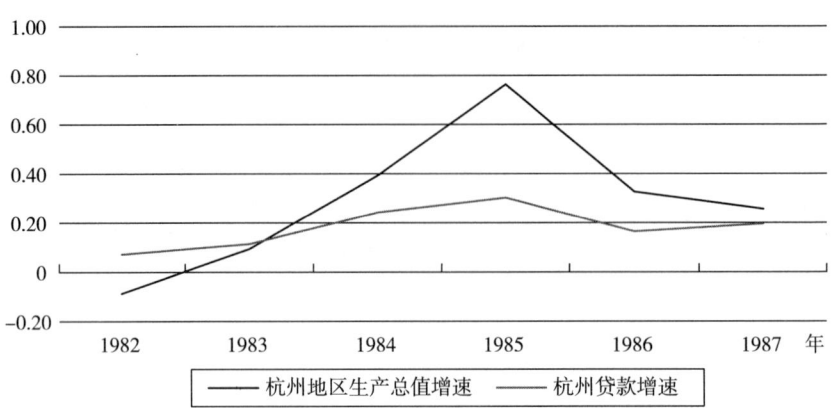

图 22 1982—1987 年杭州市贷款增速与地区生产总值增速情况

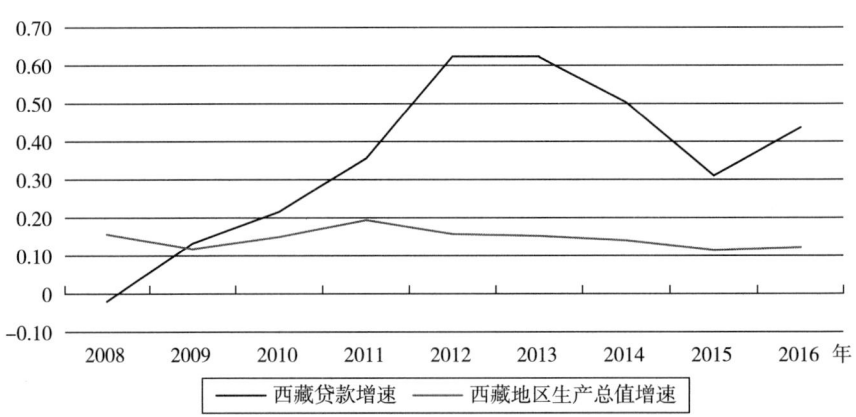

图 23 2008—2016 年西藏地区贷款增速与地区生产总值增速比较

第三，西藏地区信贷增长对地区生产总值增速的带动效果与产业链条传导机制相吻合。信贷投放对经济增长的带动作用沿产业链进行传导，通过刺激中间需求和最终需求的增加，实现对地区生产总值增长的促进作用。当地的产业链条越长，对最终需求带来的第二轮、第三轮乃至更多层次的带动效应就越大，为当地创造的地区生产总值也就越高。目前西藏地区大部分企业、规划产业项目基本条件仍然比较薄弱，产业链条不完整，产业体系不健全，信贷投入的经济产出延产业链的扩散和衍生效应也因此向内地省份辐射，西藏地区信贷投放对地区生产总值增速的带动效果没有完全留存于本地，而是使得提供相关产业环节的省份都从中受益，反映到数字上，就显示为本地地区生产总值增速慢于信贷投放增速。

第四，西藏地区信贷增长对地区生产总值增速的影响倍数与当地产业结构相匹配。西藏产业结构与内地省份存在较大差异，高附加值产业未能形成规模效应，当前产业结构以自然资源、原材料等为主，新型现代产业发展不足，由于地理条件及生态保护等原因，区内第二产业发展条件不足，仅有一些基础的电力、热力、燃气及水生产和供应业，以及少量采矿业，制造业几乎为空白。与此相对应的，银行信贷投放的结构也与内地省份有所不同：从全国情况来看，信贷最为集中的行业为制造业，而西藏贷款流入前四大的行业分别是租赁和商务服务业，建筑业，电力、热力、燃气及水生产和供应业，交通运输、仓储和邮政业，且西藏涉农贷款余额占比远高于全国平均水平。银行信贷渠道的有效性在一定程度上取决于银行信贷的产业组合，各行业的资本构成和资本周转速度不同，信贷投放的带动效应也相应有所差别，西藏地区与内地省份有明显区别的信贷产业结构，传导和反映到地区生产总值上，就带来了经济增速的结构性差异。

3. 西藏金融发展的突出问题和困难

近年来，在国家政策导向的大力支持下，西藏地区金融呈快速发展态势，金融机构入驻增多，金融产业不断发展壮大，区域内资金投放逐年递增，对经济发展特别是对本地实体经济的支撑作用日增月益。但是与其他省份相比，西藏金融发展仍显不足，与内地还存在较大差距，几个较为突出的问题和困难如下：

（1）金融内生增长动力不足，金融供需矛盾突出。与其他省区相比，西藏地区生产总值总量最小，地理位置、自然条件、人口结构最为特殊，虽然近年来在国家的大力扶持下，西藏地区在经济和金融发展方面有了长足的进步，但是相较内地省份仍然有难以逾越的鸿沟。一方面，西藏的实体经济发展基础仍然薄弱，第一、第二、第三产业发展均面临诸多瓶颈制约，产业结构以及层次整体较为落后，承接金融政策的能力较弱；另一方面，西藏经济增长方式依旧比较粗放，市场经济体制机制作用不完善，金融发展的内生动力不足。

从西藏资金需求和供给主体来看，西藏地区市场资金需求主体以中小企业为主，资信状况普遍处于较低水平，同时，区域人口结构导致以农牧民为代表的个人信贷需求主体庞大，而本地信贷市场资金供给则以大型国有商业银行在藏分支机构为绝对主体，风险偏好谨慎，流程把控严格，对不良的忍受度很低。具体来说，区内大部分企业、项目初始条件较差，很多企业存在注册地和经营地不一致、主业不突出、缺乏核心竞争力、资产结构不合理、持续盈利能力弱、现代企业制度不完善、管理水平有限、缺乏担保及抵押品等问题，而以农牧民为代表的个贷需求，则多数缺乏稳定的还款来源，没有有效的担保人和担保物，很难达到国有商业银行的贷款门槛。但是对于国有商业银行来说，一般执行全国统一的风险偏好、客户准入要求、产品制度办法及操作流程，不因区域而异，加之国有银行信贷半径大，进行单点制度突破的难度极高，同时，大型银行单笔信贷业务固定费用较高，针对中小额度零售信贷业务不具备比较优势，投入产出比低。从监管要求方面，西藏地区对于金融机构的监管要求与其他区域基本一致，并无特殊的开放性政策及额外的容忍度，甚至由于地区差异，对贷款流向、援助资金管理等方面要求更为严格。针对西藏本地实际情况，如国有商业银行在藏分支机构不加区分大量发放中小企业贷款和农牧户贷款，将面临极高的信用风险和操作风险，潜在不良压力大，不仅与高度重视"安全性、流动性、盈利性"的现代商业银行经营原则相背离，也不符合中央关于切实防范和化解金融风险政策的要求。

综上，西藏地区的资金需求和供给主体匹配度低，市场信贷需求无法得到有效满足，而信贷供给主体也面临业务发展的重重困难，出现了"企业/个人贷款难，银行难贷款"的两难局面，资金配置效率不足。

与西藏的市场实际相匹配的，"输血式"增长一直以来是西藏经济发展的重要特征。由于西藏特殊的市场环境，导致到目前为止金融发展的内生动力仍非常不足。过去几年，在优惠政策的激励和扶持下，西藏金融业得到了快速发展，入驻金融机构增多，金融业规模不断扩大，有力地刺激和推动了地方经济发展，起到了很好的供给引导作用。但是，当前西藏经济和金融规模已达到一定水平，保持高速发展的难度日益增大，而随着国家经济进入新常态，中央财政收入增速下行，西藏优惠金融政策出现了逐步收紧趋势，由于西藏特殊的市场情况，在纯市场化运作的模式下金融机构几乎没有盈利空间，前期在藏金融机构维持和扩大金融支持所需的利润来源主要为中央的财政贴息扶持，如相关政策持续收紧，考虑到金融的市场化特性，金融援藏意愿和可行性将受到较大打击，贷存比可能进一步下降，在严峻的局面下区域金融发展面临一定的倒退压力，西藏地区要实现经济社会跨越式发展对金融发展规模日益增长的需求与金融优惠政策收紧趋势的矛盾已日益显现。

（2）产业结构不健全，金融效应难以充分体现。结合前文的分析，通过信贷渠道传导的货币政策具有结构效应，由于产业结构差异，政策效果也会产生结构性差别。西藏产业结构具有特殊性，三大产业均面临不同程度的发展难点，当前产业结构以自然资源、原材料等为主，加工环节少，经济产出值低，高附加值产业未能形成规模效应，特色优势产业规模还比较小，新型现代产业发展不足，由于地理条件及生态保护等原因，区内第二产业发展条件不足，第三产业发展仍然滞后，生产性服务业和现代服务业在其中占比较低。从信贷资源配置来看，西藏当地银行信贷投放的结构也与内地省份有所不同，从全国情况来看，信贷最为集中的行业为制造业，而西藏地区的三次产业结构却是呈现"V"字形，且个别企业的单一项目贷款额度占比较高。

首先，从产业分布来看，西藏特殊的产业结构导致金融效应体现不充分、影响力受限。根据国家统计局的投入产出表计算出的我国 42 个部门的影响力系数，除交通能源外，制造业的影响力系数最高，而西藏地区在此方面恰恰最为薄弱，由于各产业的产值变化带来的影响力不尽相同，西藏信贷资金带来的放大效应受到了产业分布的限制。同时，由于西藏很多产业发展仍处于起步阶段，初期风险较大、效益尚未显现，对信贷资金的吸引力较弱，银行放贷的可选范围非常狭窄，导致资金难以得到有效配置。

其次，从产业链条长度来看，西藏产业链条不健全、不完整，无论是货币效应还是经济效应，都难以通过产业链的传导层层递进。结合信贷投放的传导路径，按照对地区生产总值的拉动作用从强到弱，可以将信贷的行业投向大体分为三类：拉动作用最强的，是终端生产和原材料供给都在西藏区内的行业；次之，是终端生产和原材料供应有"一头在藏"的行业；拉动作用最弱的，是终端生产和原材料供给基本都在内地的行业。从西藏目前的产业结构来看，除旅游业和文化产业等第三产业外，第一、第二产业中，强拉动作用的行业非常有限且规模不大，"一头在藏"和"两头在外"的行业相对较多，在这种产业结构下，本地信贷投放更多地仅起到了一次性刺激作用，后期的货币乘数效应严重不足，在很大程度上造成了贷款与地区生产总值之间差额扩大、信贷对区域经济的边际带动作用下降的现象。

最后，从市场机制来看，西藏信贷市场贷款利率实施上限管制，金融机构风险定价市场化传导机制尚不完善，导致信贷资源配置不平衡，信贷资金供给的市场化价格调节效应不显著，区内产业结构优化升级对资金配置效率提升的需求难以满足。

产业结构从价值形态看就是资金的结构，资金的存量结构反映目前的产业结构状况，资金的增量结构决定将来的产业格局，金融通过调节资金的存量和增量来影响产业结构调整，在产业结构的合理化与高级化过程中本应起到非常重要的作用，但以西藏目前的产业结构基础和发展条件，金融的支持作用受到较大束缚，金融效应难以充分体现。

（3）金融市场结构单一，金融市场组织体系存在缺失。西藏地区金融市场发育仍然较为落后，市场结构相对简单，融资结构不平衡，市场组织体系尚不健全。

一是西藏地区融资结构相对单一，资本市场功能不全。实体经济融资模式以间接融资为主，直接融资比重偏低。从社会融资规模存量看，截至 2017 年 10 月末，全区直接融资比重仅为 6.3%，低于全国平均水平 8.2 个百分点。企业对多层次金融市场发展的需求与区内实际供给结构之间存在失衡，中小企业相对难以实现发股、发债、发券融资，较难获得产业发展投资基金、政府产业扶持基金、政府产业发展融资平台等新型资本市场机构的市场化支撑。银行对经济增长虽然有一定的供给引导作用，但很多时候是处于需求遵从地位，更多的是发挥金融中介的作用，过多地依赖银行作为金融市场供给主体，由此带来的对银行业的供给引导作用的过高期待，也在一定程度上抑制了银行资源配置的有效性。

二是金融组织体系有待完善，多元化发展不足。近年来，西藏金融业态迅速发展完善，入驻的银行不断增加，取得了一定成效。但是西藏微观金融组织还存在欠缺，从 2005 年以来金融机构数据来看，西藏金融机构网点数在 12 年中没有明显增加，金融密度没有得到有效提升，金融创新仍显不足；合作型中小信贷机构等新型金融组织仍较为缺乏，多元化发展不足，客户分层难以得到有效覆盖；非银行金融机构发育尚不健全，信用担保机构数量少、规模小、担保能力弱，难以给银行信贷投放提供有力支持，金融服务区域经济协调发展和改善民生的功能较难得到有效发挥。

三是市场意识相对薄弱，金融风险较为集中。在全国经济下行压力巨大、转型升级迫在眉睫的大形势下，西藏全区仍长期保持 10% 以上的经济高速增长，社会杠杆水平整体推升，债务压力不断积聚，金融风险较为集中，而社会金融风险意识却相对滞后，风险管控能力较为薄弱，金融监管能力相对有限，如不能充分重视，认识到金融发展中可能面临的"灰犀牛"和"黑天鹅"并防患于未然，下一步金融发展的不确定性将持续增加，金融风险将不断累积，成为一把悬在头上的"达摩克利斯之剑",影响区域金融的长期稳定发展。

七、金融支持西藏区域经济发展的建议

紧密结合西藏经济金融特点及发展实际,要取得未来西藏经济金融社会事业长期发展,应率先培育和发展现代金融产业,打造适宜西藏情况的中国特色西藏特点现代金融体系,通过发挥金融业对于资源优化配置、体制改革促进、推动生产性投资、改善企业治理等多方面的经济发展功能,引导和推动西藏经济持续快速健康发展。在金融业发展取得由量到质的飞跃后,西藏地方产业才能得到充分培育和结构升级,西藏经济才能具有长期增长的内生动力,地方财政收入才能得到进一步增长,从而为西藏教育、文化、体育、卫生、社保等各类社会建设奠定坚实的经济基础。在金融、经济、社会事业建设的优先序中,金融业科学发展是推动整个西藏未来经济社会跨越式发展的先导性支撑力量,着力推进金融业跨越式发展是推动整个西藏经济社会跨越式发展的基础战略工程。因此,构建中国特色西藏特点现代金融体系,是支持西藏区域经济健康可持续发展的重中之重。

(一)推动西藏金融业增量扩张,加强结构互补

基于比较优势的原则,合理明确财政、金融各自的援藏功能和角色分工,牢固树立金融机构组织在实现西藏经济跨越式发展中的主体作用。

首先,积极推进国有商业银行在藏机构改革和发展,努力激发其援藏活力,使其成为支持西藏大中型项目建设的金融主力军。具体来说,一是继续保持信贷合理快速增长,积极发挥金融撬动经济发展的作用,积极引导信贷资金投向区内重点基础设施项目建设中,保持信贷投放增速高于地区生产总值预期增速目标,合理保障经济发展中的信贷投放力度。二是加强优惠政策差异化管理,进一步完善补贴政策,对地区生产总值拉动强的产业加大政策优惠倾斜力度,对地区生产总值拉动较弱的产业着力培育和延伸产业链上下端,体现差异化、引导性的支持标准。三是保障重点项目的信贷支持,对涉及基础设施、民生领域的重点大型项目,积极鼓励通过银团贷款方式给予大力支持。四是营造公平有序的银行业竞争环境,积极引导金融机构有序竞争,营造健康和谐的金融信用环境。五是警惕资金脱实向虚,随着经济环境的变化和金融市场的发展,要预防金融与实体经济发展失衡、资金脱实向虚的问题,努力提升西藏地区金融

机构服务实体经济质效，避免金融资源错配和与服务实体经济本质的偏离。

其次，应着力培育和发展具有良好适应性的地方中小金融组织以及社区合作金融组织，使之成为满足西藏中小型项目建设和城乡基层群众生产生活融资需求的主要渠道。西藏有大量的中小企业和以广大农牧民为代表的基层群众，在资产、能力、知识、机会等方面的弱质性决定了他们成为大型商业性金融机构难以覆盖的群体，而这些企业和个体却恰恰构成西藏社会和市场的主体，因此也成为全面小康社会建设的最大难点和战略重点。地方中小金融组织、社区合作金融组织等适应性的新型小规模金融组织，由于具有小型高效的特点，信息比较充分、交易成本低廉、市场灵活度高，在缓解中小企业和低收入基层群众金融服务需求方面具有天然的比较优势。因此，作为大型商业银行的补充，应通过财政、税收、金融政策的倾斜，加强地方中小金融组织以及社区合作金融组织的培育，扩展金融覆盖面，增强金融普惠性，有效满足中小企业和广大基层群众的多方面金融服务需求，从而为完善西藏特点金融业服务体系、全面建成小康社会和地区长治久安打下坚实的微观金融基础。

（二）完善西藏地区非银金融机构体系框架，发挥有效作用

加快构建全面完善的金融体系，还应重点拓展保险、融资租赁、信托等非银行业金融机构的设立，推动其切实发挥作用、担当社会责任。西藏现代金融服务体系建设的重点是信贷、保险、担保三方面，其中，信贷组织的功能在于沟通社会资金余缺双方，满足资金短缺方的融资需求；保险组织的功能是基于大数定律和风险共担机制，保障投保者生产生活的稳定和发展；信用担保组织的功能在于为资信欠佳的借款者提供信用担保服务，促使其融资需求的有效满足。三者的金融功能是相通的，支持作用是相互的。目前西藏地区非银金融机构的发展与内地差距很大，对改善西藏金融体系的结构效率没有起到应有的作用，因此，应大力推动保险和信用担保组织与银行机构共同协调发展，通过保险和信用担保机制，为企业增信，提升银行贷款意愿，在改善中小企业融资环境的同时，为在藏国有银行贷款保驾护航。

中小企业"融资难"问题是制约西藏特色优势产业跨越式发展的主要瓶颈，而非银金融机构体系建设是解决这一问题的很好手段，也是加大信贷对西藏经济支持力度的可靠的金融组织基础。通过财政引导，加强保险和信用担保组织建设，逐步健全西藏非银金融机构体系，增强担保能力，进而推动在藏银

行业金融机构积极扩张信贷规模，可以进一步夯实西藏经济跨越式发展的金融基础，更好地发挥金融对西藏经济社会更好、更快发展的支持作用。

（三）强化西藏产业支撑能力，拉长产业链条

本文已充分论证了产业结构和产业链条长度对于金融对经济影响力度的重要性，长期以来，西藏经济自我发展能力难以显著提升的一个重要症结就在于产业结构不平衡、产业链条不完善，其特色产业经济又面临发展迟缓、融资渠道不畅的难题。考虑到西藏的特殊地理位置和自然环境，大规模发展工业对于本地来说不具备现实可操作性，因此，未来还应将重点首先放在特色优势产业培育上，通过特色优势产业的发展建立区域比较优势，进而沿上下两端进行延伸，带动周边产业发展，实现产业链条的扩展和区内留存。

前文提到，按照对地区生产总值的拉动作用从强到弱，信贷行业投向大体可以分为三类，其中对地区生产总值拉动作用最强的，是终端生产和原材料供给都在西藏区内的行业，如天然水加工、矿物加工等；次之，是终端生产和原材料供应有"一头在藏"的行业，如基础设施建设、房地产行业等；对地区生产总值拉动作用最弱的，是终端生产和原材料供给基本都在内地的行业。可见，西藏目前的产业结构对于做好信贷承接、充分发挥信贷对经济的拉动作用不利。

因此，强化西藏产业支撑能力就是要发挥区域资源禀赋优势，促进资源优势向产业优势和经济优势的转化，补齐经济发展短板，推进产业提质增效，推动产业链条的延伸。一是打造优势产业集群。大力培育清洁能源、旅游文化、重要矿产品、建筑建材、高原生物产品加工、民族手工业等特色优势产业体系，提升对地区生产总值拉动较强且可持续的产业的培育力度，并推动相关产业从地区生产总值弱拉动逐步向强拉动方向发展。二是逐步完善产业链。打造具有原材料优势产业的加工基地，延伸优质矿产品、农牧业、特色手工业等产业的加工环节；适度扩大原材料自给率，如适度扩大水泥产能、提高大宗原材料主要供应商在藏注册比例；拉长本地消费链条，如引导京东、阿里天猫、苏宁等网络电商在藏多设立物流、仓储基地，延伸消费产业链。三是提高产业发展要素水平。逐步提高土地、资金、政策、科研等配套产业支持力度，同时大力发展职业教育，加强劳动力技能培训，全面提升劳动力素质，使劳动力素质结构不断适应经济增长方式的转变。四是鼓励区内企业"走出去"。在延长产业链的基础上，也应该鼓励区内企业积极"走出去"，开拓更为广阔的市场空间，

承揽区外项目并为区外提供产品与服务，利润留存当地的同时，还可以进一步提升西藏本地货物与服务净流出值。

财税金融政策支持上，一方面，应通过财政资金使用方向和支出结构的调整引导，做好特色优势产业的扶持。着力将财政援藏资金打造成西藏产业经济发展的引导资金和杠杆资金，不断提高产业扶持资金在财政援藏总支出中的比重，为西藏产业经济发展提供必要财力支持。通过信用担保公司、产业投资基金、政府融资平台等渠道，引导信贷资金、民间资金流向西藏重点发展产业，更好地发挥有限财政援藏资金在促进西藏产业经济发展方面的杠杆作用，贯彻落实中央关于"走有中国特色、西藏特点的发展路子"的战略部署。

另一方面，应通过特殊优惠金融政策的大力扶持，推动西藏地区金融业成为推动特色优势产业持续快速振兴的有生力量，切实提升西藏本地产业的造血能力，加速资源优势向经济效益优势转化。随着特色优势产业经济的快速健康发展，人均收入水平将以较快速度增长，各企事业单位和广大居民的金融服务需求将会在质和量两方面得到跃升，反观将进一步推动西藏金融业的持续较快发展，实现西藏金融业与产业经济协调发展。

（四）加强财政与金融手段协调配合，拓宽投融资渠道

改变财政与金融彼此"单干"式援藏格局，加强财政与金融手段协调配合，不断拓宽投融资渠道。一是依法合规适度扩大政府融资渠道和规模，紧跟中央政策新情况、新动向，在政策窗口期和机遇期，及时出台适应西藏发展实际的政府融资政策，推进重点基础设施建设项目。二是依法合规适度扩大地方融资渠道和规模，鼓励地方国企通过"委托代理"的方式参与水电气热、公共交通、公共设施等民生基础设施项目建设；扩大政府购买服务规模，及时出台政府购买实施细则，明确相应对象、范围及程序，一手抓存量业务的合规整改、一手抓新增业务的合规拓展；依法合规设立政府产业基金，积极扩大发债、资产证券化等标类资产运作；积极探索融资租赁等新型融资模式。三是依法合规提升产业平台金融支持力度，在严控地方政府债务规模的基础上，合理合规提升产业平台的金融支持力度，同时通过发行企业债券、资产证券化以及收费权益转让等多种方式，拓宽投融资渠道，提升产业平台投融资能力及信用状况。

积极争取、巩固和扩大国家对西藏的差异化扶持政策。一是继续实施金融补贴和优惠政策，根据金融以贷存比、信贷投放规模等指标为表征的"援藏"

意愿的实时反馈，及时调整政策方向，科学衡量西藏金融对地区经济的贡献度，充分考虑金融对经济影响的滞后效应、经济发展的"马太效应"，实行差异化、缓慢渐进的补贴政策，不宜在决胜全面建成小康社会的关键时期出现政策滑坡，政策的不配套极易动摇西藏经济跨越式发展的金融根基。二是争取扩大中央、援藏省市的支持力度，发挥好预算内资金作用，发挥援藏资金的最大边际效应和杠杆作用，同时争取中央继续加大对西藏重点固定资产项目建设的支持力度。

（五）打造健康信用环境和营商环境，争取差异化监管政策

充分发挥政府的组织、引导、推动和示范作用，积极营造良好信用环境、营商环境和监管环境。一是积极维护国有企业、政府产业平台的良好信用，在不增加政府隐性债务的基础上，积极发挥地方政府协调沟通作用，创造地方国有企业、产业平台良好的信用水平，避免出现信用风险并引发连锁反应。二是完善金融活动基础设施，加强政府机构和监管部门的沟通，积极为商业银行抵质押品管理有效性的提升创造良好的金融环境，不断消除抵质押登记管理方面存在的障碍。三是加大金融司法执法力度，严厉打击金融逃废债行为，维护良好金融环境。四是巩固和维护清新的营商环境，不断完善改革创新体制机制，进一步落实简政放权、"一站式"行政服务，持续激发市场活力。五是争取西藏地区差异化金融监管政策，单独考虑西藏信贷投放额度，执行差异化的信贷投放额度管控政策，并在地方政府融资和政府债务管理方面给予差异化监管政策。

参考文献

[1] 吴晶妹，李诗洋. 信用规模与经济增长——中美比较分析 [J]. 财贸经济，2007（9）.

[2] 赵小克，李惠蓉. 金融发展和经济增长关系的再检验 [J]. 统计与决策，2013（5）.

[3] 沈钦华，谈儒勇，金晨珂. 信用与经济增长关系实证研究——基于多层次视角的 VAR 分析 [J]. 财经研究，2011（12）.

[4] 周立，王子明. 中国各地区金融发展与经济增长实证分析：1978—2000 [J]. 金融研究，2002（10）.

[5] 谢太峰，王子博．上海区域金融发展与区域经济增长关系的实证研究 [J]．经济与管理研究，2009（4）．

[6] 张萍，陈福忠．金融发展与经济增长的实证研究：以江苏为例 [J]．财经论丛，2009（2）．

[7] 郭志仪，赵小克，刘那日苏．区域金融发展和经济增长关系的实证分析——基于甘肃省 1978—2010 年的时间序列数据 [J]．经济经纬，2013（1）．

[8] 曹怡静．区域经济发展中的区域金融支持方式分析 [J]．赤峰学院学报，2017（7）．

[9] 聂华林，卜成勇．区域经济学通论 [M]．北京：中国社会科学出版社，2006．

[10] 刘云生．区域金融研究视角述评 [J]．南方金融，2007（9）．

[11] 顾磊，杨倩雯．金融发展如何影响中国的垂直分工地位 [J]．国际贸易问题，2014（3）．

[12] 石盛林．县域金融对经济增长的影响机理——基于 DEA 方法的前沿分析 [A]．财贸经济，2011（4）．

[13] 先礼琼．区域经济协调发展中的财政政策制度选择 [D]．西南财经大学，2006（4）．

[14] 杨荫凯．我国区域发展战略演进与下一步选择 [J]．改革，2015（5）．

[15] 杨小军．新中国成立 60 年来我国区域经济发展战略演变及基本经验 [J]．现代经济探讨，2009（9）．

[16] 熊娜．资源匹配、现实操作与后续境况：由我国区域发展战略观察 [J]．区域经济，2011（4）．

[17] 游丽．基于价值链提升的区域市场整合和金融支持分析 [J]．区域经济，2017（8）．

[18] 李小倩，任大帅．技术进步与产业结构变动对区域经济发展的影响 [J]．经济与管理，2017（6）．

[19] 宋慧琳，彭迪云．简论中部区域经济发展中"马太效应"的调控 [J]．商场现代化，2007（9）．

[20] 高海虹．我国货币供给机制的发展历程及完善思路 [J]．南方金融，2006（11）．

［21］陈博杰. 金融产业集聚与区域经济增长关系研究［J］. 经贸实践，2017（2）.

［22］金浩，张文若. 金融集聚影响区域经济增长的系统动力学仿真——基于要素流动视角［J］. 河北大学学报，2016（6）.

［23］格勒. 西部大开发与藏区现代化研究［M］. 北京：中国藏学出版社，2014.

［24］毛生武. 区域成长理论与实践——民族地方城镇化及区域发展探索［M］. 北京：中国经济出版社，2012.

［25］李后强，邓子强. 区域经济发展模式研究［M］. 成都：四川人民出版社，2015.

［26］阮莉莉，高云峰，罗艳. 货币政策区域效应差异研究——基于中国东部和西部的比较分析［J］. 金融理论与实践，2001（9）.

［27］蒋冠，黄合建，叶子青. 基于区域金融总量的中国货币政策区域分配效应实证研究［J］. 中国市场，2011（50）.

［28］朱文莉. 中央治藏基本财政政策简论——为西藏地方财政建立 50 周年而作［J］. 西藏民族学院学报，2002（11）.

［29］狄方耀，占治民，杨慧. 西藏金融 60 年：历程·政策·成就［J］. 西藏民族学院学报，2011（9）.

［30］李国政，杨峰. 财政支持、工业发展与西藏工业增长［J］. 四川民族学院学报，2011（12）.

［31］王泽强. 改革开放以来我国区域发展战略回顾及展望——基于效率与公平的分析视角［J］. 中共宁波市委党校学报，2009（2）.

［32］王振山. 金融效率论——金融资源优化配置的理论与实践［D］. 东北财经大学，1999.

［33］杨秀萍. 金融边界理论初探［D］. 辽宁大学，2015.

［34］张屹巍，易云洲，周开禹，刘勇，李恩青，邓伟平. 金融支持广东区域经济协调发展：绩效评估与对策［J］. 南方金融，2016（6）.

西藏优化完善特殊优惠金融政策与推进利率市场化改革研究

中国人民银行拉萨中心支行

课题组组长：李玉福

课题组成员：杨富彬　刘　帅

摘要： 本文首先对利率市场化理论和改革实践进行梳理，国内外学者从不同角度提出了利率市场化改革的必要性，认为市场利率能够反映资金的价格，有利于提高金融资源的配置效率，促进经济社会发展。从国外利率市场化改革的实践来看，国外利率市场化改革有成功也有失败，关键是对利率市场化改革时点和次序的把握。我国在借鉴世界各国经验的基础上，以"先货币市场和债券市场利率市场化，后存贷款利率市场化"为基本思路，于 1996 年 6 月正式启动利率市场化改革，先后放开同业拆借市场利率（1996 年 6 月 1 日）、债券市场利率（1997 年 6 月 5 日）、贷款利率（2013 年 7 月 20 日），并逐步扩大存款利率浮动区间和放开存款利率上限，基本完成利率市场化改革。其次，回顾了西藏利率政策的历史沿革，明确指出西藏特殊优惠金融政策本质上是以低利率贷款政策为核心的货币信贷政策的调整过程。接着，对西藏特殊优惠金融政策实施效果进行客观评价，肯定了特殊优惠金融政策促进西藏经济社会发展的巨大作用，分析了逐渐显现的负面影响。随着补贴政策调整，贷款利率市场化的呼声越来越高，社会各界争议很大，本文及时对争议命题进行论证和回应，进一步厘清西藏贷款利率政策和利率市场化思路。最后，本文对西藏特殊优惠金融政策优化完善和利率市场化改革提出相关政策建议。研究确立了特殊优惠金融政策的目标任务和优化完善原则，提出了西藏利率政策框架、补贴政策调整等方面具体建议，阐释了以何种路径和步骤在西藏推进贷款利率市场化。

关键词： 金融政策　利率市场化　改革

一、引言

党的十八届三中全会指出，全面深化改革要使市场在资源配置中起决定性作用并更好地发挥政府作用。在利率管理方面，中国人民银行以渐进改革模式，持续稳步推进利率市场化。2015 年 10 月 24 日，活期存款、一年期以内（含 1 年期）定期存款、协定存款、通知存款利率上限放开，标志着中国利率市场化改革基本完成。西藏由于实行特殊优惠金融政策，除贷款利率实行管制之外，其他利率的市场化改革保持了与全国同步。在这样的背景下，西藏实行特殊优惠金融政策的成本不断加大，非公经济和小微企业融资难的问题更加突出，各方对现行金融政策的分歧不断加剧，长期来看将对西藏市场经济的健康发展产生不良影响。适时在西藏开展贷款利率市场化改革，是全面深化改革的应有之义，是推动西藏市场经济发展的必然选择，将对西藏经济社会产生深远影响。

二、利率市场化文献综述

利率市场化是指政府逐步放松和取消对利率的直接管制，由市场资金供求双方自主确定利率，以达到资金优化配置的目的。涉及利率市场化的理论主要包括利率决定理论、利率传导理论以及剖析利率结构和利率管理的金融发展理论。

（一）利率决定理论

利率决定理论主要有古典利率决定理论、马克思的利率决定理论、凯恩斯的利率决定理论、可贷资金理论以及 IS－LM 模型。这些理论主要阐释利率是如何决定的，以及哪些因素影响利率的波动。其中希克斯和汉森建立的 IS－LM 模型，认为利率是由投资、储蓄、货币需求、货币供给共同决定的，利率能够作为货币政策的中介目标影响国民收入。

（二）利率传导理论

凯恩斯、托宾、货币学派等对利率传导机制进行了研究。凯恩斯认为当投资和储蓄相当的时候，物价才能稳定，经济处于均衡状态，利率是调节投资和储蓄的重要指标。托宾 Q 理论将社会经济划分为真实经济和金融体系两大领域，认为利率对货币需求起决定作用。货币学派认为中央银行通过调节货币供给量引起利率变动，进而影响金融资产价格和消费者财富，导致消费支出变动，作用于实体经济。

（三）金融发展理论

金融发展理论主要包括金融结构理论、金融深化理论和金融约束理论。

戈德史密斯认为，金融发展能够促进经济增长，建议发展中国家开放金融市场，创新金融工具和金融制度，推动利率市场化改革。麦金农和肖通过研究发展中国家经济状态和金融体制变迁，发现发展中国家普遍存在金融抑制现象，提出"紧缩的财政政策到位、财政赤字消除、物价基本稳定"的利率市场化条件，并主张发展中国家采取利率市场化等金融深化措施推动金融发展。赫尔曼、穆尔多克和斯蒂格利茨在研究拉美国家利率改革失败基础上对麦金农和肖的理论做了进一步发展和完善，提出了金融约束理论，成为发展中国家从金融抑制走向金融自由化的过渡性政策理论。该理论认为，政府应采取一定管制措施在金融部门创造租金，在改善金融抑制的同时规避金融风险，以维护金融体系稳定，促进金融发展。

国内学者对利率市场化的研究主要集中在利率市场化的操作层面，涉及利率市场化的改革模式［李成（2009）等］、利率市场化改革的时点选择［樊胜（2007）等］以及利率市场化改革的次序［胡国晖（2006）等］，普遍赞同采取渐进式的改革方式，在宏观经济稳定、财政赤字缩小、银行业经营状况良好的条件下进行利率市场化改革，在路径选择上认为以先放开货币市场利率、再放开资本市场利率、最后放开存贷款利率为妥当。

三、国内外利率市场化改革实践

（一）国外利率市场化改革实践

20 世纪以来，世界上许多国家进行了利率市场化改革，作为发达市场经济国家，美国和日本顺利完成了利率市场化改革。发展中国家中，印度利率市场化改革相对比较成功。韩国、印度尼西亚、泰国、智利等国虽然完成了利率市场化改革，但付出了沉重代价，有的引发了金融危机。

（二）中国利率市场化改革进程

中国利率市场化改革开始于 1996 年放开银行间同业拆借利率，2004 年左右开始存贷款利率市场化尝试，以"先贷款后存款、先大额后小额、先外币后本币"为总体思路，遵循"货币市场利率—债券市场利率—外币利率—人民币存贷款利率"的基本顺序，2004—2006 年实现了放开贷款利率上限、扩大房贷利率浮动范围。2012 年之后，利率市场化步伐明显加快，先后多次扩大存贷款浮动区间。2013 年全面放开贷款利率管制。2015 年全面放开存款利率管制，标志着利率市场化改革基本完成。我国利率市场化进程大致总结如表 1 所示。

表 1 　　　　　　　　　　　中国利率市场化进程

时间	改革进程
1996 年 6 月	放开银行间同业拆借利率
1997 年 6 月	放开银行间债券回购利率
1998—1999 年	中国人民银行连续三次扩大金融机构贷款利率浮动区间
2000 年 9 月	放开外币贷款利率和 300 万美元以上的大额外币存款利率
2003 年 11 月	对美元、日元、港元小额存贷款利率实行上限管理，商业银行可根据国际金融市场利率变化，在不超过上线的前提下自主确定
2004 年 1 月	再次扩大金融机构贷款利率浮动区间，贷款利率浮动区间不再根据企业所有制性质、规模大小分别制定
2004 年 1 月	上调金融机构存贷款基准利率，并放宽人民币贷款利率浮动区间和允许人民币存款利率下浮
2007 年 1 月	推出上海银行间同业拆借利率
2012 年 6 月	确定下调金融机构人民币存款基准利率，并调整利率浮动区间
2013 年 7 月	全面放开金融机构贷款利率管制，取消金融机构贷款利率 0.7 倍的下限，取消票据贴现利率管制，取消农村信用社贷款利率 2.3 倍的上限
2013 年 9 月	提出有序推进利率市场化工作的三项任务：一是建立市场利率定价自律机制；二是开展贷款基础利率报价工作；三是推进同业存单发行与交易
2013 年 10 月	贷款基础利率集中报价和发布机制正式实行
2014 年 11 月	将金融机构存贷款利率浮动区间的上限由存款基准利率的 1.1 倍调整为 1.2 倍
2015 年 3 月	将金融机构存贷款利率浮动区间的上限由存款基准利率的 1.2 倍调整为 1.3 倍
2015 年 5 月	将金融机构存贷款利率浮动区间的上限由存款基准利率的 1.3 倍调整为 1.5 倍
2015 年 6 月	推出大额存单
2015 年 8 月	放开一年期以上定期存款的利率浮动上限
2015 年 10 月	对商业银行和农村合作金融机构等不再设置存款利率浮动上限

四、西藏利率政策的历史沿革

党中央、国务院历来关心支持西藏发展，不同时期赋予西藏一系列特殊优惠财税金融政策。贷款低利率是特殊优惠金融政策的核心，而特殊优惠金融政策的实施又依赖于财政政策的协调配合，对在藏银行业金融机构发放低利率贷款给予利差补贴和特殊费用补贴。西藏贷款利率管理政策的调整大致总结如表2 所示。

表 2　　　　　　　　　　　西藏贷款利率管理政策调整进程

时间	政策调整进程
1951—1965 年	实行无息低息贷款利率政策
1965—1980 年	实行全国统一贷款利率政策
1980—1993 年	实行差异化贷款低利率政策
1980—1993 年	实行差异化贷款低利率政策
1994 年至今	实行特殊优惠贷款利率政策

自"九五"以来，中央先后召开四次西藏工作座谈会，赋予西藏包含金融在内的一系列特殊优惠政策。在金融政策方面，核心是执行比全国优惠的低利率贷款政策。特别地，自2001 年 9 月起，西藏实行比全国其他省份更加优惠的扶贫贴息贷款政策，规模不受限制，利率全国最低。2015 年 8 月，中央召开第六次西藏工作座谈会，会议明确了西藏"十三五"时期特殊优惠金融政策，利率政策保持不变，并对利差补贴和特殊费用补贴政策进一步优化。

在此期间，为了避免西藏的利率政策与中央赋予西藏的特殊优惠金融政策相冲突，西藏金融机构人民币存款利率市场化改革保持与全国同步，人民币贷款利率实行上限管制，除第二套房贷款执行基准利率的1.1 倍以外，一般商业性人民币贷款不允许上浮。为了逐步推进西藏利率市场化改革，2013 年 7 月，西藏金融机构同步取消贷款利率下限，利率浮动区间为零到西藏优惠贷款利率；2014 年，成立了西藏自治区市场利率定价自律机制委员会，对贷款利率定价进行自律管理，进一步规范在藏银行业金融机构的利率定价行为；2015 年，西藏银行和林芝民生村镇银行制定了存款利率定价管理办法，不断提升自主定价能力；2017 年 9 月，根据审计发现的套利等问题，为进一步规范西藏优惠贷款利率执行，除 PSL（抵押补充贷款）、政府类和公益类项目贷款等部分贷款品种外，不允许贷款利率浮动；2018 年 8 月，应对财政部调整利差补贴政策和特殊费用补贴政策，西藏自治区市场利率定价自律机制委员会作出决议，贷款利率严格按照西藏优惠贷款利率执行，不允许贷款利率浮动（资金出藏的贷款利率按照市场利率定价原则自主确定）。而西藏推进利率市场化改革的重点就是贷款利率市场化，本文后续研究和讨论的重点主要集中在优惠金融政策的优化完善和推进贷款利率市场化改革上。

五、西藏特殊优惠金融政策实施效果评价

"十二五"以来，中央赋予西藏的特殊优惠金融政策从金融供给和金融需求两个方面提高了政策实施的有效性。从金融需求角度，主要是实行优惠贷款利率政策，并对贷款利率进行上限管制，降低了经济主体的融资成本，刺激了信贷需求；从金融供给角度，主要是实行利差补贴和特殊费用补贴政策，提高了贷款收益，丰富了金融市场主体，调动了信贷投放积极性，增加了金融供给，进而实现了西藏经济社会信贷资金投入增加，保障了重点项目建设、脱贫攻坚战略实施等，支持了经济主体发展，助推了西藏经济社会发展。但是，由于特殊优惠金融政策不协调，负面作用也逐渐显现，如政策实施成本水涨船高、政策套利行为难以控制、超额融资行为时有发生、小微企业融资越发困难等。

（一）特殊优惠金融政策的正面效应

中央第五次西藏工作座谈会明确，给予在藏银行业金融机构优惠贷款利率政策、利差补贴和特殊费用补贴政策，政策的最大变化是由仅针对农业银行西藏分行及其分支机构的特殊费用补贴政策扩大到在藏所有银行业金融机构。随着特殊优惠金融政策的逐步完善，政策实施效应非常明显，银行业金融机构在支持西藏经济社会发展的同时，实现自身的发展壮大，这一时期是西藏金融发展最快的时期，具有明显的阶段性特征。

1. 促进了金融组织体系完善

自中央第五次西藏工作座谈会后，中央有关部委大力支持西藏完善金融组织体系，丰富金融市场主体。截至 2018 年 10 月，西藏已有银行业金融机构 15 家，政策性和开发性银行机构 2 家，国有商业银行一级分行 5 家，全国性股份制银行一级分行 5 家，地方性城市商业银行法人机构 1 家，村镇银行 2 家。同时，西藏相继设立了地方性保险公司、金融租赁公司、小额贷款公司和担保公司，积极引进证券公司、保险公司和期货公司。各类金融机构的设立，丰富了西藏金融市场，促进了西藏金融多层次发展，促进了金融市场竞争，为利率市

场化奠定了基础。

2. 降低了经济主体融资成本

中央赋予西藏特殊优惠金融政策的核心是贷款低利率政策：一般类贷款利率执行比全国贷款基准利率低 2 个百分点，相当于在目前全国贷款基准利率下浮 48%；扶贫贴息贷款利率执行 1.08%，相当于在全国扶贫贴息贷款利率基础上下浮 64%。同时，特别是全国推进利率市场化改革后，西藏允许贷款利率下浮、上限管制，在藏银行业金融机构在特殊费用补贴政策的驱动下，对西藏基础设施建设、易地扶贫搬迁、棚户区改造、边境小康村建设和精准扶贫等重大项目贷款利率给予大幅下浮。从特殊优惠金融政策的实践来看，实施优惠贷款利率和特殊费用补贴政策，对于各类经济主体来说，极大地降低了融资成本，可以说西藏各类经济主体融资成本全国最低。据测算，不考虑在西藏优惠贷款利率基础上的下浮因素，2011—2017 年在藏银行业金融机构因执行优惠贷款利率和扶贫贴息贷款利率政策，降低各类经济主体融资成本 497.88 亿元。

3. 实现了信贷资源倾斜配置

"十二五"期间，中央对在藏银行业金融机构实行特殊费用补贴政策，显著提高了贷款收益，西藏贷款收益远高于内地省市。2017 年 12 月全国一般贷款加权平均名义利率为 5.80%，而同期对信贷资金投向拉萨市（不含所属县及以下地区）的一年期贷款收益（西藏贷款利率加上利差补贴和特殊费用补贴，下同）为 6.35%、1～5 年期贷款收益为 6.75%、5 年期以上贷款收益为 6.90%，考虑到中长期贷款占比较高、其他地区特殊费用补贴力度更大等实际情况，在藏金融机构发放的贷款收益将超出上述期限贷款收益水平，极大地调动了在藏银行业金融机构信贷投放积极性。与此同时，国有银行和全国性股份制银行对其在藏分支机构也实行了较大力度的信贷规模和信贷资金配置倾斜，对在藏项目贷款审批开辟绿色通道，降低了经济主体贷款时间成本和机会成本。从政策执行效果来看，自第五次西藏工作座谈会以来，在藏银行业金融机构增加了信贷资金供给，贷款实现快速增长，远远高于同期全国贷款平均增速。截至 2017 年末，全区金融机构贷款余额 4041.44 亿元，较 2010 年末增长 12.39 倍，年均增长 44.87%，年均增速高于全国贷款平均增速 33 个百分点。部分银行在总行的支持下，积极利用系统内资金对西藏重大项目建设提供信贷资金支持，出现存贷款余额倒挂现象。

4. 增强了金融自我发展能力

"十二五"以来，在藏银行业金融机构在增加信贷资金供给、服务西藏经济社会发展的同时，实现了自身快速发展，西藏银行业资产规模快速增长，盈利能力显著提高，成为"和平解放"以来西藏金融业发展最快的时期。在藏银行业金融机构资产总额由 2010 年末的 1201.04 亿元增加到 2017 年末的 6621.36 亿元，增长了 3.51 倍，年均增长 27.62%；负债总额由 2010 年末的 1193.89 亿元增加到 2017 年末的 6420.20 亿元，增长了 3.37 倍，年均增长 27.17%；利润总额由 2010 年末的 11.14 亿元增加到 2017 年末的 102.80 亿元，增长了 7.23 倍，年均增长 37.36%。在资产负债高速增长的同时，西藏金融风险整体可控，不良率维持在较低水平，2017 年在藏银行业金融机构贷款不良率仅为 0.33%，低于全国贷款不良率 1.41 个百分点。

5. 支持了西藏经济社会发展

第五次西藏工作座谈会以来，在党中央的大力支持下、在各援藏省市的无私援助下、在西藏各族人民的共同努力下，西藏发生了翻天覆地的变化，基础设施加快建设、产业建设加快推进、人民生活安居乐业、社会局面持续稳定，但这些翻天覆地的变化离不开资金的大量投入，而信贷资金成为投入最多的一方。信贷资金的大量投入，保障了国家战略和全区经济发展战略的有力实施，保障了西藏重大项目的有力推进，支持了西藏经济社会持续稳定发展。自 2010 年以来，在信贷资金的支持下，墨脱公路、拉萨至贡嘎机场、拉萨至林芝、拉萨至山南、各地市至机场等高等级公路、拉日铁路、拉林铁路等一大批重大交通项目相继开工，综合交通运输体系不断完善；老虎嘴、藏木、果多、多布、加查等水电站建成投运，川藏电网联网工程建成，藏电东送规模持续扩大；旁多、拉洛水利枢纽和澎波、江北灌区建设顺利推进，实施了农村公路、农网改造、易地扶贫搬迁、棚户区改造等重大项目，各类市政基础设施持续改善。在全国经济增速放缓的背景下，西藏地区生产总值连续 25 年保持两位数增长。2017 年，西藏地区生产总值达到 1310.63 亿元，较 2010 年增长 1.58 倍，年均增长 14.52%；全社会固定资产投资完成 2051.04 亿元，较 2010 年增长 3.43 倍，年均增长 23.68%；农村居民人均可支配收入达到 10330 元，较 2010 年增长 1.51 倍，年均增长 14.02%；城镇居民人均可支配收入达到 30671 元，较 2010 年增长 1.05 倍，年均增长 10.78%。

（二）特殊优惠金融政策的负面影响

实践证明，特殊优惠金融政策有力地推动了西藏经济社会发展，但不可否认特殊优惠金融政策还不够完善、协调，也存在一些负面影响。

1. 政策实施成本越来越高

2010 年，西藏金融机构贷款余额301.82 亿元，当年利差补贴和特殊费用补贴（以下简称"两项补贴"）为 16.20 亿元。2017 年，西藏金融机构贷款余额达到了 4041.44 亿元，增长了 12.39 倍；两项补贴为 106.09 亿元，增长了 5.55 倍。随着贷款规模的快速膨胀，政策实施成本越来越高，如果继续坚持"十二五"时期的两项补贴政策，"十三五"之后政策实施成本将无法承受，政策的连续性和稳定性将受到极大破坏，一次性的强制调整到位将对西藏经济金融带来巨大冲击。这是从补贴政策金额大小的角度印证了政策实施成本高的问题。另外，政策实施成本还包含政策的监督成本。近年来，各个部门投入政策实施监督力度前所未有，连续三年财政部派出专项审核组赴藏审核两项补贴事宜；银行监管部门为规范贷款发放行为和资金用途也持续加大监管力度；人行拉萨中心支行为优惠贷款利率政策的实施投入了大量人力、物力，制定了多项政策措施严防套利行为。

2. 政策套利行为难以控制

经济活动的复杂性决定了套利行为的多样化和隐蔽性，不管是优惠贷款利率政策也好，补贴政策也罢，均存在套利行为。从以往的实践来看，套利行为主要有以下四种：一是经济主体利用优惠贷款利率政策边界不清套利。中央赋予西藏优惠贷款利率政策的目的是支持西藏经济社会发展，但管控手段和政策措施是仁者见仁、智者见智，如飞地经济模式该不该支持问题，中央支持西藏发展飞地经济，最早与青海合作建设藏青工业园区，支持工业园区企业存在资金出藏问题，能否享受西藏的优惠贷款利率政策，与此同时银行业金融机构对其发放的贷款是否能够给予两项补贴问题？又如，在藏注册而在区外生产销售的企业，所得税向西藏缴纳，能否从区内银行业金融机构获得信贷资金支持，并享受相应的政策呢？再如，西藏各级政府在内地建设的供干部职工休养基地能否享受西藏优惠贷款利率政策？西藏企业到区外、国外进行兼并重组，在藏银行业金融机构能否给予其优惠贷款政策支持？对于上述类似问题，都处于政策模糊的地带，但在问题的考察上不是没有解决的办法，主要看政策制定的意图和目的，主要看政策的支持力度和党委政府的决心。二是资金出藏套利。上述提出的几个问题也是存在资金出藏问题，这里主要讲在藏央企和西藏企业资金出藏套利问题。央企资金出藏套利一般和超额或过度融资、多头融资有关，又与现行央企资金集中管理的体制有关。央企承担着大量在藏项目建设任务，在资金管理上一般设有财务公司集中调度资金使用，在藏央企分公司或子公司获得优惠利率贷款后直接将信贷资金划拨至总公司或财务公司集中管理，使用时从总公司或财务公司调拨；部分央企认为从在藏银行业金融机构贷款融资成本低，也想尽办法从在藏银行业金融机构贷款，对其分公司一般都赋予一定的贷款权限，甚至利用旗下关联公司给予在藏分支机构担保获得融资；同时，银行也认为央企贷款安全性高，甚至下浮贷款利率争相贷款，多方面因素导致在藏央企银行融资额度有时远远超过项目投资额度。西藏企业资金出藏行为主要有挪用贷款资金直接出藏（购买理财产品）、利用经营范围优势在全国投资经营（投资公司）、在藏设立子公司后与其关联公司进行关联交易（关联公司借款、虚假贸易等）。三是银行利用区域性特殊费用补贴差异套利。2011—2017年，中央财政对不同区域实行差异化的特殊费用补贴，在区域界限上相近地区由于补贴差异的存在，不同区域贷款收益差异明显，在藏银行业金融机构利用地理优势在相邻地区设立分支机构（多家银行在贡嘎机场设立分支机构）、通过其分支机构直接下沉贷款资金（信贷资金在地区使用本来通过分行直接放贷而转变为授权地区级分支机构放贷）。四是个人套利行为。个人套利一般通过消费贷款挪用资金流入房地产或股票市场、购买理财产品、投资入股分红、违规高利借贷行为等。古人云："天下熙熙皆为利来，天下攘攘皆为利往"，没有政策上的优势和洼地效应，真正有多少企业愿意赴藏投资兴业？银行机构会不顾盈亏从系统调剂资金支持西藏？这些问题值得政策制定者重点关注和考虑。

3. 超额融资行为时有发生

超额融资问题在本质上也是由于特殊补贴政策的存在，是在藏银行业金融机构和一些资信较好的企业共同作用的结果。一是在藏银行业金融机构为了获得更多的补贴资金，会尽量满足资信较好企业的信贷需求，缺乏对项目本身投资额度、贷款用途的有效审查和贷后管理。二是企业可能从多家银行同时申请项目贷款，由于征信系统数据的滞后性，经办银行很难通过查询企业征信准确获得企业的总体负债情况。三是各方面信息不对称、部门之间工作协调机制不完善，银行管理部门很难从有关部门获取，缺乏必要的监管手段支撑，各自为政导致了超额融资行为发生，如一个项目总的投资额度多大、项目资本金需要多少、项目资本金同比例到位有多高、参与项目建设的企业有哪些等问题。超额融资背后必然存在资金挪用和政策套利问题，依靠目前的监管手段，无法做到有效监管。四是流动资金贷款是超额融资和套利行为的集中领域。如果说项目融资有据可依，不能超过项目总投资额度或项目总投资额度与项目资本金比例要求之差，而流动资金贷款主要依据企业的贷款申请，银行做流动资金测算后发放。但是流动资金需求测算不同行业、不同项目千差万别，本身就缺乏统一、透明的标准，即使企业自身也无法准确地预测和评判，尤其对于央企来说，反正西藏融资成本低，贷款资金又归集使用，随便在总部做个理财投资就能够弥补贷款利息，这样就存在能多贷就多贷的融资冲动。

4. 小微企业融资较为困难

小微企业融资困难问题是个世界性难题，在西藏小微企业不存在融资贵问题，关键是能否获得信贷资金支持。中央赋予西藏优惠贷款利率政策对企业规模没有做出任何限定，并且实行贷款利率上限管制，只要银行发放同期限的贷款，贷款利率是一样的，贷款收益没有任何差异。在贷款收益没有差异的情况下，在藏银行业金融机构的信贷投向更多集中于大企业、大项目或有政府背景的国有企业、融资平台类公司，这种垒大户现象普遍存在贷款额度大，而小微企业贷款流程与大企业、大项目贷款流程没有多大差异，营销一个大企业、大项目贷款可能需要营销几十家甚至上百家小微企业贷款。在贷款管理成本上，大企业、大项目客户主体少，贷款管理成本相对较低；而达到同样贷款额度的小微企业客户主体多，贷款管理成本相对较高。同时，由于西藏小微企业普遍处于企业发展的初级阶段，企业规模小、产品竞争能力弱、盈利能力差，企业资信普遍较低，又缺乏抵质押物或担保公司担保，银行普遍认为小微企业贷款风险大。从西藏金融机构不良资产情况来看，小微企业贷款不良率普遍较高。银行作为一个理性经济人，遵循风险与收益匹配原则经营，在补贴政策和贷款利率政策对企业规模不加区分情况下，驱使银行的信贷投放行为更多偏向大企业、大项目。这在金融学上，在实行利率管制情况下，必然造成金融抑制，大企业和国企更容易获得银行信贷资金支持，小微企业融资更加困难，这是推进利率市场化的内在要求。从统计数据反映的情况来看，近些年来小微企业贷款虽然说在不断攀升，这些划分为小微企业贷款有很大部分为政府融资平台类公司贷款，由于统计制度缺乏对民营小微企业的专项统计，简单剔除一些融资平台类公司贷款，实际小微企业贷款的占比在不断下降。

5. 间接融资依赖程度较高

自从中央对西藏实行特殊优惠金融政策以来，优惠金融政策主要偏向于对银行贷款利率的管制和因执行优惠贷款利率形成利差损失的补偿以及调动银行信贷投放积极性给予的特殊费用补贴上（另外是对政策性保险业务优惠费用的补偿），而对企业的直接融资除了"十二五"以来给予绿色通道外，没有任何鼓励直接融资的政策措施。人民银行拉萨中心支行作为中央银行的派出机构，从"十二五"以来一直呼吁对企业直接融资按照银行间接融资的方式给予补贴或奖励，以拓宽企业融资渠道，分散金融风险，但截至2017年末，尚未有相关政策出台。这在优惠金融政策的制度设计上本身就存在很大缺陷，企业作为一个理性经济人，从融资成本角度考虑，更多地偏向银行间接融资。从2017年的社会融资规模增量来看，2017年西藏社会融资规模增量为1019亿元，间接融资增量为974亿元，间接融资占比高达95.54%，而直接融资占比不足5%，导致金融风险集中于银行系统。间接融资占比较高也从侧面反映了西藏金融主体参与全国统一的资本市场程度不深，生产要素市场化改革任重道远。

六、推进利率市场化改革需要讨论的几个命题

由于长期实行优惠贷款利率政策，社会各界习惯于享受通过金融渠道的中央转移支付，提起贷款利率浮动就不由自主地认为贷款利率上浮，好似就触及到自身利益，能从现行优惠金融政策中获得既定利益者，就缺乏利率市场化改革动力，而部分利益群体不能获得现有政策的好处又存在推动利率市场化改革的诉求。特别是2018年初财政部释放调整两项补贴政策预期以来，利率市场化的呼声越来越高。在推进西藏利率市场化改革过程中，社会各界对推进贷款利率市场化有不少争议，有必要对有争议的问题进行论证和回应，以便形成共识，减少改革阻力。

（一）优惠贷款利率政策与实际信贷投放有无必然联系

根据经济学一般原理，实行优惠贷款利率政策本质上说属于降低企业融资成本，对信贷需求有一定的刺激作用，但这种刺激信贷需求能否形成实际的信贷投放，经过近二十年的时间，答案是否定的，这是因为信贷投放还要取决于信贷供给，目前西藏信贷市场还是卖方市场。从西藏金融发展历史上看，可以

把西藏银行业发展大致分为四个阶段，第一个阶段为 1995 年之前的计划经济时期，第二个阶段为 1995—2010 年的优惠贷款利率政策和给予农行西藏分行及分支机构的特殊费用补贴政策时段，第三个阶段为 2011—2017 年的优惠贷款利率政策和差异化的特殊费用补贴政策时段，第四个阶段为 2018 年初财政部释放调整利差补贴和特殊费用补贴政策时段。金融统计数据反映，在前两个阶段，西藏信贷增速较为缓慢。截至 2010 年末，西藏各项贷款余额 301.82 亿元，仅较 2000 年末增长 2.74 倍，年均增长 20.75%；第三个阶段是西藏信贷增长最快的时期，2017 年末西藏金融机构贷款余额 4041.44 亿元，较 2000 年末增长 49.13 倍，年均增长 74.93%，7 年的时间远远超过"十二五"以前西藏金融的发展成就；而第四个阶段自从财政部释放调整两项补贴政策后各行观望情绪就比较严重，2018 年上半年信贷同比增速就大幅下降，同比增速下降 15.83 个百分点。从历史数据可以看出，2000 年以来一直实行优惠贷款利率政策，其中有一段时期仅对农行给予特殊费用补贴，这一时期并没有带来银行信贷的大幅增长；而 2018 年初释放特殊费用补贴政策调整预期以来，信贷增速大幅下滑。这种现象的出现存在一个内在的逻辑，就是对在藏所有银行机构进行特殊费用补贴，显著提高了贷款收益，在藏银行机构得到了总行信贷资源向西藏的倾斜配置，信贷供给增加，在信贷需求的刺激下，才形成了大量信贷投放。

（二）支持小微企业发展与信贷资金可获得性孰轻孰重

2011 年由于统计制度的调整，将"大中小"型企业分类调整为"大中小微"型企业分类，更多的提法是支持小微企业发展。银行支持小微企业历来是比较有争议的命题，有人说小微企业规模小、发展能力弱，应给予优惠政策倾斜，降低小微企业的融资成本，这也是西藏当初争取优惠贷款利率政策的理由和依据，其背景是 2000 年左右西藏没有一家大型企业。无可争辩，西藏实行优惠贷款利率政策，西藏的小微企业从银行间接融资在全国范围内融资成本最低。同时，由于优惠贷款利率政策的普惠性质，小微企业的贷款利率执行与大中型企业贷款利率一样的政策。前面分析了在贷款利率和补贴政策一样的情况下，由于贷款管理成本和不同规模企业的风险抵抗能力不同，银行更偏向于大企业、大项目。而实行低利率政策情况下小微企业理应获得更多信贷支持的逻辑在于小微企业应获得比大企业、大项目贷款更高的补贴率，才能符合金融自身的发展规律，即风险与收益匹配原则。由于优惠贷款利率政策对所有经济主体一视同仁，仅按照贷款期限对贷款利率划分为三个档次，即不同企业不管规模大小，只要贷款期限相同贷款利率就相同；同时，特殊费用补贴政策仅对不同区域实行差异化的补贴率，这就造成在同一区域的银行机构对不同规模的企业发放的贷款出现风险与收益不匹配问题，没有体现出企业的信用风险溢价，致使银行更偏向于大企业、大项目。从一个极端的角度考虑，小微企业都无法获得银行信贷资金支持，再低的贷款利率与小微企业也没有任何关系。从某种意义上说，支持小微企业发展，信贷资金可获得性问题更决定了企业的命脉。根据不同的发展阶段，需要调整经济结构、淘汰落后产能、产业结构转型升级，就不能够长时间实行低利率政策，否则会带来大量无效投入。优惠贷款利率政策只能解决小微企业的融资成本问题，但不能兼顾小微企业的信贷资金可获得性问题。而小微企业的信贷资金可获得性只有依靠财政手段来调整不同规模企业贷款收益，调动银行信贷投放性，这就需要调整特殊费用补贴政策，而不是 2018 年 5 月底财政部直接取消积极区域差异化的特殊费用补贴政策。

（三）分区域分行业试点是否能取得有价值的试点经验

有观点认为，西藏推进利率市场化改革应分区域分行业试点，大多数选择是以行政区划为单位进行分区域试点，选择盈利能力较好的行业企业进行分行业试点。本文认为分区域分行业试点不能取得有价值的试点经验，人为地制定政策障碍，只会造成市场割裂、区域间或行业间的套利行为，也不符合政策制定简单易行、边界清晰的原则。之所以做出如上判断是基于以下理由：一是融资成本上升导致改革阻力增大。如果选择某一个地区试点，根据利率市场化的国内外经验，融资成本上升在短期内是一个必然的趋势。从企业的规模上看，除拉萨市区企业外，其他地区企业基本上为小微企业，小微企业融资成本高于目前的融资成本毋庸置疑。如果没有补贴政策弥补，试点地区必然出现强大的游说力量，问题和矛盾会大量集中于银行业金融机构，最终导致试点失败。如果选择几个行业试点，试点行业也会存在类似的问题。二是区域间或行业间的套利行为仍然存在。个人贷款有个人户籍所在地或工作所在地，对于企业来说就是企业的注册地或企业的经营范围。某一个试点区域或行业融资成本的上升，企业作为市场参与者、理性经济人，可以通过变更企业注册地或经营范围使自身处于有利的融资环境，对于遵纪守法的企业来说，直接造成政策上的不公平。三是选择某些行业推进，无法准确获得某一行业企业的盈利水平，应该执行什么样的利率水平也无法确定，某个行业应不应该执行某一利率水平人为设置障碍不符合经济发展规律。就拿西藏旅游业来说，普遍认为旅游业应该是西藏发展较好的行业，如果旅游业企业融资成本上升，而其他行业还处于当前的融资成本，优惠政策是支持旅游业发展还是打压旅游业发展呢？其实我们也会看到在现行政策下发展较好的行业更容易获得信贷资金支持。西藏的产业政策也是根据国家的产业政策导向不断调整的，随着人的认知水平提升，确定西藏的产业政策在不同时期调整较大。对于任何一个政策制定者来说，由于认知的局限性很难说政策制定者想要支持的行业就是西藏未来产业发展的方向，没有经过市场的洗礼就不符合经济发展规律。

（四）推进贷款利率市场化改革风险是否能够有效控制

就改革而言，任何改革都是有风险的，关键是改革带来的收益和不改革形成的损失对比。社会舆论也对西藏推进利率市场化改革风险能够有效控制有所争议，在本文看来，西藏推进利率市场化改革风险不是没有，但没有严重到不可控制的地步。先融资主体角度分析一下信贷结构。2017 年末，西藏国有控股企业和集体控股企业贷款余额占比分别为 87.71%、2.73%，而民营企业贷款余额占比仅为 9.56%；在个人贷款中，个人消费贷款占比为 50.99%，个人经营性贷款占比 49.05%。国有控股企业又主要包括中央企业的在藏分支机构和西藏本地国有企业。中央企业融资渠道较多，基本上实现市场化融资管理，如果要扶持主要是利用优惠政策吸引央企在藏投资兴业，部分央企即使没有扶持政策也会从国家战略角度出发在藏从事重点项目建设。而民营企业在藏创造了大量的就业岗位，贡献了西藏一半以上的税收，承担着西藏产业建设重任。如果西藏本地非公经济无法发展壮大，西藏高校毕业生充分就业问题就无法解决，产业建设就会沦为空谈，这是对人力资源的巨大浪费。因此，判断利率市场化改革是否成功，关键在于利率市场化改革推进和补贴政策调整后，民营企业融资环境是否得到有力改善，信贷资金可获得性是否得到大幅提升。只要通过利率市场化改革和补贴政策调整，提高非公经济信贷资金可获得性，激发非公经济活力，增强经济发展动力，利率市场化改革风险就在可承受、可控制的范围之内，不会对当前经济社会发展造成较大冲击。

七、特殊优惠金融政策优化完善与推进利率市场化改革的政策建议

西藏当前的发展阶段和发展水平决定了西藏在相当长一段时期内仍然需要党中央、国务院和全国各族人民的大力支持，而西藏推进利率市场化改革和优化完善特殊优惠金融政策是相辅相成的，应按照十八届三中全会提出的"紧紧围绕使市场在资源配置中起决定性作用深化经济体制改革""经济体制改革是全面深化改革的重点，核心问题是处理好政府和市场的关系，使市场在资源配置中起决定性作用和更好发挥政府作用"和十九大报告提出"坚持质量第一、效益优先，以供给侧结构性改革为主线，推动经济发展质量变革、效率变革、动力变革，提高全要素生产率""着力构建市场机制有效、微观主体有活力、宏观调控有度的经济体制"，坚定不移推进西藏利率市场化改革，优化完善特殊优惠金融政策，形成政策合力，激发经济活力，实现西藏经济社会又好又快、健康持续发展。

（一）特殊优惠金融政策的目标

所谓政策就是一种特殊性，为了实现一定的政治经济目标采取的一种扶持措施。政策的目标和意图决定了政策制定的原则、任务、实现方式、实施步骤和具体措施。政策的制定要考虑政策成本、针对性、可操作性和可预见性等问题，好的政策以较小的政策成本，通过市场机制构建起到"四两拨千斤"作用，能够发挥政策的最大效应。优化完善中央赋予西藏优惠金融政策就需要确立明确的政策目标，以便更好地贯彻落实特殊优惠金融政策和衡量政策实施效果。

1. 促进经济持续健康发展

衡量经济持续健康发展重要的指标为地区经济增长速度和经济结构变化。"十二五"以来，随着全国经济由高速增长阶段转向高质量发展阶段，西藏经济增长速度也出现放缓趋势。2017 年西藏全社会固定资产投资完成 2051 亿元、增长 23.9%，而全区生产总值达到 1310.6 亿元、增长 10%，这是在大量固定资产投资下创造的全区生产总值，这一方面与投资边际效应递减有很大关系，另一方面说明有很大一部分的固定资产投资是低效的。未来西藏经济保持持续健康发展，应按照十九大报告提出的"坚持质量第一、效益优先"，加快推进

产业建设，实现经济结构调整和转型升级。2018 年西藏自治区党委、政府在政府工作报告中明确了西藏未来重点发展的七大产业，确定为"产业富民工程"，不管未来西藏产业政策如何调整，加快推进西藏产业建设是保持西藏经济持续快速发展的关键。特殊优惠金融政策就是要服务于西藏的产业建设，促进西藏产业优化和转型升级。产业建设和转型升级能否成功，关键是要经过市场检验，在市场经济环境下，能够生存和发展壮大的产业就是西藏产业的发展方向，这也是推进贷款利率市场化的重点领域。

2. 保障重大战略顺利实施

西藏作为边疆地区、民族地区，加强国防建设、维护边疆稳定、服务全国发展战略，最大的发展短板在于基础设施建设滞后，根本的动力源泉在于维护民心稳定。保障重大战略顺利实施是巩固国防、维护边疆和民心稳定的关键，如边防公路、边境铁路、边境口岸建设以及棚户区改造、易地扶贫搬迁、高海拔生态搬迁、"三岩片区"搬迁、边境小康村建设和乡村振兴战略实施等。这些重大战略实施、重大项目建设都需要大量资金投入，有些项目基本上关系国计民生，无法单纯从经济效益考量，也许更多要从政治效益和社会效益考量，市场化主体是无法承担项目的建设成本。在中央资金不到位情况下，重大战略实施和重大项目建设利用银行信贷资金就是一种主要的融资途径，就需要特殊的金融政策调整政府与市场主体的关系保障重大战略实施。

3. 促进收入增加民生改善

党的十九大报告提出，坚持以人民为中心，人民是历史的创造者，是决定党和国家前途命运的根本力量，把人民对美好生活的向往作为奋斗目标，依靠人民创造历史伟业。当前，"讲党恩爱核心、讲团结爱祖国、讲贡献爱家园、讲文明爱生活"已深入人心，中央赋予西藏一切政策的出发点和落脚点就是保障和改善民生，提高各族人民的生活水平。没有收入的不断增加、民生的持续改善，持续稳定的团结局面最终也会失去人心，持续健康的发展趋势最终也会中断。特殊优惠金融政策也要服务于这个大局，要让守卫边疆、奉献西藏的各族人民群众得到党中央的关怀，享受到特殊优惠金融政策带来的实惠，最终在特殊优惠金融政策的支持下，进一步增强自身造血功能，实现收入增加、生活水平提高和民生改善。

4. 加快推进市场经济建设

现阶段，中国已基本形成了统一的商品市场、劳动力市场、资本市场和其他要素市场。西藏也已培育了一定规模的市场经济，除信贷市场外，其他要素均与国内市场深度融合。优惠贷款利率政策在促进西藏经济发展中起到了一定的积极作用，但也逐渐成为阻碍西藏市场化程度进一步提高的关键，假如在藏企业通过银行间接融资成本低导致其过度依赖银行贷款，参与全国资本市场程度低，从而造成融资渠道和融资结构单一，一旦政策调整，受到政策调整冲击大、影响程度深。特殊优惠金融政策不是一味地"输血"，要在"输血"的过程中加强市场机制建设，培育市场环境，逐步把特殊优惠金融政策作为市场经济的重要调控手段之一，通过政策引导实现信贷资金倾斜配置，利用资金价格信号引导经济主体的投资行为；通过优惠金融政策的激励和引导作用，调动金融市场参与者的积极性，使更多经济主体平等获得信贷资金支持，培育良好的创业创新环境，培育非公经济发展壮大，努力实现充分就业，最终达到预期的宏观调控目标和经济社会发展目标。

（二）特殊优惠金融政策优化完善的原则

前面第四部分对现行特殊优惠金融政策的负面影响做了深入分析，针对现行特殊优惠金融政策面临的困境，围绕特殊优惠金融政策要实现的目标任务，优化完善特殊优惠金融政策应坚持以下原则。

1. 厘清边界、分类施策

一是区分政策性金融与商业性金融功能。政策性金融主要保障国家和自治区重大发展战略实施、保障重点项目建设和促进人民福祉和民生改善，在利率政策上主要以指导性利率或管制利率为主；商业性金融主要服务市场经济，着重构建市场机制，推进西藏产业建设，在利率政策上以市场利率为主。二是区分市场和非市场客户群体。由于西藏特殊的区情，城乡差异大，特别是农牧区商品化率不高，市场化程度低，处于自给自足经济状态，在一段时期内仍需要特殊政策扶持，在实行特殊的利率政策的同时，加以补贴政策引导信贷资金加大投入，扶持其快速发展。而对市场发育程度好、市场化程度比较高的客户群体应遵循市场经济原则，利用补贴政策的引导和激励作用优化信贷资源配置。

2. 市场导向、适度竞争

特殊优惠金融政策调整应坚持市场导向，培育公平竞争的市场秩序，通过金融媒介作用实现信贷资金跨期限跨空间配置，提高资金的利用效率。银行业金融机构、个人、企业和政府作为市场经济的参与方，应平等地参与市场经济活动，不能过分强调某一方的责任和义务，而忽略其应享有的基本权利。在市场化程度高的领域，坚持资金价格由借贷双方协商确定，逐步放开贷款利率管制，让利率真正成为资金的价格信号，让有质量有效益的经济主体更方便高效地获得融资支持。补贴政策也要遵循市场机制的作用机理，更好地发挥引导和激励作用，防止大规模、大范围、跨区域进行明显的政策套利。西藏虽地域广阔但人口稀少，部分区域或部分领域市场主体更少，决定了西藏市场容量小、竞争程度低。特殊优惠金融政策应鼓励构建适度竞争的金融市场，而不是"零和博弈"，两败俱伤，损伤中长期发展能力。

3. 立足当前、着眼长远

当前，精准扶贫、精准脱贫是一项政治任务，需要凝聚社会共识，多部门共同推进。从西藏的财力来看，单纯依靠西藏财政资源是一项不可完成的硬任务，急需利用财政杠杆作用撬动更多金融资源参与西藏的扶贫事业，特别是产业扶贫领域。实施特殊优惠金融政策特别是特殊费用补贴政策可以有效弥补农牧区金融服务成本过高问题，实现风险与收益匹配，刺激更多信贷资金投入，确保 2020 年顺利实现脱贫目标。长远来看，西藏经济发展仍然要依靠小微企业和产业经济的发展。对农牧区来说，着重引导信贷资金投入扶贫产业，促进农牧区人口转移，促进农牧区产业发展，实现贫困人口有效脱贫，防止或者减缓返贫现象发生。对于城区来说，更多地要促进创新型中小微企业发展，实现经济结构调整和产业结构升级，增强经济发展活力。

4. 惠及多数、共享发展

特殊优惠金融政策从本质上说是以低利率为核心的贷款利率政策和财政补贴政策，目的是通过金融途径一方面让利于各类经济主体，降低其融资成本；另一方面弥补金融机构经营成本，激励信贷投放积极性。因此，特殊优惠金融政策的实施以中央财政的转移支付为基本前提；惠及绝大多数群体，让人民群众深切感受到党中央的关怀，让经济主体增强自我发展能力，让社会和谐稳定以促经济发展为基本目标。在考虑经济效益的同时，更要考虑社会效益，让人民群众明白"惠从何来、惠在何处、惠及何方"，以增强对祖国大家庭的认同，充分体会到社会主义制度的优越性。鉴于此，特殊优惠金融政策优化完善应坚持"惠及多数、共享发展"的原则，让人民群众切实得到实惠，实现金融资源向农牧区经济主体和小微企业倾斜。

（三）利率政策框架的构建和补贴政策的调整

当前，西藏不同区域发展不平衡、市场发育程度差异很大，这种客观现实决定了在一段时期内西藏应实行多重贷款利率政策，根据不同领域实行不同的贷款利率政策，单一贷款利率政策无法实现多重目标任务。由于市场化的金融主体承担着部分非市场化的金融业务，同时要兼顾特殊优惠金融政策目标的实现，需要相应的补贴政策给予密切配合，引导信贷资源倾斜配置。

1. 指导利率政策与保本微利经营

对于国家和自治区立项的重大项目投资，项目建设的资金来源已经明确为中央财政或有关部委，在资金暂未到位情况下，事前明确按照贷款余额给予一定比例的定额补贴，按照保本微利的经营原则，对在藏银行业金融机构提供的各类搭桥贷款实行指导性利率政策，由其自主确定利率是否浮动。如拉林铁路某一个标段的项目主体向银行申请项目融资，假设项目融资贷款收益确定为6%，定额补贴确定为2%，经办银行对建设拉林铁路该标段项目主体或企业的项目融资贷款利率可以在4%（重大项目贷款收益6% - 定额补贴2%）的基础上确定贷款利率是否浮动，利率浮动幅度主要取决于项目主体或企业的资信水平。对于超额融资部分，不予定额补贴，防止政策套利。补贴期限截止于项目进入完工决算后3~6个月。有中央资金来源重点建设项目的低风险特性，决定其贷款收益也低于一般类贷款收益，符合收益与风险匹配原则，有利于降低重大项目建设融资成本；同时，也不会产生过度补贴问题，能够合理控制定额补贴规模，确保补贴政策的连续性和稳定性。

2. 管制利率政策与有限扶持原则

对普惠金融或民生类贷款实行管理利率政策，根据不同的贷款类型给予相应补贴。

一是继续执行西藏扶贫贴息贷款利率政策（1.08%），由此形成的利差损失继续给予利差补贴（同期同档次全国贷款基准利率 - 1.08%）。（1）到户扶贫贴息贷款政策。对低收入农牧民群众（农牧民家庭人均可支配收入低于全区平均水平）且贷款额度在10万元（含）以下的执行西藏扶贫贴息贷款利率政策。（2）项目扶贫贴息贷款政策。项目扶贫贴息贷款范围应由自治区政府根据政策意图、财力以及项目带动低收入农牧民群众增收、就业等因素综合确定。建议将民生类的重大项目建设贷款如易地扶贫搬迁、棚户区改造、边境小康村建设、农村公路等和农牧区产业建设贷款如致富带头人、扶贫龙头企业、经济合作组织等纳入项目扶贫贴息贷款范围。

二是城乡居民的个人住房贷款、城镇居民的个人消费贷款以及超过 10 万元的农牧户到户贷款和各类群体的创业担保贷款统一执行比全国贷款基准利率低 2 个百分点的优惠贷款利率政策，并给予相应幅度的利差补贴（补贴 2 个百分点）。个人住房贷款以家庭为单位对首套房和二套房贷款额度在 200 万元（含）以下的执行优惠贷款利率政策；城镇居民的个人消费贷款额度 100 万元（含）以下的执行优惠贷款利率政策；农牧户贷款额度超过 10 万元、低于 100 万元（含）的执行优惠贷款利率政策，不管何种个人主体贷款额度超过上述范围均按照市场利率执行。对于贷款额度的界限根据经济发展水平和实际情况进行调整，在此只是提供一种对上述贷款类型实行管制利率政策的思路，其目的是既让特殊优惠金融政策惠及在藏广大人民群众，又防止利用管制利率政策和利差补贴政策套利。

三是民贸民品贷款按照全国统一的贷款利率政策执行，并按照现行补贴标准和办理程序申请补贴。同时，根据不同时期的政策意图和支持方向，给予贷款余额一定比例的定额补贴，如按照贷款余额给予 2 个百分点的特殊费用补贴，除农牧区产业项目和创业担保贷款外，普惠金融或民生类新增贷款不予再次补贴，以实现个人贷款自然增长，防止个人杠杆率增长过快。通过以上政策措施，让特殊优惠金融政策惠及西藏绝大多数人口，体现了普惠金融和市场机制的发展理念。

3. 市场利率政策和激励约束机制

对除符合指导利率政策和管制利率政策外的市场主体发放的一般商业性贷款实行市场利率政策，由借贷双方自主协商确定贷款利率水平，以市场利率反映资金的价格信号，实现金融资源优化配置和资金利用效率提升，促使各类市场主体建立财务预算约束，规范自身经营行为，增强市场竞争能力，最终实现产业结构调整和转型升级。为了兼顾激发市场经济活力、促进创业就业、加快产业建设等多重经济发展目标，应进一步加大小微企业的支持力度，对小微企业贷款实行补贴和奖励相结合政策措施，补贴政策主要使银行业金融机构发放的小微企业贷款达到盈亏平衡，对经营行为进行弥补；奖励政策主要是激励银行业金融机构增加信贷投放，支持小微企业发展。建议按照现行利率水平和全国小微企业贷款利率在 8% 左右的盈亏平衡点测算，对银行业金融机构发放的小微企业贷款应给予 4 个百分点的补贴政策。为激励银行业金融机构加大对小微企业信贷支持力度，对小微企业贷款增速超过全区小微企业贷款增速平均水平的银行业金融机构，其按当年累计发放的小微企业贷款再给予1个百分点的奖励（以累计数为奖励基数主要是考虑持续扩大小微企业融资额度，加快信贷资金周转，提高信贷资金可获得性）。为了防止统计制度缺陷以及小微企业划型引起的政策套利，建议按照普惠金融口径下的小微企业贷款统计，即单笔授信500万元以下的小微企业贷款、小微企业主贷款和个体工商户贷款。为防止对小微企业贷款进行分拆发放贷款和多头授信发放贷款套利，在小微企业名下所有银行贷款存续期内以贷款发放时间先后顺序，仅首笔贷款可完全享受上述政策，第二笔贷款补贴和奖励政策减半执行，第三笔及以后的不享受相应政策。

4. 配套金融政策和金融资源配置

为了建立完整的特殊优惠金融政策体系，结合市场机制失灵领域，在上述政策措施的基础上，给予相应的配套金融政策，引导金融资源优化配置。配套金融政策主要解决以下问题：一是优化金融机构空间配置，引导金融机构向县及县以下地区延伸，增强县域经济金融服务能力，培育农牧区金融市场环境，牢牢守住正规金融服务阵地，维护稳定的社会环境；二是解决涉农金融服务成本过高问题，引导金融资源向农牧区倾斜配置，着重支持农牧区产业发展；三是优化西藏融资结构，提高直接融资比重，合理分散金融风险。针对以上三个问题，建议对县及县以下银行和保险金融机构给予一定额度的定额补贴（如每个物理营业网点补贴300万元），弥补经营成本，引导金融机构和金融业务下沉；对经营性质的涉农贷款（不含个人）按照新增贷款额度给予较高的补贴政策（如10个百分点补贴），引导信贷资金向农牧区产业领域倾斜；对西藏本地企业（注册地和生产经营所在地均在西藏）在资本市场上发行债券或股票按照融资额度给予1~2个百分点奖励，引导西藏企业进行直接融资，拓宽融资渠道，优化融资结构。

（四）利率市场化改革的路径和步骤

前面确定了特殊优惠金融政策的目标、原则以及利率政策的框架和补贴政策的优化完善措施，需要在坚持市场导向的前提下，有序推进西藏贷款利率市场化改革，防控利率市场化改革风险，维护西藏经济金融稳定和社会稳定。

1. 利率市场化改革的路径

在既定的利率政策框架下，西藏贷款利率市场化改革的重点领域就是除实行管制利率政策外的所有领域，实行指导利率和市场利率政策下的实际利率确定仅是利率浮动的轴心和基准以及区间不同而已。在指导利率政策下，贷款利率浮动的理论区间为（0，指导利率]；在市场利率政策下，贷款利率以全国贷款利率为基准，利率浮动的理论区间为（0，∞）。为了防控西藏贷款利率市场化改革风险，减轻政策调整带来的冲击，建议按照以下路径有序推进：

第一种方案：先小额贷款（小微企业贷款和两套以上住房贷款）和实行指导利率政策的重大项目贷款→后大额贷款（除实行指导利率政策的重大项目贷款外）→最后实行市场利率的个人贷款（不含两套以上住房贷款）。与此对应的金融机构顺序为：村镇银行、国有银行和政策性银行→股份制银行和地方城市商业银行。两套以上住房贷款自推进利率市场化改革起在所有银行业金融机构中执行，保持与现行房地产金融政策的有效衔接。

第二种方案：先小额贷款（小微企业贷款和两套以上住房贷款）→后大额贷款（除实行指导利率政策的重大项目贷款外）→再实行指导利率政策的重大项目贷款→最后实行市场利率的个人贷款（不含两套以上住房贷款）。与此对应的金融机构顺序为：村镇银行→股份制银行和地方城市商业银行→国有银行和政策性银行。两套以上住房贷款自推进利率市场化改革起在所有银行业金融机构中执行，保持与现行房地产金融政策的有效衔接。

上述两种方案优缺点：第一种方案改革初期涉及范围较广，政策调整波及面大，对经济社会发展的冲击和改革风险控制难度较大，但改革推进速度和经济主体预期调整较快；第二种方案改革初期涉及范围较小，政策调整力度有限，改革推进速度和经济主体预期调整较慢，但对经济社会发展的冲击较小，改革风险容易控制。

2. 利率市场化改革的步骤

在确定利率市场化改革的路径之后，应有计划、有步骤地推进贷款利率市场化改革，增进社会各界的认同，减少改革阻力，防控改革风险。

（1）政策宣传和预期引导。在推进利率市场化改革前，应制订利率市场化改革方案，明确改革的时间节点和政策意图，在西藏各类媒体上进行政策宣传，引导社会舆论和政策预期；及时收集各类经济主体对利率市场化改革的信息反馈，吸取有益的建议和意见，对反映集中的问题做好正面宣传解释，提高社会各界共识，减少利率市场化改革阻力。

（2）先行试点和经验总结。选择业务规模小的银行机构进行试点，在某一领域可以同时选择不同类型的银行机构，管控利率市场化改革风险。经过 1~2 年试点后，及时总结试点经验，及时调整利率政策、补贴政策和改革路径，确保改革的各项政策措施更加符合西藏特殊区情和经济社会发展实际。

（3）阶段推进和政策评估。制定分阶段利率市场化改革的推进目标，分阶段实现贷款利率市场化改革，及时研究衡量改革的关键性指标，如小微企业贷款利率市场化主要是提高小微企业信贷可获得性，衡量指标主要是小微企业贷款户数、贷款增速等。结合不同的推进阶段，及时做好改革的政策评估，着重评估政策调整是否符合经济社会发展趋势、政策成本是否能够承受、政策意图是否能够实现、政策套利行为是否能够有效遏制等。

（4）优化完善和全面推广。改革就是一个试错纠错的过程，利率市场化改革就是在既定利率政策框架下，在不同阶段针对政策实施过程中出现的新问题及时作出有效的信息反馈，优化完善利率政策、补贴政策和改革时序，确保利率市场化改革的顺利推进。在有关政策优化完善的基础上，继续在全区范围内推广，进一步扩大改革成果，最终实现西藏贷款利率市场化，将特殊优惠金融政策实施作为西藏宏观调控的有效手段，促进西藏经济金融良性循环发展。

参考文献

［1］雷蒙德·W. 戈德史密斯. 金融结构与金融发展［M］. 上海：上海人民出版社，1996.

［2］爱德华·肖. 金融理论中的货币［M］. 上海：上海人民出版社，1996.

［3］罗清. 日本金融的繁荣、危机与变革［M］. 北京：中国金融出版社，2000.

［4］李社环. 利率自由化——理论、实践与绩效［M］. 上海：上海财经大学出版社，2000.

［5］刘义圣. 中国利率市场化改革论纲［M］. 北京：北京大学出版社，2002.

［6］景学成，沈炳熙等. 中国利率市场化进程［M］. 北京：中国财政经济出版社，1999.

［7］彭小泉. 中国利率市场化［M］. 北京：中国审计出版社，1999.

［8］谢平. 中国金融制度的选择［M］. 上海：上海远东出版社，1996.

［9］《中国金融年鉴》编委会. 中国金融年鉴（1999—2011）［M］. 北京：

中国金融年鉴杂志社有限公司.

　　［10］西藏自治区地方志编纂委员会. 金融志［M］. 北京：中国藏学出版社，2002.

　　［11］西藏自治区地方志编纂委员会. 金融志［M］. 北京：中国藏学出版社，2008.

　　［12］《西藏经济体制改革和对外开放 30 周年回顾与展望》编委会. 西藏经济体制改革和对外开放 30 周年回顾与展望［M］. 拉萨：西藏人民出版社，2008.

　　［13］王国松. 中国的利率管制与利率市场化［J］. 经济研究，2001（6）.

　　［14］王国松. 存贷款利率市场化次序安排的有效性与风险性［J］. 财经研究，2004（2）.

　　［15］赵尚梅. 中国利率市场化的历程、障碍与环境建设［J］. 中国社会科学院研究生院学报，2003（4）.

　　［16］郑鸣. 中国利率市场化问题研究［J］. 中国经济问题，2002（3）.

　　［17］戴根有. 关于利率市场化［J］. 金融时报，2001（12）.

　　［18］熊芳. 利率自由化的条件约束及政策选择［J］. 生产力研究，2007（3）.

　　［19］易纲. 中国改革开放三十年的利率市场化进程［J］. 金融研究，2009（1）.

　　［20］江春，刘春华. 发展中国家的利率市场化：理论、经验及启示［J］. 国际金融研究，2007（10）.

　　［21］王育宝. 我国利率市场化的实现途径［J］. 经济研究参考，2003（63）.

　　［22］张非，刘鸿伟. 利率市场化下"三方机制"探析——基于商业银行、农信社、民间金融三元结构［J］. 改革与战略，2009（3）.

　　［23］胡国晖. 关于我国利率市场化若干问题的研究［J］. 商业研究，2006（2）.

　　［24］樊胜. 我国利率市场化渐进改革进程分析［J］. 商业时代，2007（30）.

构建西藏辖区商业银行绿色金融发展评价体系研究

中国邮政储蓄银行西藏分行
课题组组长：米玛曲珍
课题组成员：冯　兰　罗桑强巴

摘要： 本文从绿色金融提出的研究背景出发，首先，深入阐述绿色金融的概念及内涵，分析商业银行开展绿色金融业务的价值及意义；其次，搜集整理国内外有关商业银行绿色金融研究成果，对其中涉及评价指标体系的相关研究进行综述，总结其精华并分析其不足；再次，结合西藏经济金融发展实际情况通过比率分析、无量纲化处理等方法建立西藏商业银行绿色金融评价指标体系，客观全面评估西藏商业银行绿色金融开展情况，同时借助层次分析法即专家打分法给予各个评价指标相应权重，以计算西藏商业银行绿色金融发展指数，以此得出相应的评价等级；最后，针对目前西藏商业银行发展绿色金融过程中存在的问题对西藏绿色金融的未来发展提出相应的对策建议。

关键词： 西藏　商业银行　绿色金融　评价体系

一、前言

（一）研究背景

绿色金融的概念最早于 20 世纪 80 年代初在欧美日等发达国家和地区率先提出，随后世界其他发达国家也相继模仿并推广，然后绿色金融开始在全世界范围内普遍实施。1988 年，世界上第一家生态银行在德国法兰克福成立，1993 年，德国政府又拨款 50 亿马克（约 180 亿元人民币）用于扶持绿色产业发展。日本经济在 1993—1999 年持续低迷，停滞不前，但绿色产业所产生的经济效益却在此期间以每年超 5% 的增长率持续增长，成为其新的经济增长点。同时，美国也提出了"把可持续发展的美国带入 21 世纪"的口号，并加大对绿色农业和生态工业的投入，提升对绿色发展的重视程度。1995 年，荷兰发起了一系列推动高科技及环境改善项目发展的绿色金融计划。随后，西方很多国家均开始实施绿色金融制度，包括建设绿色银行、对于绿色生产的企业在绿色金融制度实施中给予一定的支持等内容。之后，全球范围内掀起了一股绿色金融热潮，世界各国相继开始推广并实施绿色金融制度。联合国环境规划署为此启动了一项名为"绿色计划"的金融项目，吸引了全球 50 个国家的参与，其中 12 个发展中国家联合声明，今后将可再生能源作为国家未来工业发展的资源。2003 年，荷兰银行、花旗银行等来自 7 个国家的 10 家银行率先宣布实行"赤道原则"，至今参与"赤道原则"的银行已达 80 余家（见表 1）。

我国引入绿色金融制度较晚，2015 年才开始出台各种绿色金融发展的政策，正式在国家层面开始推广绿色金融制度。中共中央政治局于 2015 年 3 月召开会议，会上讨论并通过了《关于加快推进生态文明建设的意见》，提出要推广绿色信贷、排污权抵押等融资方式，并开展环境污染责任保险试点，首次以国务院文件形式明确了对绿色金融发展的具体意见。2015 年 9 月，中共中央、国务院颁布的《生态文明体制改革总体方案》对我国绿色金融体制的建设进行了系统而明确的规划。同年 10 月，党的十八届五中全会再次强调了要大力发展绿色金融，同时创建了绿色发展基金作为绿色金融体制的建设资金。2016 年 3 月，建立绿色金融体系被纳入我国第十三个五年规划，同时还明确指出要在"十三五"期间设立绿色发展基金、鼓励绿色金融债券、绿色信贷发展。同年 8 月，为响应国家的号召，人民银行联合六个部门共同颁布了《关于构建绿色金融体系的指导意见》，就我国绿色金融体系建设制定具体措施，把发展绿色金融提升到国家战略高度。2017 年 6 月由央行发布的《落实〈关于构建绿色金融体系的指导意见〉的分工方案》对下属各部门的责任及义务进行了明确划分，是我国绿色金融体系建设和发展的时间表和路线图。2017 年 7 月，国务院将江西、广东、浙江、贵州及新疆作为我国绿色金融改革创新试验区的五大试点省份。2017 年 10 月，习近平总书记在党的第十九次代表大会上提出要建立以市场为导向的绿色技术创新体系，大力发展清洁能源产业、清洁生产产业、节能环保产业，构建绿色金融体系。

表1	部分参与"赤道原则"的金融机构
洲别	银行
亚洲	日本三井住友银行
	瑞穗实业银行
	三菱东京 UFJ 银行株式会社
	中国兴业银行
澳洲	澳大利亚西太平洋银行
北美	加拿大 BMO 金融集团
	加拿大出口发展局
	加拿大帝国商业银行
	加拿大丰业银行
	加拿大宏利金融集团
	加拿大皇家银行
	美国富国银行
	美国银行
	摩根大通公司
	花旗集团
非洲	标准银行集团
	国际阿拉伯非洲银行
	莱利银行
	尼日利亚
南美	巴西联合银行
	巴西布拉德斯科银行
	巴西伊塔乌投资银行
	巴西银行
	哥伦比亚银行
欧洲	比利时德克夏银行
	比利时联合银行
	丹麦出口信贷基金会
	德国德累斯顿银行
	德国裕宝银行
	法国巴黎银行
	法国东方汇理银行
	法国兴业银行
	富通集团
	荷兰国际集团
	荷兰国家开发银行
	荷兰合作银行
	荷兰银行

资料来源：Wikipedia。

表 2 2015—2018 年绿色金融相关政策及主要内容

发布时间	政策名称	主要内容
2015.04	《中共中央国务院关于加快推进生态文明建设的意见》	首次提出要推广绿色信贷、排污权抵押等融资方形式，并开展环境污染责任保险试点
2015.09	《生态文明体制改革总体方案》	明确了建立我国绿色金融体系的总体规划
2015.10	党的十八届五中全会	明确我国要发展绿色金融，并设立绿色发展基金
2016.03	"十三五"规划	提出了"建立绿色金融体系，发展绿色信贷、绿色金融债券，设立绿色发展基金"
2016.08	《关于构建绿色金融体系的指导意见》	提出了 35 条推动我国绿色金融发展的具体措施
2017.06	《落实〈关于构建绿色金融体系的指导意见〉的分工方案》	为中国绿色金融体系建设和发展制定了时间表和路线图
2017.11	党的十九大报告	提出要构建市场导向的绿色技术创新体系，发展绿色金融，壮大节能环保产业、清洁生产产业、清洁能源产业

虽然绿色金融在我国发展时间短暂，但发展速度较快，并已初具规模，在世界范围内占据重要地位。《中国绿色金融发展报告（2017）》[①] 显示，截至 2017 年末，21 家主要银行业金融机构绿色信贷余额 8.5 万亿元，同比增长 17%，占全部信贷的比例为 9%。绿色信贷是绿色金融的主要部分，占比达 90%。2017 年，中国在国内外发行的绿色债券超过 2500 亿元，成为全球最大的绿色债券市场之一。但人民银行研究局前局长徐忠同时指出，目前我国绿色金融的发展还需积极开展国内绿色金融标准体系研究，适时推动建立相关国家和行业标准，还要推动形成相对统一的国际标准，实现国内标准和国际标准的有效衔接。

（二）研究的目的及意义

在前期发展阶段，绿色金融在我国由大型金融机构和大城市来示范和推广，但随着市场发展不断推进，西藏的金融机构也必须积极参与其中。从国家统计局、国家发展改革委、环境保护部、中央组织部联合发布的《2016 年生态文明建设年度评价结果公报》来看，西藏绿色发展指数仅为 75.36，居全国第 31 位，表明西藏的生态文明建设工作开展情况不佳，绿色发展水平有待进一步提升。发展绿色金融便是有效推动社会经济绿色发展的途径之一。在绿色金融体系建

---

① 中国人民银行研究局. 中国绿色金融发展报告 [M]. 北京：中国金融出版社，2018.

设过程中，商业银行是主力军，占据极其重要的主导地位，因此，建立科学完善的商业银行绿色金融发展评价指标体系，对于促进商业银行发展绿色金融，从而有力推动生态文明建设至关重要。首先，有助于总结绿色金融发展的动态规律，有效促进绿色金融在西藏由理念向实践转变。其次，评价体系的建立为绿色金融的发展奠定夯实基础，从而实现多元化发展的目标。最后，监管部门还可以通过该评价体系评估各地区绿色金融发展水平，从而为工作考核提供客观公正的参考数据，并为各项补贴扶持政策的执行及落实提供抓手。

（三）研究方法及思路

参考国际国内绿色金融评价指标体系，结合西藏实际，采取定量与定性相结合的方法建立一套适合于西藏商业银行机构的评价指标体系 X。综合考虑绿色金融发展目标、监管标准、历史数据等制定指标阈值，并通过比率法、无量纲化处理等对指标原始值 X 进行相应处理得到评价分值 Z。再采用专家打分法及层次分析法确定指标权重 W。构建商业银行绿色金融发展指数 I。将指数得分划分为非常好、好、一般、差、很差五个评价等级，根据计算所得的绿色金融发展指数得分，即可得出商业银行对应的评价等级。

二、绿色金融的概念及内涵

绿色金融的概念自 20 世纪 80 年代被首次提出，至今已经历了 30 余年的发展。目前，绿色金融的概念仅在国内较为常用，是学术界在谈及可持续发展理念与金融业发展时的习惯用语，而国外学术界通常称绿色金融为"可持续金融"（Sustainable Finance）或"环境金融"（Environmental Finance），其主要内容是以保护环境、污染治理问题及金融体系可持续发展为目标，金融机构向企业进行投资时，充分考虑与环境保护相关的各类成本、收益及风险等因素，引导经济和社会资本得到合理运用，最终实现经济社会及自然环境的可持续发展。

国际上，《美国传统词典（第四版）》将环境金融界定为环境经济的一个组成部分，指使用多样化的金融工具来保护环境、保护生物。G20 绿色金融研究小组对绿色金融的定义是指以可持续发展为理念，为保护环境、治理污染等维护环境效益为目的的融资行为。

在我国，由央行、发改委、证监会、银监会、保监会、环保部及财政部七部委联合颁布的《关于构建绿色金融体系的指导意见》[1] 给出了官方对于绿色金融概念的界定，是指以改善环境质量、节约环境资源和应对气候变化为目的的经济活动总称，具体包含对清洁能源、环境保护、节能减排、绿色交通等领域项目的投融资、风险管理、维持运营所提供的金融服务。一般来说，绿色股指、绿色债券、绿色信贷及相关产品、碳金融、绿色保险、绿色发展基金等金融工具均属于绿色金融体系的构成部分。遏制污染性投资活动是绿色金融体系构建的核心目标，为此，金融业投资需以鼓励和吸引大量社会资本加入绿色产业建设，实现对高污染、高排放投资项目的制约为目的。

发展绿色金融要求金融部门在对投融资活动做出决策时不能仅考虑该投资项目的经济效益，而应对投资项目的环境效益影响程度给予更多重视。将环境保护作为金融部门的基本要求，在办理日常业务时，将与环境条件相关的潜在风险、成本及回报都纳入审批指标，通过在经营活动中加强对污染治理和环境保护的重视，实现对社会资本的正确引导，以促进经济社会的可持续发展。用经济价值量或环境价值量，评估测量由于人类经济活动所造成的环境效益损失和自然资源损耗或自然资源存量，同时在金融活动评价及资源配置领域加以运用，是绿色金融的核心。

通常来说，绿色金融的含义有浅层与深层两种。前者是指金融业自身的可持续发展，要求金融业在日常经营活动中，不能仅顾及自身眼前利益而过度投机，而是主动肩负起一定的社会责任，为社会的可持续发展作出自己的贡献。后者是指金融业促进环保和经济社会的可持续发展，要求金融业分别从信贷、保险及资本市场三方面做出相应调整，贯彻落实可持续发展理念。首先，在信贷业务上，分别从贷款种类、对象、政策和方式等方面，给予绿色产业绝对的优先权，将绿色环保产业作为重点扶持产业，适当降低审批门槛，放松审核力度。其次，在保险业务上，则要求金融机构通过给予环境污染受害人一定的金钱赔偿规避污染事故发生后的环境风险。最后，在资本市场领域，要求金融部门对环保企业或绿色企业的上市融资需求给予优先关注，通过引导社会资本向绿色环保产业的流入推动发展绿色经济的企业发行绿色债券融资。

将环境保护指标纳入金融业决策和核算体系是绿色金融的显著特点。除此之外，发展绿色金融还要求金融部门高度关注绿色、生态、环保等长效产业，

---

[1] 中国人民银行、财政部、发展改革委、环境保护部、银监会、证监会、保监会，《关于构建绿色金融体系的指导意见》（银发〔2016〕228 号），http：//www. pbc. gov. cn/goutongjiaoliu/113456/113469/3131687/index. html.

通过良好的环境效益和生态效益推动金融业自身的未来发展。绿色金融的提出及发展使我国产业结构的依靠点由过去的资源消耗向劳动力素质提高及创新能力增强倾斜，是我国发展模式改革的重要途径之一。

同时，国家发展改革委《绿色债券发行指引》、银监会《绿色信贷指引》《绿色信贷统计制度》以及人民银行《绿色债券支持项目目录》等政策文件对绿色项目的具体范围进行了界定。

本文对商业银行绿色金融开展评价，其中最重要的组成部分则是绿色信贷。绿色信贷主要是指金融机构在制定信贷政策及审贷机制时，协调统一经济增长及环境保护。目前，我国开展绿色信贷主要有三种途径：一是由国内商业银行与国际组织合作，完善绿色信贷机制；二是由商业银行自行设计绿色信贷制度，以落实国际相关政策；三是由于信贷规划不足等原因，地方中小金融机构绿色信贷发展稍显落后。

三、国内外研究综述

虽然有关绿色金融理论的研究于 20 世纪 80 年代末才出现，至今也才三十余年的历史，但是相关概念一经提出，便成为学术界研究的热门课题，研究内容日新月异，研究成果逐渐丰富。然而，通过整理查阅国内外相关文献不难发现，有关绿色金融发展情况评估测量的研究相对匮乏，国际上至今尚未形成统一认可的评价指标体系。就目前已发布的有关绿色金融评价指标体系研究成果而言，国外国内的研究均可根据研究维度的不同大致分为微观视角评价和宏观视角评价。

（一）国外研究综述

1. 基于宏观视角的评价

基于宏观视角的绿色金融发展水平评价指标体系涉及学科广泛，考虑因素众多，包含经济增长、环境保护、金融发展等多个领域，因此不同专家学者有着不同的研究重点。其中，荷兰经济学家 Marcel Jeuchen 以全球 34 家商业银行为研究样本，根据其在服务区域内开展绿色金融服务的情况，将金融业对环保事业的态度划分为规避、抗拒、积极和可持续发展四个阶段，并按照不同阶段的特点建立了相应的评价指标体系。Marcel Jeuchen 的研究结果显示，欧洲地区的银行绿色金融服务状况最好，在全体研究对象的得分排名中名列前茅，这在很大程度上受当地的社会风气、市场环境及国家法律的影响。其次是北美地区的银行，大多属于规避阶段，最差是亚太地区的银行，以抗拒阶段者居多。

Sean de Cleene、Christina Wood、Rachel Kyte 以肯尼亚、博茨瓦纳、塞内加尔、尼日利亚及南非五个非洲地区国家和全球新兴市场国家金融机构为研究对象，对其绿色金融服务开展情况进行考察和评估。经济合作与发展组织（OECD）基于中亚、高加索及东欧共计 12 个国家的环保部门与统计部门发布的权威数据，对上述国家和地区的环境效益进行调查和评价。

2. 基于微观视角的评价

基于微观视角的评价指标体系主要以金融机构个体为评价对象，主要从绿色金融信息披露、绿色金融服务开展情况、绿色金融战略、绿色经营管理等角度评价金融机构的绿色金融发展情况，督促金融机构积极贯彻可持续发展理念，从而更好地开展绿色金融服务，因此诸多专家学者及经济环境组织更青睐于微观视角的评价体系。金融机构的绿色管理和绿色经营是基于微观视角的评价体系的关注点，重点考察金融机构绿色金融服务的能力水平及其是否在业务经营与内部管理中融入绿色金融理念。业务经营、内部管理与绿色运营是此类评价体系考核的三个具体方面。首先，业务经营方面的评价重点是金融机构绿色证券、绿色保险、绿色信贷等业务的绩效水平。例如，联合国环境署分别以绿色信贷的规模、环境效益、创新贷款的数量及绿色金融产品的种类等指标建立金融业的环境绩效评价体系，从上述方面综合衡量一家金融机构在环保领域的成绩。国际金融公司（IFC）则以绿色保险、绿色证券、小微贷款、碳金融等非银行金融机构为评价对象，调查评估其绿色金融开展情况。其次，内部管理方面评价关键点在于金融机构的组织架构、制度设计、机制流程、战略导向等绿色金融管理是否完备。2014 年，世界自然基金会、中国银监会及普华永道国际会计师事务所三方合作，采用问卷调查的形式对工商银行、国家开发银行等 12 家中国银行与以花旗银行为代表的 10 家实行"赤道原则"的国际银行进行调查评价，从公司治理、战略政策、能力建设、绿色金融产品、检测报告与保证、程序与工具六方面比较两类银行绿色金融业务的开展情况。此外，碳信息披露组织（CDP）也每年向超过 5000 家公司发送调查问卷，以调查了解其碳排放情况，经过汇总整理形成年度报告，向世界公开披露全年二氧化碳的排放数据及气候变暖可能带来的机遇与挑战。最后，绿色运营指标的评价重点是金融机构在经营过程中是否坚持贯彻绿色金融理念。英国经济学者本尼选用建筑节能及水、电、纸张和交通工具的应用情况为指标，评价银行在经营过程中的环保效益。Penny Street、Philip E Monaghan 以银行为研究出发点，通过分析虚拟银行、电子设备及营业网点三条绿色服务路径，构建了绿色绩效与银行渠道的评价指标体系并借此评价银行的绿色绩效表现。Oliver Schmid Schonbein、Arthur Braunschweig E Management Consulting AG 以绿色金融产品创新、环境效益和风险、绿色保险、绿色证券、绿色信贷为影响因子，构建了一个金融业环境绩效评价指标体系，评价金融机构在绿色业务开展及环境保护绩效方面的成绩。

（二）国内研究综述

1. 基于宏观视角的绿色金融评价

国家层面和地区层面是国内基于宏观视角的评价体系的出发点，通过将环境状况与金融发展水平视为一个整体，对绿色金融开展情况及其政策效果进行全面而系统的评价考察。于晓刚以社会责任报告等公开信息为研究数据，对国内 14 家上市银行以及渣打银行、汇丰银行和花旗银行三家具有代表性的外资"赤道银行"的绿色金融发展情况进行了定性分析。环保部环境与经济政策研究中心于 2010 年分别从沟通与合作、组织能力建设、绿色金融服务、绿色信贷战略与管理等方面评价了国内 50 家中资银行的绿色信贷信息披露情况及实施效果，并将结果汇集整理绿色信贷报告进行发布。曾学文的研究方向是测度我国绿色金融发展水平，为此，他通过绿色金融评价指标体系，发现我国绿色金融发展水平自 2010 年来稳步提高，但其发展速度较 GDP 平均增速小，特别是绿色信贷对"两高一剩"产业的制约效果明显，但对绿色经济的促进作用却微乎其微。

目前已有的绿色金融发展评价指标体系根据建立主体的不同，可分为由政府或组织建立和由科研机构或专家学者建立两种。前者如经合组织（OECD）建立的绿色增长测控指标体系、北京市发改委构建的"绿色北京"评价体系、由美国加利福尼亚州政府建立的绿色创新测控体系等。一般来说，这类评价体系的视角较为宏观，目的在于监控并评估某一地区的绿色金融发展状况，从而为我国相关政策的制定提供数据支撑。后者比较有代表性的有成金华构建的矿区生态文明评价指标体系、周颖构建的绿色产品评价指标体系、郭玲玲构建的中国绿色增长评价指标体系等。此类评价体系覆盖范围广泛，从宏观到微观都有，且建立初衷也存在差异。

2. 基于微观层面的绿色金融评价

张玉提出了从绿色保险、绿色信贷、绿色证券、碳金融四个方面来评价区域绿色金融发展水平。王红莉（2018）提出了从学习与成长、内部管理与控制、利润与资产质量、客户与社会满意四个方面运用平衡计分卡相关原理建立评价我国商业银行绿色金融发展水平的指标体系。人民银行马鞍山市中心支行课题组用 AHP 风险方法从经济发展水平、金融发展水平、金融支持效率、金融支持循环经济发展力度四个方面研究了绿色金融支持循环经济发展评价体系。2014年，原银监会下发《绿色信贷实施情况关键评价指标》（简称"绿色信贷KPI"），主要围绕支持绿色、低碳、循环经济，加强环境和社会风险管理，提升自身环境和社会表现等三大支柱对银行开展绿色信贷评价。2015 年，又下发《关于下发绿色信贷实施情况自评价两个模板的通知》，规定各银行机构绿色信贷自评价报告和关键指标评价的 99 项指标，涉及 300 多个细分指标。《中国银行业绿色银行评价实施方案（试行）》规定绿色银行评价范围先期为开发性金融机构、各政策性银行、国有大型银行、股份制商业银行、邮储银行等 21 家主要全国性银行机构，在取得经验的基础上再逐步扩大到中小商业银行。2018年7月，中国人民银行发布《关于开展银行业存款类金融机构绿色信贷业绩评价的通知》，拟从绿色贷款余额占比、绿色贷款余额份额占比、绿色贷款增量占比、绿色贷款余额同比增速、绿色贷款不良率、监管部门外部评价等方面对银行业存款类金融机构（法人）绿色信贷业绩评价（见表4）。

表3 **银监会绿色信贷实施情况关键评价指标**

序号	指标
1	节能环保项目及服务贷款
2	节能环保、新能源、新能源汽车贷款
3	上述两类贷款合计情况
4	涉及"两高一剩"行业贷款情况（扣除转型升级部分）
5	涉及落后产能且尚未完成淘汰的企业信贷情况
6	涉及环境保护违法违规且尚未完成整改的企业信贷情况
7	涉及安全生产违法违规且尚未完成整改的企业信贷情况
8	每亿元贷款的二氧化碳减排当量
9	主要电子银行业务发展情况

表4   **绿色信贷业绩评价定量指标体系**

4-1   定量指标体系

指标及权重		评分基准	满分
绿色贷款余额占比（20%）	纵向：最近三期该银行业存款类金融机构绿色贷款余额占比平均值		4
	横向：当期全部参评银行业存款类金融机构绿色贷款余额占比平均值		16
绿色贷款余额份额占比（20%）	纵向：最近三期该银行业存款类金融机构绿色贷款余额份额占比平均值		4
	横向：当期全部参评银行业存款类金融机构绿色贷款余额份额占比平均值		16
绿色贷款增量占比（20%）	纵向：最近三期该银行业存款类金融机构绿色贷款增量占比平均值		4
	横向：当期全部参评银行业存款类金融机构绿色贷款增量占比平均值		16
绿色贷款余额同比增速（20%）	纵向：最近三期该银行业存款类金融机构绿色贷款余额同比增速平均值		4
	横向：当期全部参评银行业存款类金融机构绿色贷款余额同比增速平均值		16
绿色贷款不良率（20%）	纵向：最近三期该银行业存款类金融机构绿色贷款不良率平均值		4
	横向：当期全部参评银行业存款类金融机构绿色贷款不良率平均值		16

4-2   定性指标体系

指标类别及权重	指标内涵	满分	评分规则
监管部门外部评价（100%）	执行国家绿色发展政策情况	40	人民银行研究部门综合考虑银行业存款类金融机构日常经营评定得分
	《绿色贷款专项统计制度》执行情况	30	人民银行调查统计部门综合考虑银行业存款类金融机构执行情况评分后提交研究部门
	《绿色信贷业务自评价》工作执行情况	30	当年第二季度、第三季度、第四季度及下年第一季度考核，以银保监会当年绿色信贷实施情况自评价结果为基准，结合当季银行业存款类金融机构绿色信贷业务重大事项进行综合

（三）对国内外研究成果述评

总体上看，国内外有关绿色金融的评价对象以银行等金融机构为主。虽然目前尚未形成统一的国际参照标准，且数据获取难度大，但仍能为商业银行绿色金融评价体系的建立提供框架构建和方法选择方面的参考。但是，现有关于商业银行机构绿色金融发展评价的研究较少，人民银行和银监部门制定的商业银行绿色金融评价体系仍处于试行阶段，还存在一些不足：一是评价对象只针对法人机构，评价指标体系不适用于商业银行分支机构；二是评价内容主要针对银行绿色金融服务的开展状况，不涉及商业银行自身是否实现绿色发展；三是主观设定各评价指标权重；四是打分也均为主观打分等。

（四）本文创新之处

西藏金融体系具有一定的特殊性：法人银行机构较少，而银行业分支机构较多，分支机构业务量远大于法人机构，分支机构是西藏银行业的主力军，是西藏经济发展的重要推动力。因此，西藏金融业实现绿色发展，分支机构和法人机构都得重视，同时要以分支机构为主。因此，本文一是以西藏地区既包含法人商业银行又包含商业银行分支机构的"商业银行"作为绿色金融评价的研究对象。二是将自身可持续发展、绿色金融业务发展及绿色金融政策制定及执行均纳入评价范围，建立一套完整、合理、可操作性强的且对法人机构及分支机构具有普适性的评价指标体系。三是采用专家打分法及层次分析法（AHP）科学地赋予每个指标权重。四是运用了比率分析、无量纲化等一系列科学的研究分析方法编制商业银行绿色金融发展指数计算方法，根据其所得分值可科学地得出商业银行绿色金融发展等级，评价方法更具科学性。

（五）本文不足之处

由于对于绿色金融的相关统计刚刚初步实行，西藏各银行机构绿色金融统计相关数据不全，本文无法对上述评价方法进行实证研究，并验证相关方法的科学性和客观性。希望在未来统计数据较为完整以后能够完成相关验证工作。

四、商业银行绿色金融评价指标体系构建

本文研究如何评价商业银行绿色金融发展情况，首先建立一套科学、合理、可操作性强的评价指标体系。

（一）构建商业银行绿色金融评价指标体系的原则

1. 系统全面性原则

评价指标体系不仅要客观全面地衡量商业银行自身绿色运营情况，还要能充分反映商业银行对资源配置的杠杆作用，将资本从高污染产业引向绿色环保产业，实现社会资本的合理再分配。

2. 同源可靠性原则

为保证评价结果的科学有效性，首先就要确保数据来源的真实可靠，因此指标数据的来源必须统一，且口径必须一致。

3. 简明操作性原则

为满足不同使用者的评价需求，同时适应于不同的评价对象，评价指标体系必须能够正确揭示目标与指标间的关系，且动态形成相应的评价指标。

（二）商业银行绿色金融评价指标的选取

在借鉴以往研究结果的基础上，根据上文指标体系构建原则，结合西藏辖区绿色金融发展现状，并综合考虑各项数据指标的可获取性、真实可靠性等原因，本文从自身可持续发展等三个方面选取存款增长率等 12 个指标作为评价西藏商业银行绿色金融发展情况的评价指标体系。

1. 机构自身可持续发展情况

本文选取代表业务发展情况的存款增长率（Deposit Growth Rate，DGR）、贷款增长率（Credit Growth Rate，CGR）；代表盈利能力增长情况的净利润增长率（Net Profit Growth Rate，NPGR）、资产利润率增长率（Return on Assets Growth Rate，ROAGR），作为代表商业银行自身可持续发展情况的指标。

表5　　　　　　　　　商业银行自身可持续发展评价指标

一级指标	二级指标	三级指标	指标性质	指标计算公式
自身可持续发展情况	业务发展情况	存款增长率（Deposit Growth Rate，DGR）	定量指标	DGR =（本年末存款余额 - 上年末存款余额）/上年末存款余额×100%
		贷款增长率（Credit Growth Rate，CGR）	定量指标	CGR =（本年末贷款余额 - 上年末贷款余额）/上年末贷款余额×100%
	盈利能力增长情况	净利润增长率（Net Profit Growth Rate，NPGR）	定量指标	NPGR =（本年净利润 - 上年净利润）/上年净利润×100%
		资产利润率增长率（Returnon Assets Growth Rate，ROAGR）	定量指标	ROAGR = 本年资产利润率 - 上年资产利润率 = 税后利润/［（上年末资产总额 + 本年末资产总额）/2］

2. 机构支持绿色产业或项目发展的指标

一是绿色信贷发展情况。包括机构绿色信贷余额年增长率、机构绿色信贷余额占自身各项贷款余额比例、机构绿色信贷余额占全区绿色信贷余额的比例。

二是绿色信贷实施效果。包括绿色信贷不良余额增长率、绿色信贷不良率、绿色信贷不良率与整体不良率之差。

表 6 商业银行支持绿色产业或项目发展评价指标

一级指标	二级指标	三级指标	指标性质	指标计算公式
支持绿色产业或项目发展情况	绿色信贷发展情况	绿色信贷余额年增长率	定量指标	绿色信贷余额年增长率 =（本年末绿色信贷余额 – 上年末绿色信贷余额）/ 上年末绿色信贷余额 ×100%
		绿色信贷余额占自身各项贷款余额比例	定量指标	绿色信贷余额占自身各项贷款余额比例 = 绿色信贷余额 / 各项贷款余额 ×100%
	绿色信贷实施效果	绿色信贷不良余额增长率	定量指	标绿色信贷不良余额增长率 =（本年末绿色信贷不良余额 – 上年末绿色信贷不良余额）/ 上年末绿色信贷不良余额 ×100%
		绿色信贷不良率	定量指标	绿色信贷不良率 = 绿色信贷不良余额 / 绿色信贷余额 ×100%

3. 机构制定及实施绿色金融政策情况

一是绿色金融政策制定情况。即是否建立了有效的绿色信贷责任机制、是否提出了绿色信贷综合性政策、是否积极开展环保教育培训。

二是绿色金融政策执行情况。是否积极开展绿色金融教育培训、是否严格执行环保一票否决制。

表 7 商业银行制定及实施绿色金融政策情况评价指标

一级指标	二级指标	三级指标	指标性质	指标计算
机构制定及实施绿色金融政策情况	绿色金融政策制定情况	是否制定了绿色信贷综合性政策和规范	定性指标	根据综合性政策和规范的全面性情况得 0 ~ 100 分
		是否建立了有效的绿色信贷责任机制	定性指标	根据绿色信贷责任机制的有效性情况得 0 ~ 100 分
	绿色金融政策执行情况	是否积极开展绿色金融教育培训	定性指标	根据开展绿色金融教育培训的内容及频率得 0 ~ 100 分
		是否严格执行环保一票否决制	定性指标	根据是否严格执行环保一票否决制得 0 ~ 100 分

五、商业银行绿色金融发展指数编制

（一）指标值无量纲化处理

指标体系构建完成后，根据指标性质，将指标划分为极大型、居中型及极小型。再根据国际标准、监管要求、区域特点及历史数据等确定每个指标的阈值（见表8），并对其做标准化处理。

表8 指标阈值

一级指标	二级指标	三级指标	指标代码	指标类型	标准值（S）	下限（L）	上限（H）
自身可持续发展情况	业务发展情况	存款增长率（DGR）	X_{11}	居中型	20.00%	5.00%	35.00%
		贷款增长率（CGR）	X_{12}	居中型	45.00%	15.00%	75.00%
	盈利能力增长情况	净利润增长率（NPGR）	X_{13}	极大型	5%	1%	—
		资产利润率增长率（ROAGR）	X_{14}	极大型	0.60%	0%	—
支持绿色产业或项目发展情况	绿色信贷发展情况	绿色信贷余额年增长率	X_{21}	极大型	20.00%	5.00%	—
		绿色信贷余额占自身各项贷款余额比例	X_{22}	极大型	9%	5%	—
	绿色信贷实施效果	绿色信贷不良余额增长率	X_{23}	极小型	−5%	—	5%
		绿色信贷不良率	X_{24}	极小型	3%	—	5%
制定及实施绿色金融政策情况	绿色金融政策制定情况	是否制定了绿色信贷综合性政策和规范	X_{31}	判断型	是		
		是否建立了有效的绿色信贷责任机制	X_{32}	判断型	是		
	绿色金融政策执行情况	是否积极开展绿色金融教育培训	X_{33}	判断型	是		
		是否严格执行环保一票否决制	X_{34}	判断型	是		

设指标体系矩阵为 $X = \begin{bmatrix} X_{11} & X_{12} & X_{13} & X_{14} \\ X_{21} & X_{22} & X_{23} & X_{24} \\ X_{31} & X_{32} & X_{33} & X_{34} \end{bmatrix}$，

根据指标类型的不同具体计算方法如下：

1. 极大型指标

极大型指标的标准化计算公式为

当 $X_{ij} < L_{ij}$ 时，$Z_{ij} = 0$

当 $L_{ij} \leq X_{ij} \leq S_{ij}$ 时，$Z_{ij} = \dfrac{X_{ij} - L_{ij}}{H_{ij} - L_{ij}} \times 100$

当 $L_{ij} > S_{ij}$ 时，$Z_{ij} = 100$

2. 居中型指标

居中型指标的标准化计算公式为

当 $X_{ij} < L_{ij}$ 时，$Z_{ij} = 0$

当 $L_{ij} \leq X_{ij} \leq S_{ij}$ 时，$Z_{ij} = \dfrac{X_{ij} - L_{ij}}{S_{ij} - L_{ij}} \times 100$

当 $S_{ij} < X_{ij} \leq H_{ij}$ 时，$Z_{ij} = \dfrac{H_{ij} - X_{ij}}{H_{ij} - S_{ij}} \times 100$

当 $X_{ij} > H_{ij}$ 时，$Z_{ij} = 0$

3. 极小型指标

极小型指标的标准化计算公式为

当 $X_{ij} < S_{ij}$ 时，$Z_{ij} = 0$

当 $S_{ij} \leqslant X_{ij} \leqslant H_{ij}$ 时，$Z_{ij} = \dfrac{X_{ij} - S_{ij}}{H_{ij} - S_{ij}} \times 100$

当 $X_{ij} > H_{ij}$ 时，$Z_{ij} = 0$

得到标准化后的分值矩阵为 $Z = \begin{bmatrix} Z_{11} & Z_{12} & Z_{13} & Z_{14} \\ Z_{21} & Z_{22} & Z_{23} & Z_{24} \\ X_{31} & X_{32} & X_{33} & X_{34} \end{bmatrix}$

（二）采用层次分析法确定指标权重

层次分析法（Analytic Hierarchy Process，AHP）最先由美国运筹学家 T. L. Saaty 提出，即把与决策相关的元素按层次划分为决策目标、准则层要素、备选方案等，并以此为基础展开定量与定性分析的决策方法。具体过程为通过建立判断矩阵、排序计算和检验一致性等过程得到较为适合的评价指标权重，实现了决策过程中定性与定量因素的有机结合，进而将复杂的决策思维按层次进行了划分。这种方法既能量化使用者的主观性依据，并使其科学化、条理化，同时又有效避免了人为因素造成的实际情况与权重预测结果不符的情况出现，提高了决策的有效性。

本文首先采用专家打分法，由机构及监管部门人员分别两两比较各层指标，建立判断矩阵，同时检验其一致性；其次通过层次单排序和总排序各个指标，得出相应的权重形成权重集。

1. 构造层次结构模型

按照上文所列指标体系，运用 yaahp 软件构造层次结构模型（见图 1）。

2. 采用专家打分法构造判断矩阵

根据本课题组情况，由监管部门及机构共 10 人[①]按如图 2 所示 9 个等级 17 个分数（见表 9）进行专家打分，构造 10 组判断矩阵，赋予每组矩阵相同的权重 10%，按照数值加权算术平均结集的原则，运用 yaahp 软件计算得到相应的

---

① 其中监管部门 5 人，机构 5 人，每人权重 0.1。

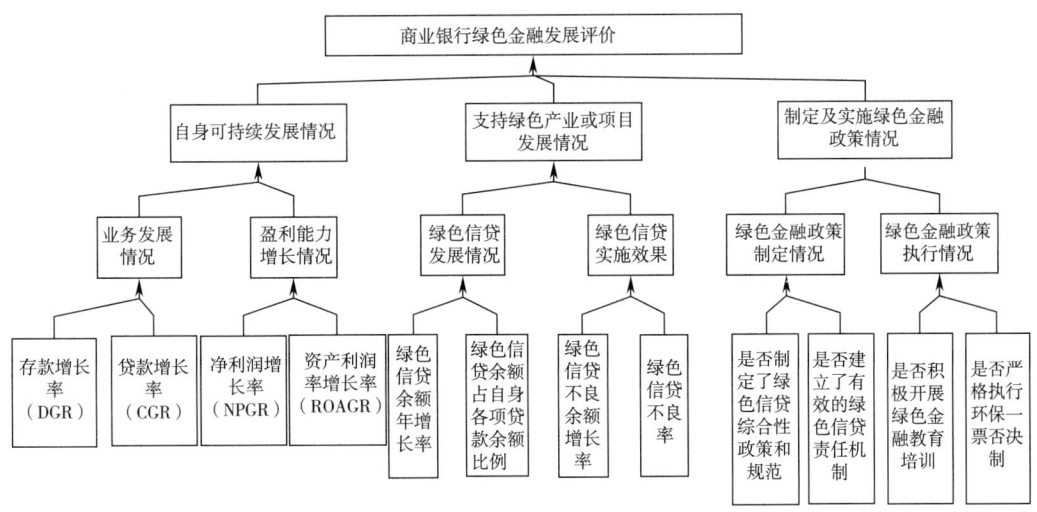

图 1　商业银行绿色金融发展评价指标体系层次结构模型

结集判断矩阵如表 10 所示。

图 2　判断矩阵级别

表 9　　　　　　　　　　　　判断矩阵标度及分值的含义

标度	分值	含义
绝对重要/有优势	9	表示两个因素相比，前者比后者极端重要
十分重要/有优势	7	表示两个因素相比，前者比后者强烈重要
比较重要/有优势	5	表示两个因素相比，前者比后者明显重要
稍微重要/有优势	3	表示两个因素相比，前者比后者稍微重要
同样重要	1	表示两个因素相比，前者与后者同样重要
稍微重要/有优势	$\frac{1}{3}$	表示两个因素相比，后者比前者稍微重要

续表

标度	分值	含义
比较重要/有优势	$\frac{1}{5}$	表示两个因素相比，后者比前者明显重要
十分重要/有优势	$\frac{1}{7}$	表示两个因素相比，后者比前者强烈重要
绝对重要/有优势	$\frac{1}{9}$	表示两个因素相比，后者比前者极端重要
其他	$2，4，6，8，\frac{1}{2}，\frac{1}{4}，\frac{1}{6}，\frac{1}{8}$	表示上述相邻判断的中间值

表 10　　　　　　　　　　**各级指标层判断矩阵及层次单排序**

10 - 1　集结后的判断矩阵——商业银行绿色金融发展评价

商业银行绿色金融发展评价	自身可持续发展情况	支持绿色产业或项目发展情况	制定及实施绿色金融政策情况
自身可持续发展情况	1	0.3167	1.3333
支持绿色产业或项目发展情况	3.1579	1	4.3333
制定及实施绿色金融政策情况	0.75	0.2308	1

10 - 2　集结后的判断矩阵——自身可持续发展情况

自身可持续发展情况	业务发展情况	盈利能力增长情况
业务发展情况	1	2.1667
盈利能力增长情况	0.4615	1

10 - 3　集结后的判断矩阵——支持绿色产业或项目发展情况

支持绿色产业或项目发展情况	绿色信贷发展情况	绿色信贷实施效果
绿色信贷发展情况	1	3.6667
绿色信贷实施效果	0.2727	1

10 - 4　集结后的判断矩阵——制定及实施绿色金融政策情况

制定及实施绿色金融政策情况	绿色金融政策制定情况	绿色金融政策执行情况
绿色金融政策制定情况	1	1.2778
绿色金融政策执行情况	0.7826	1

10 - 5　集结后的判断矩阵——业务发展情况

业务发展情况	存款增长率（DGR）	贷款增长率（CGR）
存款增长率（DGR）	1	1
贷款增长率（CGR）	1	1

10 - 6　集结后的判断矩阵——盈利能力增长情况

盈利能力增长情况	净利润增长率（NPGR）	资产利润率增长率（ROAGR）
净利润增长率（NPGR）	1	0.6667
资产利润率增长率（ROAGR）	1.5	1

10 - 7　集结后的判断矩阵——绿色信贷发展情况

绿色信贷发展情况	绿色信贷余额年增长率	绿色信贷余额占自身各项贷款余额比例
绿色信贷余额年增长率	1	5
绿色信贷余额占自身各项贷款余额比例	0.2	1

10 - 8　集结后的判断矩阵——绿色信贷实施效果

绿色信贷实施效果	绿色信贷不良余额增长率	绿色信贷不良率
绿色信贷不良余额增长率	1	0.3333
绿色信贷不良率	3	1

10 - 9　集结后的判断矩阵——绿色金融政策制定情况

绿色金融政策制定情况	是否制定了绿色信贷综合性政策和规范	是否建立了有效的绿色信贷责任机制
是否制定了绿色信贷综合性政策和规范	1	3.3333
是否建立了有效的绿色信贷责任机制	0.3	1

10 - 10　集结后的判断矩阵——绿色金融政策执行情况

绿色金融政策执行情况	是否积极开展绿色金融教育培训	是否严格执行环保一票否决制
是否积极开展绿色金融教育培训	1	2.1667
是否严格执行环保一票否决制	0.4615	1

3. 运用集合矩阵计算权重

本文采用特征向量中的和积法由判断矩阵确定权重，具体步骤如下：

判断矩阵用 A 表示：

$$A = \begin{bmatrix} a_{11} & a_{12} & \cdots & a_{1n} \\ a_{21} & a_{22} & \cdots & a_{2n} \\ \cdots & \cdots & \cdots & \cdots \\ a_{n1} & a_{n2} & \cdots & a_{nn} \end{bmatrix}$$

第一步，将判断矩阵每一列进行归一化处理，即

$$\bar{a}_{ij} = a_{ij} / \sum_{i=1}^{n} a_{ij} \quad i,j = 1,2,\cdots,n$$

第二步，将每一列经归一化处理后的矩阵按行相加，得到

$$\overline{W}_i = \sum_{j=1}^{n} \overline{a}_{ij} \quad i = 1,2,\cdots,n$$

第三步，将向量 $\overline{W} = \begin{bmatrix} \overline{W}_1 \\ \overline{W}_2 \\ \vdots \\ \overline{W}_n \end{bmatrix}$

归一化，得到

$$W_i = \overline{W}_i / \sum_{i=1}^{n} \overline{W}_i \quad i = 1,2,\cdots,n$$

所得到的向量 $W = \begin{bmatrix} W_1 \\ W_2 \\ \vdots \\ W_n \end{bmatrix}$，即为特征向量。

第四步，将判断矩阵与特征向量求积，得到

$$AW = \begin{bmatrix} a_{11} & a_{12} & \cdots & a_{1n} \\ a_{21} & a_{22} & \cdots & a_{2n} \\ \cdots & \cdots & \cdots & \cdots \\ a_{n1} & a_{n2} & \cdots & a_{nn} \end{bmatrix} \begin{bmatrix} W_1 \\ W_2 \\ \vdots \\ W_n \end{bmatrix} = \begin{bmatrix} \sum_{j=1}^{n} a_{1j}w_j \\ \sum_{j=1}^{n} a_{2j}w_j \\ \vdots \\ \sum_{j=1}^{n} a_{nj}w_j \end{bmatrix}$$

第五步，计算判断矩阵最大特征根

$$\lambda_{\max} = \frac{1}{n} \sum_{i=1}^{n} \frac{\sum_{j=1}^{n} a_{ij}w_j}{W_i}$$

第六步，计算一致性指标进行一致性检验

一致性指标为 $CI = \dfrac{\lambda_{\max} - n}{n - 1}$，

$CI = 0$，表示有完全的一致性；CI 接近 0，表示有满意的一致性；CI 越大，表示不一致越严重。

计算得出的各级指标权重、一致性指标及最大特征根如表 11 所示。

表 11　　　　　　　　各级指标权重及对应的最大特征根及一致性指标

11 – 1　一级指标权重、最大特征根及 CI

商业银行绿色金融发展评价	W_i	最大特征根（λ_{max}）	CI
自身可持续发展情况	0.2028		
支持绿色产业或项目发展情况	0.6466	3.0001	0.0000
制定及实施绿色金融政策情况	0.1506		

11 – 2　二级指标权重、最大特征根及 CI

自身可持续发展情况	W_i	最大特征根（λ_{max}）	CI
业务发展情况	0.6842	2.0000	0.0000
盈利能力增长情况	0.3158		

支持绿色产业或项目发展情况	W_i	最大特征根（λ_{max}）	CI
绿色信贷发展情况	0.7857	2.0000	0.0000
绿色信贷实施情况	0.2143		

制定及实施绿色金融政策情况	W_i	最大特征根（λ_{max}）	CI
绿色金融政策制定情况	0.561	2.0000	0.0000
绿色金融政策执行情况	0.439		

11 – 3　三级指标权重、最大特征根及 CI

业务发展情况	W_i	最大特征根（λ_{max}）	CI
存款增长率（DGR）	0.5	2.0000	0.0000
贷款增长率（CGR）	0.5		

盈利能力增长情况	W_i	最大特征根（λ_{max}）	CI
净利润增长率（NPGR）	0.4	2.0000	0.0000
资产利润率增长率（ROAGR）	0.6		

绿色信贷发展情况	W_i	最大特征根（λ_{max}）	CI
绿色信贷余额年增长率	0.8333	2.0000	0.0000
绿色信贷余额占自身各项贷款余额比例	0.1667		

绿色信贷实施效果	W_i	最大特征根（λ_{max}）	CI
绿色信贷不良余额增长率	0.25	2.0000	0.0000
绿色信贷不良率	0.75		

续表

绿色金融政策制定情况	W_i	最大特征根（λ_{max}）	CI
是否制定了绿色信贷综合性政策和规范	0.7692	2.0000	0.0000
是否建立了有效的绿色信贷责任机制	0.2308		

绿色金融政策执行情况	W_i	最大特征根（λ_{max}）	CI
是否积极开展绿色金融教育培训	0.6842	2.0000	0.0000
是否严格执行环保一票否决制	0.3158		

总体权重如图 3 及表 12 所示。

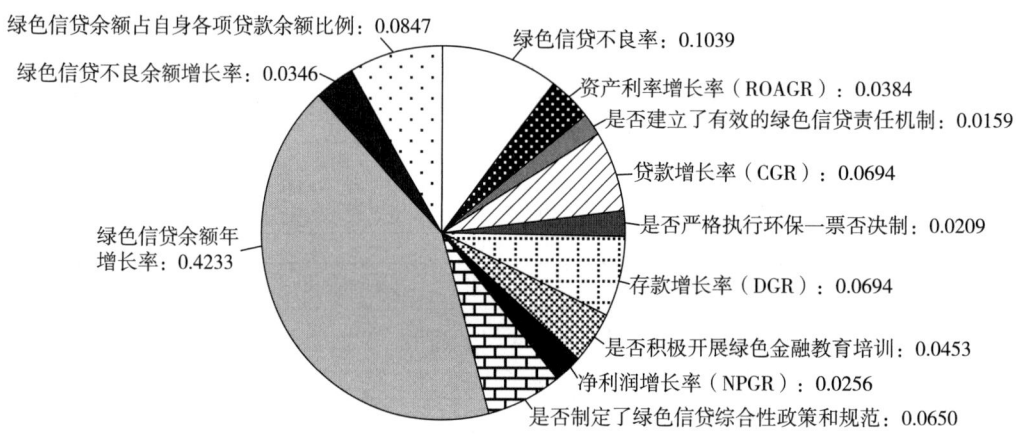

图3 权重饼图

表 12 一、二、三级指标权重

一级指标	权重	二级指标	权重	三级指标	权重
自身可持续发展情况	0.2028	业务发展情况	0.1388	存款增长率（DGR）	0.0694
				贷款增长率（CGR）	0.0694
		盈利能力增长情况	0.064	净利润增长率（NPGR）	0.0256
				资产利润率增长率（ROAGR）	0.0384
支持绿色产业或项目发展情况	0.6466	绿色信贷发展情况	0.508	绿色信贷余额年增长率	0.4233
				绿色信贷余额占自身各项贷款余额比例	0.0847
		绿色信贷实施效果	0.1385	绿色信贷不良余额增长率	0.0346
				绿色信贷不良率	0.1039
制定及实施绿色金融政策情况	0.1506	绿色金融政策制定情况	0.0845	是否制定了绿色信贷综合性政策和规范	0.065
				是否建立了有效的绿色信贷责任机制	0.0195
		绿色金融政策执行情况	0.0661	是否积极开展绿色金融教育培训	0.0453
				是否严格执行环保一票否决制	0.0209

从而得到指标权重矩阵为

$$W = \begin{bmatrix} W_{11} & W_{12} & W_{13} & W_{14} \\ W_{21} & W_{22} & W_{23} & W_{24} \\ W_{31} & W_{32} & W_{33} & W_{34} \end{bmatrix} = \begin{bmatrix} 0.0694 & 0.0694 & 0.0256 & 0.0384 \\ 0.4233 & 0.0847 & 0.0346 & 0.1039 \\ 0.0650 & 0.0195 & 0.0453 & 0.0209 \end{bmatrix}$$

(三) 计算商业银行绿色金融发展指数

通过计算得到分值矩阵 Z 及权重矩阵 W，计算得到商业银行绿色金融发展指数 I，计算公式为

$$I = \sum_{i=1}^{3} \sum_{j=1}^{4} V_{ij}$$

其中，

$$V = \begin{bmatrix} V_{11} & V_{12} & V_{13} & V_{14} \\ V_{21} & V_{22} & V_{23} & V_{24} \\ V_{31} & V_{32} & V_{33} & V_{34} \end{bmatrix}, V_{ij} = Z_{ij} \times W_{ij}$$

(四) 商业银行绿色金融发展情况评价

根据商业银行绿色金融发展指数得分情况，将商业银行绿色金融发展情况分为"非常好""好""一般""差""非常差"五个等级，分别用绿色、蓝色、黄色、红色和黑色标示。具体划分标准如表13所示。

表13 商业银行绿色金融评级等级划分标准

商业银行绿色金融评价等级	非常好	好	一般	差	非常差
标示颜色	绿色（●）	蓝色（●）	黄色（●）	红色（●）	黑色（●）
商业银行绿色金融发展指数区间	80（含80）~ 100	70（含70）~ 80（不含80）	60（含60）~ 70（不含70）	40（含40）~ 60（不含60）	0~40（不含40）

六、西藏商业银行发展绿色金融存在的问题及对策建议

(一) 西藏商业银行发展绿色金融存在的问题

西藏商业银行的绿色金融起步较晚，发展时间短暂，同时可持续发展理念不强。因绿色金融发展过程中还存在着一些问题，有待进一步改进。

一是由于以发展为纲的地方政绩考核体系根深蒂固，地方政府出于增加GDP、税收和就业等目的仍偏爱于加大水利、电力、交通等基础设施建设，对于绿色生产、绿色发展有所忽视，再加上绿色产业基础薄弱，规模尚小，因此难以有较大突破。

二是监管部门对于商业银行绿色金融发展的考核和评价机制尚未全面铺开。监管部门对商业银行绿色金融发展的考核和评价目前仍停留在法人机构层面，而占据西藏信贷业务绝大部分的分支机构尚未纳入考核范围，且对于考核评价情况不理想的机构也缺乏明确的惩罚措施。另外，再贷款、财政贴息、政府绿色发展基金、专业化担保等机制在降低绿色融资成本、提升绿色项目投资回报率和商业可持续性、引导更多社会资本参与等方面尚未充分发挥作用。因此，商业银行发展绿色金融动力不强。

三是逐利性决定了商业银行更倾向投资金额较大、还款来源稳定的国有大型企业。部分绿色企业经营规模有限，在会计账目、资金规模、收益稳定性等方面都存在缺陷，从而导致银行出于稳健经营的考虑，难以向其敞开大门。

（二）西藏商业银行绿色金融发展的对策建议

一是政府部门应加大对绿色发展的重视程度，并建立对商业银行绿色信贷的财政补贴机制。十九大提出要打好防范化解重大风险、精准脱贫、污染防治三大攻坚战，可见对于绿色发展的重视程度已经提到新的高度。西藏地大物博，自然资源丰富，被誉为"世界第三极""圣洁的天堂"。目前，西藏环境治理情况较好，未出现较大污染，但是矿产开采加工等行业在西藏已有进一步发展的势头，国务院环保大督查也对西藏矿产开采等行业提出了很多整改建议。地方政府应进一步提高对污染治理和绿色发展的重视程度，改变以往以发展为纲的旧观念，进一步提升经济可持续发展的质量。并适时建立对商业银行绿色信贷的财政补贴机制，有利于提高商业银行开展绿色信贷业务的积极性，从而进一步推动经济社会绿色发展。

二是监管部门应建立覆盖全部商业银行的绿色金融发展考核与评价机制。监管部门的监管要求是商业银行开展经济活动的外部驱动力，建立机构全覆盖的绿色金融发展考核与评价机制，并制定相应的惩戒措施，有利于促使商业银行大力发展绿色金融业务。考核和评价机制应同时覆盖法人机构和各级分支机构，有利于促进各级机构深入开展落实绿色金融的相关政策制度。

三是西藏商业银行应将绿色金融发展观念落实到实践中。银行业机构作为绿色金融发展的核心主体，应进一步提高政治觉悟，强化绿色发展意识，在实现自身绿色可持续发展的同时，把支持绿色产业发展作为一项重要业务来开展。制定完善发展绿色金融的一系列政策制度，并严格落实到各项工作中，真正意义上做到通过发展绿色金融推动经济社会实现绿色可持续发展。

参考文献

[1] 雷立钧，高红用. 绿色金融文献综述：理论研究、实践的现状及趋势 [J]. 投资研究，2009（3）.

[2] 马骏. 中国绿色金融展望 [J]. 中国金融，2016（16）.

[3] 中国人民银行、财政部、国家发展改革委、环境保护部、银监会、证监会、保监会. 关于构建绿色金融体系的指导意见 [Z]. 2016 – 08 – 31.

[4] 于晓刚. 中国银行业环境记录 [M]. 昆明：云南科技出版社，2010.

[5] 环境保护部环境与经济政策研究中心. 中国绿色信贷发展报告 2010 [R]. 北京：环境保护部，2010.

[6] 曾学文，刘永强，满明俊，沈启浪. 中国绿色金融发展程度的测度分析 [J]. 中国延安干部学院学报，2014（11）.

[7] 成金华，陈军，易杏花. 矿区生态文明评价指标体系研究 [J]. 中国人口·资源与环境，2013（2）.

[8] 郭玲玲，卢小丽等. 中国绿色增长评价指标体系构建研究 [J]. 科研管理，2016（6）.

[9] 周颖，王洪志，迟国泰. 基于因子分析的绿色产业评价指标体系构建模型及实证 [J]. 系统管理学报，2016（2）.

[10] 张玉. 区域绿色金融发展水平评价体系 [J]. 时代金融，2016（11）.

[11] 王红莉. 基于平衡计分卡的我国商业银行绿色金融发展的评价指标体系构建 [J]. 西部金融，2018（1）.

[12] 中国人民银行马鞍山市中心支行课题组，朱先明. 绿色金融支持循环经济发展评价体系研究——基于 AHP 的安徽省实证分析 [J]. 金融会计，2018（1）.

[13] 中国人民银行绿色债券支持项目目录 [Z]. 2015 年版.

［14］国家发展改革委办公厅关于印发"绿色债券发行指引"的通知［Z］. 发改办财金〔2015〕3504 号.

［15］中国银监会关于印发绿色信贷指引的通知［Z］. 银监发〔2012〕4 号.

［16］中国银监会关于报送绿色信贷统计表的通知［Z］. 银监发〔2013〕185 号.

［17］中共中央国务院关于加快推进生态文明建设的意见［Z］. 中发〔2015〕12 号.

［18］中国银监会办公厅关于印发《绿色信贷实施情况关键评价指标》的通知［Z］. 银监办发〔2015〕186 号.

［19］Marcel Jeucken. Sustainable Finance and Banking：The Financial Sector and the Future of the Planet［M］. London：Earths Can Publications Ltd. , 2001.

［20］Oliver Schmid – Schonbein, Arthur Braunschweig E2 Management Consulting AG. Switzerland Environmental Performance Indicators for the Financial［Z］. 2000.

［21］OECD. Trends in Environmental Finance in Eastern Europe［R］. Caucasus and Central Asia, 2007.

［22］Rachel Kyte. Banking on Sustainability：Risk Management and Growth Opportunities［R］. Environment& Social Development Dept, 2008.

［23］Seande Cleene, Christina Wood. Sustainability Banking［R］. IFC, 2004.

［24］Street P. , Monaghan P. E. . Assessing the Sustainability of Bank Service Channels：The Case of the Cooperative Bank［J］. Sustainable Banking the Greening of Finance, 2001（16）.

供给侧结构性改革中西藏产业升级的金融支持研究

西藏大学
课题组组长：唐雨虹
课题组成员：德吉央宗　李　原

摘要：产业升级是供给侧结构性改革的重中之重，金融支持则是产业升级的重要保障。本文在理论梳理和国外经验总结的基础上，分析了我国供给侧结构性改革中产业升级的金融支持角色，结合西藏自治区产业实践与金融管理实际，深入阐述了供给侧结构性创新发展中西藏产业优化提升的金融支持路径选择。

关键词：供给侧结构性改革　产业升级　金融支持

目前，我国经济进入增速放缓和结构转型为特征的新常态，党中央和国务院从国家层面提出并多次强调在经济新常态下要大力推进供给侧改革，金融作为当前推动我国市场经济发展的关键力量，实现资源优化整合、信息技术等与实体产业有机结合，从根本上需要金融行业的全面支撑。西藏位于我国地域的边缘，在政治经济、文化精神以及自然环境等方面具有特殊性，根据西藏实际情况探讨西藏供给侧结构性改革中西藏产业升级的金融支持具有较强的实际意义。

一、金融支持产业升级的影响机制

产业升级本质上讲是利用经营要素、信息技术以及性能素质的全方位优化创新提升，完成对成品本身及附加价值的增强、运营成本费用的降低、整体结构的优化改造、地域产业体系的合理布局等过程。利用产业结构的优化提升促使整个生产流程高效化，利用实践创新增强供给系统的综合质量与工作效率，实现供给与需求的双向有效规划，保持低水平供给与高质量需求之间的平衡，促使市场经济长久稳定地发展。金融作为当前我国现代化市场的全新动力，创建监督管理高效、职能完全、市场竞争规范、服务管理质量高、投资渠道畅通、风险管控合理的金融行业机制具有非常重要的作用。

20 世纪 50 年代，Robinson 指出产业的转型优化会形成众多的金融市场需求。作为我国市场经济不可或缺的参与方，金融业在服务产品内容逐渐多样化、监督管理机制逐渐健全、经营主体逐渐扩大、市场定价制度日趋完善、职能功能不断提高、风险管控体系渐趋成熟、资源配比日益高效、行业影响力逐渐扩大的多重效应累加之下，金融秩序获得全方位提升，本质上也是国家产业优化改革的核心内容。

金融行业本身就是在传统产品与服务管理基础上，利用各种资金传导供给体系对其余行业发挥深刻影响的。社会主义市场资本的扩展，在很大程度上促进了企业运营监督管理、金融投资创利、产业管理引领、生态环境维护、市场股票投资、就业社会价值的完成、潜在风险转化等方面，完成了市场资本的合理分配，提高了信息技术的优化创新力度，有助于人们的资产保值增值，实现民间企业的产业推进与淘汰；资金信贷行业的推广，也有利于利用资金融通、风险管控等，顺利完成跨行业、跨地区的资产交易，最大限度地降低操作费用，促使高质量企业扩宽融资渠道，实现民众的高水平消费，推进产业优化。

供给侧结构创新改革需要金融行业的大力支持，促进金融消费区域发展，实现潜在消费机制的升级优化；创新改造信息科技技术，促使企业向"双创"方向稳定发展，实现科技应用实践价值的全面提升；实现农村金融行业的发展规模、产品模式的多样化发展，帮助农村实现供给侧框架创新；积极改进信息金融市场，逐渐挖掘其中的开放性、实践性以及融入性特点，实现互联网经济的全面系统发展；协调各小微型企业的发展，提升服务管理的实践内涵与质量，帮助这些企业提升自身能力；全面推进生态绿色发展理念，创建绿色高效的信贷保障机制，推进国民经济与社会机制的系统建设；有效推进并购金融区域发展，真正实现服务发展理念与企业的"走出去"发展。

二、国内外金融支持产业升级的经验和实践

21 世纪发展以来，电子信息技术就渗透到人们生活的方方面面，尤其是爆发过全球金融危机的市场，更是掀起了一场以大数据挖掘技术、互联网信息技术、三维一体化技术、云系统等为基础的，生活自动化、产业全球化、经营生

态化、服务智能共享化为特点的新型产业革命，进一步促使国际金融市场全面发展。

（一）国际经验

新时代背景下，国际金融市场具有以下几大特点：

第一，以国家基本国情与产业实践情况为基础的金融支持机制。在 2008 年爆发国际金融危机以后，绝大多数发达国家即使顺应时代发展制定了趋于统一的产业政策指导，但在金融实践管理中仍旧存在是以银行还是以资本市场为主导的不同发展模式。欧美等发达国家主要是创建自动化、信息技术化、数字化为基础的第四次世界经济革命，努力实现工业再次化。如美国提出的行业复兴方针、日本的制造行业重新规划、德国建筑工业 4.0 规划等，均是在本国金融行业基础上发展起来的，美国大力度刺激资本市场，提升对风险资本的融入力度，利用担保与互联网资本等模式促进中小型企业的金融发展；日本采用银行导向模式，以政策为指导促进金融行业改革；德国利用银行创新机制，努力发展股权金融行业。

第二，增加供给建设主导型金融机制。21 世纪以来，各国政府管理机构都在高度关注金融领域的基础建设，降低市场准入门槛，推动多层次资本市场发展，构建成熟的监管体制，放宽国家战略层管理协调体系，全面推进互联网与金融行业的系统发展，实现金融供给侧的深入有机结合发展。

第三，政府导向与市场管理体系融合发展。在美国金融市场发展过程中，从政府管理机制方面，为应对国际金融危机，政府颁布了《重振美国制造业政策框架》等众多法案以促进企业转型规划全面发展，也出台了《金融监管改革方案》等，以进一步提供工业创新优化的新型金融条件；而在市场管理体系上，美国很多的市场金融资源的匹配行为，提高资本市场与风险融资等力度。

第四，实现实体经济与虚拟经济的协调统一发展。两者发展失衡导致产业空心化成为全球金融危机爆发的根本原因。危机爆发以后，全世界高度关注产业框架的软硬双向关联，全面打造硬件实体市场，全面促进虚拟经济的服务管理发展职能，使产业服务获得均衡性发展。经济实力较强的国家对于产业空心化的管理力度逐渐增大，以最大限度地避免出现早工业化。

（二）国内实践

根据国内经济发展新常态，我国的供给侧结构性改革主要提出并切实推进的实践包括：

把发展经济着力点放在实体经济上，抓好"三去一降一补"，大力简政减税减费，不断优化营商环境，进一步激发市场主体活力，提升经济发展质量。

发展壮大新动能。做大做强新兴产业集群，实施大数据发展行动，加强新一代人工智能研发应用，在医疗、养老、教育、文化、体育等多领域推进"互联网＋"。发展智能产业，拓展智能生活。运用新技术、新业态、新模式，大力改造提升传统产业。加强新兴产业统计。

加快制造强国建设。推动集成电路、第五代移动通信、飞机发动机、新能源汽车、新材料等产业发展，实施重大短板装备专项工程，发展工业互联网平台，创建"中国制造2025"示范区。大幅压减工业生产许可证，强化产品质量监管。全面开展质量提升行动，推进与国际先进水平对标达标，弘扬工匠精神，推动中国制造的品质革命。

继续破除无效供给。坚持用市场化法治化手段，严格执行环保、质量、安全等法规标准，化解过剩产能、淘汰落后产能。加大"僵尸企业"破产清算和重整力度，做好职工安置和债务处置。加快消化粮食库存，减少无效供给。

深化"放管服"改革。全面实施市场准入负面清单制度。在全国推开"证照分离"改革，重点是照后减证，各类证能减尽减、能合则合，进一步压缩企业开办时间。大幅缩短商标注册周期。工程建设项目审批时间再压减一半。全面实施"双随机、一公开"监管，绝不允许假冒伪劣滋生蔓延，绝不允许执法者吃拿卡要。深入推进"互联网＋政务服务"，使更多事项在网上办理，必须到现场办的也要力争做到"只进一扇门""最多跑一次"。大力推进综合执法机构机制改革，着力解决多头多层重复执法问题。加快政府信息系统互联互通，打通信息孤岛。清理群众和企业办事的各类证明，没有法律法规依据的一律取消。优化营商环境就是解放生产力、提高竞争力，要破障碍、去烦苛、筑坦途，为市场主体添活力，为人民群众增便利。

进一步减轻企业税负。改革完善增值税，按照三档并两挡方向调整税率水平，重点降低制造业、交通运输等行业税率，提高小规模纳税人年销售额标准。大幅扩展享受减半征收所得税优惠政策的小微企业范围。大幅提高企业新购入仪器设备税前扣除上限。实施企业境外所得综合抵免政策。扩大物流企业仓储用地税收优惠范围。继续实施企业重组土地增值税、契税等到期优惠政策。为企业和个人减税，促进实体经济转型升级，着力激发市场活力和社会创造力。

三、西藏供给侧结构性改革中产业升级选择

由于经济基础差、发展起始点较晚、行业数量规模较小以及受到资源条件的影响制约因素较大，现阶段西藏经济逐渐呈展现出"三二一"框架特征，农牧业框架结构合理有效，主要工业产品产量较小，经济发展的支出端特点显著。这从侧面显示出来，"去产能、去库存、去杠杆"不是西藏的供给侧优化关键节点，而公共管理、基础设备、产业结构等存在缺失，导致"降费用、补短板"等成为当前西藏发展的核心任务。

（一）加速交通跨越式发展步伐

纵向看，西藏基础交通建设已经取得了较大的成果。截至2018年底，西藏通车全里程突破9万公里，高等级途径打破零数值，到了300公里；青藏、拉日铁路实践运营提供良好环境；国内航线已经增加到63条、辐射城市达到40个，使三位一体化交通联网体系综合管理与实践保障功能得到极大提高。但通过横向对比发现，西藏交通设施仍与内地存在较大差距：高等级公路极少、国省干线公路网络尚不完善、县乡公路通畅率和农村公路通达率低、断头路现象突出、铁路和航空仅起补充作用等，这也是导致西藏运输费用非常高，自然资源的要素流动性难度较大等的重要影响因素。因此，全面促进供给侧创新优化，西藏必须加速交通跨越式发展，补齐交通短板，有效降低经济社会建设成本。

（二）努力完善城乡基础设施

西藏地域范围广、人口稀少，适合居住和生活的环境、土地非常有限，导致城乡分布范围较广，城镇化进程推进难度较大、基础设施建设任务艰难。到2014年，西藏行政管理村的硬化路径率还不到19%，主电网人口涵盖率范围将近67%，村落饮用水安全覆盖率达到92%，城乡污水处理集中概率不够13%，村政宽带辐射范围为73%。这些数字从侧面反映出西藏经济社会发展的又一"短板"——城乡基础设施建设欠账过多、城市管理和综合服务能力较弱。

未来五年，既是西藏推进供给侧结构性改革的关键阶段，也是全面建成小康社会的决战时期，因此西藏必须着力加强市政道路、给排水、垃圾处理、绿化、棚户区改造等基础设施建设，完善城乡服务和管理，提高人性化、信息化水平，建设宜居城镇和美丽乡村，努力补齐基础设施短板。

（三）加强公共服务产品供给

中央第六次西藏工作座谈会表明，要以改进民众生活、加强人心凝聚力作为市场经济发展的出发点和落脚点。长期以来，在中央的大力投入和对口支援部门的大力支援下，西藏的民生改善十分明显。

但与内地省市对比发现，西藏的医疗服务和教育保障等公共管理产品仍旧存在水平较低、供给不够等问题，要从根本上补齐教育改革的短板，最大限度去掉医用较少的名头，构建良好的社会保障机制。另外，与其他城市比较可以发现，农牧区在很大程度上缺乏较大的医疗管理机构，医护人员非常稀缺。在教育管理上，政府机构对于儿童的前期教育工作关注不够，前期教育仍处于发展初级阶段。在精准扶贫上，到 2015 年末仍旧有将近 60 万的农牧区需扶持人员，占据整个常住人口总规模的 18%，这也体现了扶贫任务的困难系数。应全面推进供给侧结构创新优化，从根本上保证人们的生活水平，提高公共服务建设力度。

（四）加大特色优质优势农产品供给

中央第六次西藏工作座谈会明确提出，要全力促进绿色有机农牧业与加工行业发展。随着西藏农牧先进实践发展速度的加快，拉萨市等在相关政府部门的领导下，全面推进生态健康绿色产业发展，向市场注入超过 60 种高质量农牧特色产品，包含质量优良的饮用水、各种藏药材、牦牛等畜牧制品以及各种地区性工艺品等。最大限度地提升营销的影响力度，真正将"拉萨净土"推广到整个中国乃至全世界，逐步提高其社会影响力。

但与其他特色优质农产品在供给侧创新对比发现，西藏诸多产品发展与实践平衡机制存在不适应、产品资金缺失、专业组织能力有限等问题。

（五）积极推动旅游业提质增效

这次工作座谈会还明确表明，要将发展西藏旅游业作为主要建设目标。由于西藏所处的特殊地理位置，使西藏具有丰富的旅游资源，全面促进旅游经济的发展，能为游客创造巨大的旅游基础。近几年，随着西藏旅游行业的深入发展，截至"十二五"期间，西藏国内外旅游人员已经将近 6800 万人次，直接经济收入达 874 亿元。

但这也从侧面显示出，西藏旅游业仍旧面临众多问题，如极品资源没有形成对应成品、综合开放程度较低、区域旅游交通的实践性急需加强、内部发展动力有限、接待管理服务水平相对落后等，这些都是急需改革创新促进供给侧结构性改革的重要内容。

（六）推动资源优势向产业优势转变

西藏的生态、太阳能、水能等资源优势十分明显，这些资源优势完全可以转化为经济优势，这符合绿色发展理念，也符合供给侧结构性改革的方向。

当前，西藏要加快资源优势向产业优势的转化步伐，需要在以下方面重点开展工作：推动国家层面探索建立一套市场化的环境补偿机制；大胆进行绿色发展综合改革试点，结合自身条件探索不同的绿色发展模式；加快节能技术装备升级换代、提升环保技术装备水平、发展资源循环利用技术装备，全面提升节能环保发展水平，壮大节能环保服务业；引进有实力的大型水电开发集团，积极有序推进大型水电开发，通过绿色水电认证等方式，减少水电工程建设运营期间对生态环境的影响；大力发展可再生能源，加快太阳能光伏发电建设的同时，加快太阳能光热、生物质能和地热能等开发利用；培育壮大天然饮用水产业，打造品质优异、知名畅销的"西藏好水"品牌；积极发展绿色建材业，支持新型墙体材料应用示范；加大对节能的财税支持力度，完善节能产品（低碳产品）和服务的政府采购制度；积极推进环境税费改革。

四、金融支持西藏产业升级的现状与问题

改革开放以来，西藏的金融行业规模提高与形态深化脚步明显加快。但需要清楚地认识到，西藏金融行业发展仍处于不平衡状态，金融市场化程度非常低，特别是证券等直接融资占比仍非常有限，西藏的供给侧结构性创新优化支持职能急需完善。

（一）银行业现状

银行业资金、信贷规模均有较为明显的提高，但在社会融资领域中仍旧占据较高比重，融资结构较为单一，对银行信贷过度依赖。截至 2017 年 11 月末，西藏金融机构（本外币）各项存款余额为 5101.29 亿元，比上月增加 87.71 亿元，增长 1.75%，比年初增加 721.64 亿元，增长 16.48%。住户存款余额为

832. 20 亿元，比上月增加 9. 23 亿元，增长 1. 12%，比年初增加 45. 64 亿元，增长 5. 80%；非金融企业存款余额为 1387. 21 亿元，比上月增加 155. 64 亿元，增长 12. 64%，比年初增加 406. 38 亿元，增长 41. 43%；广义政府存款余额为 2875. 84 亿元，比上月减少 77. 13 亿元，下降 2. 61%，比年初增加 268. 24 亿元，增长 106. 76%；非银行业金融机构存款余额为 5. 49 亿元，比上月增加 0. 07 亿元，增长 1. 38%，比年初增加 1. 75 亿元，增长 46. 78%。

（二）证券业现状

直接融资等虽然得到了很大优化，但企业上市门槛过高，在很大程度上限制了西藏的长久稳定发展。截至 2017 年底，西藏资本市场发展取得一定进展，全区已有 16 家 A 股上市公司、1 家 H 股上市公司、22 家新三板挂牌公司，总市值超过 1500 亿元。2017 年，西藏（川藏）股交中心共 6 家挂牌企业，上市公司累计融资超过 290 亿元，首发融资 50 亿元，再融资超过 200 亿元，发债融资 40 亿元。如何提高西藏企业在金融市场中的直接融资比重和资产证券化率，切实运用市场化手段来发挥金融资本的引导和促进作用，这将是西藏金融业在供给侧结构性改革中的发展重点。

（三）保险业现状

保险业虽然具有可持续发展潜力，但仍远远低于全国水平，需进一步发展。以 2017 年 10 月数据来看，保险业为全省提供风险保障约 23. 3 亿元，赔付约 9. 1 亿元。如何激励指导保险机构在西藏特殊人文地理基础上，挖掘特色西藏品种，扩展服务管理途径，为中小型企业的全面发展提供保险支持，提供藏汉双语服务，开设重点巨灾保险等。

五、金融业支持产业升级发展的路径选择

金融是市场经济的关键。西藏金融行业始终围绕"十三五"规划，全面践行"五大发展理念"，推动资本市场系统性多层次发展，促使金融形态逐渐多元化，提高金融管理服务机制优化，加强金融管理实践效率，强化地域风险管控，努力支持供给侧结构性创新，完善政府指导、金融市场管理、机构监督管理等支撑金融行业发展。

（一）紧盯传统产业升级，重点放在"降成本、补短板"

"三去一降一补"是当前我国供给侧结构性创新优化的核心环节，也是金融行业实现升级优化的重点，西藏的信贷、银行、证券等各项金融组织要始终关注产业优化，将重点停留在降低费用、弥补短缺等方面，推进西藏地域性产业发展。费用降低能在很大程度上促进市场利率的合理性，减少融资环节，促使行业收费专业合理化，提升行业风险预防与管理。

短板在补充过程中需要逐步建立较为完善的商业银行、政策性金融以及合作金融等协同补助等机制，全方位促进普惠金融，实现"互联网＋"全面执行，激励保险、信贷等组织研发各种重大技术产品，实现企业技术信息化与自动化等全面创新优化。

（二）把握新兴产业发展，提供多元化融资

供给侧结构性创新依靠资本市场。建立较为完善的市场交易体系，注入更多新鲜血液，开拓市场创新融资形式，扩宽市场资金投入途径，最大限度地降低投资费用与企业债务成本，实现向高效益、生态绿色化等产业转型升级。

第一，提升市场资本的多样性与层次化，提升资金投入的比重。改变传统的注册机制，全面促进新型行业的多层次更新上市，针对符合实践条件的企业进行长期投资与中期债务工具等的研发，最大限度地促进融资途径的创新，对境内外企业发展提供适当便利。

第二，加强各项股权资产引入资金与创业改革引入资金的实践支撑功能，推进国家与地域的产业资金管理，扩大财政基金的引导与扩展效应，创新阶段性与跟踪性资金融入模式，促使国内外的创业产业机构支撑成长型固定规模以下的企业发展。

第三，促进高科技金融产业发展，研发各种适应市场需求的创新型技术风险监管与授信方式共同担负信贷补偿型产品，为各种科技企业提供股权加债权、境内外以及表内外的融资方式，给各种政策融资形式的创新服务发展提供有力支持。

第四，促进现代化服务管理产业的改革性发展。服务行业作为市场经济新转型结构的动力源泉，要以从根本上提高服务性产业、互联网服务管理行业、文化服务行业、养老管理行业等的管理服务能力为突破口，采用包含债权、股

权等多种投资形式在内的综合性金融规划方案，扩展企业资金融入途径，创新改革服务产品，为先进行业领域发展提供有力的金融支撑。

（三）发展农牧区金融，助力农牧业供给侧结构性改革

根据重点领域创新、多项行业融合、产业运营管理方向三大区域，从根本上突破农牧区金融行业费用高、风险管控难、实践效率低等众多问题，扩展金融服务途径。

第一，面向农牧区市场综合服务进行创新优化，提升"三农"金融供给侧优化。促进农村的地域经营权、贷款抵押融资等新兴项目，提高各项农村创新融资基金的协作，创建新型村镇现代化金融支持系统。

第二，面向农牧行业的全面发展方向，逐渐扩展"三农"金融管理服务链条。从根源上扩大农牧业的领头融资供给，促使战略性金融组织展开高质量电商企业的物流管理建设与三网融资的专门投资，支撑农牧行业的产品链条优化。

第三，新兴产业融合发展，创新农牧行业金融机制。面向农牧业、加工业等的融合发展，研发优化金融产品，努力扩展产业链条，助推"三二一"行业的深入融合发展。

（四）大力发展扶贫金融

西藏的精准扶贫需要创建全方位的攻坚体系，施行西藏扶贫地域专项制度，突破专项扶持作用，加固专项、社会、支援等模式有机融合，互相支持大格局扶持工作，最大限度地提升金融与财政等的扶持力度，优化改革精准扶贫的金融服务机制。建立适合西藏实际情况的精准扶贫管理体系，从单纯的信贷优化政策逐渐转变成整体金融管理服务，并从单纯的项目贷款发展到与财政的相互融合，最后到各种农村金融保险管理等，使各种扶贫技术与产品等实现多样化与层次化发展，使金融服务政策日趋完善。

（五）完善金融监管，为推进供给侧结构性改革创造适宜的金融环境

金融监管服务的供给侧结构性创新始终依靠完善的管理与监督体制创新优化，否则极易从根本上发生综合性管理运营风险。所以，要始终以市场规范与法制化建设的优化为导向，始终秉持组织机构的功能性管理与监督双向关注、微观与宏观双重组合，升级处理管理体系，完善监管的实践行为；创建协调统

一高效的管理监督方式，完善全国与地域性的融资法律规范，从根本上界定中央与地域的金融监督管理与风险管理职责；完善各种规范与非规范的金融程序监督管理，加强对潜在风险的预防与实践处理力度，构建较为系统的风险管控体系。

参考文献

［1］国务院发展研究中心．以创新和绿色引领新常态：新一轮产业革命背景下中国经济发展新战略［M］．北京：中国发展出版社，2015.

［2］赵婉妤，王立国．中国产业结构转型升级与金融支持政策——基于美国和德国的经验借鉴［J］．财经问题研究，2016（3）.

开发性金融服务西藏供给侧结构性改革的路径研究

国家开发银行西藏分行

课题组组长：包全永

课题组成员：焦　涛　杜录之　吕　垒　盛　恺　马　宏

　　　　　　师海燕　郭晗晓

摘要：近几年，我国经济从持续高速增长阶段逐渐进入新常态，推进供给侧结构性改革是应对新常态的有效途径。西藏因其经济的特殊性，供给侧结构性改革的侧重点也有所不同。近年来，开发性金融在各方的支持下顺利实现深化改革的"三步走"战略目标，在西藏的业务拓展不断加快，在助力西藏地方供给侧结构性改革中将大有用武之地。

关键词：开发性金融　西藏　供给侧结构性改革　特殊性　路径

一、供给侧结构性改革概述

近几年，我国经济从持续高速增长阶段逐渐进入新常态。2015年11月，习近平总书记高瞻远瞩、审时度势，提出大力推进"供给侧结构性改革"，要求"在适度扩大总需求的同时，着力加强供给侧结构性改革，着力提高供给体系质量和效率"。与之前的主要依靠"三驾马车"拉动需求不同，供给侧结构性改革意味着将主要依靠提高全要素生产效率来刺激经济增长。

（一）提出背景

2008年，为了应对国际金融危机，我国采取了大规模的"四万亿"的经济刺激政策，在拉动经济增长方面取得了显著成效。但随之也带来了产能过剩等一系列后遗症；而美日欧等西方发达经济体尽管采取了以宽松货币政策为核心的宏观经济政策，但收效仍不明显，全球整体经济形势依然严峻，我国以美日欧需求带动出口，继而带动经济增长的模式也难以持续。在内外部需求均不旺盛的情况下，我国经济增长速度出现回落，新常态成为我国经济最明显的特征，主要表现为增长速度换挡期、结构调整阵痛期和前期刺激政策消化期的"三期叠加"。在面临经济下行压力大、产业升级不足、后凯恩斯症状凸显等问题的情况下，中央及时提出了供给侧改革的政策，具有重大战略眼光，也抓住了我国当前经济发展的主要矛盾。

（二）理论渊源

中央供给侧改革政策提出后，许多人为其贴上供给学派的标签，而对此前中国经济改革的一些具体举措贴上凯恩斯主义标签，这是一种过于简化和有失偏颇的分析。不过通过比较分析这些理论，有助于我们对中国提出的供给侧改革有一个更为全面的了解。

1. 西方供给学派的发展

从 19 世纪开始，西方主流经济学经历了四个阶段。

首先萨伊定理提出"供给创造需求""生产和消费、供给和需求的相互影响决定市场容量"，强调供给侧因素的决定作用，同时坚持市场自主调节，不支持政府干预市场。

此后，20 世纪 30 年代大萧条背景下，凯恩斯主义在政府扩大投入，应对需求不足方面成效显著，政府逐步认可。20 世纪 70 年代后，美国等西方国家市场出现了"滞胀"的问题，此时的凯恩斯主义已无力回天，供给学派适时提出新理论，认为供给侧因素才是经济发展的主要动力，应加大减税力度，刺激经济增长。

2008 年，美国爆发金融危机，并波及全球。在应对危机过程中，美国政府采用"供给管理"手段，使用"区别对待"政策，以及结构性改革。

2. 中国新供给经济学理论

近年来，中国经济学家提出了立足中国发展的新供给经济学理论，结合中国的国情，在肯定需求重要性基础上，从强化供给端管理推动中国改革。此外，新供给经济学的假设前提并非"完全竞争市场"，而是"非完全竞争"下的市场环境，并且强调政府干预的重要性。

（三）供给侧结构性改革的实质

1. 供给侧改革的中国特色社会主要政治经济学基础

我国的供给侧结构性改革是以中国特色社会主义政治经济学为指导，改革的目的是发展和完善社会主义市场经济，巩固社会主义基本经济制度和基础，提高广大人民群众的生活水平。因此，我国的供给侧改革和西方的供给学派理论有着本质的区别，不是供给经济学在中国的简单应用。我国的供给侧改革有着自己独特的国情、背景和任务。

2. 供给侧结构性改革的特点

现阶段经济困难状况一个重要的原因就是"供需错配"，这不仅是由供给端造成的，需求端也存在很大问题。因此，在推进供给侧结构性改革的同时，还要处理好供给侧改革和需求管理之间的关系，将两者有机结合，通过两端同时发力来解决当前的经济问题。

3. 供给侧结构性改革的主要任务

整体而言，推进供给侧结构性改革的主要任务，是实施去产能、去库存、去杠杆、降成本、补短板；实施宏观政策要稳、产业政策要准、微观政策要活、改革政策要实、社会政策要托底；坚持解放和发展社会生产力，坚持以经济建设中心不动摇，坚持五位一体的总体布局、社会主义市场经济体制。

二、西藏供给侧结构性改革的主要任务

"西藏论面积超过了很多国家，论行政级别相当于一个省，论人口仅相当于一个市，论财政收入与一些大县相当"。西藏经济有其自身的一些特殊性，需要我们认真分析，有的放矢地推进西藏供给侧结构性改革。

（一）西藏经济的特殊性

1. 基础薄弱，宏观经济快速增长

西藏自治区经济发展水平较低，规模小，基础薄弱，2016 年全区 GDP 仅1026 亿元，居全国最后一位。

近几年在党中央的关心支持下，在全国对口援助的帮助下，在自治区党委政府的坚强领导下，西藏宏观经济快速发展，根据 2016 年上半年全国经济运行数据，西藏全区生产总值增速达 10.6%，高出全国平均水平 3.9 个百分点，实

现"十三五"开门红,增速领跑全国。

2. 产业结构类似发达经济体,但实际极不发达

改革开放以来,西藏经济深入发展,产业结构不断优化。1997 年,西藏的第三产业比重首次超过第一产业;2003 年,西藏的第二产业比重首次超过第一产业,产业结构转型为"三二一"型,这是一种只有发达经济体才具备的 J 形产业结构。但西藏显然还不是一个发达的经济体,甚至其在国内的经济发展水平都还远落后于其他兄弟省市。西藏产业结构这一特点,恰恰反映了西藏经济的一些特点,即三产之间的支撑关联性极弱。

西藏的第一产业仍以牛羊放养、种植业为主体,青稞播种面积很大,经济作物品种少,林、副、渔的比重比较低。虽然近年来政府加大了农牧业结构调整步伐,但农牧业产业化进程还是较慢,深加工能力较弱。

西藏的第二产业主要以建筑业、矿业为主,且建筑业占比 80% 以上。内地普遍过剩的钢铁、电解铝、煤炭等行业在西藏几乎没有。

西藏的第三产业的产值大户是交通运输、仓储、邮电通信业、批发零售贸易、餐饮业、国家党政机关和社会团体等在中央政府和西藏地方政府的特别扶植下发展起来的生活服务部门,占三产产值的 61%,属财政推动型模式,其他现代新兴行业发展有限,增加值和占比很低。

总体来看,西藏经济的产业结构特征尚处在农业社会晚期,尚未进入工业化时代。

3. 经济以政府投资性需求为主,消费需求规模和层次较低

西藏财政支出占生产总值的比重较大,特别是基础设施建设投资支出占了大部分份额,近几年占比均在 75% 以上;固定资产投资中,财政性质的投入占比约为 62.28%。西藏经济发展主要依靠政府投资需求拉动,经济增长方式具有供给型、外生型、依附型增长的特点。然而,在市场经济体制下,政府投资主要用于解决公共产品和服务,而公共产品和服务的投资具有瓶颈,而且所需的原材料、劳动等生产要素等主要来源于内地省区,因此,政府投资需求对于西藏产业结构优化虽然起到了巨大的推动作用,但作用和影响有限。

4. 城市化水平低,基础设施发展严重滞后

西藏的城镇体系主要是基于宗教而非经济联系,七个城市彼此距离较远,人口分布较为稀疏;除了七个地级市,西藏的小城镇数量少,规模小;农牧业在支持西藏就业方面占据主要地位,因此,西藏城镇化总体上发展相对较为落

后，没有形成有效的区域经济体系，城镇缺乏吸引与辐射能力，未能形成有效的高原城镇体系。2016 年西藏的城市化率为 29.56%，比全国水平 57.35% 低近 30 个百分点，这种极低的城市化水平无助于提高区域资源利用效率、保护区域优美的生态环境。

此外，西藏的基础设施、公用事业等供给存在短板，限制了丰富的资源转化为经济优势的条件。以高速公路通车里程为例，截至 2016 年，西藏高速公路通车里程仅为 299 公里，全国排名第 32，远低于排名第 1 的广东（7673 公里）及西部地区贵州（5433 公里）等地。

（二）西藏实施供给侧结构性改革的特点

从全国情况看，供给侧结构性改革的主要任务是"去产能、去库存、去杠杆、降成本、补短板"。就西藏而言，"去产能、去库存、去杆杠"的压力不大。受特殊的历史、地理、环境影响，西藏国有经济发展滞后，资源配置效率不高，经营管理水平较低，企业小、散、弱等问题突出，"降成本、补短板"成为主要任务。因此，立足实际，我们就必须积极适应经济发展新常态，深入贯彻创新、协调、绿色、开放、共享发展理念，坚持问题导向、目标导向和效果导向相结合，立足西藏区情、发展阶段、产业基础和企业实际，充分发挥政策指导、资源特色、后发优势，重点在调整布局结构、转换治理模式、创新驱动发展、扩大开放合作等方面推进供给侧结构性改革，有效贯彻落实中央治藏方略，有力促进西藏稳定发展和长治久安。

（三）西藏供给侧结构性改革的主要任务

结合第六次西藏工作座谈会对西藏的定位，西藏供给侧结构性改革的主要任务，就是推动西藏经济社会可持续发展，并与全国人民一道同步建成小康社会，必须要解决如下六个问题：一是要解决人员和物资的对外通道和内部通道的问题，争取到"十三五"末全区公路通车里程达到 11 万公里，铁路运营里程达到 1300 公里。二是要解决精准扶贫和精准脱贫的问题。西藏自治区的建档立卡人口是 59 万人，工作报告提出工作目标："国家现行标准下 59 万农牧区贫困人口如期全部脱贫。"三是要解决能源基地和能源网络问题，建设加查、大古、苏洼龙、叶巴滩等水电站，电力装机容量达到 460 万千瓦；建成全区统一电网，主电网覆盖所有县城和主要乡镇；推进格尔木至拉萨输气管线建设，改扩建格尔木至拉萨输油管线。四是要解决城市基础设施和公共服务设施的问题，改变城市道路、供水、供热、污水、垃圾处理和医疗、养老等设施缺乏的现状。五是要解决旅游基础设施和产业小而散的问题，培育龙头企业、整合区域旅游资源。六是解决农业产业化的问题，做强农牧业产业化龙头企业，建设农业产业化合作社。

三、开发性金融支持西藏供给侧结构性改革的路径

从国开行实施改革，定位为"开发性金融机构"，明确提出要"积极发挥在稳增长、调结构等方面的重要作用"，开发性金融在稳增长、重点支持基建等方面扮演了越来越重要的角色，对于支持西藏供给侧结构性改革具有重要的作用。

（一）开发性金融支持供给侧结构性改革

作为开发性金融机构，国家开发银行近年来主动适应经济新常态，充分发挥开发性金融机构的优势和作用，助力稳增长、调结构、惠民生，大力支持棚户区改造、脱贫攻坚、"一带一路"等重点领域发展，取得了显著成效。

推进供给侧结构性改革是当前和今后一个时期我国经济工作的主线，围绕重点任务，积极发挥开发性金融作用。一是坚持战略导向，服务经济社会发展。把支持脱贫攻坚作为服务供给侧结构性改革的重中之重，继续推进棚户区改造，积极推动产业转型升级，支持"一带一路"战略实施和国际产能合作。二是深化外部合作，创新业务发展模式。加强与各级政府、央企等战略客户以及金融机构的合作。三是持续深化改革，提高服务能力和效率。继续落实国开行改革方案，优化完善信贷政策，推动子公司改革，不断增强服务意识。四是推进降本增效，为让利实体经济腾空间。五是采取有效措施，切实守住风险底线。提高风险研判的前瞻性，做好重点行业、客户和项目风险管控，加强风险防范协同，创新风险化解和处置方法，抓好"两个加强、两个遏制"回头看。

（二）国开行在藏金融支持优势

国开行高度重视支持西藏发展，2010年以来先后出台了多个文件明确在藏业务差异化政策，不断加大对西藏的融资倾斜力度。

1. 资金来源于区外

国开行贷款资金来源主要通过发行金融债券，不占用自治区内的资源，因

此，有别于商业银行吸收自治区范围内的存款来放贷的做法。

2. 贷款规模优先使用

国开行对西藏建设项目，给予投资、贷款、债券、租赁、证券资源倾斜。全额保证列入国家规划的重大项目的资金需求。尤其是对于棚改贷款其他省区项目除工况棚改外均不给予 PSL 贷款，西藏分行原则上可全额保障 PSL 资金。

3. 贷款利率最低

国开行在西藏，以单笔贷款综合收益率不低于盈亏平衡利率为原则确定利率水平，在国开行全系统最低，在西藏同业也是最低。对于能执行 PSL 贷款利率的棚户区改造、城市综合管廊等领域，均执行 PSL 优惠利率。对于能够纳入扶贫领域的项目，尽量执行西藏扶贫优惠利率。对于不能纳入以上范围的项目，也执行西藏优惠利率下浮 20%。

4. 贷款期限最长

对于西藏企业及政府项目，根据项目实际还贷能力确定贷款期限，目前国开行部分项目贷款期限最长可达 30 年以上。发挥国开行中长期融资优势，以时间换空间，降低自治区还款压力。

5. 贷款审批最快

国开行只有总分行两级机构，在银行业中层级最少，审批环节最少，速度最快。总行对于西藏分行项目审批给予绿色通道，超常规优先安排，缩短工作时限。西藏分行对于资料齐全的项目，应审尽审，随到随审。

6. 金融品种最全

国开行作为拥有"投资、贷款、债券、租赁、证券"全牌照的银行，除了常规的贷款品种如中长期贷款、短期贷款、流动资金贷款等之外，对西藏还有一些其他分行没有的贷款品种：对已列入国家发改委发展规划的项目可给予前期贷款；对中央财政资金或其他援藏资金尚未到位的项目可给予周转性贷款。除此之外，对全区区县及村镇基础设施及配套设施建设可给予财政涉农资金整合贷款；对列入国家下达西藏自治区棚改计划内的棚改等建设，可给予棚改 PSL 贷款。

7. 融资融智融制支持

除融资支持外，国开行发挥开发性金融优势，提供融智和融制服务。近年来，国开行参与了自治区拉萨—山南一体化、金融产业园区、产业发展等重点规划，在当前 87 号文等一系列文件限制政府购买、严管政府举债融资的形势下，国开行通过规划先行从源头批量谋划项目、设计项目、打造项目，用 PPP 等合法合规模式，帮助自治区政府打通融资瓶颈。国开行联合自治区扶贫办对全区 74 个贫困县班子成员进行培训，与多个地市和部门进行人才合作，互派交流干部。上述措施，对自治区深化供给侧结构性改革、完善金融环境、健全金融体系起到了积极的促进作用。

（三）开发性金融支持西藏供给侧结构性改革的措施

"供给侧"可分为产业层面、要素层面和制度层面三个层面的供给，蕴含对应着"转型、创新、改革"。在我国"供给侧结构性改革"中，"供给侧"是改革切入点，"结构性"是改革方式，"改革"才是核心命题，内在地体现出"转型是目标、创新是手段、改革是保障"的逻辑关系。

围绕供给侧结构改革，开发性金融在西藏有着广阔的舞台，主要路径如下：

1. 发挥规划先行优势，参与并支持西藏投融资体制顶层设计

国开行的优势之一就是为政府及企业提供融智支持。从源头做好区域发展、产业布局、融资支持的系统性规划，从规划的编制、项目的梳理、融资需求的确定、融资模式的设计、融资的落实及项目的落地，提供全程的"融智＋融资"服务，为今后的可持续发展和改革成效打好先期基础。

支持 PPP（政府与社会资本合作）在西藏的进一步发展；支持西藏政府购买服务等投融资体制的完善；与自治区政府抓紧合作设立西藏发展基金；按照中央第六次西藏工作座谈会精神，推动国家进一步完善对藏金融优惠政策。

2. 融资支持重点领域重大项目建设

（1）交通基础设施建设。基础设施建设是一个国家或地区经济快速发展的必要保障，在西藏，基础设施滞后是制约其经济发展的"瓶颈"。以交通为主的基础设施建设是西藏经济发展的基础性因素，决定着区域经济发展的水平。而基础设施建设也是开发性金融的强项，开发性金融能够为基础设施建设带来所需要的大额、低息的中长期资金。针对国家下达的公路、铁路项目建设计划，及时对接融资需求。围绕那曲至拉萨高等级公路、铁路、农村公路等列入"十三五"规划中的国家重大项目，设计合理融资方案推动项目融资早日落地。

（2）能源。积极服务五大发电集团在藏分公司和本地重点企业。围绕国家能源战略，支持西藏以水电为主，多能并举、互联互通的稳定、清洁、经济、可持续发展综合能源体系和清洁能源基地建设。重点关注太阳能、地热能、风

能等资源开发，自治区主电网升级延伸工程和电气化试点推广工程以及电代薪工程，昌都电网、藏中电网、阿里电网联网工程，川藏联网工程，城市电网建设与改造，农村电网建设及农牧区电网延伸扩面工程。

（3）水利。全面支持西藏水利基础设施建设，重点支持国家 172 项重大水利工程及列入国家和地方水利发展规划的重大项目，有序推进重点骨干工程建设，着力解决惠及民生的水利问题，提高重点城镇和防洪保护区防洪保护能力，增强抗旱能力，提高水资源利用效率。重点关注重要城镇水源及配套工程、7 地市城市饮用水水源地安全保障工程、大中型水利枢纽建设，"一江两河"流域综合开发和尼洋河、雅砻河流域综合治理与环境保护，重点地市和县城防洪建设。

（4）城镇化。开发性金融作为过去将近二十年的中国城镇化的重要推手，在这一领域积累了丰富的城市开发运作经验。着力支持西藏统筹推进新型城镇化和新农村建设，重点支持西藏国家级和自治区级新型城镇化试点城镇和特色小镇建设。以拉萨为中心，做大做强首府中心城市，做特做精重点城镇，服务西藏"一圈两翼三点两线"的城镇化格局，积极跟进西藏撤地改市、撤县改区、撤乡改镇工作步伐，大力支持城镇公共设施、市政道路、公共交通、城镇水利设施、城镇给排水、综合管廊、污水和垃圾处理、节能改造、供暖供气、棚改、保障性安居工程、周转房、高原城镇供氧工程试点、园区建设、生态环保、信息化基础设施等领域。

（5）民生工程。重点支持西藏贫困地区基础设施、易地扶贫搬迁、产业扶贫、教育卫生改善等领域。通过政府购买服务、PPP 等融资模式，依法合规探索形成"政府主导、财政支持、金融服务、市场运作"的扶贫开发市场化融资机制，助推完善市场、信用、规则和制度，推动建立社会化脱贫攻坚合作机制。发挥开发性金融项目投融资优势，搭建融资机制、市场体制和机制支持西藏脱贫攻坚事业，建立长效和可持续性的致富路径和渠道。

（6）"一带一路"建设。结合西藏"十三五"规划，抓住服务"一带一路"战略和建设孟中印缅走廊的历史契机，推动能源跨境运输线路延伸及公路、支线机场等基础设施建设，支持通商口岸建设、升级与重工作，通过国开行国别组平台，在与周边国家进行互联通贸易投资便利化方面提供衔接和助推，与政府及其他金融机构合作积极为环喜马拉雅经济合作带的建设提供融资智支持。

（7）高原特色产业发展。西藏作为我国西部的一部分，应在全国乃至全球的分工布局中合理地规划自己的产业分工和定位。国开行可以利用自己在规划上的优势，结合西部周边各兄弟省份及中国西部的整体产业规划，协助地方政府做好产业发展的规划，支持西藏自治区基于其比较优势和资源禀赋的特色，大力发展特色产业以及服务业。

按照自治区"一产上水平、二产抓重点、三产大发展"的战略定位，开发性金融可发挥自身优势，支持产业园区建设，促进产业聚集和联动，培育具有市场竞争力和具有比较优势的西藏地区特色品牌。

一是农牧业。重点支持西藏现代农牧业示范区和高原特色农畜林产品产业带建设，采取"公司＋基地＋农牧户""公司＋合作组织＋农牧户"及政府购买服务等模式支持牦牛、藏系绵羊、藏香猪、藏香鸡等特色畜禽标准化规模化养殖，农畜产品批发市场和流通体系建设。

二是天然饮用水。坚持规划引领、资源整合、项目支撑、产业配套、市场导向的发展思路，支持西藏天然饮用水开发项目建设，培育壮大区内优质的、具备市场化发展潜力的天然饮用水企业。

三是矿产业。按照构筑重要的生态安全屏障、构建重要的战略资源储备基地和建设有色金属产业基地有关战略部署和要求，坚持科学合理有序支持优势矿产业发展。

四是旅游业。西藏以其中华民族特色文化和高原生态景观为核心的旅游资源十分独特，同时，西藏作为世界旅游目的地和藏传佛教重要发源地，也将吸引包括南亚在内的众多佛教圣徒和香客前往。大力支持旅游景区基础设施、交通网络、公共服务、应急救援、医疗救助等旅游安全保障体系建设。

五是文化产业。支持西藏非物质文化遗产和古建筑、藏文古籍文件保护，支持信息化、数字化、网络化工程，支持西藏民族特色教育和民族传统体育运动。

六是商贸物流业。围绕交通干线和面向南亚开发的重要通道，重点支持拉萨物流中枢和日喀则物流园区建设，有序推进那曲、昌都等重点城镇物流节点和园区建设；支持大型农贸批发市场、自贸区建设，支持大型商贸流通企业在藏投资兴业、物流业与电子商务融合发展。

七是产业集聚。支持高原特色优势产业发展方式转变、产业结构调整和升级，强化园区产业聚集效应，加强特色产品品牌建设，提升产业发展质量和竞争力。服务高原特色优势产业品牌创建，支持拉萨国家级经济技术开发区、格尔木藏青工业园区、达孜工业园区、拉萨高新技术区、西藏空港区、日喀则综合物流园区、昌都经济技术开发区建设。

3. 服务生产要素供给，提升要素对经济增长的贡献

供给侧所包含的要素包括劳动力、土地、资本、创新等，推动实施供给侧结构性改革就是要调整经济结构，使供给侧要素实现最优配置，提升经济增长的质量和动力。开发性金融可以从提高劳动力素质、支持科技创新和提升管理水平、支持民营资本企业发力，提升要素效率。

西藏劳动力大半都从事第一产业，整体文化程度不高；西藏整体工业化水平较低，工业规模较小，初级加工业和重工业占的比重较大；工业的技术水平较低，技术设备陈旧落后，直接影响到经济发展的质量。西藏要转变发展方式，提升经济增长的质量和效益，应推动先进适用技术的引进、消化吸收与创新。

国开行西藏分行和当地政府一起完善助贷机制，扩大高校助学贷款的范围和额度，并将助学贷款范围扩大到中专、技校、职高，提升本地劳动力素质，这些高素质的劳动力将会成为将来发达的第二、第三产业的供给；设立若干中小企业扶植专项基金，并拓展与小贷公司、担保公司、村镇银行的合作，通过机制授信，对中小微企业进行统贷，以批量的方式扶植其发展壮大。可取几家目前已发展至一定规模，且将来有发展潜力的企业着力培养。像当年国开行培育华为、奇瑞一样，合理设计信用结构，对这些企业的技术研发、创新升级提供资金支持；发挥国开行央企合作的优势及与内地发达地区分行加强沟通，充分利用当前海外及东部地区技术转移的机遇，吸引发达地区的企业带着技术和设备来西藏建立工厂和研发基地。

此外，国开行充分利用国家赋予的主权信用评级带来的低成本资金，在保本微利的前提下合理定价，降低企业融资成本，尽量让利于藏。

4. 发挥资金优势，持续稳定扩大信贷投放

根据研究，人均收入水平、银行业贷款余额和地方财政支出是西藏经济发展的主要推动作用。其中，人均收入的作用力最为明显，银行贷款次之，财政支出的作用力相对最小。

作为享受国家主权信用评级的债券银行，国开行的资金来源主要是开总行在全球市场上公开发行的国开债。这与其他商业银行以存定贷的经营模式有着本质区别。简而言之，其他商业银行都是以其在西藏自治区内吸收的存款数来决定其发放的贷款额，而开发银行所发放的贷款资金则是从全球和全国的资金

市场筹集得来。国开行在西藏每发放一笔贷款都会给自治区带来一笔区外的资金流入。

国开行应加强对政府的金融宣介及金融知识服务，推动政府尽量将有限的财政资金作为杠杆来撬动更多的信贷资金介入；充分利用发挥好国开行"投、贷、债、租、证"综合金融服务优势，通过多种金融产品和服务加大项目融资支持力度。

进一步向西藏加大政策倾斜，从贷款规模资源、授信评审政策、信贷管理政策等方面结合西藏的特殊区情，制定相关差异化政策，以推动更多的资金投向西藏。

四、政策建议

（一）继续争取中央对西藏的大额投入和支持

按照中央治边稳藏的精神，立足西藏"两屏五地一通道"的特殊地位，积极与国家相关部委沟通，加快中央预算内项目的执行，借助"十三五"中期调整的机遇，继续争取更大的中央预算投入，支持西藏脱贫攻坚、基础设施、军民深度融合、"一带一路"等领域建设；争取"两项补贴"按照融资资金投向地作为补贴的标准；争取差异化的金融监管政策，支持金融机构加大在藏资金投放。

（二）争取政府购买服务融资模式的政策倾斜

对于合规的政府购买服务模式，已明确不作为政府债务，因此西藏应当在符合国家最新要求的前提下，争取对待政府购买服务融资模式的政策倾斜。

一是对于存量政府购买服务融资项目。目前，全国政府购买规模约 5 万亿元，西藏规模约 510 亿元，占比仅 1% 左右。国家还没有明确怎么整改，建议维持现状，静观其变。

二是按照国家规定，棚改和易地扶贫搬迁项目继续采用政府购买服务模式，要利用好这一政策，抓住机遇，补齐短板。

三是积极向国家争取对藏差异化政策，向国家有关部委沟通汇报，将同步搬迁、高海拔地区搬迁等纳入易地扶贫搬迁范围，将特色小城镇等建设纳入棚户区改造范围，争取对西藏脱贫攻坚、基础设施等重点领域继续适用政府购买服务模式。

（三）大力推广 PPP 模式

一是加强 PPP 顶层制度设计，完善相关规章制度。

二是设立自治区和各地市 PPP 中心，统筹组织推动。

三是鼓励各地市政府先行先试，有条件的地市先行操作 PPP 模式。

四是在基础设施和公共服务领域，批量策划 PPP 项目，综合运用 TOT（移交—运营—移交）、BOT（建设—运营—移交）等模式加快推进。

五是引入实力较强的社会资本，提高投资效率与管理运营能力。

（四）政银企联动加快落实重点领域项目融资

围绕自治区政府关注的重点、难点领域，进一步引导金融机构加大对重大项目的融资支持，如扶贫领域的高海拔搬迁建设；交通领域的拉那公路、铁路；城镇化建设领域的棚改、地下综合管廊、厕所革命；军民深度融合等方面。

（五）加大宣传培训力度，提升合理利用融资意识和能力

加强银企对接，加大融资政策、模式、方法的宣传、培训，提升全区融资意识和能力，提高重大项目包装策划水平，强化融资落地效率。

供给侧结构性改革的实施将极大地推动全面建成小康社会，并将开启新一轮深化改革。作为世界最大的开发性金融机构，作为国内唯一拥有全牌照的金融集团，国开行在助力西藏供给侧结构性改革方面将大有可为！

参考文献

［1］徐诺金．新供给经济学的来龙去脉［J］．征信，2016（207）．

［2］贾康，徐林，李万寿等．中国需要构建和发展以改革为核心的新供给经济学［J］．经济研究参考，2014（1）：35－56．

［3］贾康，苏京春．探析"供给侧"经济学派所经历的两轮"否定之否定"——对"供给侧"学派的评价、学理启示及立足于中国的研讨展望［J］．财政研究，2014（8）：2－16．

［4］贾康，徐林，李万寿等．新供给经济学在中国改革中的关键点分析［J］．现代产业经济，2013（7）：7－13．

［5］刘元春．论供给侧结构性改革的理论基础［J］．求是，2016（6）：63 - 63.

［6］佚名．七问供给侧结构性改革——权威人士谈当前经济怎么看怎么干［N］．人民日报，2016 - 01 - 04（2）.

［7］丁业现，彭克强．改革开放以来西藏金融发展与经济增长关系的实证研究［J］．西藏研究，2011（4）.

供给侧改革视角下西藏小面额辅币发行方式研究

中国人民银行拉萨中心支行
课题组组长：姚中玉
课题组成员：杜炳萱　鲁姆措　扎西次仁　代上荣

摘要： 在实现西藏辖区现金供应总量的前提下，优化流通中现金券别结构对促进支付流通、维护人民币信誉、提升人民币形象具有重大意义。本文以西藏小面额人民币辅币发行遇到的问题入手，分析市场小面额人民币辅币需求量和需求人群，进而提出改善发行方式的建议。

关键词： 供给关系　小面额辅币　发行方式

一、概述

（一）西藏小面额辅币发行面临的困境

在全国将推行 1 角、5 角小面额辅币硬币化和硬币自循环工作之初，因考虑到西藏公众使用现金偏好需要大量小面额辅币，同时西藏基础建设相对落后，未配置硬币清分等设备且大型设备容易受环境制约影响工作效率，硬币自循环工作的开展确有困难。虽经申请保留了西藏小面额辅币发行权，但在 3 年的发行工作中，发现以下问题：

1. 小面额辅币原封新券投放后残损纸币无法回笼

发行库每年投放大量小面额纸币，2016 年 1 角纸币净投放 7068.70 万张，5 角纸币净投放 6915.80 万张，1 元纸币净投放 2732.80 万张。

1 角、5 角辅币净投放量大幅超过 1 元纸币投放量，但 1 角、5 角辅币回笼量却远小于 1 元纸币回笼数量。当前，西藏辖区小面额货币中 1 元需求量最大，投放回笼处于同一数量级，流通顺畅。

1 角、5 角辅币大量投放，回笼数量不足投放量的 10%。由此可知，大量 1 角、5 角辅币未进入流通领域，大量沉淀。

2. 各种宗教活动均需要大量小面额辅币

布达拉宫、大昭寺等寺庙周边和拉萨钱币市场存在大量出售小面额辅币的群众，朝拜的群众购买意愿强烈，购买价格 1 角约为 0.15 元/张，5 角约为 0.6 元/张，可单买也可成把购买，可为完整券或者原封新券不连号，主要用于寺庙朝佛。

萨嘎达瓦节前夕，1 角、5 角辅币存在销售高峰期，布施偏重于小面额辅币且购买价格略有上浮。

3. 西藏钱币市场小面额辅币大量高价收购

表 1　　　　　　　　　拉萨钱币市场小面额人民币溢价收购价格

券别	回收价格				备注
	箱	捆	把	张	
1 角	0.4 元/张	0.3 元/张	0.2 元/张	不收	单张特殊号码
5 角	0.7 元/张	0.52 元/张	不收	不收	特价收购

2015 年以来，1 角纸币仅西藏发行，5 角纸币有四个省区发行，公众对小面额停止发行预期大，钱币市场溢价收购。5 角纸币四省区同时发行市场存量多，且单箱价格高，资金周转慢，其溢价远低于 1 角纸币。

价格翻倍收购造成大量小面额辅币投放至商业银行网点，钱币投机商排队兑换后收藏或出售，拉萨钱币市场大量回收原封新券，然后出售到国内其他大中城市的钱币市场。在钱币市场低迷的一段时间内，小面额辅币成为炒作新秀，价格随市场保有量和是否发行的预期不断变化。

4. 菜市场、超市等的需求量逐渐减少

拉萨各大菜市场、超市内 1 角、5 角使用率较低，基本上购买菜价四舍五入或以小件菜品代替或以翼支付、支付宝等非现金手段支付。相较于菜市场，超市等的刚性需求较大，仍有少部分客户要求按价找款。

5. 西藏小面额辅币调拨费用和保存成本颇高

西藏发行基金调拨大多数以空运为主，小面额辅币金额小数量多且重量大，同型号航班装载小面额辅币的箱数少，金额低，按照吨数计算包机费用，开支大。管库员装卸小面额辅币和摆放、清点时需花费更多的体力，各项成本均偏高。

西藏小面额人民币现在仍有很大的需求量，但因为存在大量投机者追求溢价，正常的投放模式将容易将小面额辅币截留，造成国家不发行小面额辅币的误区，从而利用心理预期而抬高溢价。刚性需求者无法获得小面额辅币而必须通过高价购买。西藏物价高，非现金支付，特别是支付宝、微信等手机支付正在极大地弱化小面额辅币补零找差的作用，1 角、5 角纸币辅币功能弱化，市场使用率降低。

（二）研究西藏小面额辅币发行方式的意义

用好用活对西藏特殊小面额辅币发行的优惠政策，因地制宜，突出西藏特点，服务于广大刚性需求者，提供充足的小面额辅币供应的同时，降低各项成本，小面额辅币发行方式具有决定性因素。

研究小面额辅币发行方式有利于市场人民币券别结构调整，寻找更易满足刚性需求者的方式，优化流通中现金券别结构，促进支付流通、维护人民币信誉、提升人民币形象，降低发行过程中人力和物力的成本，有效控制买卖流通中人民币的违法行为，提高发行效率和市场上小面额人民币的整洁度。

（三）研究方法和文献综述

1. 研究方法

本文以调查法为主，以实证分析法和文献研究法为辅，系统地搜集西藏小面额辅币现实状况，通过观察、谈话、问卷、个案研究等方式，进行有计划的、周密的和系统的了解，用实践证明并提出设计，说明小面额辅币投放方式与发行成效间的关系，并对调查搜集到的大量资料进行分析、综合、比较、归纳，从而得出西藏小面额辅币的需求量、需求人群，设计合理的发行方式。

2. 文献综述

第一，对优化人民币结构的研究中，袁方在《优化人民币券别结构的思考》一文中提出精心组织，探索建立科学的投回模式。进一步拓宽人民币监测的范围，不仅考虑商业银行、大型企事业单位，还应包括现金需求满足度差的居民个人和微小企业。组织商业银行搭建小面额票币调剂平台，畅通回收渠道，引导小面额供需双方进行有效对接，在减少中间环节的基础上盘活中小额资金，减少现金沉淀。

第二，对小面额辅币供应问题的研究中，何军锐在《优化人民币券别结构的思考》一文中提出实现重点企业与银行业金融机构定点对接制度。人民银行定期分析火车站、医院、大型超市、商业百货等小面额人民币现金使用量大的企业需求，协调辖区银行业金融机构固定对接相关企业，定时定点接受企业的小面额人民币现金缴存和兑换业务。邸宁在《完善小面额人民币供应长效机制》一文中提出加强对小面额人民币市场流通的调查研究，找准地区现金供应规律，提高现金投放、回笼预测分析的准确性，增强货币发行工作的科学性、有效性，从根本上解决辖内小面额人民币供需矛盾的突出问题。

第三，对小面额人民币整洁度研究中，唐晓川在《小面额人民币整洁度调查》一文中提出强化监管，合理调整相关处罚标准。建议适当修改《残缺污损人民币兑换办法》《人民币管理条例》相关处罚标准，加大处罚力度，提高相关金融机构违规成本，以适应当前经济金融环节及出入库量大、流通量大的现实情况。

综上所述，研究文献对小面额人民币各个方面都有较为系统的论述，其管理办法均有很强的借鉴性，但对于西藏小面额辅币发行的特殊情况，没有相应的解读和解决办法。

二、西藏小面额辅币发行方式变革

（一）具体措施

2015年，面对小面额辅币发行工作中遇到各种问题，深刻了解到传统的发行模式无法达到预期的目的，我们积极采取行动，制定各类规章制度和有效防范方式，具体内容如下：

1. 1角、5角纸币开箱出库。彻底杜绝囤积整箱纸币的同时增加囤积者收集和保存成本。有效杜绝了市场整箱小面额辅币炒作。

2. 与商业银行交流小面额辅币投放存在的问题，强调发行纪律，与各商业银行签订"小面额辅币投放责任书"等。要求各营业网点拆捆兑换。

3. 成立交叉检查小组进行检查。与商业银行联合组成检查组，对营业网点进行不定期抽查，小面额出库后定期检查，对发现的违规问题进行处理，保证相关制度严格落实。

4. 将小面额辅币全辖集中按季度投放至商业银行网点。按西藏宗教活动特点，选择大型宗教活动之际大量投放有助于需求者及时兑换和使用。另不做特殊要求按日投放不便于监督检查将有可能被全部截留、囤积。

5. 设置空箱处置预案，小面额人民币需经检查空箱如数后销毁。

（二）效果反馈

1. 市场情况：一是解决了传统发行模式下投放到不了网点的问题；二是在监督和督促的情况下，商业银行对小面额辅币的态度逐渐端正，行为逐渐规范；三是部分刚性需求公众可直接通过商业银行兑换小面额人民币；四是炒作、囤积行为屡禁不止，整箱回收价格突涨；五是不得大额整捆兑换导致部分大企业如超市、小型商贩的刚性需求得不到满足；六是按季度投放时间较长，商业银行在公众答疑过程中没有正确疏导，投机人群借机炒作，释放不再发行小面额辅币等流言，致使群众产生更高的溢价预期。

2. 商业银行：小面额按季度投放数量大，当天未兑换完成需返回金库择日再进行配送，增加金库工作量或部分网点没有办法在规定时间内完成配送，个别网点（如中行铁崩岗支行）不在公路边，需手提 15 分钟至营业网点。造成网点人员亟须在一天内兑换完成以减少搬运工作量和降低现金风险。设立专柜专门进行小面额辅币兑换，加重个别小网点的工作量，因此拆捆兑换不符合商业银行工作意愿，很难实行。同时，大企业、大客户的各种利益诉求和发行部门规定冲突，在现阶段商业银行选择客户优先。

3. 发行部门：1 角、5 角开箱出库和保存空箱待查、核实后销毁均加大了发行库人员工作量，每季度发行组成检查组至各网点检查，组成交叉检查小组至各地区进行空箱清点，工作量陡增，工作成本增加。

三、小面额辅币发行方式成效的市场调查

（一）调查情况说明

此次调查以拉萨辖区 2017 年第三季度集中投放中小面额辅币兑换公众为研究对象，向辖区所有营业网点发放"小面额人民币兑换记录表"87 份，回收 87 份，其中有效统计 70 份，有效率达 80%。本文认为对于拉萨辖区的小面额辅币兑换状况进行了全面的了解和汇总，可以说明拉萨辖区小面额兑换存在的主要问题、兑换人群、兑换数量和刚性需求量。

（二）调查表设计

为了准确揭示拉萨各商业银行小面额人民币兑换现状，本次调查表从民族、电话、职业、兑换数额、用途和营业网点名称六个方面进行研究，各问题设计意图如下：

1. 不同民族、职业与小面额兑换的人群关系密切。
2. 兑换数量调查出不同用途的实际需求量和违规兑换数量。
3. 兑换用途将直接表明小面额辅币流向。
4. 电话可进行回访，并核对重复兑换人数。

（三）调查统计

表 2　　　　中国建设银行、中国银行小面额辅币公众民族与用途统计

民族	人数	用途	占比
汉族	1790	找零	24%
藏族	1307	找零、拜佛、经商	18%
回族	4201	收藏、经商	57%

表 3　　　　中国民生银行小面额辅币公众兑换职业与用途统计

职业	人数	用途
银行职员	9	帮客户兑换9人
超市、个体户	49	找零
司机、家庭主妇、学生、保安、银行职员	7	给寺庙
打工	8	给老板兑换

表 4　　　　中国农业银行小面额人民币兑换金额与用途统计

兑换金额（元）		用途	占比	
1角	5角		1角	5角
63750	268750	找零、拜佛、布施	23%	20%
211250	1106250	收藏、纪念	77%	80%

表 5　　　　违规兑换情况统计

职业	人数	用途	金额（元）
银行职员	12	给客户兑换	26480

（四）结论

根据不完全统计，用于收藏的小面额辅币 1 角占比 77%，5 角占比 80%，

基本符合现金回笼不足 10% 的现状，一个季度投放满足刚性需求 20%，沉淀80%，按需投放可减少的投放量约 80%。需求人群为超市、个体工商户，朝佛群众。调查中还发现相同号码最多重复 27 次，即兑换人员在三天的兑换时间内赶往 27 个网点进行兑换。违规兑换人员仅为银行职员，目的是给客户兑换。

（五）地区小面额辅币需求情况——以阿里地区为例

为监测阿里地区流通中人民币整洁度状况，2015 年至今多次发放藏汉语"阿里地区人民币流通状况调查问卷"，广泛开展公众人民币使用满意度调查，共收集藏汉文版有效调查问卷 6000 份。调查问卷结果显示，45% 的问卷对象日常对 1 元以上的各类券别有需求，8% 的问卷对象表示对 5 角、1 角也有需求，47% 的问卷对象反映只对 50 元以上的大面额有需求。85% 的问卷对象认为阿里流通中人民币整洁度为"良"，认为"优"的占 13%，认为"差"的占 2%。

钱币收藏的热潮使众多收藏者竞相收藏、交易和炒作小面额辅币，致使大量沉淀。近 5 年来共投放 1 角纸币 189 箱，回笼残损人民币仅 6 箱，除约 4% 还处于流通领域外，大部分进入了收藏领域。

小面额货币支付功能弱化和找零功能移位。由于受地域条件和自身生产力不足的影响，各种商品均需要汽车从新疆、拉萨运输，超高的商品运输成本造成各种日用品价格比拉萨偏高 1～2 倍，因物价较高，辅币的交易媒介职能弱化，使用范围越来越窄。日常生活中，人们进行商品交易大部分以元为单位。民众对收取的 1 元以下小面额人民币随意存放，甚至有丢弃的现象发生，这直接导致小面额残损人民币体外循环，大量不宜流通的小面额人民币无法回笼。

四、小面额辅币发行方式探索和可行性分析

因被截留、炒作小面额辅币多为全封新券且需求者大多数为信教群众，使用地多为寺庙，故提出以下设想：

（一）寺庙为全封新券大量投放点

1. 投放形式：在寺庙大门内投放小面额辅币兑换机，需求者可凭身份证自行在兑换机上兑换，限定数量，商业人员将使用后的回收，经清分整理后在各商业银行网点投放。

2. 可行性分析：朝佛的民众不收取门票且朝佛使用较多，门票和宗教信仰

将阻拦大量小面额辅币炒作者，小面额辅币可直接投放到需要者手中，免去以往中间各项截留、囤积等风险和行为。对进寺人员兑换数量进行限制，以防止其大量带出囤积。在寺庙小面额辅币投放后，商业银行将其回收、清分后在柜台供公众使用，流通券降低收藏价值，小面额辅币进入正常流通环节。

3. 存在问题：小面额辅币兑换机的管理、使用和摆布至寺庙需与商业银行、寺庙管理委员会等机构协调一致，并对小面额辅币加钞予以管理和保证。

（二）建立预约兑换系统

1. 投放形式：建立与普通纪念币预约兑换系统类似的小面额货币预约兑换系统进行兑换。

2. 可行性分析：可进行选择性投放，对调查发现以追求溢价为目的的兑换人员进行教育并不予兑换的同时便于掌握具体数据，监测小面额货币流向。对不同行业如超市、医院、菜市场等可分类进行，了解其券别需求量，按需供应。

3. 存在问题：预约兑换系统会加强公众对小面额辅币不发行的预期，仅西藏辖区对小面额辅币兑换有网上预约需求，各商业银行总行是否支持系统开发和使用。部分需求者可能因不会操作预约系统而无法获得小面额辅币。

（三）督促商业银行建立小面额辅币兑换考核机制

1. 建立形式：督促商业银行建立小面额辅币兑换考核机制，人民银行建立小面额辅币通报机制。

2. 可行性分析：商业银行对小面额辅币投放未设立有效的兑换考核机制，对已提出的拆捆等要求执行力度不强，临柜人员对小面额辅币回笼等任务不积极主动，督促商业银行建立小面额辅币兑换监督机制、制度执行机制。人民银行建立定期对小面额辅币投放的通报机制，对完成情况较好的予以表扬，进行经验交流，存在问题的予以通报批评。从而调动商业银行积极性和适度降低商业银行人员收藏、囤积的行为。如要求商业银行回收每捆纸币封签，从而保证各商业银行网点拆捆兑换，降低其市场价格。对不予如数交回的予以通报。

3. 存在问题：商业银行以营利为目的，需考虑其提供基础服务中关于小面额辅币投放是否能够成为其考评内容而不是敷衍检查制定的空头文件。商业银行是投放的主渠道，但对小面额辅币的纪律管理远弱于人民银行的各项规定，所以公正地评价商业银行行为，让通报发挥作用有一定难度。

（四）法律处罚机制

1. 机制设想：钱币市场进行定期检查。

2. 可行性分析：《中华人民共和国人民币管理条例》第二十五条规定：禁止非法买卖流通中人民币。第四十四条规定：由工商行政管理机关和其他有关行政法机关给予警告，没收违法所得和非法财物，并处违法所得 1 倍以上 3 倍以下的罚款；没有违法所得的，处 1000 元以上 5 万元以下的罚款。有规章制度的依据，可联合相关部门进行查处。

3. 存在问题：小面额辅币炒作为全国性现象，联合其他部门进行行政执法，发挥作用必须多次检查，且效果无法估计。且需考虑多次对少数民族等进行检查，是否会引发民族冲突。

（五）各地区按需投放小面额辅币

1. 机制设想：各地区按需测算投放量。

2. 可行性分析：西藏范围广，各地区存在小面额辅币沉淀的共性，但各地区物价水平、现金偏好不同可能导致不同的需求量，各地区发行科组织人员调研报送需求量，按需投放的同时可参照以上设想。

3. 存在问题：预测不准或发行方式偏差是否会导致小面额辅币脱供。

综上所述，西藏辖区小面额辅币发行中存在问题的本质是市场对小面额辅币不予发行的预期所产生的溢价，导致 80% 的小面额辅币沉淀，本文着重探讨小面额辅币的发行方式，以此精准投放，加强监督管理，减少沉淀金额。虽无法从根本上解决既要杜绝炒作又要满足市场的刚性需求。但采取以上具体措施可有效降低截留、囤积和炒作现象，使更多小面额辅币进入正常循环状态。

参考文献

[1] 陈宝山. 现钞学 [M]. 成都：西南财经大学出版社，2000.

[2] 中国人民银行. 货币金银学 [J]. 货币金银参考，2017（4）.

[3] 袁方. 优化人民币券别结构的思考 [J]. 西部金融，2016（6）.

[4] 王静波. 促进小面额货币回笼的政策效果量化评估——以中部地区两个地级市为样本 [J]. 商场现代化，2015（7）.

西藏产业投资基金对产业升级转型影响路径研究

中国人民银行拉萨中心支行
课题组组长：西绕甲措
课题组成员：杨新玲　王玉柱

摘要：在本文中，我们将重点关注西藏产业投资基金，西藏产业投资基金作为产业推广和研发战略的研究目标，有必要对其进行详细阐释。相关理论及政府引导 PPP 产业投资基金对产业升级转型影响路径研究的重要意义，介绍了西藏产业投资基金发展的现状，运用 SWOT 工具对西藏产业投资基金发展的优势、劣势、机会和威胁进行分析，借鉴国内外产业投资基金发展经验并结合西藏的实际情况，提出了政府引导产业基金发展的对策。

关键词：西藏　产业升级转型　产业投资基金　SWOT 分析

一、引言

（一）选题背景

目前西藏自治区正处于经济换挡转型期，其重点是经济结构调整和产业升级。《2016 年西藏自治区政府工作报告》清楚地显示了加强财政援助和建立工业基金的明细要求。2017 年 4 月初自治区政府下发《西藏自治区人民政府办公厅关于成立自治区产业建设领导小组的通知》（藏政办发〔2017〕45 号），提出重点打造全区 12 个支柱产业。产业升级政策是指向在发展初期未得到充分成长的产业，特别是支柱产业、基础设施产业和区域性特色产业进行政策、税收和财政的倾斜，帮助其快速成长。通过技术进步等手段帮助已经成为核心产业的传统行业提高产业素质与效率，以达到提高综合竞争力的目的。在经济转型期，中小企业的发展特别是特定产业的支柱企业普遍面临资金匮乏的困境，产业基金作为出资方对国内乃至全球性的产业重组及企业增值管理等的影响越来越大，产业基金对推动产业转型升级的作用十分重要。

（二）选题目的及意义

西藏处于中国西南边陲，位于青藏高原西南部。目前，西藏经济以第三产业为主，2016 年，实现全区生产总值 1150.07 亿元，按可比价格计算，比上年增长 10.0%。其中：第一产业增加值 104.98 亿元，增长 4.0%；第二产业增加值 429.92 亿元，增长 12.1%；第三产业增加值 615.17 亿元，增长 9.6%。在全区生产总值中，第一、第二、第三产业增加值所占比重分别为 9.1%、37.4%、53.5%（见图 1）。

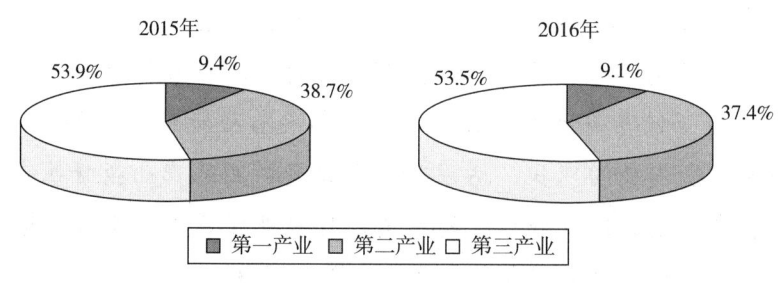

图 1　西藏自治区三产占比

研究西藏产业投资基金运行模式和发展战略，将产业投资基金作为一种有效的投融资工具，对丰富企业融资渠道、缓解企业融资难的问题、引导和优化地区产业结构、促进自治区经济社会发展具有重大现实意义。同时，也对落实中央财税体制改革精神和要求，规范自治区财政资金投入竞争性领域方式，转变政府职能，减少政府对市场经济直接干预，促进西藏区域市场公平具有重要意义。

（三）研究方法

1. 文献分析法

本文收集和阅读现有的关于西藏经济、国内外关于产业基金方面的资料，对这些资料进行分析研究，以利于本课题的写作。

2. 比较分析法

西藏自治区在发展产业投资基金方面实践经验不足，故需要引入在相关领域已取得一定进展的沿海发达地区作为参照物。在收集的文献资料里对比分析西藏产业园区 PPP 模式下产业基金发现存在的问题，同时找出国内国外发现产业投资基金对西藏值得借鉴的地方。

3. SWOT 分析法

这种分析法十分适合用来展示西藏产业投资基金带来的好处、不足、机会和威胁。

二、国内外产业投资基金的发展经验借鉴

国内外产业投资基金的经验对西藏有很好的借鉴意义，国外的产业投资基金（创业投资基金或风险投资基金）发展非常活跃，西方发达国家有关的理论体系都较完备，发展经验丰富。美国产业投资基金规模已达到 10000 亿美元规模，约一半的上市公司得到过产业投资基金支持，通用、微软、戴尔等著名企业都曾受益于产业投资基金。产业投资基金极大地推动了高新技术产业发展，也对促进资本市场发展起到了重要作用。国内产业投资基金组织形式主要是公司型和有限合伙型，采用私募方式募集资金，目前尚未出现公募筹资的产业投资基金。国内产业投资基金吸收的投资主体较多元，包括政府、平台公司、工业园区、个人及银行保险等机构战略投资者等。近年来，我国产业投资基金投资范围不断扩大，既包括对国内投资，也包括对国外投资。此外，产业投资基金对上市企业支持作用越来越强。以深圳市为例，2014 年深圳市境内外上市企业将近 300 家，其中有产业投资背景的企业占 67%，中小板上市企业 701 家，有产业投资背景的企业 308 家，占 43.94%。在产业投资行业蓬勃发展的带动下，深圳市涌现出了一批战略性新兴产业的龙头企业，全市已获认定的国家高新技术企业超过 2800 家。可以说，产业投资行业是深圳建设国家创新型城市的重要力量，在相关产业转型升级中发挥了催化剂作用。

从上述经验可以看出，发展产业投资基金能够对推动西藏产业升级发展、创新能力提高和促进特色支柱产业有重大积极作用；下一步西藏应通过制定财税优惠政策、设立政府引导基金、搭建服务平台、营造有利环境等办法引导和推动产业投资基金发展。

三、西藏产业投资基金发展现状和分析

（一）西藏产业投资基金现状

西藏目前正式成立并实际落地的产业投资基金只有一只，即西藏中德产业

基金，公司成立于 2016 年 10 月，位于西藏自治区唯一的省级经济技术开发区拉萨经济技术开发区，由拉萨经济开发区投资发展有限公司和东海产业基金投资管理有限公司共同发起，是目前西藏自治区政府第一次在工业投资基金上与社会资本建立的合作投资基金，第一期基金是 10 亿元人民币，目前已经全部投放成功。其中，中行西藏分行作为产业基金托管银行，具体负责产业基金的资金清算、资金交收、投资监督等工作。

（二）西藏产业园区产业投资基金 SWOT 分析

SWOT 分析是一种以内外竞争和竞争条件为基础的情境分析，整个分析过程是计算与研究对象密切相关的内部优势、劣势、外部机会和威胁，并以矩阵形式计算所有的调查结果，然后使用分析思想系统分析各种因素，得出一套合适的结论，这样得出的结论是很有决策依据的，利用这种方法，可以对研究对象所处的环境进行全面、系统、准确的研究，更好的进一步的发展计划可以从研究结果中制定出来。

1. 优势

《2016 年西藏自治区政府工作报告》在对金融撬动和资金设立等方面有着十分明细的要求。2017 年 3 月，西藏发展咨询委员会在京召开的优势产业培育发展咨询论证会上明确提出，西藏将投入百亿元资金推动设立自治区优势产业发展的引导基金、风险投资基金、融资担保基金等，旅游业、清洁能源产业、金融业、天然饮用水产业等产业属于六个核心产业，必须予以积极推动，优质农业产业和家禽加工业、西藏医疗产业、特色文化产业等产业属于高原特色的产业，也应当予以重视。2017 年 4 月初，自治区政府下发《西藏自治区人民政府办公厅关于成立自治区产业建设领导小组的通知》（藏政办发〔2017〕45号），提出重点打造全区 12 个支柱产业。因此，在这个阶段，促进西藏工业投资基金的发展应该及时抓住时间、地域和人才的机会，必将在工业指导和在职培训中发挥主导作用。工业投资基金帮助开发利用当地资源，加快区域内优秀企业的转型和完善，同时注重资源开发和加工、引进、发展和推广新技术产业化。西藏高原上的农牧林正在实现西藏与新疆、青海、四川、云南等省的战略带 "一带一路" 接壤，与印度等南亚国家接壤，包括尼泊尔、缅甸和不丹等，基于这种地理状况，西藏必是内部和外部沟通的重要枢纽，它是中国与南亚国家交流的关键性门户区域，西藏工业投资基金如果能发挥自己独特的沟通性优势，必将让更多的藏族特色能够传播到内地和沿海地区，让更多的公司了解西藏并且在西藏定居。

2. 劣势

（1）西藏经济总量较小，多层次资本市场发展较为落后，导致产业投资基金的退出方式单一。除基金清算外，产业基金退出一般采取企业在国内上市和转让股权方式。此外，由于西藏资本市场不发达、融资规模有限、经济市场环境制约等客观因素，被投资企业发展不能达到预期，上市较少，产业投资基金多数只能通过被投资企业内部赎买和关联企业购买等方式退出。

（2）投资项目选择困难。目前虽有产业投资基金已设立，但受自身业务能力的制约，加之缺乏投融资双方沟通联系渠道，难以与企业对接，较难找到合适的项目。投资和信息渠道有限和不畅导致投资项目的选择较困难。

3. 机会

（1）产业投资基金处于良好区内外发展机遇期。国家"十三五"规划纲要提出：第一要在科技创新的领导之下，让创新成为驱动发展的元素，进一步弘扬立足于群众的创业精神和创新精神；第二要坚持和完善基本经济制度，健全现代市场体系，加快金融和财税体制改革；第三要优化现代产业体系，实施制造强国战略，支持战略性新兴产业发展，加快推动服务业优质高效发展；第四要深入实施区域发展总体战略，拓展蓝色经济空间；第五要加强和创新社会治理，完善社会信用体系。这些都为有力推动产业投资基金产业发展创造了良好条件。近年来，我国经济下行压力逐步加大，政府需要大力挖掘新的经济增长点，我国已经进入经济和产业结构调整的关键时期。这一时期随着财税、金融改革等各项改革的深入推进，也必将成为产业投资基金加速发展黄金期。

（2）国家政策支持。2014 年国务院出台《关于创新重点领域投融资机制鼓励社会投资的指导意见》，同年 12 月《国务院关于改革和完善中央对地方转移支付制度的意见》提出"探索实行基金管理等市场化运作模式"和"基金主要采取创业投资引导基金、产业投资基金等模式"。

4. 威胁

（1）筹资渠道不够开放。目前西藏产业投资基金是政府引导的私募基金形式，而较少采用公募方式募集资金。私募基金是指只针对少数特定投资者，通过非公开发售方式筹集的资金。公募基金是指不针对特定社会投资者，通过公开发售的方式进行募集的资金。公募基金在投资比例、投资品种等方面有严格要求，对基金投资有关信息的披露要求也很严格。这就在一定程度上限制了产业投资基金的渠道，不利于更多的社会资本投入。

（2）重点解决产业过于模糊的定位问题

近年来，西藏工业发展的园区化趋势开始成为发展主流，但园区只能缓解产业集聚上的问题，却难以解决许多园区分工不清楚、发展太过随意的问题，许多工业园区仍缺乏拥有支柱的产业，缺乏特殊行业优势，整体行业地位不明确，无法为集中资源配置提供方便。因此，即使是支柱产业也会缺乏强大的主导力量，更不用说形成强大的区域性竞争力了。

（3）产业链多而短，各个产业之间缺乏关联性

凡是国内成功产业的发展必然在产业链的定位上十分精准，协调了支柱型产业和非支柱型产业的关系。比如在上海就有一些高精尖的生物或 IT 企业，信息技术在软件和芯片之类的公司特别集中，这已经构成了一个系统化的电子科技产业链。然而，西藏却存在着量多而质不精的问题，没有意识到这些产业链之间是相互渗透的，而没有引入行业精确的上游和下游产业，更没有特别注意西藏的相对优势，也因此不可能集成科学的产业链系统，造成产业的发展有许多阻力。

（4）产业科技在创新能力上的欠缺

目前，西藏高技术产业集群和高附加值产业集群的比例过低。产业集群主要以低成本集聚为基础，但许多产业集群仍处于模仿和车间竞争阶段，产业结构整体水平仍然较低；本土产业对自身研究与开发的投入力度不够，技术附加值较低。

（5）基金运营和管理经验不足

西藏产业投资基金发展处于起步阶段，成功案例、运营经验缺乏，与国内发达省市比较差距较大，加之社会整体对产业基金发展模式的认识不足，导致达到产业投资基金"政府引导、市场运作、行业自律、政策扶持、规范发展"的要求仍需努力，这些因素严重制约了西藏产业投资基金发展。

四、西藏发展产业投资基金的意义

（一）有利于缓解中小企业的融资困难

产业投资基金就是一种风险投资资金，它由发起人募集资金，以股权投资

形式投入成长性较好、发展潜力大、回报率高的未上市实体经济企业，参与企业经营管理，帮助企业发展，努力提升企业价值，通过转让股权等方式实现基金退出和投资回报。我国的产业投资基金多数由政府投资引导设立，同时政府也给予相关产业各类政策支持，中小企业可以自身的高成长率、良好潜力来争取产业投资基金资金投入，避开经营规模小、抵押资产少等融资条件制约，得到资金支持。

（二）有利于拓宽投融资渠道，完善金融资本市场体系

西藏自治区属于边疆少数民族地区，受经济水平、历史、观念等客观因素制约，资本市场发展落后于内陆省份和沿海发达地区，市场规模和融资额都较小，投融资渠道较少。设立和发展产业投资基金，不但可以丰富投资者投资方式，解决资金过剩和盈利的问题，提高投资效率，而且可以拓宽企业融资渠道，使急需资金投入的中小企业获得资金，有效降低企业融资成本，还能够激活自治区基金市场，完善资本市场体系，更好地助力地区经济发展。

（三）有利于资源优化配置和产业升级结构调整

产业投资基金属于股权投资范畴，是一种风险投资方式，除政府投入引导资金外，资本风险投入目的是获得高额投资回报。因此其在实行专家理财，选择投资对象时，一般会选择潜力大、技术先进、竞争力强、效率高的优质企业。这种选择的结果，将使好的资源和资本汇集到这些优质企业，客观上会加速企业间优胜劣汰和产业结构升级优化。同时，一旦产业投资基金能够获得很好的投资回报，就会产生聚集资源和资本效应，促使更多资源和社会资本流向产业投资基金，从而扩大社会投资，提高资金配置效率，促进经济增长。

（四）有利于促进企业发展，提升竞争力

产业投资基金通过股权投资方式注资企业，可改善被投资企业的资产负债结构，解决企业资金需求，有利于企业扩大生产经营规模和提升竞争力。同时，还能够通过专家理财参与企业治理，注入先进理念，提升管理水平，优化被投资企业的治理结构，改善被投资企业的经营管理，增强企业综合竞争力。

（五）有利于在发展中理顺政府和市场关系

政府通过利用行政、法制、经济规划战略、财政、税收、货币政策等引导

和把握经济发展方向，而市场机制是经济运行和发展的关键手段。政府出资引导设立产业投资基金，体现了政府推动解决产业重点领域和薄弱环节的资金、市场、技术等瓶颈制约的政策思路。这种形式将市场的资源配置手段和政府行政引导有效结合，有助于坚持和发挥市场在资源配置中的决定性作用，减少政府对市场的直接干预，规避出现市场失灵和政府失灵两个极端。同时，政府出资引导设立产业投资基金，在规范财政资金投入竞争性领域的同时，还有助于政府职能转变，解决当前政府与市场关系中存在的政府职能越位、错位、缺位现象，促进市场公平和政府履行好提供公共产品和服务、改善民生等基本职能。

六、产业投资基金促进西藏产业结构调整的影响机制

（一）产业投资基金的微观效应与西藏产业结构调整

产业投资基金的价值创造效应和研发投入对微观主体的影响是促进产业结构调整的微观机制。另外，工业投资基金通过选择投资目标，选择各行业的新势力，为企业带来有形和无形资产，实现企业增长目标，通过价值服务提高企业内在价值。同时，产业投资基金补充科学指导，缓解小企业投资不足和新企业创新活力的问题，为企业研发投入提供财政支持，加快技术商业化进程可以创造出更多有利于社会的新产品，市场需求可以在新产品多方位的开拓中被创造出来，促进产业链的长期增长。在发展的同时，将科技含量注入传统工业产品里，增加附加值和市场竞争力，抑制工业衰退。这个过程可以帮助产业结构实现转换和提升。

1. 产业投资基金的价值创造效应

对企业来说，行业的第一个投资基金为企业引入资金，充足的资金可以成为企业生命的血液。公司在生命周期轴上的地位越高，投资风险越高。通过银行信贷等间接融资渠道，通常需要提供抵押品。不公平的传统融资渠道和直接的资本要求往往会使潜在的企业处于发展困境，产业投资基金可以满足这种需求，产业投资基金业的发展和成熟是一个国家或地区直接融资市场的有效补充。

再者，产业投资基金不仅为西藏公司提供资金，还提供一系列增值服务，创造资本投资企业的价值，即工业投资基金，这是一种专业的管理资本。增值服务本身是由基金自身利益驱动的，以最大限度地提高资本收益。自选择融资公司以来，产业投资基金的价值创造效应是一个一贯的过程。在事件发生之前

和之后，是这样的两个阶段。

事前的价值创造效应来自投资基金和项目的严格选择过程，即所谓的"选择效应"。工业投资基金管理机构通常根据自身的投资标准选择受益公司，具有潜在竞争优势的融资公司为增值效应提供坚实的基础。事后价值创造效应来自最大化工业投资基金的收入以实现资本回报。基金经理为融资公司提供许多增值服务。基金管理人参与持股公司的定期经营管理，为企业的重大问题提供指导和支持。

2. 产业投资基金的研发投入效应

企业若想长期良好地发展下去，就必须在创新上投入很大精力，西藏公司的技术创新存在两大问题。首先，资金短缺，其次是过程风险很高。以银行信贷资金为代表的传统筹资渠道的风险收益结构和研发创新投资的企业融资需求难以形成良好的质量比。作为一个复杂的系统工程，高科技研发后的技术产业化需要资本和资本管理的补充。银行信贷也无法实现资本管理目标。根据全国年度数据调查，资本资助的行业在研发方面的投入高于银行信贷。

（二）产业投资基金的宏观观效应与西藏产业结构调整

1. 产业投资基金的资本积累效应

资本筹集对工业投资的影响有助于实现自治区政府提出的产业转型和提升战略，实现有利的产业选择，产业的主导增长和传统产业的转型和提升。一些有特色占优势的产业已经实现产业结构调整，而主导产业的增长和传统产业的转型升级已经完成了产业结构调整，这种产业结构调整通常有两个方向，即高级化调整和合理化调整。

第一，在选择优势产业方面，产业投资基金，特别是风险投资基金，在产业增长充分体现之前，往往挖掘潜在产业。这一时期的工业增长资金需求难以通过传统方式来实现。融资渠道，仅依靠自治区政府的资金支持似乎是不够的。风险资本基金在投资实践中不断调整投资方向，紧密结合资本和市场，通过市场把握特色优势产业的发展方向。运作机制支持那些最具潜力、最适合自治区的产业。

第二，从主要产业的增长来看，在产业显示出增长潜力后，特色优势产业成为主要产业，仍有必要支持资本跟进。在这个过程中，工业投资基金促进了优势产业的资本集中。产业投资基金本身拥有企业利益，并弥补潜在主导产业缺乏经验的问题，作为干预融资公司管理的动力，并引入专业技术经验和先进的管理经验。特别是基金管理人员对市场需求比公司研发部门有着更好的理解，为实现产品的经济价值，可采取更快速实现新产品销售的方法。特色优势产业通过扩散效应促进横向和纵向联系的实现，促进完整产业链的形成，最终形成潜在的产业优势及产业的主导支柱产业。良好的工业投资基金运作可以促进这一进程。

第三，产业投资基金中的股权基金在推动传统企业的转型上有着非常重要的作用。行业进入成熟期后，面临竞争性变革，股票基金帮助某领域的领先公司获得竞争优势，这种方法提高了行业中生产要素的行业表现和利用效率。

2. 产业投资基金的就业效应

首先，劳动力是经济社会发展的基本生产要素，通过分析可以看出西藏劳动力依次自第一产业向第二产业、第三产业转移水平远远落后于全国平均水平。劳动密集型部门从低产部门到高产部门的流动也是促进经济发展、产业结构调整的重要推动力。先进的技术背景、良好的市场前景、和谐的环境理念、独特的优势和广泛的就业机会是自治区新产业规划的重点。工业投资基金，特别是风险投资基金，为潜在的专业产业和重点产业创造了新的就业需求，逐步实现劳动力从传统产业向专业产业的转变。具有独特优势的工业部门企业的数量和规模形成合力，对行业上游和下游支持服务和设施提出更高需求也间接地实现了就业的影响。此外，劳动力通常在特征适合的行业中实现工资和福利的提升，并提高其生活水平和社会地位，从而提高了整个社会劳动力的质量。同时，工业投资的投资公司主要是中小企业，中小企业在产业结构调整中的重要性逐步提高。通过多年实践，西藏已有许多中小企业资源，中小企业的发展提供了大量的工作，吸收了大量的社会劳动力资源。

七、西藏产业投资基金发展路径及建议

（一）基本路径

产业基金的发展是以产业成长规律和投资特点为前提的，应根据各类产业的成长规律及投资特性，制订相应的产业基金战略规划和法规政策，这是产业基金发展的关键和起点。产业基金是利用投资基金的优势与产业成长有机结合的金融工具，进行市场化运作而不是行政命令式一哄而上是产业基金发展的内在要求。因此，在西藏产业基金的发展战略实施和步骤上，应坚持"先易后难、先试点后推广"的原则，即对已有一定产业基金运作经验、具备发展产业基金的产业和地区实行先行试点，然后再向难度较大的产业和地区推进。或先设立一个或几个产业基金进行试点，试点取得成功后，再进行推广。

根据上文产业投资基金对产业结构调整的影响机制可知，产业投资基金对产业结构的影响有以下两条传导路径。

路径1：产业投资基金→微观效应→宏观效应→产业结构调整。

路径2：产业投资基金→宏观效应→产业结构调整。

（二）西藏政府引导产业基金发展建议

1. 切实发挥政府导向作用

（1）完善和加大财税优惠政策。合理的财政税收政策是政府有效推动产业投资基金发展的主要手段。一是要建立符合产业投资基金发展规律的普遍激励机制。二是要进一步加大财税优惠支持力度。

（2）拓宽产业投资基金来源渠道。政府引导基金就是由政府设立并按市场化运作方式投入产业投资基金，引导和集聚社会资本投入产业投资基金的政策性基金。在产业投资基金发展初期，外部环境不完备的情况下，政府设立引导基金可降低投资者对产业投资基金发展的疑虑，鼓励社会资本的投入，引导和集聚资金投入产业投资基金，扩大产业投资基金规模，促进产业投资基金发展。目前，西藏产业投资基金恰处于发展期，产业投资基金总规模仍偏小，产业投资基金发展受制约。为此需要做到：一是政府要加快制定设立产业投资引导基金的总体规划，加强管理，严控政府引导基金设立，避免基金投向重复。二是要简化行政审批，加快设立引导基金速度，加快推进基金运行和投资项目落地。三是整合先期已设立的规模较小、投向交叉、效益不高的政府引导基金，集中这些资金和增加财政资金投入，吸引社会资本，扩大新设或已有引导基金规模。四是适当提高政府引导基金对社会资本股权让利幅度，吸引社会资本投入。

（3）着力支持重点产业发展。自治区应着眼于那些关系国计民生的重点行业发展中所遇到的资金短缺、投资不足、规模效应发挥不充分等问题，设立政府产业投资引导基金，吸引社会资本，大力推动相关产业发展。现阶段应重点支持以下方面：一是与经济可持续发展密切相关的基础设施等，通过政府层面的推动和参与，兼顾效率与公平，保障基础优势产业有序发展。二是战略性新兴产业和特色优势产业。发挥自治区资源富集的天然优势，着眼经济长远发展，引导产业投资基金提高资源附加值和经济效益。三是关系国计民生的交通基础设施建设、现代农牧业、环境保护、旅游和文化等产业。充分发挥区位独特、农牧林业资源丰富、自然环境多样和文化悠久等独特优势，推进引导产业投资基金支持有关产业发展，改善民生。

2. 实现政府引导和市场配置的平衡

（1）注重政府引导和市场调节的平衡。政府运用产业投资基金支持产业发展，所选产业应是具有竞争性、存在市场失灵和外部性明显的特定环节和领域。政府引导参与产业投资基金发展，是以弥补市场失灵为主要目的，引导产业投资基金支持上述产业发展，但政府应避免影响市场公平竞争、扰乱市场资源配置、干预市场过多，造成政府失灵。

（2）注重经济效益和社会效益的平衡。政府的财政直接投资和以企业为代表的私人投资之间的区别十分明显，主要表现在：第一，财政直接投资不以营利及自身利益最大化为目标，而是追求社会整体收益最大化。第二，财政直接投资以弥补市场功能失灵为主要功能，同时引导社会资本以达到促进国民经济持续、健康增长和就业水平稳步提高，从而保证社会和谐发展的目标。第三，财政投资规模普遍较大，更注重把握风险和规模，在完善社会基础设施或者战略性产业发展的过程中，必须妥善处理风险性和规模性的关系。第四，财政投资具有总量控制和结构调整并重的特点，在财政资金有限、产业结构亟待升级的背景下，财政资金需得到有效利用。而产业投资基金存在内在的资本逐利机制，以利润最大化为目标，偏好高风险、高收益。政府需要平衡政府投资和社会投资关系，在注重资金效益和效率的同时也要兼顾社会效益和风险，实现资金优势互补。政府引导设立产业投资基金，收益分配可向社会资本适当让利，但投向上要注重社会效益和资金安全，实现政府政策目标。

3. 努力提升政府相关服务水平

（1）扩宽产业投资基金退出渠道。成熟的产业投资基金主要以 IPO、产权交易市场退出、被投资企业回购以及协议转让等方式退出。目前西藏产业投资基金的发展缺乏畅通高效的退出渠道。

（2）建立产业投资基金数据库。西藏自治区政府应充分利用各级政府的信息优势，加快建立全区产业投资基金数据库。包括一是建立后备上市企业数据库。将符合条件的企业及高科技中小企业、创业企业的数据纳入其中，及时更新，加强跟踪和培育，为产业投资基金准备批量的备选企业。二是建立投资者数据库。对具备进入产业投资基金行业条件的潜在投资者建立数据库，把他们纳入数据库，为产业基金寻找投资者。三是建立基金管理机构数据库。将优秀的国内外基金管理机构纳入数据库，便于产业投资基金找到好的基金管理人。四是建立产业投资基金服务中介数据库，便于加强对中介机构的管理，提升中介服务机构服务水平，以及向产业投资基金推介优良中介服务机构，降低产业投资市场的运行成本。

4. 积极营造产业投资基金发展的良好环境

（1）加强产业投资基金管理人才培养和引进。当前，西藏经济社会取得巨大发展，但仍属于欠发达地区，金融体系和市场体系不够完善，吸引人才的能力、集聚能力和竞争力不足。西藏产业投资基金发展程度不深、规模有限，本地培养的具有丰富产业投资基金融资、经营、管理经验的人才十分缺乏，行业领军和高端人才更是稀缺，急需人才引进和加大培训人才的力度。

（2）支持产业投资基金行业协会发展。政府应积极支持产业投资基金协会发展，推动协会制定行业公约、行业标准、职业规范，建立行业自律监管机制，并将其作为法律和行政监管的有效补充。同时，政府也要充分利用协会这种信息交流、资源共享和咨询服务的平台优势，可通过其了解行业发展动态，开展人员培训和对外宣传等，引导协会组织为政府出谋划策，促进西藏产业投资基金健康发展。

（3）加大产业投资基金宣传力度。自治区政府职能部门要充分利用各种媒介大力宣传产业投资基金，通过招商引资会等平台大力推介产业投资基金，提高社会公众对产业投资基金的认识、提高其参与度，扭转部分企业对产业投资基金的误解，使其正确认识到产业投资基金作为一种金融创新工具，是解决企业融资难问题和促进区域产业发展、经济结构升级转型的重要途径，鼓励企业通过融资上市，鼓励产业投资基金支持相关产业和自治区经济社会发展。加大宣传，聚集各方力量和资源，促进产业投资基金在西藏又好又快地发展。

大数据背景下金融风险测度方法研究

——基于西藏自治区面板数据实证研究

中国人民银行拉萨中心支行

课题组组长：扎西坚才

课题组成员：罗桑强巴　贡嘎央宗

摘要：风险是金融领域必然存在的客观现象。对于任何金融机构或是宏观层面的金融系统，其风险发生所带来的后果往往会超过对自身的影响。随着信息技术的发展，有效使用金融大数据对预测并防控金融风险提供了新的契机。本文通过介绍传统的金融风险测度方法，并比较大数据背景下金融风险测度方法，提出一个可行的风险测度方式，从而通过对金融风险的准确测度，降低金融风险发生的可能性，具有一定的理论价值。

关键词：大数据　金融风险　VaR　Copula　函数

一、引言

近年来，中央多次强调了守住不发生系统性金融风险底线，将防控金融风险提到了历史新高度。目前，西藏金融业在改革中稳健发展，但也存在一定的风险隐患，实现西藏经济和金融稳中求进，重点在于防范区域性金融风险。而随着互联网和信息技术的迅猛发展和普及应用，大数据以其数据量大、种类多、实时性高等特点被广泛使用。如何有效运用金融大数据，并通过此实现金融风险防控，成为了国内研究金融风险新思路。在大数据背景下，利用金融大数据，并探寻一个行之有效的金融风险测度模式，从而实现金融风险防控，有其理论和现实意义。

二、大数据背景下的金融风险

近年来，大数据技术成为信息科学领域的热点话题，然而早在几年前，人们就对大数据有了相关定义。2008 年，在和肯尼斯·库克耶编写的《大数据时代》一书中，对大数据有以下定义："在一定时间区间内，难以利用常规工具予以管理、捕捉或是处理的数据集合，需要以新的处理模式作为工具方可获取的洞察力、决策力及流程优化能力更佳的多样化、增长率高与储量大的信息资产"，并对大数据具有的 5V 特性进行了阐述，也就是 Variety（多样）、Volume（大量）、Veracity（真实性）、Velocity（高速）、Value（低价值密度）。随着互联网的高速发展，云计算等大数据处理信息技术已对传统数据处理带来了巨大的挑战，对人们生活的方方面面产生了重大影响。

现代经济的核心是金融，维护金融体系的安全、高效、稳健运行，其核心是风险防控。由于市场、政策、自然灾害和消费者信用等各种因素的不确定性，金融风险总是客观存在。微观而言，金融风险是在未来某一阶段内一定规模的金融资产可能面临预期收入损失，具体可以分为市场风险、政策风险、自然灾害风险和信用风险等，具有不确定性、相关性、高杠杆性和传染性等特征。在我国，金融业风险大多来自传统体制的影响以及监管失效导致的违规，西藏金融业更是受制于地方政策，政策风险成为首要风险。

大数据不仅给金融业带来了发展契机，同时也增加了金融风险。在大数据背景下，金融交易日趋数字化和电子化，面对海量数据，信息安全风险和数据分析风险等应运而生。大数据时代强调数据资源的开放共享，然而金融大数据中个人信息虽然具有经济价值，但不免涉及个人隐私，此类信息安全风险又很容易上升到法律风险。由于大数据分析依赖过去的数据并以此预测未来，如若用于金融战略制定等，其分析风险也会大大增加。值得注意的是，随着大数据分析和处理技术的不断发展，金融业收集数据的能力得到进一步的提升，储存了大量时间连续、动态变化的金融数据，通过数据分析、管理、处理和展现技术，大幅提升了金融数据的利用价值，这不仅对金融风险的研究奠定了理论基础，也使得金融风险测度模式有更高的精准度。

三、金融风险的测度方法简介

金融风险的测度是对各类风险导致的出现损失的概率及发生损失的具体程

度及波及范围进行测度，以使损失最大化地降低，进而实现更多地获取利润。若是风险测度存在欠缺，则会使经济主体难以制定相关措施来实现风险的规避或最大化降低风险产生的损失。同时，若是对风险有过高估量，则会使得管理成本支出过多，削减获取收益的规模。由于未来的无法预测性，同时，金融风险由多重因素决定，因此，金融风险的测度十分复杂。学术界和经济主体部门一直努力研究开发测度金融风险的有效措施。现阶段，可以应用于数量计量的具体有两类：信用风险、市场风险，而测量风险所采用的方法或工具可划分为四类，也就是波动分析法（标准差法、方差法）、简要算术法（价差率、偏差率）、下方风险测度法（情景分析法、低位部分矩 LPMS 法、压力测试法、风险价值 VaR 法）、灵敏度分析法（系数法）。上述测度方法基于不同角度对风险的基本特征与意义进行了说明。

（一）传统金融风险的测度方法

1. 简单算术法

对于单体的证券投资风险而言，价差率是最为简便的测度方法，其具有采用以下公式计算：

价差率 =（最高价 − 最低价）/（最高价 + 最低价）×2 ×100%

在该式内，最低价、最高价是一个特定期限内（如一年或一个季度）该证券相应的最低价与最高价，实质上价差率法是使用证券的潜在波幅直接作为对风险进行衡量的指标。价差法不仅计算简便，且能够对风险有直观反映，越大的价差率反映出股票存在越大风险，反之，则有越小风险。但用价差率作为测度方法来衡量风险，其有相对较窄的适用区域以及较低的精准度。

2. 灵敏度分析法

灵敏度分析是计算某资产收益的方差与汇率、利率等与该方差存在关联的任意随机变量的方差之间的比值。假定某资产收益为 V，对该收益有影响的随机变量为 x_t，S 为 V 对 x 的灵敏度，则具体有以下公式：

$$S = \frac{\Delta V}{\Delta x} \text{ 或使用百分比表示上述两方差之间的比值为 } S = \frac{\Delta V/V}{\Delta x/x}$$

由于灵敏度分析法有简明的计算过程，因而其被广泛地应用于风险测度与管理中。在计量汇率、利率与信贷风险的过程中，该方法具有非常广泛的应用。而在证券市场中，使用的则是 β 系数法；在期权市场中，使用的是 δ 系数法。

譬如：β 系数法是基于对整个市场组合风险中单个证券资产风险所占比重进行分析来对单个证券资产面临的风险进行测量。具体可以通过以下方式分析：

设 $r_p = \sum\limits_{}^{n} w_t r_t$，则

$$\sigma_p^2 = \mathrm{cov}(r_p, r_p) = \sum^{n} W_i \mathrm{cov}(r_i, r_p)$$

这就是说，单个证券资产 i 对整个证券组合方差 σ_p^2 的贡献为 $\mathrm{cov}(r_p, r_p)$，其贡献率为 $\dfrac{\mathrm{cov}(r_p, r_p)}{\sigma_p^2}$。$r_M$ 为整个证券组合的收益率，r_i 为 i 的收益率，w_i 为组合中 i 所占的权重。现设定整个证券组合的收益率为 r_p，i 的收益率为 r_i。对 r_i 和 r_M 进行回归，则

$$r_i = \alpha_i + \beta_i r_M + \varepsilon_i$$

其中，$E(\varepsilon_i) = 0$，$\mathrm{cov}(r_M, \varepsilon_i) = 0$。通过上述两公式能够得出

$$\beta_i = \frac{\mathrm{cov}(r_i, r_M)}{\sigma_M^2}$$

由此可以得到，β_i 既表示市场组合收益率对投资组合 i 的收益率的影响程度，也表示证券组合 i 在整个市场组合方差 σ_M^2 中具有的贡献比重，因而可以使用 β 系数对某证券或证券组合的风险进行测度。若 $\beta_i > 0$，市场与证券组合 i 的收益率之间具有正相关性；若 $\beta < 0$，市场与证券组合 i 的收益率之间具有负相关性。基于风险层面而言，若 $|\beta_i| > 1$，则意味着证券组合 i 需要承受比市场组合更大的风险，则其为进取型；若 $|\beta_i| < 1$，则意味着证券组合 i 承受比市场组合更小的风险，则其为保守型。

灵敏度分析法相对适用于复杂程度低的金融工具与市场因子有较小变动的情形，若是面临证券组合复杂度较高及市场因子波幅较大的情形，则灵敏度方法或缺乏足够的准确度，或因复杂度较高而导致其具有的直观、简便的特性丢失。

3. 波动分析法

波动分析法是以概率论提及的标准差或方差作为工具来对各证券资产的风险进行测度与比较，也就是基于证券资产具有的收益及概率分布，进行计算获取其收益的期望值，并对其与实际收益之间的标准差或方差予以计算出来，从而对证券资产的风险予以衡量。若是有越大的标准差或是方差，则意味着证券资产需要面临越大的风险。若是需要对不同的两种证券资产的风险进行比对，则需比较其标准差与当前损失或收益变量的数值之间的比值。以资产组合为例，

可以通过以下方式进行分析。

假定：有组成包括 m 个证券的投资组合，σ 为整个组合的标准差，σ_1 为各证券 i 的标准差，W_i 为组合中各证券 i 的权重；从而可得出

$$\sigma^2 = \sum_{}^{m} \sum_{}^{m} W_i W_j \mathrm{cov}(r_i, r_j)$$

$\mathrm{cov}(r_i, r_j)$ 为证券 i 与 j 的协方差：

$$\mathrm{cov}(r_i, r_j) = E\{[r_i - E(r_i)][r_j - E(r_j)]\}$$

$$= \sum_{k=1}^{n} [r_{ik} - E(r_i)][r_{jk} - E(r_j)]$$

基于标准差、协方差及相关系数之间存在的各类关联，可以得出

$$\sigma^2 = \sum_{i=1}^{m} \sum_{j=1}^{m} W_i W_j \rho_{ij} \sigma_i \sigma_j$$

$$= \sum_{i=1}^{m} W_i^2 \sigma_i^2 + \sum_{i=1}^{m} \sum_{\substack{j=1 \\ i \neq j}}^{m} W_i W_j \rho_{ij} \sigma_i \sigma_j$$

使用矩阵可表示为

$$\sigma^2 = [W_i L\ W_m] \begin{bmatrix} \sigma_{11}^2 & \sigma_{12} & \sigma_{13} & L & \sigma_{1m} \\ M & & & & M \\ \sigma_{m1} & \sigma_{m2} & \sigma_{m3} & L & \sigma_m^2 \end{bmatrix} \begin{bmatrix} W_1 \\ M \\ W_m \end{bmatrix}$$

式中：σ_{ij} 为证券 j 与 i 收益率间的协方差，其他同上。通过上述分析能够看出，证券组合的风险或方差的组成包括两部分：其一，无法采用分散投资方式予以消除的系统风险；其二，涉及各证券收益的相关性，也就是可以采用分散投资方式来予以消除的非系统性风险。此外，证券资产组合的风险不只是涉及某个证券的风险，而是涉及各证券资产间的相关程度，即可分为证券资产间完全不相关；完全相关和负相关，相应的可以得出投资多元化程度越大，越有利于风险的分散；投资多元化对风险分散没有任何作用以及通过风险冲销策略可以完全消除风险的存在极大差异的三种结论。

波动性分析法利用阐述收益与其均值之间的偏离程度，能够对金融资产价格的变动情况予以一定的测度。然而该分析法无法描述偏离的方向，即是否存在负偏离（损失），也无法判断损失的程度。因此需要通过概率分布来对统计量进行完整描述。

4. 下方风险测度法

为了解决波动分析法无法判断波动的方向这一缺陷，需要进行新的风险测

度方法的探索，也就是仅对资产组合收益率比给定收益率更低的部分予以关注的方法，该类方法也被称作是下方风险度量法；其中，LPM（Lower Partial Moments）法是最为典型的下方风险度量法。LPM 法只将收益分布的左侧部分进行风险度量。在对目标收益率 T 予以给定的情况下，以 LPM 法作为工具来对投资收益风险予以衡量有以下公式：

$$LPM_n = \sum_{R_p \leqslant T} P_p (T - R_p)^n$$

式中：R_p 为收益率为 P_p 的情况下的概率，$n = 0$，1，…，n，若是 n 有不同取值，相应地 LPM 也会有不同的含义。若是 $n = 0$，则该零阶矩就是与目标收益率相比较，收益率更低的概率；若是 $n = 1$，则该一阶矩为收益率单边离差的均值；若是 $n = 2$，则该二阶矩 LPM_2 为收益率的半方差。通过该公式能够看出，若是有越大的目标收益率 T，则会扩大 LPM 的有效集 $\{R_p | R_p \leqslant T\}$，也就会使 LPM 有越大的值，进而使得面临更大的风险。

（二）金融风险测度方法之 VaR 法

1. VaR 的定义

VaR 即风险价值，是 Value at Risk 的缩写，也可称为在险价值或者受险价值。具体指某种金融资产组合在给定的置信水平与时期内有可能面对的最大损失，可对市场风险的情况进行直观反映。20 世纪 80 年代后期，部分金融企业率先在对交易性证券市场的风险进行测量时运用到了 VaR 法，之后，该方法逐渐被人们所识并得到普遍使用。于 1996 年出台的文件《巴塞尔协议修正案》更是明确了该方法在衡量风险中的重要地位，成为各大金融组织度量风险的基本方法。金融资产或资产组合发生大于 VaR 值损失的概率可表示为

$$Pr(\Delta V \leqslant VaR) = 1 - C$$

式中：ΔV 表示在一定时期 Δr 内某一资产组合或者金融资产所发生的损失，可对这一时期资产组合与金融资产的流动性予以反映，通常记为 1 个或者 10 个交易日。而 C 则表示给定的置信水平，通常选择 99% 或者 95%，金融主体所选择的置信水平可在一定程度上反映其风险厌恶情况，一般情况下，越高的置信水平，说明金融主体对风险越厌恶。

2. VaR 的一般计算方法

目前，计算 VaR 的主要方法包括：历史模拟法和 MonteCarlo 模拟法等。这些方法都具有较为普遍的应用，金融主体可以根据自己的需求进行合理地选择。

（1）历史模拟法。该方法指的是通过对以往某一时间段的金融资产组合与金融资产所呈现出的风险收益率频率分布情况进行计算，得出这一历史时间段的风险平均收益率，再与给定显著性水平之下所具有的最低收益率水平相结合便可实现对 VaR 值的推算。

从本质上来讲，这一方法其实就是将收益率的真实分布用历史分布进行替代，无须对市场因子变化涉及的统计分布进行假定，还可妥善处理厚尾与非对称等问题，另外在期权类的非线性组合中应用也较为广泛。但是，该方法假定的是市场因子今后的变化情况同历史情况绝对相同，概率密度函数不会因时间的变化而显著变化，甚至不发生变化，故与实际金融市场的变化情况不相符。再者，这一方法对涉及的一切观测值都给予同等的权重，这同现实也是相背离的。同时，该方法最终得出的 VaR 还存在较大的波动性。面对庞大样本数据时，这一方法具有严重的滞后效应，特别是当涉及异常样本数据时，这一滞后效应会更为凸显，甚至严重高估 VaR 值，使得灵敏度分析的难度加大。

（2）蒙特卡罗模拟法。该方法又有随机模拟法之称，被认为是各种 VaR 计算法中效果最佳的方法。在各类非线性情况下，或者面对不同分布的金融资产组合，这种方法均能得出较为满意的计算结果。该方法的具体步骤：一是对模拟对象进行选择，并对其相关参数值，比如协方差与方差等进行估计；二是对涵盖随机变量的价格生成过程进行构建；三是生成随机数，并展开不断的模拟，直至"实际"分布的形成；四是对模型进行优化，从而使模拟计算效率与估计精度得以提升。

上述两种方法相比，第二种方法不仅应用更广，可实现更为精确可靠的结果，同时，该方法可以处理非线性、大幅波动及厚尾等问题。然而，这一方法也存在不足，比如，所形成的数据序列存在伪随机数的可能，还有可能影响结果的正确性；存在于随机数中的群聚效应会导致许多观测值被浪费，使得模拟效率受影响而降低；有赖于选定的历史数据与特定的随机过程；计算过程太长，计算量太庞大，相较历史模拟法所具有的复杂性更大，有模型风险的存在。

四、多元金融资产联合分布拟合方法（Copula 函数）

1. Copula 函数的定义

最初该定义是由 Sklar 于 1959 年将其与统计学相结合的，当时还阐述了可将一个边缘分布全部是连续分布的联合多元分布函数分解成对应的边缘分布以及一个可把各个联合分布和边缘分布连接在一起的连接函数，此函数即多元分布的 Copula，而且该函数还涵盖随机变量的一切相关信息。即对于 N 维随机变量 x_1、x_2、K、x_n，若其边缘分布函数分别为 $F(x_1)$、$F(x_2)K$、$F(x_N)$，联合分布函数为 $F(x_1,x_2,K,x_N)$，则存在某一个 Copula 函数 C，满足等式：

$$F(x_1,x_2,K,x_N) = C[F(x_1),F(x_2),K,F(x_N)]$$

从该函数的性质可以推出在边缘分布函数 $F(x_1)$、$F(x_2)K$、$F(x_N)$ 连续的情况下，可对 Copula 函数进行唯一确定。

2. Copula 函数的分类

其常见类型有阿基米德 Copula 函数族与椭圆 Copula 函数族，其中后者的应用以 T - Copula 函数与高斯（正态）Copula 函数为主。

（1）高斯 Copula 函数。该函数属于连接函数中呈多元正态分布的。如果将 C 记为正态分布的 Copula 函数，Φ_R 记为 R 对应系数矩阵的标准正态分布函数，Φ^{-1} 记为正态分布函数的反函数，那么 N 维正态 Copula 函数可表示为

$$C(u_1,u_2,L,u_N;R) = \Phi_R[\Phi^{-1}(u_1),K\,\Phi^{-1}(u_N)]$$

当边缘分布和连接函数都是正态分布时，联合分布也是正态分布。我们通过 MATLAB 软件做出二元正态 Copula 函数概率密度及分布图（见图1）。

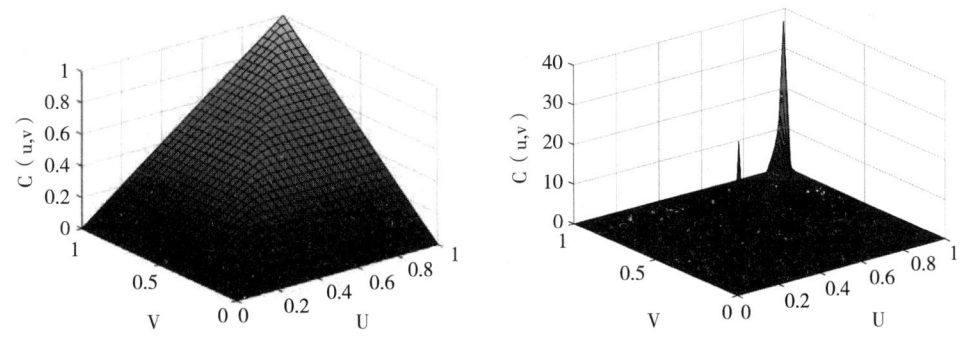

图1　二元正态 Copula 函数的概率密度及分布

由图可知，二元正态 Copula 函数的分布是成对称性的，同时，经验表明多数事物与正态分布相符，故我们断定正态 Copula 函数与样本数据之间的拟合度较好。

（2）T - Copula 函数。T - Copula 函数是指多元 T - Student 分布的。Copula 函数。假设 C 记为 T 分布的 Copula 函数，$T_v^{-1}(g)$ 记为自由度为 v 的一元函数的逆函数，$T_{p,v}$ 记为自由度为 v、相关系数矩阵为 ρ 的多元 函数，那么 N 维 T -

Copula 函数可表示为

$$C(u_1, u_2, L, u_N; R) = \Phi_R[\Phi^{-1}(u_1), K\, \Phi^{-1}(u_N)]$$

通过对 T – Copula 函数的概率密度与分布的分析可知，二元函数继承了 Gaussian Copula 函数的几乎全部性质。但相较于 Gaussian Copula 函数，T – Copula 函数的尾部集中度更高，意味着，T – Copula 函数存在较强的厚尾性，故而更加敏感变量相互间的尾部关联性，在捕捉金融市场的尾部相关性方面具有更好的优势，我们可以认为，T – Copula 函数在实际应用中是优于 Gaussian Copula 函数的。

3. Copula 函数在金融风险度量中的优势

传统的多元正态联合分布，通常会对单个资产的边缘分布提出服从正态分布要求，另外还会要求符合资产间的相依结构。然而，这同金融风险市场的真实风险结构差异较大，所以，在处理资产组合的风险分布问题时使用传统方法会存在一定局限。

而根据 Nelson 的相关结论，Copula 函数的相关性是对严格单调变换条件下的相关性所进行的反映，体现的是随机变量相互间的秩相关关系，并不是非线性相关关系。除此之外，Copula 函数还具有可自由选择边缘分布的优势，所以，在测量风险时可依照厚尾、尖峰等收益中的具体情况进行边缘分布模型的构建。

五、大数据背景下 Copula 函数金融风险测度与展望

（一）基于 Copula 函数下的 VaR Monte Carlo 模拟法

我们设定 $C[g]$ 为 Copula 函数，定义第 t 日金融资产组合收益率为 x_p，即

$$x_{p,t} = \sum_{i=1}^{N} \omega_i x_{i,t}$$

x_i 表示第 t 日单个资产的损益，ω_i 为单个资产在组合中的权重，即，$\omega_1 + \omega_2 + K + \omega_N = 1$。则金融资产组合损失超过一定阈值时，其风险测度 VaR 的数学公式可表示为

$$P = Prob\left[\sum_{i=1}^{N} \omega_i x_i > \gamma\right] = \int_{\sum_{i=1}^{N} \omega_i x_i > \gamma} dC[F(x_1), F(x_2), K, F(x_N)]$$

则可以通过以下步骤进行 VaR 的测度：一是按照（1，2，…，$t-1$）的日样本数据对 Copula 函数的参数与资产收益率的边缘分布进行估算，并形成服从 Copula 函数相依结构的 $1 \times N$ 维伪随机数矩阵（Pseudo Random Numbers,

PRN），N 表示资产个数。二是设定 $x_i = F_i^{-1}(u_i)$，式中 F_i 表示 i 资产的残差项所服从的分布，表示 i 资产的收益率的标准化残差，F^{-1} 表示对应的反函数。三是设定 $r_{i,t} = \mu_{x,t} + x_i\delta_{x_i,t}$，其中，$\mu_{x,t}$，$\delta_{x_i,t}$ 分别代表（1，2，…，$t-1$）日样本内数据按照对应模型估计出在第 t 日 i 资产所具有的方差与均值。四是对第 t 日组合资产所具有的收益率 $r_{p,t} = \sum_{i=1}^{n} \omega_i r_{i,t}$ 进行计算。五是重复一至四的步骤 N 次，从而得出第 t 日组合资产涉及的 N 个情景模拟，以及给定置信水平 α，进而实现对第 t 日资产组合收益率的 VaR 的计算。

（二）大数据背景下的 Copula 函数展望

Copula 函数是大数据背景下测量金融风险的较佳选择。该函数不仅能够将降低建立模型的成本。同时，由于 Copula 理论使模型的设定更加适合数据的规律，能够大大降低设定模型假设时低估风险的错误。

随着大数据时代的到来，模拟仿真的实证分析法的应用将更加普遍。就理论来讲，可基于全新的 Copula 模型，通过模拟仿真以及计算机技术的使用，对各种投资组合所涉及的风险度量指标展开模拟仿真实验，并根据模拟效果进行评价。深入探讨 Copula 函数的属性与函数族，并优化相关性的检验方法，使其应用简单化。同时从方法上展开创新，比如对动态 Copula 体系进行系统性研究。

在大数据背景下，将非参数估价法同半参数估计法结合起来共同用于估计金融风险测度函数，使模型更具可实现性。整合发展较为成熟的 Copula 理论、GARCH 模型理论以及 VaR 理论，再借助大数据展开检验和估计，可有效减少设定风险测度模型过程中的叠加风险。

六、总结与结论

进入大数据时代后，关于金融风险测度的研究虽迎来了更多的利好，但同时也面临更多的挑战。总的来说，金融风险测度的研究必将朝着实时化和动态化方向前进，而金融风险也必将得到更为有效的控制，并为金融市场相关法律法规的制定提供支持。此外，大数据背景下会使人们对金融风险的研究更为全面，认识更为深刻。

参考文献

［1］俞枫．大数据技术在金融行业风险控制中的应用探讨［J］．新经济，2016（12）：52 – 53.

［2］李雪洁．大数据开启防范金融风险智能时代——大数据防范金融风险论坛侧记［J］．中国科技产业，2016（7）：40 – 41.

［3］张西栓．基于大数据的区域金融风险预警系统构建研究［J］．改革与开放，2017（3）：7 – 9.

［4］马薇．大数据条件下金融风险测度的方法［J］．统计与决策，2015（9）：84 – 87.

［5］章秀．我国系统性金融风险的计量研究［D］．长春：吉林大学商学院，2016：1 – 123.

［6］王军伟．风控：大数据时代下的信贷风险管理和实践［M］．北京：电子工业出版社，2017：1 – 248.

［7］陈云．金融大数据/大数据技术与应用［M］．上海：上海科学技术出版社，2015：1 – 216.

西藏自治区金融机构发展与经济增长关系实证研究

中国人民银行拉萨中心支行

课题组组长：王书碧

课题组成员：王　珍　旦增曲珍

摘要：新型投资、新型消费和"一带一路"被称为决定我国经济增长的新"三驾马车"，西藏处于中国西南，毗邻"一带一路"区域的新疆、青海、四川、云南等省区，同时又与印度、尼泊尔、缅甸、不丹等接壤，是联系内外的重要枢纽。西藏的经济增长正面临着前所未有的挑战和机遇，然而不论是哪一驾马车都离不开金融的支持。

现代经济是市场经济，市场经济从本质上讲就是一种发达的信用经济或金融经济，它对经济走向良性循环的作用非常明显。金融是现代经济中调节宏观经济的重要杠杆，国家和地方运用金融调控手段，调节经济发展的速度、规模和结构。随着经济的发展和金融体制改革的逐步深入，研究西藏金融机构发展与经济增长相互关系，探索如何通过金融发展促进西藏经济发展具有重大的现实意义。

本文选取了1980—2015年的年度数据，以地区生产总值、金融发展规模、金融效率、金融结构作为衡量经济增长与金融发展的指标，通过建立向量误差修正模型，运用脉冲响应函数对西藏自治区经济增长同金融发展之间的关系进行实证研究，并根据实证分析结果，对西藏自治区以金融发展促进经济增长提出相关建议。

关键词：经济增长　VEC 模型　脉冲响应函数

一、西藏自治区经济金融发展情况

（一）西藏自治区经济发展概述

近年来，西藏经济总体呈现持续快速增长态势，各项指标变化处于合理区间范围。经济发展形势不断发生变化，西藏自治区在宏观调控上坚持新发展理念，积极拓展思路，经济不断增长，促使经济社会继续保持又好又快的发展势头，总体呈现"稳、实、好"的特点。

1. 各项指标持续稳定增长，推动经济增长动力不断增强

自 1991 年以来，西藏自治区的地区生产总值、财政收入及固定资产投资基本都在逐年增加，且速度逐步加快，尤其是地区生产总值，除个别年份稍有回落以外，基本呈大幅增长趋势，可见西藏自治区的经济发展速度稳中有进。近 20 年西藏经济增速均保持两位数，其中 2015 年西藏地区生产总值增速高于全国地区生产总值增速（见图 1）。1991—2016 年西藏地方财政收入年均增长 38.99%，从 1991 年的 0.18 亿元发展到 2016 年的 206.37 亿元，经济的自给能力进一步增强。从 1991 年的第八个五年计划到 2016 年的"十三五"规划，西藏自治区基本建设投资快速增长，在国家投资带动下，民间投资增长迅速，投资乘数效应提高，推动经济增长的动力不断增强。1991—2016 年，西藏全社会固定资产投资年均增长 23.82%。

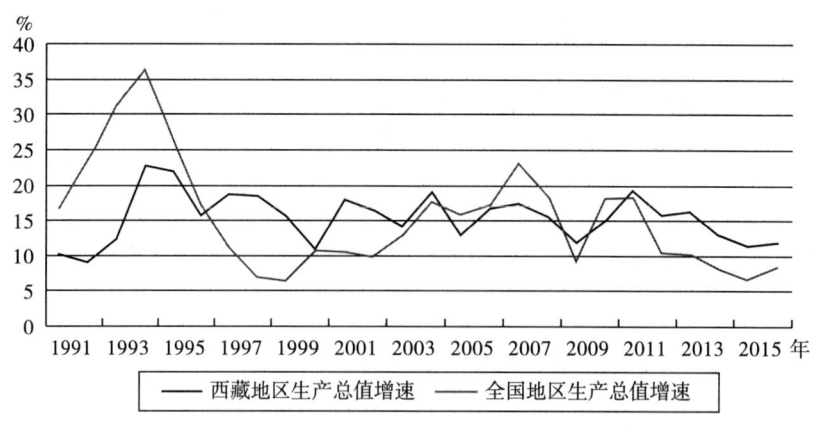

图 1　1991—2015 年全国、西藏地区生产总值增速变化情况

2. 产业结构不断优化，促进特色产业和第三产业联动发展

随着改革开放、西部大开发、中央西藏工作会议的不断助推，西藏自治区

产业结构得到极大改善；第一、第二、第三产业占地区生产总值的比重由 1991 年的 51:14:35 调整为 2015 年的 9:37:54，产业结构不断优化；第一、第二、第三产业从业人员构成由 1991 年的 79.4%、3.9%、16.7% 调整为 2015 年的 41.2%、13.3%、45.5%。2015 年，西藏自治区服务行业为主导的第三产业生产总值达到 552.16 亿元，就业产业结构占比达到 45.50%，2015 年第三产业日均创造价值 1.51 亿元，占日均地区生产总值的 53.80%。西藏受地理环境、交通等因素的制约，经济基础相对薄弱，发展高新技术产业存在较大困难。但随着社会普遍文化知识水平提升，以城镇为中心，通过群体联动效应，以地方资源特色为基础的特色产业不断崛起。近年来，西藏大力发展本土特色的产品，加快发展旅游、藏药生产，唐卡创作、手工藏毯制作、民族文化演艺等特色文化产业。

3. 全面推进各项惠民政策，民生改善扎实有效

一是全面推进重点群体就业工作。近年来，西藏自治区通过公开招录、就业援藏、市场就业、自主创业等途径，力争实现高质量就业。首先，西藏继续加大就业援藏力度，11 个对口援藏省市、3 家中央企业提供岗位 5600 个。其次，转移就业精准扶贫深入开展。西藏自治区以通过就业促进、产业带动、企业和项目吸纳等手段，开展了转移就业扶贫工作。通过公益性岗位安置困难群体就业 2.7 万余人。再次，推进大众创业、万众创新。开办创业类培训班达 128 期，创业成功者有 500 多人，有 3210 人得到不同类型就业培训。最后，大力实施技能培训工作。西藏自治区在开发职业技能培训民族特色教材，实现技能就业 4.87 万人。职业指导 3.6 万余人，职业介绍 3.7 万余人，其中 2 万余人已经

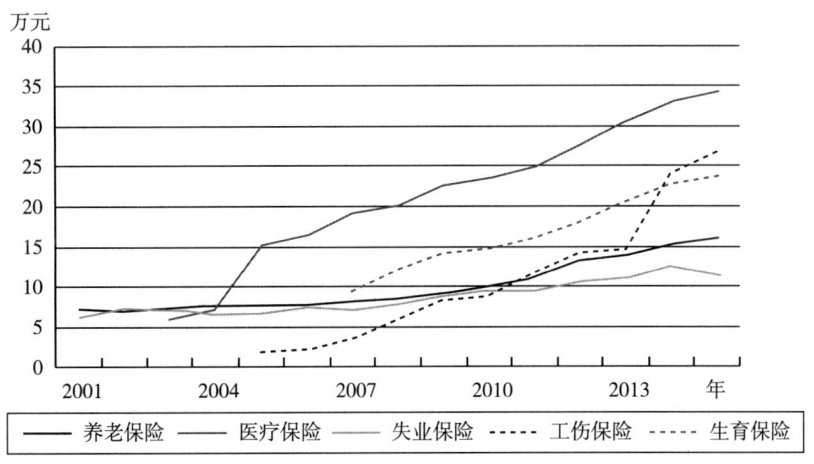

图 2　2001—2015 年西藏职工参保变化情况

成功就业。二是统筹城乡的社会保障体系逐步完善，保障水平稳步提高。西藏自治区社会保障覆盖面不断扩大，全民参保意识逐渐增强。

（二）西藏自治区金融机构发展概述

作为现代经济的核心——金融行业是关系到一个国家、一个地区经济发展的关键因素。金融业的发展与经济发展息息相关，近年来西藏金融业发展不断向好，组织体系不断完善，服务实体经济能力不断提升。

1. 银行业金融体系不断发展，各类金融实体趋向健全

截至 2007 年末，西藏仅有 4 家银行业金融机构，自 2008 年末工商银行西藏分行成立，两家政策性银行相继成立，到 2012 年西藏第一家法人银行——西藏银行成立，之后 3 家股份制银行成立分支机构。截至 2016 年末，已有省级分行 14 家，各级机构数达 679 家，银行从业人员 7747 人。辖区银行业金融机构数量不断增加，组织体系日趋完善，市场集中度有所下降，竞争程度进一步提高。

2. 证券业组织体系不断完善，市场主体日益增多

2010 年末，西藏仅有 1 家证券机构，即西藏同信证券有限责任公司。截至 2016 年 12 月末，西藏已有 2 家法人证券公司，3 家证券公司分公司，14 家证券公司营业部；1 家期货公司营业部；1 家公募基金管理机构，177 家登记备案的私募基金管理机构。14 家 A 股上市公司，1 家 H 股上市公司，新三板挂牌公司 13 家，拟上市公司 10 家、拟挂牌企业 1 家，后备企业 22 家。截至 2016 年末，证券从业人员达到 116 人。目前，西藏资本市场运行平稳，证券市场主体日益增多。

3. 保险业机构不断丰富，覆盖区域不断扩大

2010 年末，西藏辖区有 3 家产险和 1 家寿险省级保险分公司，即中国人民财产保险股份有限公司西藏分公司，安邦财产保险股份有限公司西藏分公司，中国平安保险股份有限公司西藏分公司，中国人寿保险股份有限公司西藏分公司。截至 2016 年末，共有各级保险机构 63 家，其中，法人保险公司 1 家，省级分公司 8 家。保险从业人员达到 1894 人。保险业总体实力增强，服务能力不断提高。

（三）西藏自治区经济金融增速浅析

截至 2016 年 12 月末，西藏金融机构达 763 家，金融从业人员达 9757 人，

其中，地方法人金融机构 8 家。目前在藏金融机构包括政策性银行、大型商业银行、全国股份制商业银行、地方性商业银行、新型农村金融机构、信托、租赁以及证券、保险等金融机构，形成与全国金融业"体制衔接、框架一致"的组织体系，有效提升了西藏金融服务经济社会发展的合力。在现代经济生活中，货币资金是沟通整个社会经济生活的媒介，银行业金融机构在西藏金融机构中占有大量份额，占比高达 88.99%。从银行类金融机构设置的微观角度入手，可通过银行类金融机构存贷款数据研究其对经济增长的作用。如图 3 所示，从 1991 年至 2007 年除个别年份存贷款增速变化较大外，基本处于平稳状态。2008 年至 2016 年是西藏银行业金融机构高速发展时期，由 2007 年末的 4 家机构增加到 2016 年末的 14 家机构，且这段时间贷款增速明显，而存款增速与地区生产总值增速保持平稳增长态势，原因在于：一是西藏经济主体更加偏好于间接融资，导致直接融资比例低，融资渠道窄，相对束缚经济发展；二是银行业金融机构的信贷投向比较倾向于大企业、大项目（或风险低的领域），一定程度上挤压中小微企业发展，而西藏绝大多数企业属于中小微企业。截至 2015 年末西藏仅有 2 家大型企业，中小微企业高达 1020 家，因此贷款大多流向区外大型企业和大项目，制约西藏市场经济向更高水平迈进。

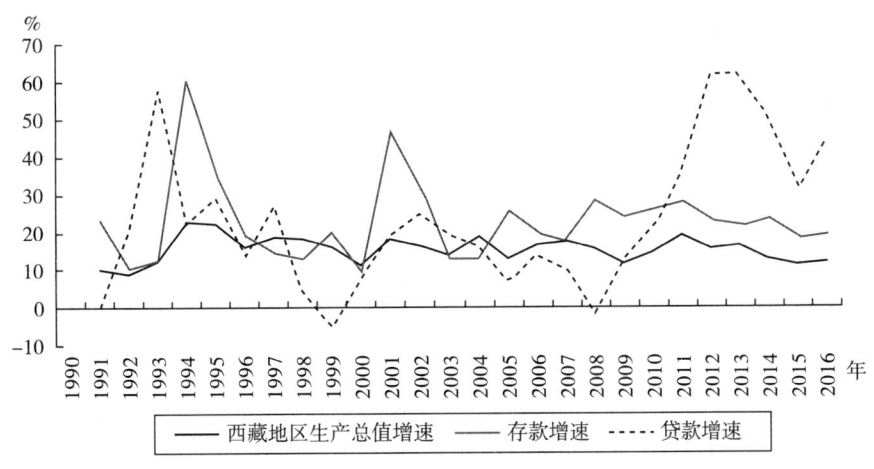

图 3 1990—2016 年西藏地区生产总值和存贷款增速对比情况

二、实证分析

经济增长和金融发展之间的相关性研究一直是学界的热点，二者间的关联性及相互作用机理已被国内外专家学者实证研究证实。戈德史密斯在《金融结构与金融发展》一书中提出，可以通过各国金融资产总额同国民财富相比较，从而推导出金融相关率来了解一国或地区金融深化程度，即该国或该地区的金融发展程度。国内研究方面，史永东运用格兰杰因果关系检验，证明我国金融发展与经济增长之间存在一种双向因果关系。王志强和孙刚采用带有控制变量的向量误差修正模型（VEC）和格兰杰因果检验方法，检验中国金融总体发展的规模扩张、结构调整和效率变化 3 个方面因素与经济增长之间的关系，他们的研究结论认为，20 世纪 90 年代以来中国金融发展与经济增长之间存在显著的双向因果关系。

为了分析西藏经济发展与辖区金融发展相关关系，对下文提出政策意见提供良好的理论依据，本文在确定变量协整关系的基础上，通过建立向量误差修正模型，运用脉冲响应函数对西藏经济增长同金融发展之间的关系进行实证研究。

（一）指标选取及数据来源

1. 样本区间与数据来源

本文选取了 1980 年到 2015 年的年度数据，数据主要来源于西藏自治区统计年鉴。

2. 指标选取

（1）经济发展指标：西藏自治区地区生产总值（GDP），地区生产总值是衡量地区的经济发展情况的指标，本文对西藏自治区生产总值进行对数处理（lnGDP），并剔除了物价变动对地区生产总值的影响，即以 1979 年为基期对地区生产总值进行缩减处理。

（2）金融机构规模指标：西藏自治区金融发展规模（FD），本文将金融发展规模定义为银行贷款余额占西藏自治区地区生产总值的比重，这一指标不仅可以反映金融中介机构规模，还能反映在资金配给方面它在国民经济中的活跃程度。

（3）金融机构效率指标：西藏自治区金融机构效率（FE），储蓄贷款比可用来衡量一国或一地区金融业资源配置效率，为体现西藏自治区金融机构资源配置效率的优劣本文使用西藏自治区金融机构贷款余额/西藏自治区金融机构存款余额进行衡量。

（4）金融机构结构指标：西藏辖区证券保险业发展迅速，金融结构不断优化，但考虑到西藏辖区资本市场总体规模较小，在经济结构中所占的比例还比较低，拉动经济发展的作用有限，且数据可得性较差，因此本文选取保险深度（IP）作为金融结构衡量指标。

（二）平稳性检验

本文所选取样本为时间序列数据，经济与金融数据大多为非平稳数据，对非平稳时间序列直接进行回归可能会出现为"伪回归"现象。因此，为确保实证结果真实、可靠，首先需要对数据平稳性进行检验。

1. 时序图检验

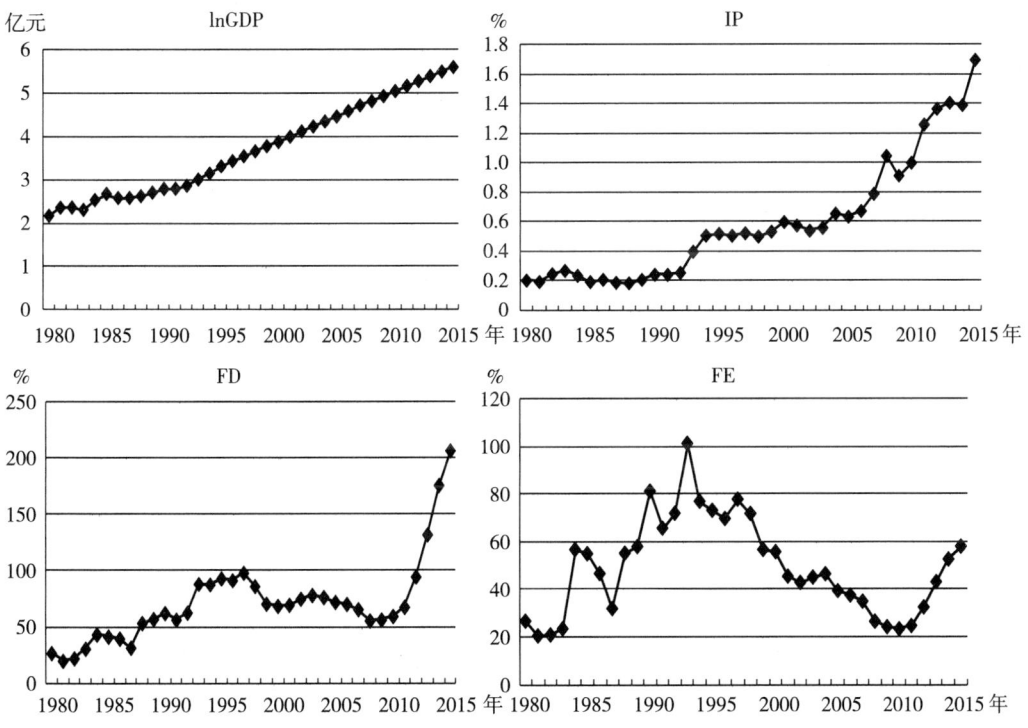

图 4　时序图检验

通过时序图可以看出从 1980 年至 2015 年，lnGDP、IP 呈平稳上升趋势，FD、FE 呈明显的波动趋势。

2. ADF 单位根检验

本文运用 ADF 单位根检验方法对四个指标进行平稳性检验，检验结果显示：四个指标的原时间序列均为非平稳数据，其一阶差分在 5% 的显著性水平下均通过 ADF 单位根检验，即为一阶单整（见表 1）。

表1   单位根检验结果

指标	ADF 统计量	1% 临界值	5% 临界值	10% 临界值	检验结果
lnGDP	0.662488	− 3.65373	− 2.95711	− 2.617434	非平稳
D（lnGDP）	− 3.783439	− 3.679322	− 2.96777	− 2.62989	平稳
FD	− 0.394027	− 3.639407	− 2.95113	− 2.6143	非平稳
D（FD）	− 2.077253	− 2.634731	− 1.951	− 1.610907	平稳
FE	− 0.325917	− 2.632688	− 1.95069	− 1.611059	非平稳
D（FE）	− 6.388324	− 3.639407	− 2.95113	− 2.6143	平稳
IP	− 0.23364	− 4.243644	− 3.54428	− 3.204699	非平稳
D（IP）	− 5.988845	− 4.262735	− 3.55297	− 3.209642	平稳

（三）协整检验

通过 ADF 单位根检验，得出 lnGDP、FD、FE、IP 四个指标都为一阶单整，为判断四个指标之间是否存在长期稳定的均衡关系，本文运用 Johansen 协整检验方法检验四个指标的协整关系。根据检验结果显示，不管是迹检验还是最大特征值检验都表明 lnGDP、FD、FE、IP 四个指标在 5% 的显著性水平下通过协整检验，至少有 1 个协整向量，说明在 5% 的显著性水平下，西藏金融机构发展与经济发展之前存在长期稳定的关系（见表2）。

表2   Johansen 协整检验结果

原假设	特征值	迹统计检验		极大特征值检验	
		迹统计量	5% 临界值 （Prob. **）	极大特征值	5% 临界值 （Prob. **）
None*	0.641950	75.37041	63.87610 (0.0040)	34.92082	32.11832 (0.0221)
At most 1	0.468821	40.44959	42.91525 (0.0864)	21.51031	25.82321 (0.1677)

注：* 表示在 5% 的显著性水平下拒绝原假设。

（四）建立向量误差修正模型

虽然和 FD、FE、IP 和 lnGDP 之间存在"协整"关系，但现实中观察到的往往是变量间的短期的非均衡关系。利用向量误差修正模型（VEC）研究 lnGDP 和 lnLOAN 之间的相互引导关系。

1. 确定 VEC 模型中的最优滞后阶数

首先需要确定最优滞后阶数，本文运用施瓦茨（SC）准则选择最优滞后阶数为 1 阶（见表3）。

表3 滞后阶数确定结果

Lag	LR	FPE	AIC	SC	HQ
0	NA	1107.218	19.36103	18.54425	18.42176
1	269.6791*	0.139699*	9.372918	10.289*	9.676574*
2	19.5362	0.171071	9.523518	11.17247	10.0701
3	23.6438	0.153584	9.279107	11.66093	10.06861
4	17.00097	0.178938	9.145709*	12.2604	10.17814

注：*表示在该检验方法下确定的最优滞后阶数。

2. 建立向量误差修正模型

已确定最优滞后阶数为1，根据向量误差修正模型回归结果可以得出 VEC 为：

$$
\begin{vmatrix} \Delta\ln GDP \\ \Delta IP \\ \Delta FE \\ \Delta FD \end{vmatrix} = \begin{vmatrix} -0.4929 & 0.5182 & -0.017 & 0.0014 & -0.0008 \\ 0.0859 & 0.2134 & 0.0168 & -0.0019 & 0.0031 \\ -134.5434 & 30.8237 & -57.2203 & 0.3001 & -0.2272 \\ -83.1692 & 37.5631 & -4.658 & -0.2264 & 0.6706 \end{vmatrix} \times \begin{vmatrix} Z_{t-1} \\ \Delta\ln GDP_{t-1} \\ \Delta IP_{t-1} \\ \Delta FE_{t-1} \\ \Delta FD_{t-1} \end{vmatrix} + \begin{vmatrix} 0.0478 \\ 0.0107 \\ 0.8598 \\ -0.781 \end{vmatrix}
$$

其中，Δ 为一阶差分，Z_{t-1} 为误差修正项。

在建立向量误差修正模型后，本文通过 AR 根图检验模型稳定性，单位根特征值均小于1，向量误差修正模型通过稳定性检验（见图5）。

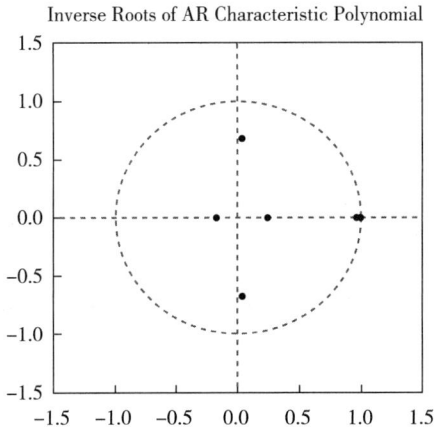

Inverse Roots of AR Characteristic Polynomial

图5　AR 根图检验结果

（五）建立脉冲响应函数

为进一步分析当 FD、FE、IP 中某一变量的扰动项发生变化，其他扰动不变时对 lnGDP 产生的影响，本文在建立向量误差修正模型的基础上，通过分别给 FD、FE、IP 一个正向冲击得出 lnGDP 的脉冲响应函数图（见图 6 − 8）。可以看出 FD、IP 的正冲击能够给 GDP 带来正面影响，但产生的影响有所滞后，在正向冲击发生当期并不能立刻对 GDP 产生影响，并且时间越长影响程度越高。FE 的正冲击会给 GDP 带来负面影响，影响时间同样有所滞后，同时影响程度随时间变化而加深。

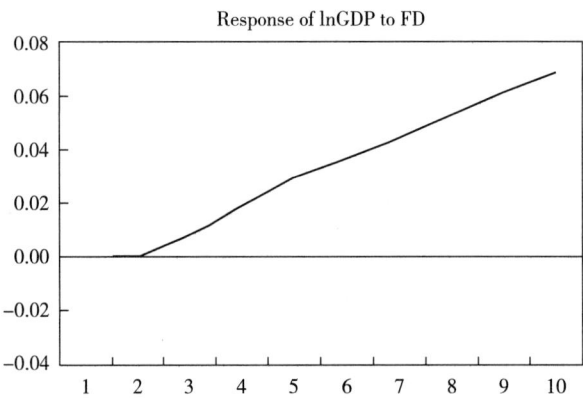

图 6　金融规模（FD）冲击引起 GDP 变化的响应函数

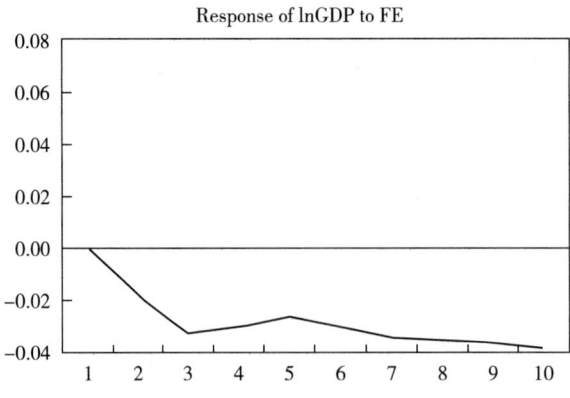

图 7　金融效率（FE）冲击引起 GDP 变化的响应函数

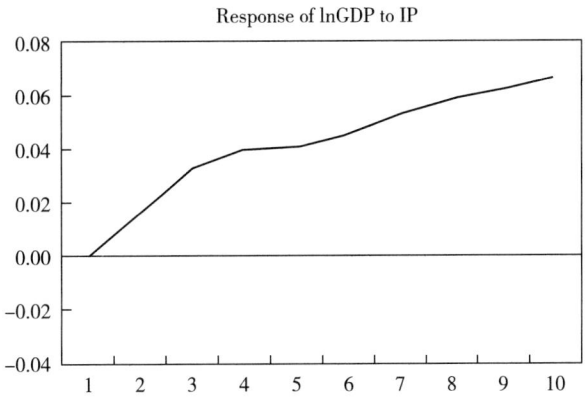

图8 金融结构（IP）冲击引起 GDP 变化的响应函数

（六）实证结论

1. 西藏金融发展规模扩大能够促进地方经济增长，且具有长期效应

通过脉冲响应函数图可以看出：一是金融规模的扩张对地方经济增长的影响有滞后性，当期未产生正向影响。二是金融规模扩张对地方经济增长的影响具有长期递增效应，时间越长影响程度越大。说明信贷资金在进入市场后需要经过经济系统内一系列传导机制对经济增长产生刺激作用，长期来看信贷扩张对经济增长具有递增的刺激作用，西藏金融机构信贷规模扩张能够有效推动地方经济发展。

2. 西藏金融机构资金配置效率需要进一步优化

通过脉冲响应函数图可以看出：一是对金融效率的冲击对地方经济增长的影响具有滞后性，当期未产生影响。二是对金融效率的正冲击对地方经济增长产生负面影响，并且长期递增。说明在以往的金融业发展过程中，金融中介资金配置效率未达到最优化，以至于低效率的资金配置未能对经济增长产生积极的促进作用，金融中介资金配置效率有待进一步优化。本文中金融中介效率通过贷款余额/存款余额来衡量，当该指标上升时对经济增长产生负面影响，说明金融机构在将吸收的存款转化为贷款的过程中，贷款资金未能发挥最优效用，存在资金浪费或次优使用的情况，资金配置存在低效率。低效率的资金配置不利于地方经济发展，金融机构资金配置效率需要进一步优化。

3. 西藏金融结构优化有利于地方经济增长

通过脉冲响应函数图可以看出：一是金融结构的优化对地方经济增长的影

响有滞后性，当期未产生正向影响。二是金融结构优化对地方经济增长的影响具有长期递增效应，时间越长影响程度越大。说明金融结构的优化在长期能够对经济增长产生有利影响。西藏的金融发展基础较为薄弱，金融业中银行业长期占据主导地位，截至 2017 年 6 月末，西藏银行业金融机构总资产占西藏金融机构资产总额的 92.65%，证券保险业发展还不充分，证券保险业对经济增长的促进作用还没得到有效发挥，因此需要进一步增强证券保险市场活力，深度挖掘证券保险市场，优化金融结构，提高经济增长动力。

三、政策建议

（一）着力保持信贷投放重点突出、增长稳定

坚持金融服务实体经济发展本质要求，加大供给侧结构性改革、重点领域和薄弱环节的支持力度。强化信贷政策结构性调整功能，发挥金融对调整产业结构、打造支柱产业、发展特色产业、改造传统产业和培育新兴产业的作用，积极做好"三去一降一补"金融服务，推进西藏经济结构转型升级和特色优势产业培育发展。积极支持国有企业在重点行业产业领域优化布局，推动国有企业兼并重组和混合所有制改革，实现规模化、集约化发展，提升国有企业控制力和影响力。全面落实各项信贷政策措施，保障重点项目、"三农"、小微企业、特色产业等重点领域的信贷投放。积极利用抵押补充贷款（PSL）、扶贫再贷款，切实加大对精准扶贫、农村基础设施、边境特色小镇等经济发展薄弱环节的信贷支持。加大对"双创"、科技、健康养老、特色产业等领域的信贷支持力度。

（二）优化区域金融结构，拓宽区域融资渠道

西藏的经济金融基础整体较为薄弱，除拉萨的金融机构类型较为丰富外，各地区仍以国有银行为主导，融资渠道单一、封闭，限制了当地的资本筹集和运作能力。因此，除了传统商业银行贷款外，还应该支持在经济欠发达地区铺排面向市场的多元化融资渠道，支持村镇银行等中小法人机构设立，优化金融结构、拓宽融资渠道。加大对企业的金融支持力度，鼓励金融机构积极创新金融产品与服务，创新信贷品种；建立和完善"有组织、多形式、制度化"的银企对接平台，围绕重点产业、项目等主题，高质量地组织银企对接活动，提升

中小微企业信贷投放力度。通过构建多元化的金融业态，多渠道扩大金融资源投入，提高信贷资金使用质量和效率，发挥好"金融撬动"作用，更有力地支持西藏经济快速发展。

（三）提高金融配置效率，增强金融服务实体经济能力

西藏金融业在近二十年来虽已取得长足发展，但金融优化资源配置、振兴实体经济作用尚未充分发挥，金融发展应通过构建有效的金融体系来降低隐性交易成本和风险，提高实体经济发展的投融资效率。目前社会现有的金融体系中，社会融资以商业银行信贷为主，因此需要紧紧围绕供给侧改革主线通过调整银行信贷结构，优化资金配置效率，从而矫正要素资源的错配，促进经济结构调整和产业优化升级，提升金融服务实体经济能力。

（四）积极培育特色优势产业，优化产业结构

着眼国内外市场需求，结合西藏当地资源禀赋及产业条件，找准经济增长点，积极培育特色优势产业，运用好特殊优惠金融政策，切实把政策优势转化为发展优势。继续加大对生态旅游业、水电能源业、特色农牧业、藏医药业、特色文化产业等特色优势产业支持力度，加快实现特色优势产业结构升级，不断提高产业支撑社会经济发展的能力。同时增强经济发展协调性，在大力推进新型城镇化建设的同时，加大对边远县乡的支持力度，不断加大新农村和边境小康村建设，充分发挥当地资源优势和区位优势，加快经济发展速度，不断提高边远县乡的经济贡献度。

参考文献

［1］时蕾．江苏省银行类金融机构发展与经济增长关系的实证研究［J］．知识经济，2010（19）．

［2］王礼．金融机构存贷款规模与地方经济发展相关性分析——基于湖南数据的实证分析［J］．湘潭大学学报（哲学社会科学版），2016，40（4）．

［3］李双双．云南省中小金融机构发展与经济增长关系实证分析［D］．云南财经大学，2016.

［4］梁伟．吉林省金融机构信贷增长与经济增长协调发展问题研究［D］．

吉林大学，2007.

　　［5］高铁梅．计量经济分析方法与建模［M］．北京：清华大学出版社，2010.

　　［6］伊毕热恒．西藏自治区金融发展与经济增长关系研究［D］．西南财经大学，2013.

西藏对外贸易发展战略研究

中国人民银行拉萨中心支行
课题组组长：扎西卓玛
课题组成员：白玛央金

摘要： 西藏作为边境省区，对外贸易发展历史悠久，西藏对外贸易也曾经在西藏经济发展历史上发挥了重要作用，增进了邻国之间和睦邻友关系。改革开放以来，在党和国家的关心、全国人民的支援下，西藏对外贸易得到了巨大的发展，近年来在西藏经济发展中得到越来越大的重视。西藏发展对外贸易以来不仅加大了全区对外开放力度，而且有利于推动生产力的发展、提高农牧民的生活水平。作为我国较落后的偏远少数民族地区，国内国外一直关注着西藏的经济发展水平。在中央的关注下，西藏的经济发展逐渐走向了正确的道路，经济增长率连续多年保持较高的水平。在这样的发展背景下，分析西藏对外贸易发展现状，研究西藏对外贸易发展对经济增长的影响。找出对外贸易发展不足的原因并提出建议，有助于指导西藏经济建设。西藏实施"走出去"战略之后对外贸易实现了快速增长，但同时也存在一些弊端，目前，西藏在经济转型和产业结构调整上需要进一步的优化，扩大对外贸易规模和贸易市场范围，这不仅是目前需要研究的主要内容，更是西藏经济可持续发展的首要任务。

关键词： 西藏　对外贸易　发展战略

一、西藏对外贸易发展相关研究

西藏对外贸易发展极具深度，其中包括对外贸易发展历程、现状、意义等多个方面的内容，近二十年来，学术界对西藏对外贸易发展方面比较完整的专著大多是论述西藏对外贸易的历程以及存在的问题，比如：狄芳耀、罗华主编的《西藏经济学导论》，这篇著作是目前最为完整的西藏经济发展史著作，其中第八章主要阐述西藏对外贸易中边境贸易发展的问题，包括西藏与领边国家的贸易发展状况、贸易环境、贸易规模等问题，对西藏边境贸易的客观依据，边境贸易的经济历史、现状以及存在问题，边贸发展的经济地位、作用、发展对策等作了详细的阐述。收集了大量的西藏各类新闻报道、海关提供的数据等资料，论述了西藏边境贸易在对外贸易甚至西藏整体经济的作用及地位。两位西藏学者主编的关于西藏经济历史的一书详细阐述了西藏与周围国家过去进行的贸易往来和交易环境，并且着重向我们阐述了西藏与尼泊尔的贸易发展状况。有学者将西藏边境贸易分为传统边境贸易、近代边境贸易与现代边境贸易三个阶段，并对各阶段的边境贸易进行了详细的分析。这篇文章提到，在西藏对外贸易规模日益扩大，越来越开放且发展水平越来越高的背景下，西藏对外贸易发展依旧存在许多问题并进行了解析，提出了有效的对策建议。黄菊英老师的另外一篇论文《西藏自治区边境发展现状研究》中更是深层次地将西藏边贸发展的现状进行论述，对边贸规模、边贸在外贸中的占比以及边贸依存度等多方面进行全面研究并提出相应的对策。

李、贾两位学者从市场、商品总额、商品结构等要素分析了 20 世纪末到 21 世纪初这几年西藏的对外贸易发展现状，并阐述了西藏对外贸易还存在的问题。王娟娟的《西藏边贸路径探索》中提出了六点可行性建议并且很有参考价值，包括收集周边国家和地区的市场供需、资源等相关重要信息，构建"效益导向型"的促进出口体系。此外，张云龙的《经济全球下中国西藏与南亚边贸发展问题的研究》基于经济全球视角，分析了西藏边境贸易的发展情况；顾国爱的《西藏地区发展"一带一路"的对策》论述了"一带一路"背景下的西藏经济面临的机会与挑战，根据西藏参与"一带一路"建设的具体情况提出了有效的建议。

西藏的对外贸易发展历史非常悠久，扎顿在硕士论文《西藏对外贸易发展战略研究》中对西藏对外贸易发展史从 1959 年西藏改革开放以前到 2005 年西藏对外贸易的贸易种类进行了系统的分析，在此基础上，用近 50 年的数据阐述西藏对外贸易的变化，总结几十年的经验教训，科学地概括西藏对外贸易未来的发展趋势，并强调青藏铁路对开展对外贸易工作的重要性以及恢复亚东口岸的开放对中国打通南亚国家的贸易通道至关重要。

纵观近 20 年来有关西藏的对外贸易发展的研究，绝大多数的论文都是对西藏对外贸易宏观方面的研究，并且有丰硕的成果，但对西藏对外贸易发展战略研究并不深入。首先，很多学者重点放在研究对外贸易发展现状的宏观研究，对西藏与邻国的对外贸易国际化、双边边贸的管理、边民互市的基本情况等微观方面的研究较少，对外贸易发展具体战略对策就更谈不上。另外，很多关于西藏对外贸易的研究中缺少对外文文献的发掘和藏文文献的利用，同时这也是本文存在的缺点，外文文献涉及西藏的文献几乎找不到，而大量的藏文典籍会记载西藏对外贸易发展情况，但限于目前条件、时间、精力并没能对其进行详细的研究。

二、西藏对外贸易发展现状及问题分析

（一）西藏自治区的基本情况

西藏地处祖国的西南边缘，青藏高原的西南部，周边与南亚的多个国家和地区有约 4000 千米的边境线，全西藏七个地市中，除了拉萨市和那曲地区之外其他五个地区的 21 个县、203 个镇、770 个村分布在西藏边境线上，另外，有312 条对外通道，其中常年性通道 44 条，季节性通道 268 条，其分布情况是：中尼边境 184 条、中印边境 93 条、中不边境 18 条、中缅边境 5 条、与克什米尔地区边境 12 条，以及 27 个边贸市场和 4 个边境口岸等边贸便利设施为发展与邻国的边境贸易创造了优越的自然条件。

西藏作为边境省区，开展对外贸易很有优势，西藏对外贸易也曾经在西藏经济发展历史上发挥了重要作用。增进了与邻国之间和睦邻友关系。改革开放以来，在党和国家的关心、全国人民的支援下，西藏对外贸易取得到了巨大的发展，近年来在西藏经济发展得到越来越大的重视。通过发展对外贸易，推动了西藏对外开放力度，加快西藏外贸企业生产力发展水平，创造藏民族新的生活。

（二）西藏对外贸易发展总体态势分析

1. 西藏边境口岸的现状

樟木、吉隆、普兰、日屋、亚东口岸是西藏先后在边境地区开设的 5 个国家口岸，其中前三个口岸为国家一类陆路通商口岸，日屋口岸为国家二类陆路通商口岸。樟木、日屋以及吉隆口岸面向尼泊尔，地处阿里地区的普兰口岸兼容印度尼西亚两国的边境贸易。而位于西藏日喀则地区的亚东口岸在历史上兼容中国与印度、中国与不丹的边境贸易，目前复关不久。另外拉萨的贡嘎机场

为航空的一类口岸。

（1）樟木口岸。樟木口岸位于西藏日喀则地区的聂拉木县，喜马拉雅山中段南坡，海拔大约 2400 米，樟木口岸也称聂拉木口岸。与尼泊尔吧热比思口岸之间只隔了一条河，中国与尼泊尔的公路也从此通过樟木口岸与拉萨隔 800 公里的距离，与尼泊尔首都加德满都相距 120 多公里，是中尼两国进行政治、经济、文化交流的最为重要的通道，是西藏最大的贸易通商口岸。樟木口岸交通比较方便，海关、工商、公安等金融服务机构和管理机构比较健全。

历史上的樟木口岸就只是中国与尼泊尔之间的一个传统贸易的小市场，口岸的地位远不及吉隆口岸。中国与尼泊尔公路的开通促使樟木口岸成为西藏对尼泊尔中心口岸的决定性因素，这也使樟木口岸的地位稳步上升，甚至超过吉隆口岸，成为西藏对尼泊尔主要贸易通道。亚东口岸闭关期间，樟木口岸一度成为西藏边境口岸中条件最好的口岸，这是樟木口岸能快速发展的特殊原因。樟木口岸目前也仍然存在口岸设施基础过于简陋、货物不能按时交接等问题，樟木到拉萨的路况不好，318 国道的大部分路段是解放初期的土路，冬天大雪封山、夏天泥石流塌方等原因造成时有交通中断的现象。

（2）吉隆口岸。吉隆口岸是中尼两国边境贸易的主要通道，位于西藏日喀则吉隆县吉隆镇热索村境内，喜马拉雅山脉的下游河谷，与聂拉木口岸隔山相邻。吉隆口岸有着悠久的历史，曾是中国与尼泊尔交往的主要通商口岸，由于地理位置偏僻再加上交通极为困难，因此其地位被现在的樟木口岸取代。出入吉隆口岸的大多数为尼泊尔边民，吉隆口岸边民互市交易普遍，但贸易额较小。口岸管理设施还需要进一步完善。近几年，吉隆口岸正在逐步晋升为中国与尼泊尔最重要的陆路通商口岸，也是西藏贯彻落实国家"一带一路"战略面向南亚开放的重要通道。

（3）普兰口岸。普兰口岸位于西藏阿里地区普兰县，以喜马拉雅山为界线与印度、尼泊尔毗邻，是西藏对外贸易往来的重要口岸。西藏外贸企业在此口岸设有分支机构，尼泊尔、印度的客商少说也有 100 多家。由于西藏境外不通公路再加上沿途要经过海拔高达 6000 多米的高山，气候和环境恶劣，通常只有夏天 7 月、8 月才会化雪，全年只有短短两个月才能通行，其余时间大雪封山，阿里口岸属于季节性通道，口岸交易额也不会很大。

（4）日屋口岸。日屋口岸位于西藏日喀则地区定结县，是历史上最为传统的边民互市贸易市场，与尼泊尔的哈提亚贸易市场对应，1986 年实现开放，并经国务院批准设为国家二类口岸，但由于交通极其不便、贸易额较小等诸多原因，口岸市场不是很规范，管理设施机构也尚不健全。

（5）亚东口岸。亚东口岸位于西藏日喀则地区亚东县，在喜马拉雅山中段南坡谷地，海拔大约有3000多米。与锡金、印度、不丹接壤，亚东县离拉萨有460多公里的距离，距不丹首都延布大约300多公里，距锡金首都甘托克只有100多公里。亚东位于西藏边境，与锡金最近。复关后的亚东口岸算得上是现阶段基础设施条件最好的口岸。随着中国与印度关系的逐渐缓和，亚东口岸边民互市的贸易越来越好，虽然交易额不大但有着巨大的提升空间。

19世纪中期就有亚东口岸的贸易，亚东口岸当时就已经是中国与印度最主要的贸易通道，一直到西藏和平解放为止。由于受中国与印度政治外交特殊原因的影响，1962年亚东口岸闭关，长时间未能开放。亚东口岸闭关期间大大提升贸易成本、货物与资金链中断，对西藏边境贸易有着不可忽视的影响。恢复开放亚东口岸可以带动西藏旅游业、资金开发等第三产业发展，不仅对西藏对外贸易发展有利，而且将推动西藏与印度等周边国家的经济发展。

2. 对外贸易市场结构分析

西藏南部和西南部分别与南亚的缅甸、印度、不丹、尼泊尔及克什米尔等国家和地区相接壤。由于其特殊的地理位置现已发展成中国连接南亚各国在政治、经济、文化及商贸上的重要通道，其中具有代表性的包括：南方丝绸之路、唐蕃古道、茶马古道等。近年来，随着青藏公路、川藏公路、青藏铁路、拉林铁路、拉日铁路、民用航空等交通要道的建设和发展，西藏与世界的联系更加紧密，其对外贸易迈向了新的发展阶段。2015年8月，中央第六次西藏工作座谈会召开，在"两屏四地"基础上，明确提出"西藏是面向南亚开放的重要通道"，为西藏开放发展提供了新的重大历史机遇。

西藏对外经贸市场由刚开始的极少数邻边国家发展到现在的90多个地区国家。最为重要的是现已成为中国与南亚国家的主要经贸地，市场主要分布在尼泊尔、印度、缅甸、不丹以及日本等国家。为了在日益激烈的国际竞争中赢得一席之位，西藏对外贸易发展尝试进行多元化市场战略，在巩固原有市场的基础上利用极特殊的环境积极开拓欧美和日本以及我国港澳台等新市场。

从图1中能看出2016年西藏主要的进出口贸易国，有尼泊尔、印度、缅甸、日本、不丹等国，我国西藏与尼泊尔、印度和缅甸等周边国家接壤，边境

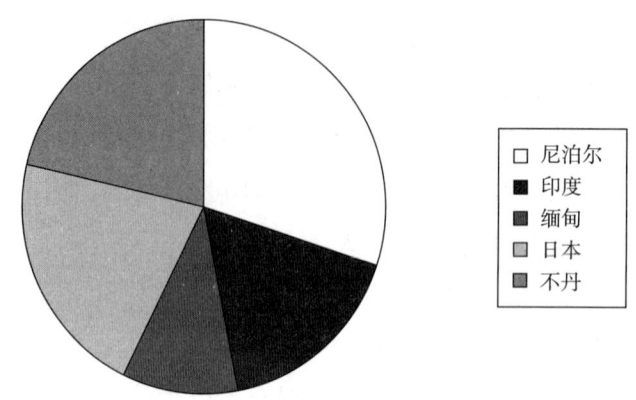

图例：
□ 尼泊尔
■ 印度
■ 缅甸
■ 日本
■ 不丹

数据来源：西藏商务之窗。

图 1　2016 年西藏进出口总额中贸易伙伴国所占比例

线长 4000 多公里。近几年西藏对外贸易额持续增长。

2015 年西藏与 95 个国家和地区开展对外贸易，其中与尼泊尔的贸易总值为 31.41 亿元，同比下降 74.2%，占外贸进出口总值的 55.5%，超过其他 94 个国家和地区的贸易值总量。尼泊尔自 2006 年以来，连续 10 年保持西藏第一大贸易伙伴国的地位。在出口方面，2015 年对尼泊尔的出口额占全区出口贸易额的 65%；在进口方面，西藏与日本交易额最大，2015 年对日本的进口额占全区进口贸易额的 87.7%。据报道显示，2016 年前八个月，中国与印度双边贸易额 460.6 亿美元，同比下降 1.2%，其中我国对印度的出口总额 385.25 亿美元，同比增长 2%；我国从印度进口 75.35 亿美元，同比下降 14.8%。截至 2016 年 7 月，中国在印度累计签订承包工程合同额 672.6 亿美元，完成营业额 451.6 亿美元。中国对印度直接投资累计金额 41 亿美元。中国对印度主要出口商品有机电产品、化工产品、纺织品、塑料及橡胶、陶瓷及玻璃制品等。中国自印度主要进口商品有铁矿砂、铬矿石、宝石及贵金属、植物油、纺织品等。除尼泊尔外，西藏外贸前三位伙伴国分别为印度、日本和缅甸，双边贸易额分别为 6.57 亿元、4.84 亿元和 3.91 亿元，比上年分别增长 78.3%、112.8%、67.6%。据报道，2016 年 1—11 月，西藏外贸总值为 116.84 亿元，同比下降 37.94%，其中对尼泊尔贸易总值为 106.5 亿元，占外贸进出口总值的 91.15%。此外，截至 2016 年 11 月底，西藏外贸贸易伙伴总数为 95 个国家和地区，对尼泊尔贸易总额超过其他 94 个国家和地区的贸易值总量。

综上所分析的数据来看，在中国与尼泊尔双方加强经贸来往、青藏铁路延伸线拉萨至日喀则铁路正式通车、昔日对尼泊尔最大贸易口岸吉隆口岸扩大开放、第二条进藏铁路川藏铁路正式开工、西藏提出构建开放型经济等诸多有利因素影响下，对未来的中尼双方贸易活动潜力巨大，将有望成为拉动西藏自治区经济增长的新引擎。西藏对外贸易的传统贸易市场需要进一步巩固的同时还要开拓新兴市场发展。西藏自治区出口贸易严重依赖尼泊尔、印度等南亚国家。

此外，西藏目前有30个传统边贸市场，西藏传统的边贸点大都分布在西藏各个边境口岸所在地方，与尼泊尔、印度、锡金、不丹有贸易往来。周边国家也在边境线上设立自己的贸易市场。西藏30个边贸市场中有20个市场在日喀则地区，7个在阿里地区，其余两个分别在林芝地区和山南地区。林芝地区察隅县由于路途遥远、交通不便等客观因素原因所致贸易额极小。具体分布如表1所示。

表 1 西藏边境贸易市场（贸易点）

中方市场（西藏）			境外市场
日喀则地区	仲巴县	茶株市场	尼泊尔麦村
		里孜市场	尼泊尔木斯塘
		西雄如市场	尼泊尔木斯塘
		荣来市场	尼泊尔木斯塘
		东雄如市场	尼泊尔恰梅
	萨嘎县	贡当市场	尼泊尔太因
	吉隆县	宗嘎市场	尼泊尔太因
		吉隆市场	尼泊尔热索阿根
	定日县	绒辖市场	尼泊尔拉毛巴加尔
		卡达市场	尼泊尔拉毛巴加尔
		岗嘎市场	尼泊尔拉毛巴加尔
	定结县	陈塘市场	尼泊尔哈提亚·巴金
		日屋市场	尼泊尔哈提亚·巴金
		萨尔市场	尼泊尔哈提亚·巴金
	聂拉木县	扎西岗市场	尼泊尔拉毛巴加尔
		樟木市场	尼泊尔科达里·里宾
	亚东县	帕里市场	不丹信格卡勒昔
		桑姆市场	锡金拉穷
		仁青岗市场	锡金甘托克和印度噶伦堡
	岗巴县	岗巴市场	锡金拉卓
阿里地区	日土县	热角市场	印度楚舒勒
		加岗市场	印度龙空
		乌江市场	印度赫拉

续表

中方市场（西藏）			境外市场
阿里地区	普兰县	桥头市场	尼泊尔汤科特
		唐卡市场	尼泊尔宁普和印度嘎尔羊
		布尔热巴市场	尼泊尔千多
	葛尔县	扎西岗市场	印度宁达列
林芝	察隅县	日东市场	缅甸纠嘎
山南	浪卡子县	达隆市场	不丹

3. 对外贸易总体规模

随着我国加入世界贸易组织，西藏对外贸易取得了飞速发展。西藏进出额从 2000 年的 113352 万元人民币增加到 2006 年的 256152 万元人民币，每年均增加 23800 万元人民币。西藏出口额从 2003 年的 100613 万元人民币增加到 2008 年的 491348 万元人民币，每年均增加 78147 万元人民币。西藏的进出口额和出口额除个别年份和 2008 年受经济金融危机影响有所下降外，基本处于增长阶段。虽然进口额有所增长但幅度明显小于出口额。

2000 年进出口总额 113352 万元人民币，其中出口额为 96597 万元人民币，进口额为 14755 万元人民币，分别占西藏进出口总额的 85.2%、14.8%。根据西藏自治区商务厅提供的信息，西藏进出口总额 2004 年首次突破 2 亿美元，2008 年更是突破 7 亿美元，2004 年达到 22355 万美元，2008 年达到 76543 万美元，分别增长了 38.72% 和 94.53%。此后受金融危机的影响进出口总额从 2008 年的 531796 万元人民币下降到 2009 年的 274507 万元人民币，下降率基本上是 50%。2009 年至 2013 年进出口贸易总额年均增长量约是 35625 万元人民币。2014 年，受自治区调控政策和中尼国际公路塌方双重因素影响，外贸总量出现回落，但同时异地企业虚增西藏统计贸易值得到有效遏制。据拉萨海关统计，2014 年，西藏外贸进出口总值为 138.48 亿元人民币，比 2013 年相比下降 32.96%，其中出口总值为 129 亿元，进口总值为 9.48 亿元，分别下降 36.6% 和增长 20.5%。

2015 年，西藏自治区外贸进出口总值为 56.55 亿元，同比减少 59.2%，出口总值 36.23 亿元，减少 71.9%；进口总值 20.32 亿元，增长 114.4%。那曲和阿里两个地区进出口总额大幅增长，其余各地区都相对下降。2015 年尼泊尔发生 8.1 级大地震，与尼泊尔相邻的西藏日喀则的几个边境线震感非常强烈，有人员伤亡、房屋倒塌等损失比较严重。因为尼泊尔的"4·25"大地震的影响，西藏的主要口岸受灾较为严重，导致外贸进出口总额大幅度减少，进出口贸易额从 2013 年的 2055765 万元人民币降到 2015 年的 565500 万元人民币。尤其是作为对外贸易额最大的樟木口岸，近年来西藏对尼泊尔的边境贸易一直保持稳定增长态势，但在地震后，樟木口岸对尼泊尔的进出口贸易基本处于停滞状态。2015 年 10 月 13 日，吉隆口岸恢复通关，承接了樟木口岸的对外贸易功能，结束了因地震造成的中尼贸易来往停滞的局面，重新打通了两国间的贸易往来，至此中尼贸易通道逐渐恢复。

拉萨海关数据显示，西藏 2015 年前三季度外贸趋势回稳且有持续增长的趋势，相比全国的外贸往来情况，西藏进口情况优于全国总体水平，尤其随着吉隆口岸交通运输、仓储装卸、通关服务能力不断提高，有力推动了西藏外贸的发展。第三季度吉隆口岸的边境小额贸易迅猛增长 474.85%，实现贸易总额8.94 亿元，有力推动了西藏边境地区经济发展。外贸进出口总额达 38.71 亿元，同比减少 7.49%，但连续 5 个月实现了正增长。其中进口总额 16.85 亿元，同比增长 43.67%。外贸呈现持续回稳向好发展态势。发展对外贸易有利于带动包括西藏边境地区居民在内的全自治区人民脱贫致富，增加西藏自治区外汇收入，吸引外来投资，促进西藏外贸的跨越式发展。外贸—投资—生产—基础设施建设—全面小康社会的新西藏建设的良性发展格局初步显现。

表 2   **2000—2015 年西藏进出口贸易额**

年份	人民币（万元）			美元（万美元）		
	进出口总额	出口额	进口额	进出口总额	出口额	进口额
2000	113352	96597	14755	13029	11333	1696
2001	78416	68178	10238	9482	8244	1238
2002	107775	67070	40706	13032	8110	4922
2003	133271	100613	32658	16115	12166	3949
2004	184876	107584	77292	22355	13009	9346
2005	166366	133909	32457	20539	16532	4007
2006	256152	173332	82820	32840	22222	10618
2007	287422	238408	49014	39348	32638	6710
2008	531796	491348	40450	76543	70721	5822
2009	274507	256296	18211	40202	37536	2667
2010	565890	521942	43948	83594	77102	6492

续表

年份	人民币（万元）			美元（万美元）		
	进出口总额	出口额	进口额	进出口总额	出口额	进口额
2011	856047	745460	110587	135861	118310	17551
2012	2167236	2123587	43649	342397	335501	6896
2013	2055765	2024588	30077	331939	326905	5034
2014	1384815	1290039	94776	225494	210086	15408
2015	565500	362300	203200	90420	32490	57929

数据来源：2001—2016 年西藏统计年鉴。

4. 西藏对外贸易进出口商品结构

历史上，吐蕃王朝时期松赞干布曾派人从印度带回粮食、菜籽以及其他日用品，从而揭开西藏与邻国间边境贸易史。17 世纪，阿里地区开始用硼砂、湖盐、羊毛等产品同邻国交换布匹、干果等日用品。20 世纪 50 年代，亚东成为进出口货物的主要通道和集散地，其主要进口商品是大米、面粉、椰子油、手工艺品、日用百货等，主要出口产品是绵羊毛、麝香等土畜产品。1962 年后，边境贸易主要以与尼泊尔贸易为主。70 年代后，西藏边民互市贸易开始，主要交换产品是绵羊毛、皮张、活畜、轻工产品、民族用品等。进入 90 年代以后，西藏出口贸易的主要品种为畜产品、中药材、粮油食品和轻工品等，进口贸易主要有汽车、摩托车、钢材、农药、机电类等。2000 年全区边境贸易主要进出口商品有农产品、畜产品、纺织品、轻工业品、机电产品等。西藏共有边境县 21 个，边境乡 104 个，共有传统性和习惯性的边境贸易市场 30 个。亚东县帕里市场和仲巴县里孜市场是互市贸易点中边民互市贸易比较活跃。

表 3   **2008—2015 年进出口商品结构**   单位：万元

种类	年份	2008	2009	2010	2011	2012	2013	2014	2015
初级产品	食品与粮油	534	2696	5882	10496	12627	25339	34601	84967
	饮料与烟类	299284	275676	301702	353341	401397	510711	597353	660878
	地毯	1316	757	463	1078	1423	1330	1553	1316
	畜产品	4492	8067	5282	11619	15997	24401	42722	32453
	中药材	2854	13997	16478	74798	104604	289053	38338	196656
	矿物燃料	170443	192415	246536	347938	432698	532726	583685	538976
	轻工品类	1102	2017	1696	3876	5494	6066	32554	22206
	合计	480025	322455	578039	799270	974240	1389626	1330806	1537452

续表

种类	年份	2008	2009	2010	2011	2012	2013	2014	2015
工业制成品	汽车类	37646	136890	158916	160529	168975	210909	218441	250339
	橡胶类产品	102	180	279	344	313	550	388	483
	机电产品	5227	14233	21049	20027	25679	37413	29970	29419
	化学品类	13545	8829	8809	10572	6180	7138	25095	43518
	杂项制品	7687	5958	8691	6933	9180	16287	13440	14034
	合计	64207	166090	197744	198405	210327	272297	287334	337793

数据来源:《西藏统计年鉴》。

表 3 是西藏从 2008 年至 2015 年的进出口商品结构，由于西藏统计年鉴上没有 2008 年以前的进出口商品结构，因此本文只列出 8 年的西藏进出口商品结构，从表 3 可以看出，西藏进出口商品品种多样化，由过去以布匹、羊毛、食盐等单一的初级产品为主要出口对象，发展为出口畜产品、轻工产品、粮食食品、中药材和地毯五大类为主的轻纺民族手工业产品。而在边境贸易进口品种中，伴随西藏产业结构优化，促进了商品结构由初级产品向工制成品的转化，目前西藏结合当地自然资源的优势，企业生产独具特色的自产产品，比如，糌粑、青稞麦片、冬虫夏草等进行了原产地标记认证和食品标签审核，深受周边国家的喜爱，自产产品的出口总量也逐年增加。但是由于条件限制，对这些特色产品没有详细的数据。

从表 3 可以看出进出口商品大致处于上升阶段，初级产品中饮料与烟酒类和矿物燃料的分量最多，占比分别为 43% 和 39%，而地毯和畜产品作为西藏特有产品贸易额并不理想，因此需要扩大对西藏特色产品的贸易力度。工业制成品中分量最高的商品为化学类和汽车类产品，二者合计占比达同期总值的 86.9%。上述两项商品的 2015 年贸易分别为 25 亿元和 4 亿元，增幅分别为 84.8% 和 22.8%。西藏对外贸易起步很晚，西藏对外贸易在"七五"期间才初步打开局面，但总体上发展水平较快，进口额从 1965 年的 243 万美元到 2015 年的 90420 万美元，增长了 372 倍，对外贸易取得了可喜可贺的成绩。

随着内地发达省区的产业转移的深入，西藏也开始不断改善产业链的转移，大力发展对外贸易中部分高附加值产品、技术含量高的产业。从 2000 年至今，西藏对外贸易初级产品和工业制成品比重一直处于变化中，西藏进出口商品结构通过近十年的调整而不断优化。近年来，西藏从多方面筹集资金，建设出口商品基地，主要支持西藏上市企业扩大畜产品、地毯、藏药等特色产品的出口。

建设出口商品基地有效地促进西藏自产产品的出口。建设出口产品基地对扩大西藏出口、促进西藏地区生产总值的增长、增加西藏本地区的农牧民收入、提高西藏就业率、调整贸易产业结构等诸多方面有着积极的影响。西藏进出口商品从过去的粮食、羊毛、皮张、手工业品等初级产品发展到纺织品、化工原料、电子机械产品等工业制成品，进出口商品结构完成从初级产品向工业制成品的转变。

表 4 　　　　　　　　　　　2008—2015 年进出口商品分类 　　　　　　　单位：万元

年份	2008	2009	2010	2011	2012	2013	2014	2015
初级产品	480025	322455	578039	799270	974240	1389626	1330806	1537452
工业制成品	64207	166090	197744	198405	210327	272297	287334	337793

数据来源：《西藏统计年鉴》。

从 2008 年以后的西藏进出口商品结构总体来看，进出口商品中初级产品贸易额远远超过工业制成品，这样的商品结构得益于国家的大力扶持，一方面扩大对特色产业的开发和挖掘，发挥自产产品的出口优势，发展与周边国家的贸易，保持进出口商品中初级产品的贸易额，同时利用国家赋予西藏的特殊出口政策，基本上西藏的进出口商品结构已经从简单的粮食、羊毛、皮张等初级产品发展到纺织品、化工产品、机电产品以及建材等工业制成品，进出口商品的结构得到了很大的改善。但是工业制成品的贸易额远远不能满足市场的需要，主要原因是西藏外贸企业生产能力不足、企业生产技术水平不高、企业软硬实力不强等，这些因素都促使工业制成品的附加值低。从而影响整个进出口商品结构的平衡，进而制约西藏对外贸易的有序发展。

5. 西藏对外贸易效益分析

（1）西藏对外贸易速度。西藏外贸速度从 2001 年到 2015 年进出口贸易额增长情况来看（见表 5），贸易增长速度有升有降，波动并不算太稳定。

表 5 　　　　　　　　　　2001—2015 年的进出口贸易额增长速度 　　　　　　单位：%

年份	进出口增长率	进口增长率	出口增长率
2001	− 0. 27	− 0. 31	− 0. 29
2002	0. 37	2. 98	− 0. 05
2003	0. 24	− 0. 20	0. 05
2004	0. 39	1. 37	0. 07
2005	− 0. 10	− 0. 58	0. 24
2006	0. 54	1. 55	0. 29

续表

年份	进出口增长率	进口增长率	出口增长率
2007	0.12	− 0.41	0.38
2008	0.85	− 0.17	1.06
2009	− 0.48	0.55	− 0.48
2010	1.06	1.41	1.04
2011	0.51	1.52	0.43
2012	1.53	− 0.61	1.85
2013	− 0.05	− 0.31	− 0.05
2014	− 0.33	2.15	− 0.36
2015	− 0.59	1.14	0.72

数据来源：西藏 2000—2015 年的统计年鉴。

2016 年西藏生产总值达到 1148 亿元，西藏经济连续 24 年保持了两位数增长速度，但是西藏经济发展速度与外贸增长速度的差距较大，2001 年至 2015 年的西藏对外贸易发展速度平均只有 0.25，2015 年西藏对外贸易总额只有 565500 万元，比预期差得太远。从表 5 可以看出，西藏对外贸易进出口增长率表现出上升、下降的波动起伏趋势，但进出口整体波动不大，出口额增长率的权重大于进口额，出口增长率曲线走势与进出口增长率是相似，并且进口增长率曲线浮动明显大于出口曲线，这说明出口额对外贸效益的贡献大于进口额。贸易贡献中，两个指标的权重相差不大，说明它们对贸易效益的贡献同等重要。西藏进出口增长率和出口增长率除个别年份除外，曲线波动比较平稳。从表 5 的数据综合来看，外贸速度从 2001 年的下降率 0.27% 到 2015 年的下降率 0.59%，虽然变动较小，但是这 15 年的速度变化波动较大，在 2008 年达到第一次高峰之后波动下降，由于受 2008 年经济危机的影响，进出口增长率波动幅度比较大，在 2009 年跌到谷底。西藏对外贸易速度变化中，进出口额各个增长速度一直增减不一、起伏不定，处于非均衡状态，在 2012 年达到第二次高峰后又急剧下降。当然外贸额在西藏地区生产总值的地位和作用也是不容忽视的，一个地区贸易额增减会直接影响当地的经济发展。

（2）总体稳定的外贸依存度。经济快速发展的背景下，西藏进出口贸易也在不断地增长，西藏的外贸依存度也相应地提高，一国或者地区的贸易效率要看外贸依存度的高低，外贸依存度是指一个国家在一定的时间限制内对外贸易总额占 GDP 的比重，也就是 GDP 对外贸的依赖度。外贸依存度反映了一国或者地区的对外开放程度和水平，即对外贸易对该地区的 GDP 的效益程度。一般认为外贸依存度越高，对外贸易效率就越好，同时也能反映出该地区经济对外开放规模大小。具体分两项指标，即进口依存度和出口依存度。这项指标不直接反映该地区的经济实力情况，但也能在一定程度上表述该地区的进出口在国际经济中的循环程度以及国民经济增长程度。如表 6 所示的是 2001 年至 2015 年的外贸依存度，为方便解释，表 6 中的数据，外贸依存度、进口依存度、出口依存度是按汇率折算成人民币计算得出的。

表 6 　　　　　　　　　　　　**2001—2015 年的外贸依存度**

年份	外贸依存度	进口依存度	出口依存度
2001	0.056	0.007	0.049
2002	0.066	0.025	0.041
2003	0.072	0.018	0.054
2004	0.083	0.035	0.049
2005	0.066	0.013	0.054
2006	0.088	0.028	0.059
2007	0.084	0.014	0.069
2008	0.13	0.01	0.12
2009	0.006	0.004	0.058
2010	0.112	0.009	0.10
2011	0.141	0.018	0.12
2012	0.309	0.006	0.30
2013	0.25	0.003	0.25
2014	0.15	0.01	0.14
2015	0.055	0.019	0.035

数据来源：国家数据库各省年度数据计算得出。

　　2000 年以来，西藏外贸依存度变化一直呈不稳定的状态，但是 2001 年与 2015 年的对外贸易依存度并无多大的变化，西藏的外贸依存度从 2001 年的 5.6% 上升到 2008 年的 13.5%，2008 年受国际金融危机影响，2009 年跌到 0.6%，而 2012 年外贸依存度创历史新高，达到 30.9%，其中，进口依存度为 0.6%，出口依存度为 30%。外贸贡献基本来自出口贸易。2012 年之后的两年内有所下降，直到 2015 年和 2001 年的外贸依存度是基本处于一致的，中间波动虽大但整体增幅很小。与增长率曲线走势一样，外贸依存度和出口依存度的曲线趋势也比较相似，比起进口依存度曲线波动较大，而进口依存度的曲线趋于平稳状态，没有大幅度的变化。这点说明西藏出口贸易对西藏外贸的贡献远胜于进口贸易，对外贸易的贡献还是来自出口贸易。出口贸易对国民经济的影响大于进口贸易，由此，出口贸易的效率肯定是高于进口贸易的。

外贸依存度的变化从某种程度上表示，该地区与其他国家经济的贸易往来，可反映其对外开放程度。西藏的外贸依存度整体上也在不断地提高，因此，这表明西藏的经济是外向型开放经济，受西藏外贸的影响颇大。

（三）西藏对外贸易方式

一般对外贸易方式有一般贸易、加工贸易、边境贸易以及其他贸易，而西藏主要的贸易方式为边境贸易和一般贸易，西藏对外贸易结构方式可以划分为三种贸易类型：（1）通过内地出海或者陆地上与世界各国进行的贸易即一般贸易；（2）通过西藏边境各大口岸与邻国进行的边境贸易；（3）最古老的边民之间所进行的物与物交换的贸易。由于边民互市交易物品零散且交易额又小，因此目前未纳入海关统计计划内。故我们所表示的对外贸易只有前两类。

西藏与尼泊尔、印度、不丹等国家和地区相邻，凭借独特的地理优势和国家赋予的鼓励出口贸易政策的优势促使西藏目前的边境贸易和一般贸易占据西藏外贸的主要地位。西藏的出口商品中附加值较高的工业制成品绝大多数是其他经济发达省份的产品，西藏只是作为过渡转口贸易点，转口贸易比起一般贸易可获得的收益非常有限。

表 7　　　　　　　　　2001—2014 年主要贸易数额　　　　　　单位：万美元

年份	对外贸易总额	边境贸易总额	一般贸易总额
2001	78416	55965	22451
2002	107775	42372	65403
2003	133271	53523	79748
2004	184876	62458	122418
2005	166366	84318	82048
2006	256152	121564	134588
2007	287422	171754	115668
2008	531796	165248	366548
2009	274507	171658	102849
2010	565890	345379	220511
2011	856047	641927	214120
2012	2167236	1163636	1003600
2013	2055765	1191504	864261
2014	1384815	1217439	167376

数据来源：国家统计网。

西藏与周边南亚国家之间的贸易来往是通过各边境口岸进行的，近几年西藏边境贸易规模显著扩大。西藏边境总额在 1972 年时达历史最低点，此后保持了较快增长势头，1994 年为 1.05 亿元，首次破亿元。从 2000 年后除了个别年份一直保持猛增状态。然而，由边境贸易额占西藏对外贸易总额的比重能看出西藏与南亚国家贸易来往在外贸发展中的地位以及为西藏国民经济的发展所提供的作用。边境贸易额的增速状态能反映出西藏与周边国家的贸易波动起伏，随着边境贸易额的逐年增加，其对西藏对外贸易的推动作用也不断增强。据有关统计资料显示，新中国成立之前西藏边境进出口总额占全区对外贸易总额的比重为 100%，这一数据说明当时西藏的对外贸易全部是对南亚周边国家的贸易往来，这种贸易状况一直持续到 1962 年才发生改变。1962 年西藏边境进出口总额占全区对外贸易总额的比重比上年下降 22.47%，此后这一比重起伏较大，1965—1970 年大致在 35% 至 62% 波动，1971—1980 年在 39.4% 至 42.3% 波动。

表 8   2001—2014 年西藏边境贸易、一般贸易占对外贸易的比例   单位：%

年份	边境贸易占比	一般贸易占比
2001	0.71	0.29
2002	0.39	0.61
2003	0.40	0.60
2004	0.34	0.66
2005	0.51	0.49
2006	0.47	0.53
2007	0.59	0.41
2008	0.31	0.69
2009	0.63	0.37
2010	0.61	0.39
2011	0.75	0.25
2012	0.54	0.46
2013	0.58	0.42
2014	0.88	0.12

数据来源：根据国家统计局数据计算得出。

从表 8 能看出，2001—2014 年，西藏边境贸易和一般贸易在对外贸易中的比例。边境贸易 2001—2008 年一直在不同幅度地下降，除了 2005 年和 2007 年比重一直在下降。从 2008 年经济危机之后边境贸易比重有所上升。除个别年份稍有波动之外，总体边境贸易呈 "V" 字形的趋势，2008 年作为分界点，2008

年之前边境贸易占对外贸易比例一直在不同幅度地下降，由于世界经济危机的影响，在 2008 年出现最低点。这一年整体西藏经贸处于劣势的状态，占贸易总额的 31%。而一般贸易从 2008 年之后比重逐渐下降，由 2002 年的 61% 下降到 2014 年的 12%，大约平均每年下降 4 个百分点。

西藏和平解放前，边境贸易占对外贸易的比重很高，当时一般远洋贸易尚未起步，解放前对外贸易完全靠边境贸易的贡献，这显然并非理想的状态。改革开放之后，远洋贸易快步发展，加强了西藏地区与内地各省的经济往来，同时也带动了西藏对外贸易的多元化，这对西藏与南亚国家的边境贸易活动也产生了一定的影响。和平解放之后的几年之内周边国家的贸易往来没有得到预期的发展，是因为西藏地理位置偏僻、地域辽阔但交通运输不方便，一般贸易的发展主要靠内地城市运输，通过内地出海或者陆地上与世界各国进行贸易。因此，西藏对外贸易发展方式需要不断向市场多元化方向发展。从 2000 年之后到目前为止，西藏边境贸易发展显著，对西藏地区经济发展的带动作用显著增强，有着很好的发展空间。

三、西藏对外贸易发展的 SWOT 分析

SWOT 分析法又称优劣势分析法，是用来分析研究对象所面临的环境。针对西藏目前西藏的现状，对西藏对外贸易进行 SWOT 分析，阐述了西藏对外贸易发展过程中所面临的问题，为西藏在新时期社会经济发展下更好地制定对外贸易发展战略提供理论依据。

（一）优势分析

西藏对外贸易发展有以下几方面优势：自然资源丰富、地理位置优势、边境贸易长期处于顺差地位、对外贸易量增长速度快、特色产业优势明显等。

1. 西藏独特的地理位置形成对外贸易区位优势

在我国西部地区的几个省份中，西藏是雄伟壮观、地域辽阔、资源条件极为丰富的少数民族地区。与南亚的多个国家和地区接壤，其南部和西南部分别与南亚的缅甸、印度、不丹、尼泊尔及克什米尔等国家和地区接壤。有约 4000 千米的边境线，并有青藏、川藏、滇藏等公路相通，从地理位置上看，西藏是中国内地与拉萨到尼泊尔的加德满都国际航线通航，内地以西藏作为与南亚国家进行贸易往来的重要通道，为西藏外贸发展创造了良好的条件，是我国"走

出去"的重要地区。亚东口岸是中国通向印度的重要通道，更是西藏通往非洲、欧洲等其他国家的非常理想的通道。这样特殊的地理位置环境无论从经济利益出发还是从政治利益上考虑西藏毫无疑问成为中国与南亚国家贸易的往来的重要通商要地。

西藏在近 4000 多公里的边境线上与不同制度的国家和地区接壤，这些国家和地区的边境线上大都是少数民族聚居地。历史上有些民族是跨境而生活在此地，并且有很多境内外边民相互往来，甚至他们之间可能还会有亲戚关系，有着相似的语言文字、风俗习惯、宗教信仰。在生活上有着相同的需要，开展对外贸易活动有着天然的优势。

2. 西藏自然资源丰富、生态环境的优势比较明显

西藏从那曲的姜糖草原到高山耸立的阿里地区，从雅鲁藏布江到三江并流之地，全西藏每一处都生机盎然，自然资源丰富。在全面开展西藏生态文明建设的过程中，这些天然景色成为中国甚至世界生态安全的最后屏障。这么多年在党中央以及全国各族人民的重视和支持下，西藏在生态文明建设方面取得了万众瞩目的成绩。像日喀则亚东县、林芝的墨脱县不仅有丰富的森林资源、动物资源和药材，而且很多地区地下还有丰富的矿产资源。近年来，通过发展西藏对外贸易，发展边境贸易，实行有限制的市场调节，坚持以民族手工业为主的方针，随行就市。边境民族群众利用当地丰富的资源，与周边国家进行物资交易。这样的发展战略既减少了内地运输西藏物资数量又能节省大量的资金。最重要的是解决了当地人民群众的生活必需品。近几年来，西藏凭借独特的自然和人文景象，旅游业发展较快，被誉为"人间圣地"。通过开展对外贸易，充分利用西藏独有的资源优势，才能使西藏的优势转化为经济上的优势，才能给西藏发展带来更多的财富。

3. 特色产业的优势明显

西藏在"一带一路"的背景下，建设环喜马拉雅经济合作带，以普兰等一类口岸作为窗口，以拉萨、日喀则两地较发达城市作为后盾，向印度、尼泊尔等南亚国家发展对外贸易。并且西藏旅游业、灵丹妙药（藏医药产业）以及特色农牧业也都在随之发展。从西藏出口商品情况看，西藏自产品出口中畜产品占主导地位，其次是中药材、矿物质、粮食类、轻工业品等。出口商品的主要部分就是西藏当地生产的产品。这些自产品出口量较大，并且有着不可替代的特殊用途，优势非常明显。这几年西藏按照国家重大生产力布局发展，凭借西

藏特色产业的资源优势，有序开展特色产业发展，并着重发展旅游业、矿产开发、清洁能源、天然饮用水等。民族手工业、雪域高原的饮食品等特色生态产业也会给西藏经济发展带来一定的优势。

4. 党中央对西藏的政策优势

中央在西藏的发展赋予很多重要的特殊政策。如：西部大开发、少数民族区域自治、边远地区开放开发、西藏每五年一次的中央座谈会等优惠政策，每一次的西藏座谈会都会对西藏未来五年的发展定位，党中央对西藏的特殊政策是具体的也是清晰的。西藏要实现经济跨越式发展就必须加快开展对外贸易工作，并结合党中央赋予民族地区的优惠政策，加大出口贸易规模、优化与改进产业结构。中央在第五次西藏座谈会中为西藏外贸发展给出了明确的定位。这样明确而长远的目标会给西藏对外贸易发展带来有利条件。近几年的 GDP 除西藏之外其余省份 GDP 增速并没有达到预期目标，中央的特殊政策对拉动西藏经济的增长起了极大的作用，因此，中央对西藏优惠政策是西藏对外贸易发展的最大优势。

（二）劣势分析

1. 西藏自然条件受限，开放度不高

由于西藏地处高海拔地区，大部分地方地形复杂，由一系列巨大的高山山脉围绕，使西藏与外面世界完全隔开，这也是西藏长期处于封闭状态的原因。西藏大部分地区地形复杂、路途遥远、人烟稀少、交通不便等在一定程度上阻碍了西藏对外贸易发展，严重影响西藏经济融入新的丝绸之路。西藏与邻国边贸往来的主要通道是公路，而西藏大部分公路要穿过喜马拉雅山，严重阻碍了西藏对外贸易发展。雪域高原生态环境脆弱，要面临频繁的自然灾害，由于生存环境的恶劣、地势险峻，同样的事情在西藏的开支更多、成本更高。西藏对外贸易中边境贸易占的比例高是因为西藏天然的发展壁垒所造成的，这些特殊因素会在一定程度上限制西藏对外贸易的发展。

2. 生产力水平低下、产业结构不合理、缺乏经济发展支撑

西藏由于自然条件受限，生产力发展比较缓慢，从西藏自身发展来看，产业发展的初级化特征明显。西藏的水电、特色饮食品、藏医药产业、旅游业等产业目前处于起步阶段，发展的基础非常薄弱。西藏产业结构严重失调、经济效益并不乐观、结构简单、消费水平低。由于特色产业发展薄弱，对外交换的

特色工业品产量十分有限，再加上西藏规模大的企业少之又少，对外贸易的进一步发展受到限制，很难实施"走出去"战略。在建立社会主义市场经济的基础上，调动全区各级政府、生产单位与企业，使之立足于对外贸易活动中，以市场作为主要导向采取多样化的经营方式，外贸企业在生产能力上要满足西藏外贸发展的需要，这样的生产方式能够调整单一的产业结构。

3. 西藏对外贸易发展水平低、软实力不强

西藏对外贸易整体水平不高，发展结构不协调，边民互市贸易不平衡，边境口岸管理体制不健全，有特色的自产品出口有限等诸多问题的存在导致西藏对外贸易发展水平受限，出口贸易对西藏经济的贡献不大。印度、尼泊尔等西藏周边国家大都属于落后国家，市场拓展能力有限，加上西藏对国家特殊优惠政策的利用不到位等问题影响西藏整体对外贸易发展水平。此外，西藏人才引进的总量不足、人才队伍不稳定，整体的素质还不能满足西藏市场发展的需要。专业技术人员所占总人口的比例仅是全国平均水平的一半，严重缺乏人才创新创业的平台。西藏面临的形势不利于开放型经济的发展，在软实力上影响西藏对外贸易的进一步发展。

（三）发展的机遇

1. 国家优惠政策的支持

西藏对外贸易的发展机遇首先是国家赋予西藏各方面发展的特殊政策，西藏作为藏民族主要聚集地，是我国的重要少数民族聚集地，国家对少数民族有许多政策上的支持。

"十二五"期间，党中央将重点放在开展西部地区的发展，打造新疆喀什经济贸易区、成渝经济特区等，扩大我国与周边国家的贸易活动，实现共同进步，共同发展。深入推进改革开放的同时大力发展四川、云南、西藏、新疆等西部地区经济，发展与南亚国家的贸易。南亚贸易大通道战略正是国家对西藏全方位改革开放的重要战略体现。

西藏坚持走有中国特色、西藏特点的发展战略，坚持实施"第一产业上水平、第二产业抓重点、大力发展第三产业"等战略措施，充分利用在边贸发展、产业结构调整、招商引资、口岸基础建设、大力投资等方面的特殊政策，这些政策都是其他城市和地区没有的极大有利条件。

2. "一带一路"发展战略背景下西藏对外贸易迎来的机遇

"一带一路"战略将为西藏对外贸易发展带来前所未闻的机遇，重点是通过资本市场推动西藏外贸企业的发展，依靠资本市场来规避出口商品价格波动风险，鼓励资源类企业的大规模发展。西藏的上市企业能够直接得到资本市场的支持，项目资金缺少的问题得以解决。同时，西藏未来的财政政策将重点放在西藏边境各大口岸的基础设施建设上，扶持西藏对外贸易的发展。与此同时，西藏旅游业可持续发展和进一步扩大开放。

3. 开放型经济体制对西藏外贸带来的机遇

全面深化改革在党的十八届三中全会上做出了系统的部署，提出加快沿边地区开放的脚步，并重点将边境城市、经济合作区在物流的加工、旅游业发展、各区域人员往来等方面实施了特殊的方针政策，加快对外开放的步伐，建立开放型的经济体制，进一步推进新的丝绸之路、海上丝绸之路的建设。形成全方位开放。沿边沿海的各地区根据自己的实际情况，借助十八届三中全会的对外开放的战略部署，打造适合自己的对外开放战略目标。这为西藏的对外贸易从边境小市场融入国际国内大市场提供了很好的平台，为西藏对外贸易未来发展提供了机遇。

4. 发展好西藏对外贸易为西藏边疆稳固社会和平带来的机遇

西藏与尼泊尔、印度等周边国家的友好关系历史悠久、源远流长，西藏位于尼泊尔、印度两国之间，其特殊的地理位置和地形决定了发展西藏的对外贸易对我国创造周边有利的外部环境，有助于实施南亚方面的战略。西藏自治区政府工作报告提出，吉隆口岸是实现中国与尼泊尔双边贸易开放的关键，两国的经贸关系升级为国家级，西藏代表团曾与尼泊尔签约项目，资金数为5亿美元，并且尼泊尔人民希望中国改革开放战略能惠及尼泊尔，对中国有着较深的感情。西藏与周边南亚国家发展对外贸易不仅为尼泊尔、印度等国家带来实惠，更有利于稳固我国的边疆，为西藏的社会稳定带来机遇。

（四）挑战

1. 西藏对外贸易结构和方式的转型和调整相对滞后

西藏对外贸易进出口商品结构相对简单，出口商品大部分是自产品和本地特色的农产品为主的初级产品，西藏的出口总额中50%以上的产品是内地其他城市从西藏各个口岸过境出口的，西藏本土产品生产能力低下，完全满足不了市场的需要，西藏对外贸易方式是以原材料加工为主，有些产品是有劳务服务，但总体生产水平比较低下，所以，原材料加工生产是目前西藏外贸发展的特点。西藏对外贸易进出口商品结构和外贸方式的转型说到底还是要落到产业结构和经济发展方式的转变上，这正是西藏对外贸易发展一直滞后的原因。

2. 过境转口贸易的增多导致西藏出口贸易缺乏竞争力

西藏的经济发展情况比较缓慢，与其他内地省份相比国际市份额较小，过多的转口贸易导致西藏出口贸易竞争力缺乏。西藏出口商品结构主要以初级产品为主，其中畜产品占比较高，如羊毛等。这些初级产品技术含量并不高，技术含量略高一点的产品大部分是从内地各城市运输进来的，只是通过西藏各大口岸运往南亚等国家的国外市场上去，西藏口岸从中只赚取出口过境的费用并且从西藏口岸出境，需要反复检查确认，有时候成本高于过境费的情况也时有存在。这种转口贸易给西藏带来的利润太小，不能作为长久之计。西藏经济发展水平非常低下，产业发展仍在初级产品的发展水平上，自产品或自产品加工品的出口贸易比例只占出口贸易总额的 30%，大多数西藏外贸企业的资金技术不到位。管理上的不完善、外贸企业规模也相对较小，缺乏出口商品的竞争力。

西藏外贸改革应从调整产品结构开始，不断调整与改进出口商品的贸易结构，提高产品质量，尽可能减少与其他省份存在的差别，提高西藏本土产品的市场地位，降低外来过境贸易的所占比例，早日实现西藏与其他各省份在对外贸易发展上的地位平等，最终达到西藏外经贸跨越式发展的要求。出口商品缺少国际竞争力是西藏地对外贸易在国际市场上没有优势的最重要的原因，提高出口商品的质量、提升出口竞争力是改变西藏外贸格局的关键因素。西藏现有的出口企业都存在规模小、经营混乱、成本与利润不匹配、出口产品结构单一、创新能力不足、品牌意识不够等问题，西藏出口产品大都只是简单地对初级产品进行模仿和加工，缺少技术含量。因此，西藏需要加大力度的引进先进人才和机器设备，进而提高自产品的技术含量，并且同时也能拓展出口产品产业链，调整出口产品的产业结构，从根本上改变出口市场竞争力低的局面，敞开大门迈向国际市场。

3. 西部大开放的格局给西藏对外贸易带来的挑战

由于西藏受特殊的地理环境和人文历史的影响，要面临相比其他省份更大的挑战和压力。目前，西部大开放的新格局雏形初现，相对西藏，与西藏相邻的其他省份获得国家支持与南亚国家建立贸易经济走廊。云南目前正在建设沿边金融改革试验区，加强与南亚、东南亚等国家的合作，扩大我国的西部开放程度。新疆是中国向西开放的窗口，中央政府提出要充分发挥新疆对外开放的区位优势，加强与南亚、中亚、东欧之间的合作。与西藏相邻的各个省份优势非常明显，并且这几个省份与周边国家的合作根基比较深，目前西藏是唯一一个没有形成国家层面对外开放战略的地区，并且外贸合作的基础相对薄弱，给西藏外贸发展带来一定的挑战。

通过对西藏对外贸易发展进行 SWOT 组合矩阵分析，得出相应的解释性的论述（如表 9 所述）：西藏对外贸易发展的 SWOT 组合矩阵，横坐标为机遇（O）和挑战（T），纵坐标为优势（S）和劣势（W），表中矩阵部分为组合策略。

表 9   **西藏对外贸易发展进行 SWOT 组合矩阵分析**

内部环境 ╲ 外部环境		机遇（O） 1. 国家优惠政策的支持 2. "一带一路"发展战略背景下西藏对外贸易迎来的机遇 3. 开放型经济体制的构建对西藏对外贸易带来的机遇 4. 发展好西藏对外贸易为西藏边疆稳固社会和平带来的机遇	挑战（T） 1. 西藏对外贸易结构和方式的转型和调整相对滞后 2. 过境转口贸易的增多导致西藏出口贸易缺乏竞争力 3. 印度视中国威胁的观念依然存在 4. 西部大开发的格局给西藏对外贸易带来的挑战
优势	1. 西藏独特的地理位置形成对外贸易区位优势 2. 西藏自然资源丰富、生态环境的优势比较明显 3. 边境贸易长期处于顺差地位 4. 特色产业的优势明显 5. 党中央对西藏的政策优势	优势机遇策略（S、O） 充分发挥现有的资源优势，因地制宜地发展有中国特点西藏特色的对外贸易经济的路，使优势资源转为经济资源	优势挑战策略（S、T） 适应国际市场的需要，以境外市场作为导向，通过市场调节，改进和调整西藏产业结构来顺应国际市场的需要
劣势	1. 西藏自然条件受限，开放度不高 2. 生产力水平低下、产业结构不合理、缺乏经济发展支撑 3. 西藏对外贸易发展水平低、软实力不强	劣势机遇策略（W、O） 西藏政府部门应采取有力措施，加大对外贸企业的投资，提高产品市场竞争力，努力形成具有民族特色的上市企业	劣势挑战策略（W、T） 优化进出口商品结构，发展加工贸易，提高出口商品竞争力

四、西藏对外贸易发展的战略模式分析

随着新的西部大开发和喜马拉雅经济带建设的稳步推进，西藏现行的对外贸易发展战略呈现出比较明显的弊端，如果持续推行并不进行改进和调整将会制约整个西藏的经济发展，要充分利用各种发展西藏外贸的全部有利条件，将体制改革、资源开发，重点放在发展西藏的旅游业的发展以及环境保护等因素，结合西藏目前的对外贸易现状进行调整和改进，这是西藏全区的对外贸易健康良好发展的前提条件，必须以坚持西藏自治区的对外贸易的健康可持续的发展为总目标。生态环境可承载范围内充分利用有限的自然资源，加强西藏对外贸易的体制改革，实现预期目标，确保西藏对外贸易发展实现新的跨越。

（一）西藏对外贸易发展战略的前景分析

西藏目前的对外贸易发展战略呈现出比较明显的弊端，不能继续推行现有的发展模式，否则会限制西藏外贸未来更好的发展，随之影响西藏整体经济状况。因此，要保持西藏外贸继续持续、稳定的增长，必须适当地对其设定进行改进和调整。西藏对外贸易发展战略的设定首先要坚持正确的指导思想，其次确立全局发展的目标并制定相应的发展模式，最后采取相应的有效措施。

1. 西藏出口商品的市场前景分析

西藏出口产品主要包括畜产品、轻工业产品、藏医药、藏地毯、纺织品等。这些出口产品在西藏出口贸易额中所占比例较大，近年来，轻工业产品和畜产品的比重不断地增高，表明西藏对外出口商品正在向这两大类商品集中，其中，轻工业产品的出口逐步成为西藏的第一出口大宗商品，有着很大的市场上升空间。

畜产品以及中药材也包括本地的藏药，是具有西藏特色的产品，属于比较优势的出口商品，与邻国的商品有互补性，有可拓展的市场，对开拓南亚市场的潜力巨大。但目前世界环保意识逐渐增强，扩大畜产品及中药材等出口产品需要与生态环境保护保持平衡，不能因为扩大出口贸易而对生态环境造成破坏。因此，采用新的科学技术发展畜牧业和中药材，能够有效地缓解这一冲突。另外地毯是最具有特色的民族手工业产品，深受国外市场的欢迎，应当加大其市场投入，从政策、制度、资金、技术等各方面给予支持，使这些西藏自产品成为具有民族特色的新兴产业，促进农村剩余劳动力转向第二产业，不仅能增加

农牧民收入，更是有利于开拓西藏对外贸易发展。此外，西藏的轻工业产品的出口也非常具有优势，轻工业产品出口分两种方式，一种是西藏本土产品的生产加工出口，而另一种是西藏作为过境口岸，将内地生产的产品经过西藏再转到南亚市场。由于中国在产业结构调整和制度创新上改革力度远胜于印度、尼泊尔、不丹等南亚国家，况且这几个南亚国家的经济发展模式与中国有显著的差异，南亚市场对这些产品的需求日益旺盛，轻工业产品对南亚国家的出口市场前景非常广阔。特别是西藏开通青藏铁路，内地到西藏，西藏到南亚之间的交通上问题得到解决，国内商品通过过境贸易运往南亚等各个国家，在数量和种类上都有着明显的增长，青藏铁路的开通更是对扩大南亚市场的出口提供了最有力的保障。

2. 西藏进口商品的市场前景分析

西藏进口商品主要就是汽车及摩托车类、机电类、钢材等。近几年，西藏进口商品逐渐向多样化发展，种类也在不断增长，进口产品主要以工业制成品为主，这些产品来自工业发达国家，而南亚国家的工业化程度还不高，难以提供工业制成品，而西藏的进口只能通过海外贸易不能从南亚国家过境转口。因此，西藏进口产品中来自南亚国家的进口商品的比重不高。即便如此，随着西藏对外贸易的扩大以及与南亚国家的贸易通道的完善，西藏进口产品中，一些附加值不高、技术含量不高的产品可以从印度、尼泊尔等南亚国家进口，并不需要从发达国家进口，能扩大西藏边境进口贸易比重。由此，不仅能解决西藏边境贸易的平衡问题，而且还能扩大西藏从南亚国家的进口。

（二）西藏对外贸易协调发展模式框架

1. 模式的定义

西藏以新的西部大开发和喜马拉雅经济带建设为机遇，在经济可持续发展的前提下，挖掘新的竞争优势和外部力量，提高西藏对外贸易发展的整体质量和效益，充分利用自然资源的同时调整和改进西藏外贸运行机制的不合理方式，注重开发西藏旅游业和特色产业的发展，加强国际市场的开拓力，以实现西藏对外贸易可持续发展，不断巩固西藏在南亚地区开展贸易活动的主要地位，进而推动我国对南亚国家开放的进程。

2. 模式的框架

西藏对外贸易发展战略可持续发展模式的构建实际上是对资源利用、产业结构、体制改革三个方面进行的（见图2）。西藏对外贸易发展的目标是实现其对外贸易可持续发展，不断巩固西藏在南亚地区开展贸易活动的主要地位，进而推动我国对南亚国家开放的进程。改进产业结构与环境保护、资源利用相互联系相互促进，有利于早日实现西藏外贸发展战略的最终目标。

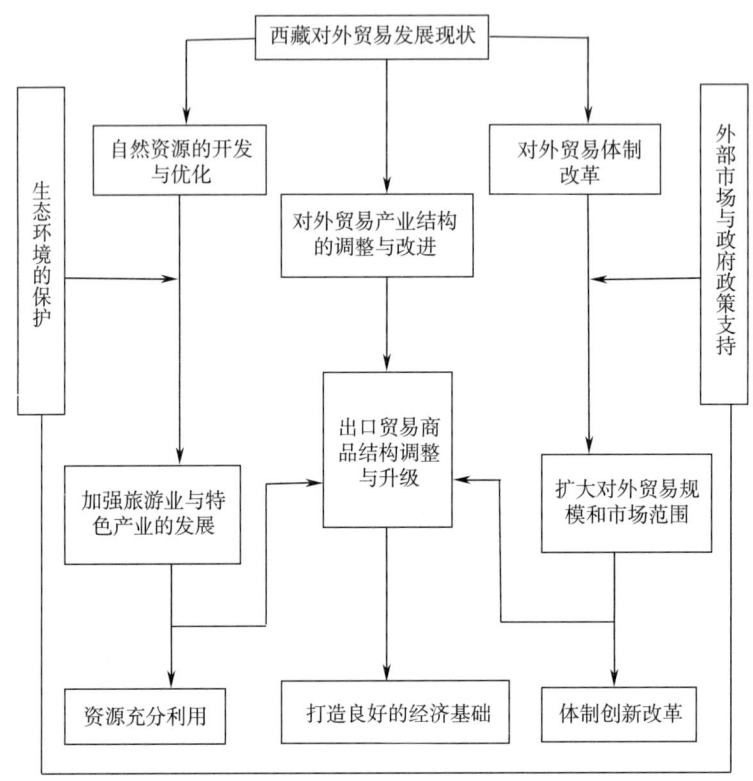

图2 西藏对外贸易协调发展模式流程

（三）西藏外贸协调发展运行机制

前面分析的西藏对外贸易协调发展的模式尚不能清晰地说明外贸发展的具体情况，所以，在结构模式分析的基础上需要提出怎样运行的具体指导思想。本文在西藏进出口商品未来的前景分析的基础上，结合西藏实际发展态势，提出相应的运行机制，如图3所示。

西藏外贸发展模式是基于资源的合理分配与利用、生态环境的保护、经济基础建设与管理体制建设的改革与创新的相互协调相互协作，这样才能使西藏的对外贸易发展能够健康可持续地发展。具体表现在以下几点：

第一，西藏外贸经济基础和自然资源的合理利用与生态环境保护相协调和

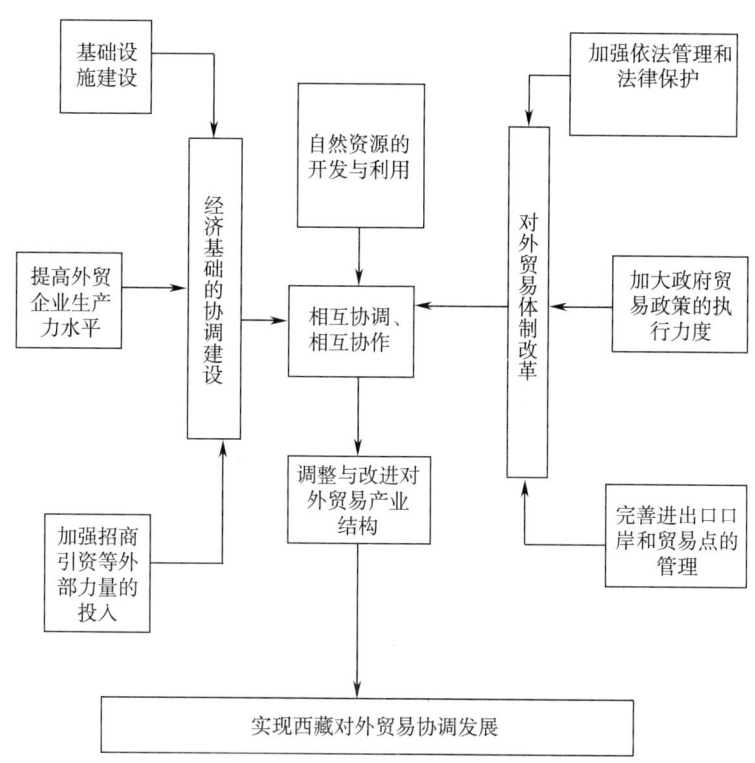

图3　西藏对外贸易发展战略协调发展的运行机制流程

配合。由于西藏的经济基础条件落后于其他省份，需要大规模地进行经济基础建设，但是大规模的经济基础建设需要大量的自然资源，过度的开发和低效的利用绝对会破坏生态环境与经济基础建设的平衡。所以，在生态环境能够承受的范围之内对资源进行开发与利用，为经济基础系统建设提供保障。

第二，西藏对外贸易管理体制改革与资源利用、生态环境保护相结合。因为西藏的外贸在管理体制上有较大的漏洞，比如进出口口岸和各个贸易点缺乏管理、政府对外贸政策的执行能力都有待提高，所以，外贸管理体制上的改革是根本的，但外贸体制改革需要与资源高效利用与合理开发以及生态环境的保护互相结合，从整体上建立一个不一样的西藏外贸经济。

第三，西藏外贸管理体制改革要与整体经济基础建设相联系。经济基础决定上层建筑，而外贸管理体制改革建设属于上层建筑。因此，西藏的外贸体制创新和改革务必要在西藏整体的经济基础的现状上进行，加强依法管理和法律保护、加大政府政策的执行力、完善各大口岸的管理秩序都要与通信交通等基础性建设、西藏外贸企业的生产力水平、加强外部力量的投入等因素之间进行协调配合。

以上三点是西藏对外贸易发展战略的具体运行机制的阐述，主要的目标是实现西藏对外贸易健康可持续的发展。为此，西藏要根据自身的区位优势、资源优势，结合西藏外贸实际情况并通过分析外贸管理体制的现状，构建西藏对外贸易发展可持续发展的战略模式。

五、西藏对外贸易发展战略的对策建议

在新的西部大开发背景下，西藏经济不断发展，同时又面临国际国内的新的环境带来的挑战，西藏对外贸易战略出现明显的弊端，而将其持续推行会制约西藏对外贸易的快速发展。因此，应当继续深化改革，制定出适合西藏实际情况的贸易发展战略，推动西藏对外贸易持续、健康、稳定的发展。扩大西藏对尼泊尔、印度、不丹等周边国家和地区的经贸往来和人员交往，促进西藏产业结构的调整，注重发展具有比较优势的藏民族特色产业，提高畜牧业产品的比重，尽快形成以向周边南亚国家和地区开放为重点的全方位对外开放的新格局。具体措施有以下几点：

（一）扩大西藏对外开放力度

不论从横向西藏与其他省份相比较，还是纵向的西藏对外贸易的发展历程都告诉我们，一个自我封闭的国家或者地区的对外贸易是不可能有太多的发展空间的，发展对外贸易首先要把对外开放工作做好。解放前的西藏处于自我封闭状态，当时的西藏对外贸易基本上处在边境的小额物质交换的条件上，西藏政府报告中多次指出，西藏外贸的诸多矛盾都与社会封闭有关，必须要解放思想，丢掉封闭的旧观念，我们深切地感受到西藏各级政府部门及人民群众观念的落后，和平解放后西藏的对外贸易才开始有了一点起色。正因为西藏特殊的发展历程，总结出一条铁规律，只有坚持改革、坚持对外开放，对外贸易才有立足之地。因此，今后的西藏对外贸易的发展以及开展边境经济贸易活动时，在探索和制定西藏对外贸易政策时，要同世界贸易组织的贸易规则相吻合，并结合西藏当地的情况，必须以全新的观念、创新的思维来规划西藏对外贸易的发展措施、外贸发展目标以及管理体制方法。只有具备开放的思想，才能更加灵活、更加有效地推动西藏对外贸易跨越式发展。加强对相邻国家的贸易市场调研，寻找新的合作机会。积极主动地推进全方位、多层次、宽领域的对外开

放，西藏进一步发展外向型经济，调整产业结构，着眼开放面向南亚国家的重要通道，加强与尼泊尔在电力、油气通道和光缆通信等基础设施方面的互联互通建设，加快吉隆县边境地区的经济合作区建设。充分利用国际产能合作和"走出去"战略的政策支持，鼓励有条件的西藏上市企业赴尼泊尔、印度等邻边国家开展产能与投资合作。

（二）大力加强边境贸易的组织协调管理

西藏各大通商口岸的基础设施比较有待于完善，充分利用口岸优势发展西藏边境贸易，边境贸易的发展关系到我国与西藏周边国家的政治、经济、文化、社会的开展，而大力加强边境贸易的协调和管理，有利于西藏地区的维稳工作的开展，能够消除贫困、兴边富民、早日奔向小康，进而促进西藏经济加快发展。从西藏实际情况出发，从边疆地区的实际经济发展角度考虑，提出促进西藏边境贸易发展战略的措施。在发展边境贸易的基础上要抓住西部大开发的机遇，紧紧抓住中央西藏第五次座谈会的契机，就地改善边民生产生活条件，进一步推进有特色的优势产业发展，推进全方位的对外开放，实施边境市场的多元化、宽领域，逐步开拓西藏对南亚国家的市场，加快边境地区经济社会发展，带动西藏整体经济结构的调整，促进西藏对外贸易快速发展。根据西藏自治区制定的边境地区小康示范村"十三五"规划方案，加快编制边境地区小康示范村建设规划，重点围绕自治区提出的"十项提升工程"，争取早日实现外贸、外经、外资的"三外并举"，加强边境贸易的市场设施建设，加强边境口岸的管理，引进外资的"两点"突破。虽然西藏边境的各口岸和贸易点的硬件基础设施建设有了比较大的改观，但是除了极个别目前能应付的贸易交往活动外，其他贸易点设施过于陈旧，大部分口岸的交通设施无法满足目前的外贸形势需要，因此，要对各口岸进行资源整合和改进。在边境贸易市场统一管理中，由于人力、财力、物力等众多因素的影响，组织协调和管理水平和能力上都有待提高和改进的地方，西藏各级政府工作部门针对以上情况，采取重点倾斜方法，把各边贸市场和边贸口岸的基础设施当作首要任务去执行，为力保早日改变目前的状况。针对解决边境贸易市场管理不到位的情况，有关政府部门也需要转变工作作风、工作态度，采取向生产一线和基层倾斜方式，在物力、财力上多为边境地区的基层考虑，制定出的一系列方针政策最终能够落实到边境地区实际当中去，争取在最短的时间内彻底改变西藏边贸存在的问题，早日奔向幸福小康。

（三）开拓新兴的国际市场

一方面，目前西藏对外贸易发展现状来看，西藏的上市企业的技术设备、商品设计、外观包装等尚不能适应外贸市场所需要，西藏自产品附加值、产品的竞争力都有待于提高。另一方面，西藏绝大多数产品研发周期过长，更新换代的能力不足，从事对外贸易的上市企业所占比例较小，绝大多数是属于小型、甚至是个体从事外贸经营的商户。西藏外贸太过于分散，缺乏组织性，难以形成大规模的外贸企业，这样一来无法组织大批量的跨国贸易、不能调节市场、引导生产趋势性的产品、无法树立西藏强大的外贸形象。

西藏各级部门应当根据政府宏观规划，充分发挥外贸市场的调节作用，遵循国际市场的规律，以国外市场作为导向，积极引导政府部门组建具有一定规模的上市外贸企业，建立完善的商贸服务管理机构，改变目前西藏外贸分散的状态，充分利用自身优势，建立有效健全的信息收集、储存、加工、分析机制，时时开展对国际市场的调研工作，了解国际市场的变动，锁定国际市场的动向，及时有效地向西藏外贸企业提供准确的信息服务。与此同时，西藏政府有关部门积极主动地向国外宣传西藏，要格外加强西藏外贸企业和产品的宣传力度，让国外的市场对西藏本身有一定的了解和认识，提高企业和产品的知名度，增强开拓国际市场的能力。

（四）充分发挥民族地区特殊出口贸易政策

要充分利用中央的民族政策，发挥好国家为西藏实行的出口企业减免所得税和营业税，确保西藏外贸企业的出口经营实力，提高国际竞争力。充分利用国家为西藏上市企业提供的宽松的资金扶持，加强西藏外贸企业融资，为企业出口人员提供培训等，以提高他们的业务能力和服务水平，进而为扩大出口创造条件。另外，争取国家给西藏更多的资金投入，加强西藏的基础设施建设，改善西藏外贸企业的贸易环境，促进西藏对外贸易的快速发展。

（五）重点发展西藏特色优势产业

西藏独有的藏医药、藏毯、藏羊毛、冬虫夏草、青稞酒等自产品产业在国际国内市场上称得上是独一无二的，有绝对的市场优势。这些特色产品在西藏对外贸易中扮演着重要的角色，其地位是其他任何产品都无法取代的，但目前西藏特色产业存在产品附加值低、产品结构单一、资源消耗量大，科技带动性弱，这种虽然量性增长较快但质性发展严重不足的态势加剧了西藏对外贸易增长的长期不稳定性和不平衡性。国外市场对西藏自产品需求越来越旺盛，但是西藏本地产品的生产能力相对较低，无法满足各市场的需要。支持优势比较明显、市场前景广阔、符合政策导向的天然饮用水、清洁能源、民族手工业、藏药业、新型建材和矿产业等做大做强，不断提高自我发展能力。加强产业园区建设，提升拉萨经济技术开发区的功能，推进拉萨高新区升格为国家级，推进格尔木藏青工业园、西藏空港新区等园区建设，加强与对口支援省市合作、积极建设产业合作示范区。提升传统产业，妥善化解区域性、季节性水泥供需矛盾，合理布局新增产能、淘汰落后产能。要使特色产品转变为高附加值、高技术含量的民族新型产品，并使其成为今后西藏出口商品中的主导产品。通过招商引资，吸引国际国内市场的眼球转移到西藏外贸，引导西藏上市企业逐步设计自创品牌的发展，缩小西藏与其他省份的差距。西藏发展特色产业，要充分发挥占西藏经济半壁江山的民营企业的作用，实施民营企业国际化战略。

（六）凭借区位优势打造南亚贸易通道

西藏地域辽阔、自然资源丰富，地处中国的西南边疆，与南亚的多个国家和地区接壤，其南部和西南部分别与南亚的缅甸、印度、不丹、尼泊尔及克什米尔等国家和地区接壤。有约4000千米的边境线，并有青藏、川藏、滇藏等公路相通，从地理位置上看，西藏是中国内地与拉萨到尼泊尔的加德满都国际航线通航，我国内地以西藏为通道与南亚、东南亚等国家进行贸易往来。是"走出去"的重要地区，为我国对外贸易发展创造了优越的条件。亚东口岸是中国通向印度的重要通道，更是西藏通往非洲、欧洲等其他国家的非常理想的通道。这样特殊的地理位置环境无论从经济利益出发还是从政治利益上考虑西藏毫无疑问成为中国与南亚国家贸易的往来的重要通商要地。因此，借助西藏独特的区位优势，打破封闭已久的地域结界，打造中国通向南亚国家的贸易通道，推动西藏对外贸易的发展。

（七）发展有中国特色西藏特点的外贸

藏传佛教"万物有灵"的思想影响下，西藏的生态资源保护得很好，自然环境和人文环境具有很大的优势，但目前，西藏应坚持继续保护文化遗产，保护资源环境，更好地发挥资源的优势发展西藏旅游业，发展有中国特色但又不磨灭西藏特点的对外贸易经济，从而带动整个西藏经济的发展。以西藏独特的风景和特殊的生活习惯，吸引了很多国际国内的游客，旅游业发展有着良好的势头。坚持"特色、高端、精品"导向，实施旅游转型升级工程，提升旅游开放水平。加大旅游基础设施和公共服务设施建设，提升旅游行业服务质量和标准，积极打造全域旅游。推进优秀民间民俗文化、藏医药文化、宗教文化等与旅游产品深度结合，改善旅游发展支撑条件，打响"人间圣地·天上西藏"品牌，力争实现全面的小康西藏。

（八）加快人才队伍的培养

人才是发展生产力的首要要素，当今世界经济发展离不开人才队伍的建设，古话说得好，事在人为，人才作为第一资源成为决定胜负的关键因素，放眼国际国内的市场谁占领人才高地，谁就能在竞争市场立于不败之地。西藏外贸发展中存在的一系列问题归根结底就是缺乏人才，环境恶劣、基础设施简陋、人体消耗量大、发展空间相对狭小等因素造成西藏培养、引进、留住人才难的局面。西藏外贸的发展离不开人才，人才队伍的建设是西藏对外贸易发展的有力保障。在西藏使用人才必须打破原有的条条框框的规矩，适合内地的规定条件不一定适合西藏，要因地制宜否则会出现水土不服的状态。外语作为藏民族的第三门语言，外语水平普遍不高，不能满足外贸企业需要的外语水平和国际贸易要求，所以更加应该引进外来人才。另外，在国外藏族同胞，只要在政治上可靠并且拥护祖国统一的都应该加以重视，一视同仁地培养和提拔。西藏虽然条件特殊，但外贸发展不能没有人才，必须在事业上、待遇上、感情上留住人才，把国家政策落实到位，必须要有识人之眼、爱才之心，为保证西藏人才队伍中优秀人才脱颖而出创造宽松的生活和工作条件，促进人才的培养，为西藏外贸事业更上一层楼，实现西藏跨越式发展提供有力的人才保证。

参考文献

[1] 多杰才旦, 江村罗布. 西藏经济简史 [M]. 北京：中国藏学出版社, 1995.

[2] 狄芳耀, 罗华. 西藏经济学导论 [M]. 拉萨：西藏人民出版社（第

三版），2002.

[3] 傅筑夫. 中国封建社会经济史 ［M］. 北京：人民出版社，1982.

[4] 咚家栋. 发展中大国的贸易自由化与中国 ［M］. 天津：天津教育出版社，2005.

[5] 王文长拉灿. 西藏经济 ［M］. 北京：五洲传播出版社，2002.

[6] 中共中央文献研究室. 毛泽东诗词集 ［M］. 北京：中央文献出版社，1996：231.

[7] 拉巴次仁. 西藏与南亚地区经贸合作与发展呈现新特点 ［EB /OL］. 中国西藏信息中心 ［2004 – 10 – 12］. http：//info. tibe. tcn.

[8] 王涛，董昌俊. 西藏提速建设南亚贸易通道 ［EB/OL］. 中国西藏网，2011.

[9] 刘用明. 西部地区特色外贸探析 ［J］. 价格理论与实践，2003（3）.

[10] 刘用明. 西部大开发的外贸支持 ［J］. 生产力研究，2004（4）.

[11] 石广生. 我国对外经济贸易二十年 ［J］. 国际商报，1998.

[12] 麦吾兰·依米提. 新疆与中亚国家对外贸易发展探析 ［J］. 经济论坛，2015（2）.

[13] 刘金红. 吉林省对外贸易发展战略转变问题研究 ［D］. 长春：吉林大学，2013.

[14] 沈根荣. 我国对外贸易可持续发展战略探讨 ［J］. 国际商务研究，1997（2）.

[15] 吴频. 国际贸易形势和我国对外贸易发展 ［J］. 对外经贸，2014（2）.

[16] 杨雪，赵亚明. 20 世纪发展中国家对外贸易及发展战略演进 ［J］. 边疆经济与文化，2005（8）.

[17] 喻晴. 西部内陆地区对外贸易发展策略研究 ［J］. 现代商贸工业，2014.

[18] 扎顿. 西藏对外贸易发展战略研究 ［D］. 成都：四川大学，2006.

[19] 赵鑫磊，张义. 论中国对外贸易发展战略 ［J］. 中国集体经济，2015（15）.

[20] 朱晓玲. 改革开放以来新疆对外贸易发展对新疆民族关系影响［D］. 西北民族大学，2008.

[21] 杨小娟. 我国当代边贸发展研究 [D]. 成都：西南财经大学，2014.

[22] 扎西，普布次仁. 西藏边境贸易的历史演进与现实情况分析 [J]. 西藏大学学报，2014，29（3）.

[23] 李国平，贾敏. 西藏对外贸易发展状况及其问题研究 [J]. 西安交通大学学报，2006，26（4）.

[24] 史工会. 西藏边境民族对外贸易研究 [J]. 青海民族大学学报，2013，39（1）.

[25] 顾国爱. 西藏地区发展"一带一路"的对策 [J]. 中国流通经济，2015（5）.

[26] 杨新宇. 区域经济一体化视角下西藏边境贸易发展初探 [J]. 民族论坛，2011（3）.

[27] 陈继东. 西藏开拓南亚市场及其特殊性研究 [D]. 成都：四川大学，2003.

[28] 李涛，王新有. 中国西藏与南亚邻国间的边贸研究：现状、问题与前景 [J]. 南亚研究季刊，2011（2）.

[29] 赖永添，陶家祥，扎西旺姆. 云南、广西口岸发展经验及对西藏的启发 [J]. 国际商务财会，2011（4）.

[30] 张婷婷. 中国西藏与印度边境贸易发展及其前景 [D]. 成都：四川大学，2006.

[31] 黄林. 西藏自治区边境贸易的法律保障分析 [J]. 黑龙江对外经贸，2009（2）.

[32] 陈朴. 西藏参与沿边开发开放的几点思考 [J]. 新西藏，2015（4）.

[33] 陈继东. 西藏建设南亚通道贸易问题 [J]. 西藏研究，2004（2）.

[34] 陈庆英，高淑芬. 西藏通史 [M]. 郑州：中州古籍出版社，2003.

[35] 尕藏才旦，尼古拉·查强，辛馨. 西藏物流产业发展特性探析 [J]. 西藏大学学报（社会科学版），2010（1）.

[36] 尕藏才旦，图登克珠，汪丽. 西藏包容性发展初探 [J]. 西藏大学学报（社会科学版），2012（1）.

[37] 杨德颖. 中国边境贸易概论 [M]. 北京：中国商业出版社，2005.

[38] 李激扬. 中国西藏与南亚边贸现状及其发展前景分析 [J]. 南亚研

究季刊，2006.

［39］王世浚．国际经济合作理论与实务［M］．北京：中国对外经济贸易出版社，2001.

［40］尹翔硕．发展中国家贸易发展战略研究［M］．上海：复旦大学出版社，1994.

［41］陈继东．印度对华政策与中印关系发展对西藏开拓南亚市场的影响［J］．国际观察，2003（1）．

［42］李计广，张汉林，桑百川．改革开放三十年中国对外贸易发展战略回顾与展望［J］．世界经济研究，2008（6）：8－13.

［43］Scott A. New industrialspaces；flexible production organization and regional in North America and Western Europe［M］．London：Pion，1988.

［44］Manuel L lorca－Jana. The impact of "early" nineteenth－century globalization on foreign trade in the Southern Cone：A study of British trade statistics［J］．General Information，2014（1）．

［45］Wei D. Common Development Strategies for Asian and Latin American Developing Countries from a Foreign Trade Perspective［J］．Journal of International Commercial Law & Technology，2009.

［46］Sirpal R. An empirical comparative analysis of various issues of foreign trade among firms in South－East Asian countries［J］．Journal of Risk Finance，1999.

［47］Wallas G. The Art of thought［M］．Made & printed in Great Brita in，By Butley & Tammer LTD，Frome and London，1926.

西藏区域系统性金融风险预警与防控研究

中国人民银行拉萨中心支行

课题组组长：尼玛潘多

课题组成员：刘 洁 旦增曲珍 孟凡春 卢立超

摘要： 在新一轮经济转型过程中，随着全球经济形势下行，我国已进入金融风险高发期。党中央高度重视金融风险防控工作，第五次全国金融工作会议、党的十九大均明确指出守住不发生系统性风险底线。2018 年中央经济工作会议将"防范化解重大风险"放在"三大攻坚战"首要位置，并指出防风险重点是防控金融风险。西藏作为重要的国家安全屏障，维护辖区社会稳定是重中之重的工作任务，维护金融稳定又是首要的工作任务。基于以上形势背景和西藏实际情况，本文就西藏区域系统性金融风险预警与防控进行了研究，在分析国内外相关文献的基础上，从区域经济因素、银行业、证券业、保险业、预期五个维度选取 15 个代表性指标，采取了熵值法确定度量指标的权重，计算得到西藏 2012 年第二季度—2018 年第二季度区域系统性金融风险综合评价模型及风险等级指数，随后，运用 ARIMA 模型对 2018 年第三、第四季度和 2019 年第一季度进行分析预测，最后针对预测中揭示的问题提出了相应的政策建议。

关键词： 西藏 系统性金融风险 熵值法 ARIMA 模型

一、绪论

2017 年以来，中央第五次全国金融工作会议、党的十九大、中央政治局会议、中央经济工作会议都着重强调防控金融风险，将防控金融风险提到了历史新高度。习近平总书记在 2017 年 7 月第五次全国金融工作会议上指出"防止发生系统性金融风险是金融工作的永恒主题，要把主动防范化解系统性金融风险放在更加重要的位置，科学防范，早识别、早预警、早发现、早处置，着力防范化解重点领域风险，着力完善金融安全防线和风险应急处置机制"。党的十九大指出"建立现代化经济体系、守住不发生系统性风险底线、坚持对外开放"。2018 年中央经济工作会议提出"三大攻坚战"，并将"防范化解重大风险"放在了首要位置，且提出"防风险重点是防控金融风险"。西藏地处边疆少数民族地区，是重要的国家安全屏障。由于特殊的区情，维护稳定更是辖区各项工作中重中之重。研究西藏区域系统性金融风险预警机制对打赢防范和化解金融风险攻坚战在西藏具有特殊重要意义。

二、研究思路与方法

（一）研究思路

首先，通过分析国内外相关文献，并结合西藏辖区实际分析得出影响西藏区域系统性金融风险的主要因素。其次，根据得出的影响因素构建区域系统性金融风险的度量体系，并按照相关指标划分出五类不同的体系，确定各指标的临界值和计算权重。再次，通过西藏 2012 年第二季度—2018 年第二季度相关数据，利用 ARIMA 模型及预测原理对区域系统性金融风险预警进行实证分析。最后，提出针对防范区域系统性金融风险的政策建议。

（二）本文研究方法

1. 理论分析与实证分析相结合

首先，从理论上界定了系统性金融风险的内涵，系统性分析了系统性金融风险的基本特征和传染机制，提出了测度西藏区域系统性金融风险的指数方法，建立了区域系统性金融风险的预警模型。其次，运用历史数据，进行实证分析，检验了模型的可操作性。

2. 计量模型和计量检验方法相结合

本文根据不同的研究目标运用了不同的计量方法。在指标风险权重的分析中主要运用熵值法和模糊评价法。在系统性金融风险的预警模型中，主要运用 ARIMA 模型对区域系统性金融风险进行预警。

（三）创新与不足

本文构建了包括区域经济因素、区域金融因素、预期在内的 15 个监测指标的区域系统性金融风险度量指标体系，具有一定的全面性，同时，运用熵值法对各指标赋予客观的权重，再根据 ARIMA 模型进行对未来 n 期的预测，从而起到对区域系统性金融风险的客观预警。对防范西藏地区系统性金融风险具有一定的前瞻性。但是，由于西藏相关数据的可获得性等客观因素，本文在选取各监测指标时仍然具有一定的主观判断性，没有全面地分析各项指标对金融风险的影响。

三、文献综述

（一）系统性金融风险定义

对于系统性金融风险的定义，至今学术界仍然没有形成一个统一的被大众接受的表述。大体上，能够触及实体经济，并对实体经济造成破坏的金融冲击称为系统性金融风险。Schwarcz（2008）提出系统性金融风险会逐渐放大其危害效果，它由一系列事件引起的负面经济后果不断汇集。Benanke（2009）强调系统性金融风险危害极大，它能够威胁整个金融体系，甚至宏观经济的一系列重大事件。De Bandt 和 Hartmann（2000）在系统性事件的基础上重新诠释系统性金融风险的概念，指由一系列系统性事件触发一定数量金融机构违约倒闭或金融市场崩溃的现象，它会严重危及整个金融体系正常运行。马勇（2011）指出系统性金融风险是指整个金融体系因为遭受了比较大规模冲击而不再持续有效运转的一种可能性。俞树毅（2012）理解区域系统性风险的概念不应局限于某个国家的金融体系上，也不应局限于特定情况下单一的金融机构里，而应定位在国际上某个经济区域内金融体系或特定行业所面临的风险，是指被内外部条件共同作用所引起的该区域金融体系或某一金融行业造成的负面影响。

综合以前学者对于系统性风险的研究，本文把系统性金融风险归纳总结为经济波动带来的冲击造成一家或几家金融机构的经营受损，这种冲击会在金融行业内病毒式传导，一传十，十传百，这种传导有可能引起金融体系的功能遭受部分削弱，甚至全部崩溃。上述经济波动造成的冲击有很多种情况，金融体系以外的整体经济的变化，大的方面，如世界局势变化引起的不可再生能源价格变动冲击、政治局势引发的局部经济变动。小的方面，也可以从金融体系的内部变化找原因，如个别金融机构经营管理不善而倒闭的小事件。这些方面的变化会引起整体经济的波动，而经济波动引发的损失在金融体系内不断传导扩散是形成金融系统性风险的重要方式。总结如下，经济波动冲击与传导扩算是金融系统性风险的两大要素。系统性金融风险有两个理解方式，一是对金融机构的冲击，二是对金融市场的冲击。与此同时，由于民间资本 C2C 模式的不断增多，系统性金融风险将越来越被认为是对市场的冲击而不是机构本身。因此，一般学者对系统性金融风险的分析从宏观和微观两个角度出发，"宏观"是从金融市场的层面，而"微观"是单个或部分的金融机构。

（二）系统性金融风险形成机制

系统性风险的界定和成因方面目前总结有四类理论解释：金融脆弱性理论、信息不对称理论、外部冲击理论和货币危机理论。在金融脆弱性理论中，Irving Fisher 的债务通缩理论从繁荣期的信贷扩张让人民对自己的资产有了夸大的理解，从而增加一系列的消费投资，然后致使自身在经济萧条期的大环境下出现财产危机，Irving Fisher 从这个角度出发探讨了金融体系根深蒂固的脆弱性。马丁·苏尔纳在 2003 年的报告中指出银行体系之所以成为脆弱性理论中表现凸显的部分，是因为其资产负债错配的特性以及其主营业务具有周期性，加之银行与实体部门的来往密切，使得实体经济产业对银行有巨大的溢出效应。在 1997 年，Detragiache E. 以及 Demirguc – Kun A 等研究学者从银行体系的脆弱性和其在金融体系中的微观角度出发，概括总结出系统性金融风险的出现原因。美国经济学家戴劳德（Dinalnod）和戴伯维格（Dybvig）（1983）提出，从银行的功能出发，其最重要的一点就是将非固定负债转化为固定资产，并面向社会提供有效的风险分担，这是私人市场所不能提供的。但同时，这一点也容易让银行陷入被挤兑的局面，而往往金融危机就发生在银行因陷入挤兑且非常脆弱的时刻。从银行脆弱理论的角度出发，他们继续提出银行挤提模型（理论）。即系统性金融风险产生是由于外部经济体的波及和银行本身脆弱的特性。国际货币基金组织中的经济学家 Brenda Gonzalez – Hermosill 把系统性风险总结为一种负的外部性，其具体表现为风险溢出并导致其他非同一行业机构损失。美国经济学家 Crockett 等其他学者也提出了一些经济体产生系统性风险的原因是资产泡沫和高负债引发的其金融体系日益脆弱凸显的重要理论。

（三）系统性金融风险传导机制

国外对金融风险传播渠道的研究主要集中在三个方面：Fried 和 Schward

（1963）以及前美联储主席本·伯南克都将信贷渠道视为系统性风险传播的重要途径。Acharya（2000）则认为由于市场监管不到位，全球化监管不能统一，造成局部的系统性金融风险有演变为全球性风险的可能性。Borio 和 Van（1993）对资金支付和结算中的系统性风险进行了研究。Furfine（2003）检验了通过美国联邦储蓄通信系统的传染范围。Shin（2008）研究了流动性风险如何通过金融机构的资产负债表和证券资产价格之间的联系相互传染。

国内对系统性风险传染方面的研究相对较少，包全永（2007）在构建模型的基础上，对独立银行系统以及银行与银行间金融市场系统性风险的传染机理进行了研究；陈国近和马长峰（2010）对于金融危机传染的网络理论从外生流动性冲击与银行危机传染、内生流动性冲击与银行网络传染以及银行资产价格传染三个方面阐述了银行系统危机传染的网络模型。巴曙松等（2013）介绍了金融传染的机制，主要包括金融机构间的直接传染和间接传染两种作用机制。

（四）系统性金融风险的测量（ARIMA 模型预测）

以目前国际国内的有关金融风险的理论水和技术水平来说，做到准确量化仍然捉襟见肘。现有的方法及最近提出的许多基于新调查、新研究、新论点的方法都是只能够部分预测或在特定环境、特定时间、特定条件下准确预测系统性金融风险。因此，设想有一种万能方法去反映金融风险的系统性是不实际的，综合运用多种方法，达到每种方法优势的最大发挥、劣势的尽量避免的状态，才是目前较为完善的策略。CAA 模型能够演示某地或某经济实体遭受金融危机时所需承受的极端损失的某种情形，Gray（2010）等在原有的模型的基础上增加影响因素的多元性，达到能够演示多维情形的目的——SCCA。通过更为广泛的数据分析，以及考虑进边际损失的情况，改进单一极值分布模型为多极值模型，系统的预估金融危机造成的损失。

Gray 和 Jobst（2010）在研究了 2008 年左右西方主要发达资本主义国家在金融危机期间的各项数据，包括各种类型的金融机构（保险、银行、证券等）的负债比、所承担的风险等，发现目标对于金融风险的危机意识跟所研究的因素相关，对于某些影响因素的研究表明，目标对于金融危机具有较强的敏感性，反之，对于另一些影响因素的研究，却得到相反的结论，目标对于金融危机是迟钝的、不敏感的。

Laura 等（2011）基于 SCCA 模型引入 Gumbel 家族 Coupla 来形容银行损失边际极值分布的规律，以此为依据，估算了金融业联合损失的数据。刘吕科（2012）对最新的 CCA 方法和 MES 方法做了介绍阐述，然后归纳总结了国内外的系统性金融风险的计量方法，对基于某一家银行资产负债表数据，通过不同银行间的业务资产相关性比较、单个银行 VAR 模型分析和银行体系宏观压力测试等衡量方法进行了比较和分析。齐瑞雪（2012）利用 ARIMA 模型对单个指标分别进行了回归预测，分析了我国未来 2012 年到 2015 年的金融风险情况，得出了目前中国宏观经济风险波动较缓，但却通货膨胀情况明显的结论，国家财政风险和国际收支风险会在未来经济发展中越来越凸显，并且国家的财政赤字率情况不降反增，国债率也会呈增加的趋势。王俊（2014）指出区域系统性金融风险来源可以划分为区域宏观经运行状况以及区域金融运行状况两大子系统，在此理论上根据 ARIMA 计量模型、熵值法及 FSEM 建立了区域系统性金融风险预警的整体评判体系，重新构建了风险等级的评判准则。

四、西藏区域系统性金融风险度量指标及临界值设定

（一）西藏区域系统性金融风险度量指标设定

1. 指标选取一般思路

区域金融的运行并不是独立的，而是与区域经济环境、政策环境、外部环境等密切相关，因此，区域系统性金融风险既受到本区域经济运行情况的影响，同时也受到宏观政策变动、宏观经济金融变化等外部因素的影响。区域系统性金融风险的度量指标的选取要考虑宏观经济因素，也要突出区域特点，要立足辖区实际，充分体现辖区经济金融发展的特征。

2. 区域系统性金融风险度量指标设

定区域系统性金融风险度量指标系统的指标多对研究分析帮助不大，这是因为其中很多指标意义重叠。重叠的指标越多，模型回归上愈难处理，得到的数据结果也会偏离。因此，本文主要从经济运行情况、金融机构监测指标以及预期三个方面设定指标。

区域经济运行周期波动是影响区域系统性金融风险产生的主要影响因素，而区域内外部经济，包括实体经济以及各项经济政策的变动也会引起区域系统性金融风险的发生。其中除了"看不见的手"的影响，也有"看得见"的政府的宏观

调控，因此政府能力的强弱直接对区域金融风险有着直接的且重要的影响。若政府能力较强，其管理、控制金融风险的有效度就越高。反之则低。根据这样的事实，区域内系统性的金融风险中所包含的经济因素应该包括区域经济发展指标、物价总水平、政府能力三个指标。从三个指标出发，区域金融风险在分析区域发展特点、比较区域发展水平以及优化区域金融结构方面都起到了重要的作用。区域的金融系统包括但是不限定于以下几个模块，银行业、保险业和证券业。每一个大的模块又能够根据其细微的特点再次细分成更多的子模块。本文借鉴之前相关专家的研究成果和国内外金融监管当局金融监管框架，结合西藏特有的区域环境，本着科学性、实用性的研究原则，在确保指标可以覆盖有效监测区域金融风险的基础上，在众多的区域金融检测指标中挑选出 15 个具有代表性和特殊性的检测指标。这中间有 3 个区域经济的监测，其他还有银行业监测指标 5 个、证券业监测指标 2 个、保险业监测指标 3 个，另外选择 PPI 为预期指标。

（二）区域系统性金融风险度量指标临界值设定

1. 临界值设定依据

区域系统性金融风险度量指标的数据变动有一个正常的范围，一旦变动超过了这个范围，就会发出风险预警信号。在这个范围的实际制订中，会参照国际公认的标准以及经济金融运行背景、现状相似国家的相关数据，结合我国银监会、证监会、保监会、国家统计年鉴等政府报告，并基于西藏特有区情条件下，金融数据相关报表等加以确定。

2. 指标临界值确定

本文对区域性金融风险度量指标的确定，在参考行业监管标准与相关文献研究成果的基础上，以选取的历史经济金融数据为样本进行区间估计，统计计算给定概率下的置信区间，并予以适当放松确定指标临界值（见表1）。

表1　　　　　　　　**区域系统性金融风险度量指标临界值**

一级指标	二级指标	三级指标	风险状态			
			安全	基本安全	风险	高风险
区域		地区生产总值增速	>13	(11, 13]	[8, 11]	<8
系统性	区域经济	CPI 增速	<1.8	[1.8, 2.4)	[2.4, 3.4]	>3.4
金融风险	运行指标	固定资产投资增速	>32	(18, 32]	[10, 18]	<10
度量指标		财政收入增速	>37	(15, 37]	[15, 10]	<10

续表

一级指标	二级指标	三级指标	风险状态			
			安全	基本安全	风险	高风险
区域系统性金融风险度量指标	银行业监测指标	存贷比	<70	(70.75]	(75, 80]	>80
		不良贷款率	<0.3	[0.3, 1]	(1, 2]	>2
		资本充足率	>9	(8, 9]	[4, 8]	<4
		资产利润率	>2.5	(1.9, 2.5]	[0.6, 1.9]	<0.6
		最大十家客户贷款比例	<45	[45, 55)	[55, 65]	>65
	证券业监测指标	证券营业收入	>21	(10, 21]	[8, 10]	<8
		证券净利润	>9	(4, 9]	[3, 4]	<3
	保险业监测指标	保险深度	>5	(3, 5]	[1, 3]	<1
		保费增速	>43	(20, 43]	[13, 20]	<13
		风险保障金额增速	>12395	(6108, 12395]	[3460, 6108]	<3460
	预期指标	PPI	<-1.8	[-1.8, -0.5)	[-0.5, 3.4]	>3.4

五、区域系统性金融风险度量指标处理方法及预测模型

（一）西藏区域系统性金融风险度量指标处理

本文在实际研究过程中，排除了层次分析法。排除原因在于这种方法受到非客观因素诸如研究者个人特质的影响几率大大超过了熵值方法。因此此研究最后决定采用熵值法计算度量指标的权重。熵值法是反映多组指标数值离散程度的数学方法，通过计算权重来衡量数值的变动范围，权重指数越高，数值变动幅度越大。

1. 熵值法确定权重

（1）度量指标分类

本文已经选取了15个区域系统性金融风险度量指标，根据各指标对度量体系有正影响与负影响两个方面，把指标进行了分类，分为正向指标（"+"表示）和负向指标（"-"表示）。其中正向指标的绝对值越大，其对度量体系中的正影响越大，负向指标的绝对值越大，其对度量体系中的负影响越大，经过划分，本文中有10个正向指标和5个负向指标（见表2）。

表 2　　　　　　　　　**区域系统性金融风险度量指标性质**

一级指标	二级指标	三级指标	指标性质
区域系统性金融风险度量指标	区域经济运行指标	地区生产总值增速	+
		CPI 增速	−
		固定资产投资增速	+
		财政收入增速	+
	银行业监测指标	资本充足率	+
		不良贷款率	−
		最大十家客户贷款比例	−
		资产利润率	+
		存贷比	−
	证券业监测指标	证券业营业收入	+
		证券业净利润	+
	保险业监测指标	保费增速	+
		保险深度	+
		风险保障金额增速	+
	预期指标	PPI	−

（2）数据处理

在选取的指标体系中，设有 n 年，m 项指标，（ $i = 1, 2, \cdots, n; j = 1, 2, \cdots, m$ ），t 个子系统，形成原始指标数据矩阵。在这里为了使处理结果具有可比性和更加准确，选用了极值法对数据进行规范化处理。

正向指标计算公式：

$$y_{ij} = \frac{x_{ij} - \min(x_{1j}, \cdots, x_{nj})}{\max(x_{1j}, \cdots, x_{nj}) - \min(x_{1j}, \cdots, x_{nj})}$$

负向指标计算公式：

$$y_{ij} = \frac{\max(x_{1j}, \cdots, x_{nj}) - x_{ij}}{\max(x_{1j}, \cdots, x_{nj}) - \min(x_{1j}, \cdots, x_{nj})}$$

（3）利用熵值法对指标赋权

首先，要对规范化后的数据进行平移。

在对数据进行规范化处理后，数据介于［0，1］之间，而指标为 0 时，不能做取对数处理，为了避免数值无意义，就要对规范化处理后的数据进行平移，即

$$q_{ij} = y_{ij} + 1 (i = 1, 2, \cdots, n; j = 1, 2, \cdots, m)$$

其次，计算权数。

①计算第 j 项指标在第 i 年的指标值的比重：

$$P_{ij} = \frac{q_{ij}}{\sum\limits_{i=1}^{n} q_{ij}}(i = 1,2,\cdots,n;j = 1,2,\cdots,m)$$

②计算第 j 项指标的熵值：

$$e_j = -(1/\ln n)\sum\limits_{i=1}^{n} p_{ij}\ln p_{ij}(i = 1,2,\cdots,n;j = 1,2,\cdots,m)$$

③计算第 j 项指标的差异性系数 g_j：

$$g_j = 1 - e_j$$

④定义第 j 项指标的权数 a_j：

$$a_j = \frac{g_j}{\sum\limits_{j=1}^{m} g_j}$$

⑤计算子系统的权重：

计算第 j 项指标综合评价值 v_j：

$$v_j = \sum\limits_{j=1}^{n} a_j p_{ij}(i = 1,2,\cdots,n;j = 1,2,\cdots,m)$$

最后，把各个子系统中的各项指标的综合评价值相加，即为子系统的综合评价值 v_k，再将其进行归一化处理，得到指标的权重，也是各子系统在总系统中的权重值 A_k：

$$A_k = V_k/\sum\limits_{k=1}^{t} V_k$$

2. 模糊综合评价法

由于研究者众多，研究的著作也是汗牛充栋，不同研究机构或个人对于风险等级的划分各异，且各有其合理性的解释。因此想用准确且恒定的言语或公式去区别风险等级是困难的且不严谨的，因此利用模糊综合评价法来研究金融风险相对更加合理、严谨。

模糊综合评价法的具体操作：

①将研究对象按照金融风险预警指标体系进行属性划分归类，设子系统层为 $X = (X_1,X_2,X_3,X_4,X_5)$，其中，指标层用 $X_1 = (X_{11},X_{12},X_{13},X_{14})$，$X_2 = (X_{21},X_{22},X_{23},X_{24},X_{25})$，$X_3 = (X_{31},X_{32})$，$X_4 = (X_{41},X_{42})$，$X_5 = X_{51}$ 表示。

②制定评价集。对研究对象的各种评价的集合即为评价集。用 V 来表示，本文从研究目的出发，将非常安全、安全、预警和危险四个等级作为金融风险

的四个等级，分别用 V_1，V_2，V_3，V_4 表示，即 $V = \{V_1, V_2, V_3, V_4\}$ = ｛非常安全，安全，预警，危险｝

③评价因素权重多少的抉择。不同指标对于风险预警的影响程度并非等价的，也不可能是等价的。所以各个指标的影响作用的大小取决于其对风险预警的贡献度多少。然后根据贡献度的多少分配给其相应的权重。用 A 表示风险预警指标的权重集合，则集合内各个单位因素的权重值应然的标识为 A_k。

$$A = (A_1, A_2, A_3, A_4, A_5) \text{ 且} \sum_{k=1}^{5} A_k = 1, A_k \geq 0$$

$$A_k = (a_{k1}, a_{k2}, \cdots, a_{kj} \text{ 且} \sum a_{kj} = 1, a_{kj} \geq 0$$

④单一指标的评判。判定指标对于风险等级有何影响时习惯用单一指标的评判。选用单一指标的评判时，需要设置隶属函数，且其为模糊集，这是我们第一次用到模糊理论，也是运用模糊理论首先面临的需解决的问题。怎样构造隶属函数，重要的是把握两点。首先是讨论区内所有的点都属于某一个或数个隶属函数；二是同一外部环境下，所有的隶属函数内至多有一个函数拥有最大隶属度。基于以上两点，本文采用分布图形为梯形的梯形隶属函数，这种隶属函数比较常用，时常被用来作为衡量非多个指标的隶属度问题。

正向指标非常安全、安全、预警和危险的隶属度计算公式：

$$r_{kj}(V_1) = \begin{cases} 0 & x < r_2 \\ \dfrac{x - r_2}{r_3 - r_2} & r_2 \leq x \leq r_3 \\ 1 & x > r_3 \end{cases}$$

$$r_{kj}(V_2) = \begin{cases} 0 & x < r_2 \\ \dfrac{r_3 - x}{r_3 - r_2} & r_2 \leq x \leq r_3 \\ 0 & x > r_3 \end{cases}$$

$$r_{kj}(V_3) = \begin{cases} 0 & x < r_1 \\ \dfrac{x - r_1}{r_2 - r_1} & r_1 \leq x \leq r_2 \\ 0 & x > r_2 \end{cases}$$

$$r_{kj}(V_4) = \begin{cases} 1 & x < r_1 \\ \dfrac{r_2 - x}{r_2 - r_1} & r_1 \leqslant x \leqslant r_2 \\ 0 & x > r_2 \end{cases}$$

负向指标非常安全、安全、预警和危险的隶属度计算公式：

$$r_{kj}(V_1) = \begin{cases} 1 & x < r_1 \\ \dfrac{r_2 - x}{r_2 - r_1} & r_1 \leqslant x \leqslant r_2 \\ 0 & x > r_2 \end{cases}$$

$$r_{kj}(V_2) = \begin{cases} 0 & x < r_1 \\ \dfrac{x - r_1}{r_2 - r_1} & r_1 \leqslant x \leqslant r_2 \\ 0 & x > r_2 \end{cases}$$

$$r_{kj}(V_3) = \begin{cases} 0 & x < r_2 \\ \dfrac{r_3 - x}{r_3 - r_2} & r_2 \leqslant x \leqslant r \\ 0 & x > r_3 \end{cases}$$

$$r_{kj}(V_4) = \begin{cases} 0 & x < r_2 \\ \dfrac{x - r_2}{r_3 - r_2} & r_2 \leqslant x \leqslant r_3 \\ 1 & x > r_3 \end{cases}$$

其中，$r_{kj}(V_m)$ 表示 X_{kj} 隶属风险度 $V_m(m = 1,2,3,4)$ 的程度大小，r_n 是各个风险等级的临界值，且 $r_1 < r_2 < r_3$，得出的模糊矩阵：

$R = (R_1, R_2, R_3, R_4, R_5)^T$，其中，$R_1 = (R_{11}, R_{12}, R_{13}, R_{14})^T$，

$R_2 = (r_{21}, r_{22}, r_{23}, r_{24}, r_{25})^T, R_3 = (r_{31}, r_{32})^T, R_4 = (r_{41}, r_{42})^T, R_5 = r_5$，并且 $r_{kj} = \{r_{kj}(V_1), r_{kj}(V_2), r_{kj}(V_3), r_{kj}(V_4)\}$。

⑤金融风险预警评判模型。前期研究主要利用了模糊矩阵，在得到初始数据之后的分析则必须合成模糊结果向量，有很多研究学者在进行相关研究时一般会运用最大隶属度原则，综合考量，运用最大隶属度原则会丧失部分信息的价值，更为严重的是最后的结果往往并不尽如人意。本文采用的加权平均求隶属等级的方法，是对最大隶属度原则的简单修正，运用此方法可以全面顾及每

个指标的实际影响，避免了研究中只重视最大隶属度而对其他权重的指标有所轻视。本文在研究初始阶段就力求避免上述陷阱，同时综合考虑所有的无论权重大小的指标，从而客观上较为真实地得出数据结果。此文是基于加权平均的模糊综合评价模型的计算如下：

$$S = AR = (A_1, A_2, A_3, A_4, A_5)(R_1, R_2, R_3, R_4, R_5)^T = (S_1, S_2, S_3, S_4)$$

同理，可以求得 S_1、S_2、S_3、S_4 的评价模型。为了方便比较，在这里对得到的综合评价模型进行归一化处理，如下：

$$S' = \left(\frac{S_1}{m}, \frac{S_2}{m}, \frac{S_3}{m}, \frac{S_4}{m}\right) = (S'_1, S'_2, S'_3, S'_4)$$

其中，$m = \sum_{r=1}^{4} S_r$ 且 $\sum_{r=1}^{4} S'_r = 1$

⑥判定风险状态。建立了风险预警评判模型后，我们要根据模型结果判断该区域的金融现状具体处于何种状态，在这里引入级别特征值法，这种方法通过每个安全等级的隶属度和人为对各个等级赋予的数值，综合计算风险状态的隶属度。在运用级别特征值法得出的综合计算安全等级指数越大，即风险程度越高；反之，数值越小，则说明安全程度越好。在本次研究中，我们把风险程度分别赋予非常安全、安全、预警、危险四个层次，四个层次的特征值为 1、2、3、4，则金融风险预警系统的综合指数的计算公式：

$$\varphi = 1 \times S'_1 + 2 \times S'_2 + 3 \times S'_3 + 4 \times S'_4$$

若综合指数处于（0，1]，说明风险情况处于为非常安全状态；若综合指数为（1，2]，说明处于安全状态；若综合指数为（2，3]，说明处于预警状态；若综合指数为（3，4]，说明处于危险状态。

（二）西藏区域系统性金融风险预测模型建立

随着世界金融业的发展与演变，有关金融风险的相关检测与分析越来越凸显出其重要性。因此，关于建立我国自身的预警指标体系在 2005 年被中国人民银行提出。

此次研究将利用 ARIMA 模型来校验文章中所设立的指标体系是否可以真实地、完整地呈现西藏区域系统金融风险情况。

ARIMA 模型对时间序列的预测十分有效。ARIMA 模型在进行预测时，将基于目前我们所掌握的一段时间内的历史数据，假设这些数据之间存在某种数学关系，并利用数据检验，如果这个模型能够反映以往的数据关系，则我们就可以利用这个时间序列的模型去预测未来的数据。

1. 平稳时间序列

我们在运用 ARIMA 模型时，或许会遇到以下这种情况，即时间序列是不规则的、动荡的，测算的结果也不能反映真实情况。这是因为 ARIMA 模型的运用需要附加前提条件，其中必要条件之一就是平稳的时间序列。若遇到时间序列不平稳的情况，可利用差分运算使其转化，然后再利用模型预测。

平稳序列是指在单位时间内，数据分布的概率是恒定的，在 t 和 $t+k$ 时间点的概率分布是不会改变的，即序列 $\{x_t\}$ 对任意 k，t，m 都有 $(X_t,\cdots,X_{t+k})$ 与 $(X_{t+m},\cdots,X_{t+k+m})$ 是同分布的。该序列有以下性质：

①其数学期望是常数，即 $EX_t = \mu$，$\forall t \in T$

②其自协方差为常数，即

$\gamma_k = \text{cov}(x_t,x_{t+k}) = E[(x_t - u_t)(x_{t+k} - u_t)]$，因此，对任意的 k，$\gamma_k = \gamma_{k+m}$，同时，可以推断出序列的方差一定是常数，即

$$DX_t = \text{cov}(x_t,x_t) = \sigma_x^2$$

2. 平稳时间需要应具备的数学特征

①自协方差函数

此函数的性质如下：

$\gamma_0 = E(x_t - \mu)^2 = \sigma_x^2$，其中 σ_x^2 为序列的方差；对称性，即 $\gamma_k = \gamma_{-k}$，且 $|\gamma_k| \leqslant \gamma_0$；非负性，即对于任意实数 $a_1,a_2,\cdots,a_n$，均存在 $\sum_{j=1}^{n}\sum_{k=1}^{n}\gamma_{j-k}a_ja_k \geqslant 0$。

②自相关函数

根据自相关函数的公式：$\rho_k = \dfrac{\text{cov}(x_t,x_{t+k})}{\sqrt{DX_t \cdot DX_{t+k}}} = \dfrac{\gamma_k}{\sigma_x^2} = \dfrac{\gamma_k}{\gamma_0}$

则可以得到该函数的性质：

$\rho_0 = 1$；$\rho_k = \rho_{-k}$；对于任意正整数 m，相关系数矩阵 Γ_k 为非负定阵。

3. ARIMA 模型建模步骤

ARIMA 模型因其特性易操作且结果较为直观，因此它是被经常使用的一种模型。基本上这类模型又根据影响因素的使用或使用方法、使用场景、使用目的的不同而细分为自回归模型、自回归移动模型、移动平均模型，即 AR 模型、ARMA 模型、MA 模型。

根据前文可知，若要使用 ARIMA 模型，必须保证时间序列的平稳性。建模过程中，平稳时间序列直接代入，不平稳时间序列经过数学运算之后转为平稳

序列代入，那么我们所设立的模型就是 ARIMA 模型。

①数据预处理，检查数据平稳性

数据预处理的方式很多，包络但不限于整体特征、趋势的判断，调整某些特定的影响因素检验结果，以及单位根检验。本文选取单位根检验检查数据平稳性，其一般步骤为：

使用 ADF 检验来检验 AR 模型是否平稳。对于任意 $AR(p)$ 过程，其特征方程：

$$\lambda^p - \phi_1 \lambda^{p-1} - \cdots - \phi_p = 0$$

如果该方程的所有特征根满足：$|\lambda_i| < 1 \ i = 1, 2, \cdots, p$ 则序列 $\{x_t\}$ 平稳。如果存在一个特征根，假设为 $\lambda_1 = 1$，则序列 $\{x_t\}$ 非平稳，且自回归系数之和恰好等于 1：

$$\lambda^p - \phi_1 \lambda^{p-1} - \cdots - \phi_p = 0 \xrightarrow{\lambda_1 = 1} 1 - \phi_1 - \cdots - \phi_p = 0 \Rightarrow \phi_1 + \phi_2 + \cdots + \phi_p = 1$$

因此，对于 AR（p）过程，若自回归系数之间的关系方程式为所有系数加总之和为 1，就表示这个序列是平稳的，反之，则不是平稳序列，需要对方程式进行变换。这里有一个重点就是，方程式的转化必须是等价的，方程式左边的减数同右边的减数相同，方程式左边的减数同右边的减数相同，同为 x_{t-1}，整理方程式，可以得到以下结果：即在方程两边同时减去，整理后得到：

$$\nabla x_t = (\phi_1 + \cdots + \phi_p - 1)x_{t-1} - (\phi_2 + \cdots + \phi_p)\nabla x_{t-1} - \cdots - \phi_{p-1}\nabla x_{t-p+1} + \varepsilon_t$$

即 $\nabla x_t = \rho x_{t-1} + \beta_1 \nabla x_{t-1} + \cdots + \beta_{p-1} \nabla x_{t-p+1} + \varepsilon_t$

如序列 $\{x_t\}$ 平稳，则 $\phi_1 + \phi_2 + \cdots + \phi_p < 1$，等价于 $\rho < 0$。如序列 $\{x_t\}$ 非平稳，则说明至少存在一个单位根，有 $\phi_1 + \phi_2 + \cdots + \phi_p = 1$，等价于 $\rho = 0$。

构造 ADF 检验统计量：$\tau = \dfrac{\hat{\rho}}{S(\hat{\rho})}$，设定 $S(\hat{\rho})$ 为参数 ρ 的样本标准差。在特定的 ADF 的范围水平值下，假如参数不为零，那么序列有单位根的几率为零，则表明此序列是平稳的。

②模型识别

模型的识别方法是效验平稳序列的相关系数。包括两种不同的相关系数自相关以及偏自相关。验证这两种系数的截尾性以及拖尾。与此同时，自相关阶数以及移动平均阶数也能够在同一过程中被预测。

AR 模型的识别首先考虑其自相关系数，对于平稳的 AR（p）模型 $x_t = \phi_1 x_{t-1} + \phi_2 x_{t-2} + \cdots + \phi_p x_{t-p} + \varepsilon_t$，在其等号两边同乘 x_{t-k}，$\forall k \geq 1$ 再求期望，得

$$E(x_t x_{t-k}) = \phi_1 E(x_{t-1} x_{t-k}) + \cdots + \phi_p E(x_{t-p} x_{t-k}) + E(\varepsilon_t x_{t-k}), \forall k \geq 1$$

可以根据 AR（p）模型的相关条件，计算出其自协方差函数的递推公式为

$\gamma_k = \phi_1 \gamma_{k-1} + \phi_2 \gamma_{k-2} + \cdots + \phi_p \gamma_{k-p}$。而 $\rho_k = \dfrac{\gamma_k}{\gamma_0}$，因此自相关函数的递推公式可在

自协方差函数的递推公式的等号两边同时除方差函数 γ_0 得到，即 $\rho_k = \rho_1 \gamma_{k-1} + \rho_2 \gamma_{k-2} + \cdots + \rho_p \gamma_{k-p}$。

根据上文的方程式等式可以了解到自相关函数的特征，一为拖尾性，即永远不会取值为零的情况，在 k 大于某个特定数值后，也不会出现恒等于零的现象；二为方程式呈现出负指数衰减的规律。

其次识别 AR 模型需考虑其偏自相关数，在 AR 模型中存在：

$$\begin{cases} \rho_1 = \phi_1 + \phi_2 \rho_1 + \cdots + \phi_p \rho_{p-1} \\ \rho_2 = \phi_2 \rho_1 + \phi_2 + \cdots + \phi_p \rho_{p-2} \\ \quad\quad\quad \cdots\cdots \\ \rho_p = \phi_1 \rho_{p-1} + \phi_2 \rho_{p-2} + \cdots + \phi_p \end{cases}$$

其矩阵形式：

$$\begin{bmatrix} \rho_1 \\ \rho_2 \\ \vdots \\ \rho_p \end{bmatrix} = \begin{bmatrix} 1 & \rho_1 & \cdots & \rho_{p-1} \\ \rho_1 & 1 & \cdots & \rho_{p-2} \\ \vdots & \vdots & \cdots & \vdots \\ \rho_{p-1} & \rho_{p-2} & \cdots & 1 \end{bmatrix} \begin{bmatrix} \phi_1 \\ \phi_2 \\ \vdots \\ \phi_p \end{bmatrix}$$

平稳的 AR（p）模型的偏自相关函数具有 p 步截尾的特点：$\varphi_{kk} = 0 (\forall k > 0)$。

MA 模型的识别首先考虑其自协方差：

$$\gamma_k = E(x_t x_{t-k}) = E[(\varepsilon_t - \theta_1 \varepsilon_{t-1} - \cdots - \theta_q \varepsilon_{t-q})(\varepsilon_{t-k} - \theta_1 \varepsilon_{t-k-1} - \cdots - \theta_q \varepsilon_{t-k-q})]$$

根据 MA（q）模型的相关条件可知 $E(\varepsilon_t \varepsilon_s) = 0, s \neq t$，上式可以整理得到：

$$\gamma_k = \begin{cases} (1 + \theta_1^2 + \cdots + \theta_q^2) \sigma_\varepsilon^2 & k = 0 \\ (-\theta_k + \sum_{i=1}^{q-k} \theta_i \theta_{k+1}) \sigma_\varepsilon^2 & 1 \leq k \leq q \\ 0 & k > q \end{cases}$$

由 $\rho_k = \dfrac{\gamma_k}{\gamma_0}$，可以得到可逆的 MA（q）模型的自相关函数的递推公式：

$$\begin{cases} 1 & k = 0 \\ \rho_k = \dfrac{\gamma_k}{\gamma_0} = \dfrac{-\theta_k + \sum\limits_{i=1}^{q-k} \theta_i \theta_{k+1}}{1 + \theta_1^2 + \cdots + \theta_q^2} & 1 \leqslant k \leqslant q \\ 0 & k > q \end{cases}$$

由上式可得，当 $k > q$ 时，$\rho_k = 0$，这就证明了 MA（q）模型与一个序列的自相关函数为 q 步截尾之间存在相互验证的关系，即模型若为 MA（q）模型，其自相关函数就是 q 步截尾的，反之亦然。如果此模型为 MA（q）模型，但它的偏自相关函数呈现度指数衰减且并非 q 步截尾，那就是拖尾。

ARMA 模型直观上观察就了解其为两种模型的组合，即前文所说的 AR 模型和 MA 模型。基于此，如果平稳序列的两种相关性函数都呈现出拖尾性，那么可以肯定这个模型符合 ARMA 模型的特征，可以判断其为 ARMA 模型。

同时，在进行参数估计时主要是采用最小二乘法或极大似然估计法，本文通过 Eviews 软件直接给出参数的估计值。另外，本文通过绘制残差的偏自相关和自相关图，判断系数是否在置信水平内进行模型的显著性检验。通过统计量为 T 统计量进行参数的显著性检验。

③模型预测

从表面意义理解就是根据模型以往、现在的发展趋势，利用相关函数找出其中规律，并根据规律试退出未来的发展趋势，并推估出在未来某个时间点的取值情况。而线性最小方差为平稳数列最为寻常的预测方法。

AR（q）预测前提是假定给出的序列 $\{x_t\}$ 就是平稳序列，而且符合本模型的特征，$X_1, X_2, \cdots, X_k, (k \geqslant p)$ 为期观测值，则它的预测值：

$$\hat{X}_t(1) = \phi_1 X_t + \phi_2 X_{t-1} + \cdots + \phi_p X_{t-p+1}$$

$$\hat{X}_t(2) = \phi_1 \hat{X}_t(1) + \phi_2 X_t + \cdots + \phi_p X_{t-p+2}$$

$$\hat{X}_t(p) = \phi_1 \hat{X}_t(p-1) + \phi_2 \hat{X}_t(p-2) + \cdots + \phi_{p-1}\hat{X}_t(1) + \phi_p X_t$$

由此可以推出预测值的递推公式：

$$\hat{X}_t(l) = \phi_1 \hat{X}_t(l-1) + \phi_2 \hat{X}_t(l-2) + \cdots + \phi_{p-1}\hat{X}_t(l-p)$$

MA（p）预测则是假设 X_t 为 MA（p）序列，则其预测值递推公式：

$$\begin{bmatrix} \hat{X}_{t+1}(1) \\ \hat{X}_{t+1}(2) \\ \vdots \\ \hat{X}_{t+1}(q-1) \\ \hat{X}_{t+1}(q) \end{bmatrix} = \begin{bmatrix} \theta_1 & 1 & 0 & \cdots & 0 \\ \theta_2 & 0 & 1 & \cdots & 0 \\ \vdots & \vdots & \vdots & \cdots & \vdots \\ \theta_{q-1} & 0 & 0 & \cdots & 1 \\ \theta_{q-2} & 0 & 0 & \cdots & 0 \end{bmatrix} \begin{bmatrix} \hat{X}_t(1) \\ \hat{X}_t(2) \\ \vdots \\ \hat{X}_t(q-1) \\ \hat{X}_t(q) \end{bmatrix} - \begin{pmatrix} \theta_1 \\ \theta_2 \\ \vdots \\ \theta_{q-1} \\ \theta_q \end{pmatrix} X_{t+1}$$

而 ARMA（p，q）模型的预测值递推公式可以表示：

$$\begin{bmatrix} \hat{X}_{t+1}(1) \\ \hat{X}_{t+1}(2) \\ \vdots \\ \hat{X}_{t+1}(q-1) \\ \hat{X}_{t+1}(q) \end{bmatrix} = \begin{bmatrix} -G_1 & 1 & 0 & \cdots & 0 \\ -G_2 & 0 & 1 & \cdots & 0 \\ \vdots & \vdots & \vdots & \cdots & \vdots \\ -G_{q-1} & 0 & 0 & \cdots & 1 \\ -G_{q-2} & 0 & 0 & \cdots & 0 \end{bmatrix} \begin{bmatrix} \hat{X}_t(1) \\ \hat{X}_t(2) \\ \vdots \\ \hat{X}_t(q-1) \\ \hat{X}_t(q) \end{bmatrix}$$

$$+ \begin{pmatrix} -G_1 \\ -G_2 \\ \vdots \\ -G_{q-1} \\ -G_q \end{pmatrix} X_{t+1} + \begin{pmatrix} 0 \\ 0 \\ \vdots \\ 0 \\ \sum_{j=q+1}^{p} \varphi_j X_{t+q-j+1} \end{pmatrix}$$

其中，G_j 为格林函数，由 $\sum_{j=0}^{i} \varphi_j G_{i-j} = \theta_i^*, (i = 1,2,\cdots)$ 来确定，且 $\varphi_0 = -1, G_0 = 1, \varphi_j^* = \begin{cases} \varphi_j, j \leq p \\ 0, j > p \end{cases}, \theta_i^* = \begin{cases} \theta_i, i \leq q \\ 0, i > q \end{cases}$ ，当 $p \leq q$ 时，$\sum_{j=q+1}^{p} \varphi_j X_{t+q-j+1} = 0$ 。

六、西藏区域系统性金融风险预警模型实证分析

（一）西藏区域系统性金融风险预警模型

从上文的熵权法以及模糊综合评价方法的简单介绍，本文在数据处理方面，选取了 2012—2018 年共 8 年的西藏金融相关数据为模板进行计算处理，以期通过建立西藏区域系统性金融风险预警模型的综合评价模型，得到西藏 8 年间的

风险等级指数。首先本文研究的 15 个指标对象以及各个子系统对应权重是利用熵值法得出的。$A_k(k=1,2,3,4,5)$ 代表选取的五个子系统的权重，a_{kj} 代表子系统中的指标所占的权重，通过计算得到：

$$A_1 = (a_{11}, a_{12}, a_{13}, a_{14}) = (0.29, 0.24, 0.19, 0.29)$$
$$A_2 = (a_{21}, a_{22}, a_{23}, a_{24}, a_{25}) = (0.18, 0.18, 0.33, 0.10, 0.21)$$
$$A_3 = (a_{31}, a_{32}) = (0.42, 0.58)$$
$$A_4 = (a_{41}, a_{42}, a_{43}) = (0.49, 0.18, 0.33)$$
$$A_5 = (a_{51}) = (1)$$
$$A = (A_1, A_2, A_3, A_4, A_5) = (0.2311, 0.375, 0.1567, 0.1592, 0.0662)$$

根据单一指标隶属度相关公式计算各个指标的风险隶属度，并建立模糊矩阵。下面以 2012 年第二季度区域经济子系统风险为例，其他子系统以及 2013—2018 年的模糊矩阵也可以运用上述方法可以得到，这里暂且省略并不列出了。

本文以地区生产总值增长率 X_{11} 为例，该指标为正向指标，根据相关公式计算得出其对非常安全、安全、预警、风险的隶属度，计算得到（0.15，0，0，0），即表示 2012 年第二季度地区生产总值增长率对非常安全状态的隶属程度为 0.15，对安全状态的隶属程度为 0，对预警状态的隶属程度为 0，对风险状态的隶属程度为 0。据此可得出 2012 年上半年除去第一季度区域经济的子系统另外指标的隶属度，也就是能够预测出当年当季度的模糊矩阵，其为

$$R_1 = \begin{bmatrix} 0.15 & 0.00 & 0.00 & 0.00 \\ 0.00 & 0.00 & 0.00 & 1.00 \\ 0.51 & 0.49 & 0.00 & 0.00 \\ 0.10 & 0.90 & 0.00 & 0.00 \end{bmatrix}$$

根据相关公式，可以描绘出评价模型，模型作用旨在预警金融风险。相应地，此模型还可以对西藏自治区西安区内有关金融风险的其他系统、子系统的相关情况依照其自身所反映的情形进行等级评判。这里依旧以上面所述的年份季度为例，其他时间点的数据，可以依此推算得出。

反映 2012 年第二季度区域经济子系统的综合评级模型：

$$S_1 = A_1 \cdot S_1 = (a_{11}, a_{12}, a_{13}, a_{14})(r_{11}, r_{12}, r_{13}, r_{14})^T$$

$$= (0.29, 0.24, 0.19, 0.29) \begin{bmatrix} 0.15 & 0.00 & 0.00 & 0.00 \\ 0.00 & 0.00 & 0.00 & 1.00 \\ 0.51 & 0.49 & 0.00 & 0.00 \\ 0.10 & 0.90 & 0.00 & 0.00 \end{bmatrix}$$

$$= （0.165914062,0.33504,0,0.240453117）$$

可求得该区域经济子系统的安全等级指数：

$$\varphi = 0.165914062 × 1 + 0.3504 × 2 + 0 × 3 + 0.240453117 × 4 = 1.828525939$$

根据各安全等级的阈值范围，2012 年第二季度区域经济子系统处于预警状态；其他子系统的计算方法与之相同，就不列出了，最后统计各计算数据，整理得到西藏经济金融风险预警系统及子系统在 2012 年第二季度到 2018 年第二季度的安全状况（见表3）。

表3　　　　　　　　西藏经济金融风险预警系统及各子系统的安全状况

时间	区域经济	银行业	证券业	保险业	预期	西藏经济金融预警系统
2012Q2	安全	安全	风险	预警	非常安全	安全
2012Q3	安全	安全	风险	预警	安全	安全
2012Q4	安全	安全	风险	预警	风险	安全
2013Q1	安全	安全	风险	风险	安全	预警
2013Q2	安全	安全	风险	风险	风险	预警
2013Q3	安全	安全	风险	风险	风险	预警
2013Q4	预警	安全	风险	风险	风险	预警
2014Q1	预警	安全	风险	风险	风险	预警
2014Q2	安全	安全	风险	风险	安全	预警
2014Q3	安全	安全	风险	风险	安全	安全
2014Q4	安全	安全	安全	预警	非常安全	安全
2015Q1	安全	安全	风险	风险	非常安全	安全
2015Q2	安全	安全	安全	风险	非常安全	安全
2015Q3	安全	安全	非常安全	预警	非常安全	安全
2015Q4	安全	安全	非常安全	预警	非常安全	安全
2016Q1	安全	预警	风险	安全	非常安全	安全
2016Q2	预警	预警	安全	预警	风险	安全
2016Q3	安全	预警	安全	预警	风险	安全
2016Q4	预警	预警	非常安全	预警	风险	安全
2017Q1	安全	预警	风险	安全	风险	预警
2017Q2	非常安全	预警	安全	预警	风险	安全
2017Q3	安全	预警	非常安全	预警	风险	安全
2017Q4	安全	预警	非常安全	预警	风险	安全
2018Q1	安全	预警	预警	安全	安全	安全
2018Q2	安全	预警	安全	安全	风险	安全

（二）利用 ARIMA 模型对西藏区域系统性金融风险的预测

本文从研究未来西藏各个指标的风险现状出发，进而延伸到整个区域系统性金融风险现状，为达到研究效果，首先建立 ARIMA 模型对区域系统性金融风险预警指标体系中的各个指标进行短期预测。本文以地区生产总值增长率预测计算为例。

本文运用 EVIEWS9.0 中 Automatic ARIMA Forecasting 预测各指标在 2018 年第三季度—2019 年第一季度的值，以地区生产总值增速为例，计算结果如表 4 所示。

表 4　　　赤池信息准则（Akaike Information Criteria）模型测算

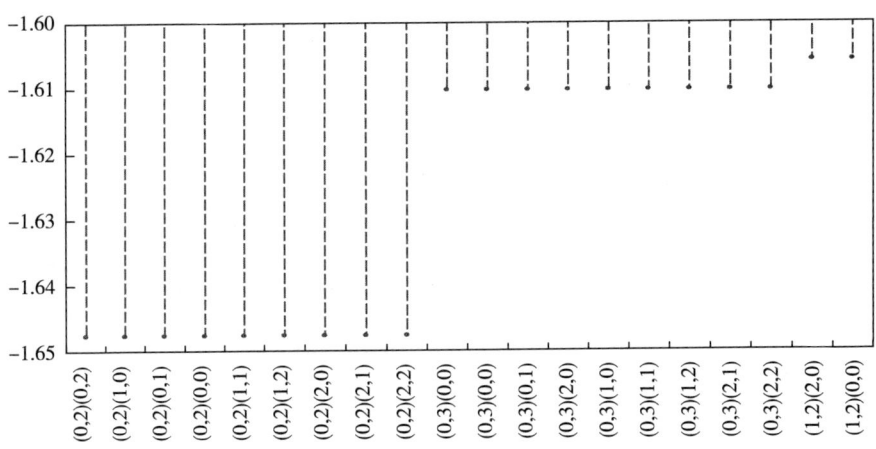

Automatic ARIMA Forecasting

Selected dependent variable：DLOG（X11，2）

Date：09/12/18 Time：16：56

Sample：2012Q2 2018Q2

Included observations：23

Forecast length：3

Number of estimated ARMA models：225

Number of non‐converged estimations：0

Selected ARMA model：（0，2）（0，2）

AIC value：−1.64774652398

本文根据 AIC 标准确定 ARIMA（0，2）（0，2）模型为最优模型，运算结果如表 5 所示。

表 5   **ARIMA 最优模型运算**

Dependent Variable：DLOG（X11，2）

Method：ARMA Maximum Likelihood（BFGS）

Sample：2012Q4 2018Q2

Included observations：23

Failure to improve objective（non－zero gradients）after112 iterations

Coefficient covariance computed using outer product of gradients

Variable	Coefficient	Std. Error	t－Statistic	Prob.
C	0.000246	0.001229	0.200072	0.8438
MA（1）	－1.999891	12.89388	－0.155104	0.8786
MA（2）	0.999891	12.89299	0.077553	0.9391
SMA（4）	0.03112	0.457052	0.068088	0.9465
SMA（8）	－0.279376	0.458584	－0.609215	0.5504
SIGMASQ	0.003998	1.507395	0.002652	0.9979
R－squared	0.804297	Mean dependent var		0.000969
Adjusted R－squared	0.746738	S. D. dependent var		0.146141
S. E. of regression	0.073546	Akaike info criterion		－1.669234
Sum squared resid	0.091952	Schwarz criterion		－1.373018
Log likelihood	25.19619	Hannan－Quinn criter.		－1.594736
F－statistic	13.97329	Durbin－Watson stat		1.755069
Prob（F－statistic）	0.000016			
Inverted MA Roots	1	1	0.85	0.61＋0.61i
	0.61－0.61i	－0.00＋0.85i	－0.00－0.85i	－0.61＋0.61i
	－0.61＋0.61i	－0.85		

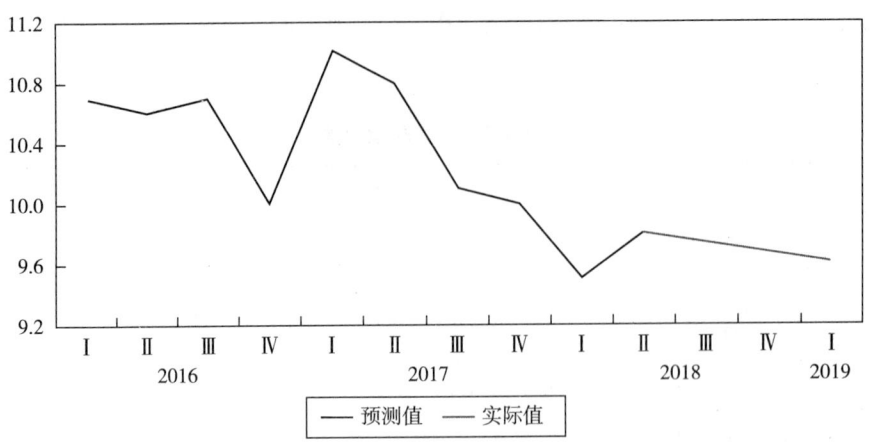

图 1 2016Q1—2019Q1GDP 增速实际值及预测值

对其他指标按照上述方法进行预测，在此本文将不一一详细描述过程，所有指标的具体预测值如表 6 所示。

表 6　　　　　　　　　　西藏经济金融指标 2018Q3—2019Q1 预测值

时间	2018Q3	2018Q4	2019Q1
地区生产总值增速	9.746014895	9.6757994	9.606021071
CPI 增速	1.570750282	1.670434649	1.688193843
固定资产投资增长率	16.80866979	18.80549431	20.20358093
财政收入增长率	26.282	26.282	26.282
资本充足率	14.78237314	13.88300861	13.03836172
不良贷款率	0.302719692	0.253890936	0.254942913
最大十家客户集中度	75.29908427	86.83986138	102.7439647
资产利润率	1.45401483	1.506001034	1.588855316
存贷款比率	90.96089484	94.81667597	98.83590149
证券营业收入	21.8377957	45.09064784	15.48706827
证券业净利润	13.92682395	18.12674417	7.667875264
保险深度	2.87296998	2.630279425	2.513691119
保费增速	27.29342668	26.65546997	26.47825431
风险保障金额	35313.79813	42207.35369	31164.61491
PPI 增速	1.838174453	1.918475994	1.272124026

根据上文所述的模糊评价法的计算过程，对西藏 2018Q3—2019Q1 三个季度的区域系统性金融风险程度进行测算，其具体结果如表 7 所示。

表 7　　　　　　　　西藏 2018Q3—2019Q1 经济金融安全状况预测

时间	区域经济	银行业	证券业	保险业	预期	西藏经济金融预警系统
2018Q3	安全	预警	非常安全	预警	风险	安全
2018Q4	预警	预警	非常安全	预警	风险	预警
2019Q1	安全	预警	安全	预警	风险	安全

（三） 西藏区域系统性金融风险实证分析结论

根据模糊评价模型及 ARIMA 模型，本文得出了西藏区域系统性金融风险各子系统和各指标的风险值。

1. 区域经济子系统风险状况分析

由图 2 折线走势图可以得出，在 2013 年第四季度、2014 年第一季度以及 2016 年第二、第四季度西藏区域经济风险子系统处于"预警"状态，其他季度均处于"安全"以下的良好状态，同时，根据模型预测 2018 年第四季区域经济子系统风险状况会有一个从"安全"到"预警"再到"安全"的波动。具体分析看，从区域经济所选取的指标来看，全区生产总值增速、CPI 及固定资产投资增长率较为平稳，未出现较大幅度的波动，而财政收入增长率各季度有较大浮动的波动，对区域经济风险子系统的风险状况具有较大的影响，同时，地区生产总值增速变缓也对该子系统的风险状况具有明显的影响，当地区生产总值增速低于 10% 时，区域经济风险指数会有明显上升。

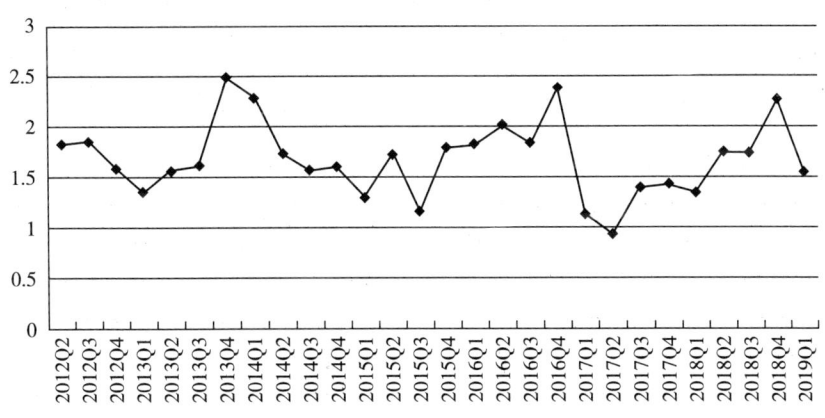

图 2　区域经济子系统风险状况

2. 银行业子系统风险状况分析

由图 3 折线走势图可以得出，西藏银行业风险状况近年来有所下降，自 2016 年第一季度开始，银行业子系统风险状况变为"预警"状态。具体分析看，西藏银行业不良贷款率呈现出下降的良好态势，但银行业机构存贷比、法人银行业金融机构盈利能力及贷款集中度指标持续出现下滑的态势，直接导致了该子系统的风险状况持续处于"预警"的状态。

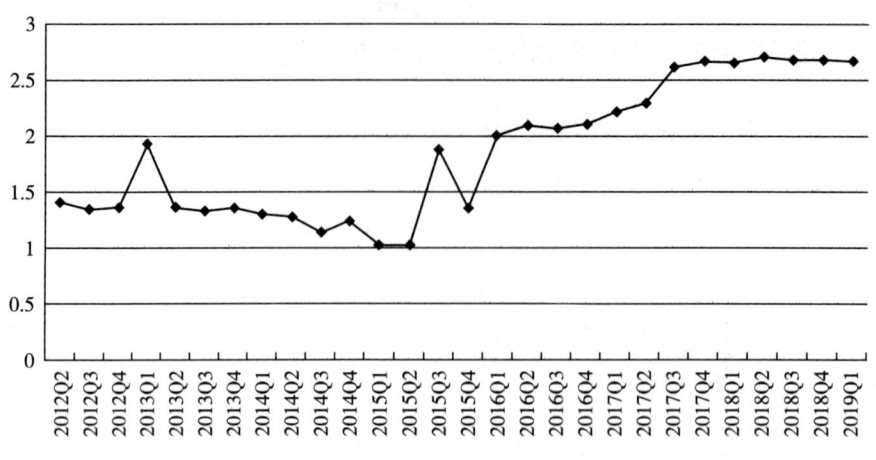

图3　银行业子系统风险状况

3. 证券业子系统风险状况分析

由图4折线走势图可以得出，西藏证券业整体风险波动较大，且2014年第四季度之前持续处于"风险"的状况。具体分析来看，西藏证券业机构发展缓慢，全区2014年前仅有一家法人证券公司，而2014年华林证券股份有限公司迁址拉萨，且原同信证券股份有限公司被东方财富收购后，全区法人证券公司盈利能力有较明显的提升，"风险"状况也逐步恢复到"安全"状况。但由于受国内资本市场不景气等因素的影响，西藏证券业机构风险状况波动较大。

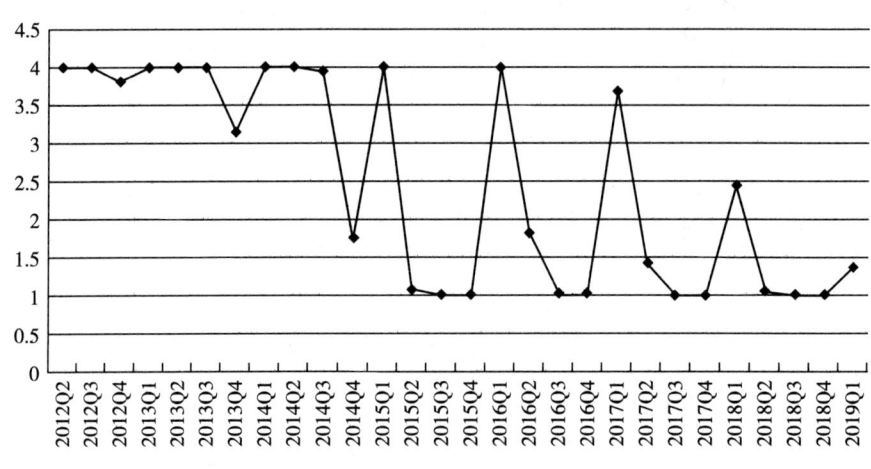

图4　证券业子系统风险状况

4. 保险业子系统风险状况分析

由图5折线走势图可以得出，西藏保险业风险状况同样不理想，但风险状况呈下降趋势。具体来看，由于西藏保险业发展缓慢等因素影响，其子系统风险状况持续处于"预警"或"风险"的状况，但是，可以看出由于全区保险业机构保费收入的稳步提升，以及风险保障金额的持续扩大，保险业子系统的风险状况有持续向好的趋势。

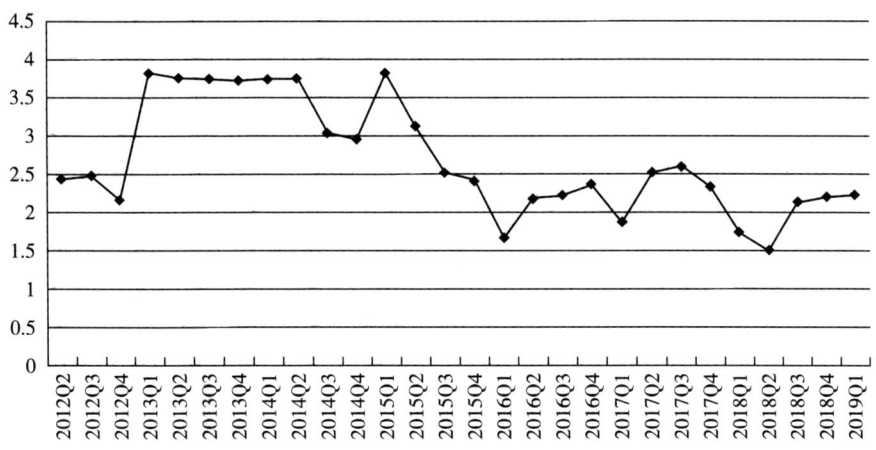

图5 保险业子系统风险状况

5. 预期子系统风险状况分析

由图6折线走势图可以得出，西藏经济金融系统风险状况虽有一定的波动，但全区公众总体保持较乐观的预期。具体分析来看，从历史25个季度情况来看，有18个季度预期子系统风险状况处于"安全"或"非常安全"的状况，说明，公众对全区经济金融整体运行具有较强的信息，有较好的预期。但是，由于随着全国经济发展进入新时代，以及经济金融各项指标的持续下滑，导致近三个季度预期子系统风险状况有所下滑，较符合实际情况。

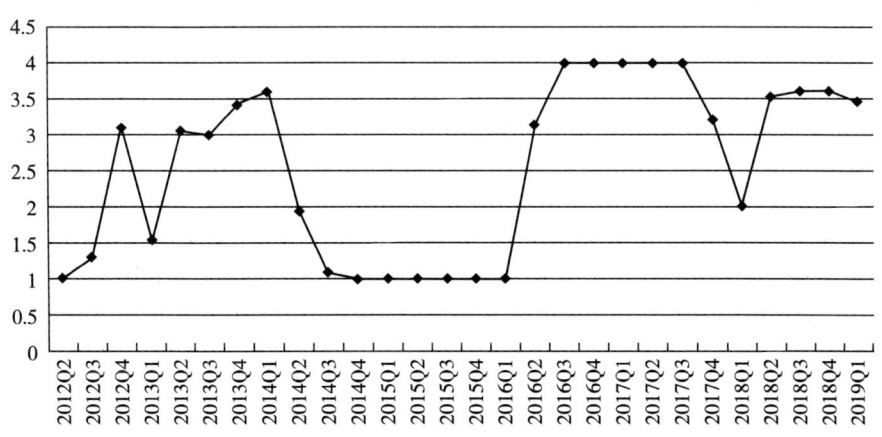

图6 预期子系统风险状况

七、政策建议

（一）加快推进经济结构转型升级，寻找经济增长新动力

一是创造良好的产业发展政策环境。坚持以供给侧结构性改革为主线，研究制定新时期西藏的特殊优惠政策，最大限度地打造政策环境梯度差，多领域、全方位开展招商引资，吸引区外资金来藏兴业，着力培育新的经济增长点，推动经济向自主增长转变。二是制定具有西藏优势的产业发展战略。着力发展特色产业，优化产业结构，重点打造优势能源产业、藏医药业、高原特色食品、民族手工业等支柱产业；坚持不懈地抓好"三农"工作，加大强农惠农政策力度，调整优化农牧业结构；进一步发展旅游业，打响"世界屋脊、神奇西藏"旅游品牌，打造国际高端旅游目的地。做强经济基础，提升经济自身造血能力，增强抵御风险能力。

（二）优化银行机构资产结构，引导机构稳健经营

加强对辖区银行机构的政策指导，使各机构落实好各项特殊优惠的金融政策和金融改革举措，继续支持辖区经济社会持续快速健康发展，同时，不断优化资产结构、盘活存量，努力提高稳健性指标，确保稳健有序运行。督促机构完善并及时更新相关制度，使得形成一套适合其自身发展的内部控制、信贷管理、风险管理等相应的制度，有效防范制度风险。此外，构建贷款风险管理的长效机制，使信贷资产质量得到明显提升。

（三）强化证券业机构全面风险管理，强化合规监督问责

一是要坚持责任担当，端正金融风险管理和经营发展理念，将金融责任和金融安全理念贯穿于经营发展和风险管理的全过程。二是要突出问题导向，提高全面风险管理水平。三是监管当局应当加强监管力度，提升监管水平，强化事中事后监管。进一步加强对西藏证券经营机构、基金管理机构的日常监管，督促各机构及时落实监管政策法规，指导机构合法合规经营。

（四）健全保险业组织体系，提高市场竞争水平

进一步健全保险机构体系，积极引进区外有实力的保险机构，鼓励机构创

新开办新的保险业务品种，同时维护公平有序的良好市场环境，形成西藏保险市场的良性竞争，促进保险业健康发展。大力推进保险业市场化改革，打破地域垄断和行政垄断，在重大工程、关系民生的保险配置方面建立招投标制度。建立健全保险资金支持重大项目建设的体制机制，努力发挥保险支持经济社会发展的重要作用。

参考文献

［1］陈双莲．基于情景分析的系统性金融风险监测预警［M］．北京：中国统计出版社，2017.

［2］王道平．中国系统性金融风险：测度与宏观审慎监管［M］．北京：经济管理出版社，2017.

［3］泽维尔·弗雷克萨斯等．系统性金融风险、危机与宏观审慎监管［M］．北京：中国金融出版社，2017.

［4］陈守东，王妍．系统性金融风险与宏观审慎研究［M］．北京：科学出版社，2016.

［5］聂晋．基于宏观审慎视角的系统性金融风险研究［D］．武汉：华中科技大学，2016.

［6］王大威．系统性金融风险的传导、监管与防范研究［D］．北京：中国社会科学院研究生院，2012.

［7］赖娟．我国金融系统性风险及其防范研究［D］．南昌：江西财经大学，2011.

［8］齐瑞雪．基于 ARIMA 模型的中国金融风险预警实证分析［D］．大连：东北财经大学，2012.

［9］王俊．基于 ARIMA 与 FSEM 视角的区域系统性金融风险预警研究［J］．海南金融，2014（9）：14 - 19.